U0503856

国家社会科学基金一般项目"美国公众亲海权的历史考察"（项目批准号：17BSS029）结项成果

碧泉文库 总主编 张今杰

历史与社会系列

美国公众亲海权的历史考察

杨成良 著

A Historical Review of Public Access
to Beach in the United States

中国社会科学出版社

图书在版编目（CIP）数据

美国公众亲海权的历史考察／杨成良著. —北京：中国社会科学出版社，
2024. 3

（碧泉文库）

ISBN 978 - 7 - 5227 - 3019 - 6

Ⅰ. ①美… Ⅱ. ①杨… Ⅲ. ①海岸—海洋法—研究—美国
Ⅳ. ①D993. 5

中国国家版本馆 CIP 数据核字（2024）第 036406 号

出 版 人	赵剑英	
责任编辑	宋燕鹏	
责任校对	李　硕	
责任印制	李寡寡	

出　　版	中国社会科学出版社
社　　址	北京鼓楼西大街甲 158 号
邮　　编	100720
网　　址	http://www.csspw.cn
发 行 部	010 - 84083685
门 市 部	010 - 84029450
经　　销	新华书店及其他书店

印　　刷	北京明恒达印务有限公司
装　　订	廊坊市广阳区广增装订厂
版　　次	2024 年 3 月第 1 版
印　　次	2024 年 3 月第 1 次印刷

开　　本	710 × 1000　1/16
印　　张	22
字　　数	325 千字
定　　价	118. 00 元

凡购买中国社会科学出版社图书，如有质量问题请与本社营销中心联系调换
电话：010 - 84083683

碧泉文库

总主编：张今杰

编　委：陈代湘　陈　明　陈晓华　邓　燕
　　　　方红姣　蒋　波　黄海林　刘啸虎
　　　　林明华　罗伯中　陆自荣　宋　翔
　　　　周　骅　邬欣言　郑　鹏　张今杰

历史与社会系列

主　编：郑　鹏

编　委：邓　燕　刘啸虎　刘自强　陆自荣
　　　　彭先国　瞿　亮　杨成良　郑　鹏

目　录

绪　　论

　　本书中的"公众亲海权"是指公众到达并休闲于海滩以及近岸海域的权利。由于公众从事水上休闲活动通常也是以获得海滩使用权为前提的，所以公众亲海权主要还是体现在到达和使用海滩方面。在美国的相关论著中这一般被表述为"public access to beach"。

　　公众亲海权的重要性是不言而喻的。阳光、沙滩、海浪——这是无数人心目中最惬意的休闲场景。在这样的场景中休闲不仅能给人带来身心愉悦的体验，而且还能给人带来更为深刻的感受。正如一首诗中所写：

> 我们需要海洋。
> 我们需要一个驻足
> 凝望和聆听的地方——
> 当波涛奔涌而来之时，
> 感受这世界的脉动。①

　　约翰·肯尼迪（John F. Kennedy）总统在1962年的一次讲话中也谈到这个问题：

> 我确实不知道为什么我们所有人都那么醉心于海洋，我只是认为除了因为海水起伏涨落、波光变幻不定和船只来来往往这些景象外，还因为我们都来自海洋。有一个有趣的生物学事实，即我们所有人血管中流淌的血液与海水含有同样比例的盐分。所

---

① Harold Gilliam, *Island in Time*: *The Point Reyes Peninsula*, San Francisco, CA: Sierra Club, 1962, frontispiece.

以，我们的血液中、汗水中和眼泪中都有盐。我们与海洋紧密相连。每当我们回到大海——不管是扬帆其上还是静静地看着它——我们就是在回到自己的来处。①

可以说，在当今时代，包括美国在内的世界各地的大多数人都有到海边休闲或去领略大海壮美风貌的愿望。然而，很多时候这种愿望并不能够顺利实现。除了个人原因之外，一些外在因素也会导致这种结果，比如海岸被破坏或被污染，以及滨海休闲资源被私人占有导致公众无法自由使用，等等。在这种情况下，公众的亲海权就会受到损害，不能得到充分行使。20世纪中期以后，美国公众亲海权不能得到满足的现象日益严重，由此引发的争端也层出不穷。为了顺应时代潮流，使公众的亲海权能够尽可能地得到满足，美国各级政府和众多民间组织及个人做出了不少努力。他们的努力取得了一些成效，但是没能从根本上解决问题，相关冲突还在继续。

第一节　美国公众亲海权问题产生的历史背景

20世纪50年代之前，美国基本上不存在"公众亲海权"问题，因为那时滨海居民人数本就不多，有闲情逸致去海边休闲者更是寥寥。早年的殖民者们到美洲去绝对不是"为了休闲之目的去寻找优美的海滩和海岸"②，他们"没有把游泳看作一种需要，因为对他们来说这种想法简直就是荒谬可笑的。那个时候人们不仅没有时间去游泳或者去日光浴，而且他们也没有这种欲望"③。相应地，那时的人们不仅不愿意住在易受风浪侵蚀的海边，甚至避之唯恐不及。直到19世纪中期，科德角（Cape Cod）这块清教徒殖民者在美洲首先踏上的土

---

① John F. Kennedy, "Remarks in Newport at the Australian Ambassador's Dinner for the America's Cup Crews", in Federal Register ed., *Public Papers of the Presidents of the United States: John F. Kennedy* 1962, Washington D. C.: United States Government Printing Office, 1963, p. 684.

② United States Department of Interior, National Park Service, *A report on Our Vanishing Shoreline*, Washington, D. C., 1955, p. 32.

③ Mark H. Robinson, *Beach Ownership and Public Access in Massachusetts*, Master's Degree thesis, University of Rhode Island, 1983, p. 59.

地，"除了在有海难或者有成群黑鲸（一般称为巨头鲸）游弋之类的事件将大群人吸引到海边的时候之外"①，非作业区域的海岸仍然是人迹罕至。进入 20 世纪 20 年代后，随着经济的繁荣和社会观念的转变，美国人才真正开始注重并且有时间和能力去从事户外休闲。那时，美国人在"历史上第一次……普遍有了闲暇时间，能够找到从一个地方到另一个地方去的办法，并且能够负担得起相关费用。很多形式的休闲活动——比如划船——第一次变得普通人也可以问津"②。1924 年 5 月 22—24 日，128 个相关组织在约翰·柯立芝（John C. Coolidge）总统号召下于美国首都华盛顿特区召开了全美户外休闲大会（National Conference on Outdoor Recreation）。③ 在此背景下，海滩等适宜的户外休闲资源开始受到重视。1934—1935 年，美国内政部长哈罗德·L. 伊克斯（Harold L. Ickes）还组织人员对大西洋和墨西哥湾沿岸的滨海休闲资源进行了调查。④ 由于经济大危机和第二次世界大战的不利影响，这轮户外休闲热潮很快就平息下去，当时提出的那些维护公共滨海休闲资源的建议也基本上都没能够产生实际作用。

既然 20 世纪 50 年代之前人们的亲海休闲需求不甚强烈，由此引发的冲突自然也就极为罕见。然而，自此以后，形势开始急剧变化，以下两个现象的同步发展使得公众亲海权成为需要认真对待的严重问题。

（一）滨海土地过度开发，滨海休闲资源多数落入私人之手

早年，海岸不受重视，更没有被看作休闲资源而加以保护，所以，在经济利益的驱使下，美国各级政府部门放任私营和公共机构对海岸的占有和开发。由于海边交通便利，水资源又很丰富，所以造

---

① Robert Thompson, "Local Government and the Closing of the Coast: Parking Bans and the Beach as a Traditional Public Forum", *Fordham Environmental Law Review*, Vol. 25, No. 2, March 2014, p. 460.

② Outdoor Recreation Resources Review Commission, *Outdoor Recreation for America*, A Report to the President and to the Congress, January 1962, p. 21.

③ Chauncey J. Hamlin, "Introduction", in National Conference on Outdoor Recreation, *Review of Project Studies: A Report to Secretary of War, Chairman the President's Committee on Outdoor Recreation*, Washington, D. C.: United States Government Printing Office, 1928, p. 4.

④ Environment and Natural Resources Policy Division, Congressional Research Service, Library of Congress, *Past Federal Surveys of Shoreline Recreation Potential*, Washington, D. C.: United States Government Printing Office, 1978, p. 2.

纸、冶炼和电力等生产过程需要大量用水的企业和石油化工等需要综合性港口的大型企业都倾向于建在海边。到 20 世纪 70 年代，美国超过 40% 的工业设施仍然位于海岸带与河口地区。① 这些工业设施不仅大大压缩了公共休闲空间，而且它们还对滨海环境造成严重污染和破坏。

第二次世界大战结束之后，美国滨海地区又经历了新一轮的开发热潮。这轮开发源于美国人口持续不断地向滨海地区集中。在这一时期中，滨海地区人口的增长速度是全美平均增速的 3 倍。② 到 1980 年，差不多 53% 的美国人居住在离太平洋、大西洋、墨西哥湾和五大湖沿岸 50 英里之内的地方，这使得美国滨海地区的人口密度不断加大。当时，美国非滨海县的人口密度只有每平方英里 52 人，而大部分滨海地区的人口密度则是在每平方英里 200—300 人之间，是非滨海地区的 4 倍多。都市区的人口密度更大，每平方英里能超过 10000人，而美国几乎所有的主要大都市区都集中在沿海和 5 大湖地区。相对来说，原来人口较少的东南部和南部沿海地区人口增速更快。比如，美国东南部地区大西洋沿岸的人口 1950 年时每平方英里只有 84 人，1980 年时就达到 234 人；墨西哥湾沿岸地区的人口 1950 年时每平方英里只有 82 人，到 1980 年时也达到 197 人。③ 之后，美国滨海地区人口快速增长的趋势一直没有改变。到 2010 年时，除阿拉斯加州外，美国滨海县的人口密度是每平方英里 446 人，超过内陆县人口密度 6 倍。④

这些新增人口迁居或留居海边的目的与之前的居民有明显不同。原来的人选择居住在海边主要是出于工作原因的考虑，而此时人们选择在海边居住则更多的是出于"生活质量"的考虑，是为了享受

---

① Bostwick H. Ketchum ed. , *The Water's Edge：Critical Problems of the Coastal Zone*, Cambridge, MA：The MIT Press, 1972, p. 107.

② National Oceanic and Atmospheric Administration, *The Federal Coastal Programs Review：A Report to the President*, January 1981, p. i.

③ Anthony J. Fedler, "Consequences of Coastal Population Growth：Conflicts with Recreational Uses of the Coastal Zone, in James D. Wood, Jr. ed. , *Proceedings of the National Outdoor Recreation Trends Symposium II, Held at the Myrtle Beach Hilton, Myrtle Beach, South Carolina, Februarg 24 - 27*, 1985, Atlanta, GA：National Park Service, 1985, pp. 2 - 3.

④ National Oceanic and Atmospheric Administration, *National Coastal Population Report：Population Trends from 1970 to 2020*, March 2013, p. 5.

"海洋景观、宜人的气候和低犯罪率的环境"①。所以，他们都尽可能地选择到紧邻海岸的地方居住。同一时期城市郊区化的浪潮也助推了这种趋势。另外还有两个原因使这一现象成为可能：一个是建筑技术的进步，另一个是美国"国家洪灾保险计划"（National Flood Insurance Program）的实施。因为易受风浪侵蚀，所以沿海地区早年并不适合建造房屋。20世纪以后，建筑技术和建筑材料的改进在一定程度上解决了这个问题，美国联邦政府1968年推出的"国家洪灾保险计划"又为购房者解除了部分后顾之忧，这才使得滨海地区的房地产开发如火如荼地开展起来。随之而来的现象是原来居住于城区的较为富裕的中产阶级家庭纷纷移居到海边。那些由于各种原因不能立即迁居海边者也会争取在海边买套度假房。直到最近这种现象仍然很普遍。比如，2005年美国销售了100多万套度假房屋，其中40%的购买者都表示，能够与大海、湖泊或河流比邻而居是促使他们购买二套房的主要因素。②

持续不断的无序开发使得美国滨海土地大都落入私人或私营机构之手。肯尼迪总统在1963年的一次演讲中就痛心疾首地慨叹："我们迷人的海岸中仅仅有2%——大西洋、墨西哥湾和太平洋——仅仅有2%是供公众使用。"③尽管在同一时期维护海滨公共利益的呼声一直很高，但是这并没能阻挡滨海土地私有化的进程。1974年美国国会的一项研究报告就指出，"合众国的海岸总体上都已经沦为私人财产"④。直到近期，这种趋势还在延续。⑤

（二）户外休闲运动兴起，亲海休闲成为潮流

第二次世界大战结束后，美国进入"丰裕社会"，这一时期，美国人的可自由支配收入显著提高，闲暇时间也因为工作时间缩短和家用电

---

① Josh Eagle, *Coastal Law*, 2nd ed., New York: Wolters Kluwer, 2015, p. 34.

② Josh Eagle, *Coastal Law*, pp. 34 - 35.

③ John F. Kennedy, "Remarks at the High School Memorial Stadium, Great Falls, Montana", in Office of the Federal Register ed., *Public Papers of the Presidents of the United States: John F. Kennedy 1963*, Washington, D. C.: United States Government Printing Office, 1964, p. 729.

④ Andrew W. Kahrl, *The Land Was Ours: How Black Beaches Became White Wealth in the Coastal South*, Chapel Hill, NC: The University of North Carolina Press, 2012, p. 213.

⑤ Andrew W. Kahrl, "Fear of an Open Beach: Public Rights and Private Interests in 1970s Coastal Connecticut", *Journal of American History*, Vol. 102, No. 2, September 2015, p. 461.

器普及而明显增加。① 在此背景下，美国人的休闲娱乐需求日渐强烈。美国人历来崇尚户外活动，所以他们休闲娱乐也倾向于到户外进行。因此自 20 世纪中期开始，美国真正出现了户外休闲热潮。同时，家用汽车的普及和交通网络的完善使他们的户外休闲愿望能够较为顺利地实现。

选择户外休闲场所时，人们一般都倾向于到水边，美国人也不例外。"户外休闲资源评估委员会"（Outdoor Recreation Resources Review Commission）1962 年 1 月提交给美国总统和国会的调研报告中就明确指出，"水是户外休闲的焦点"，多数人喜欢亲水型的户外休闲活动，比如游泳、垂钓、划船和滑水等，即便是"野营、野餐和远足，在水边进行也更有吸引力"②。"海洋科学、工程与资源委员会"（Commission on Marine Science, Engineering and Resources）1969 年 1 月提交的报告则形象地总结道：美国人的户外休闲"正在成为集体向水边的奔涌"③。

对于亲水休闲来说，具有得天独厚自然条件的海滩无疑是最佳场所。在那里，无论是捡拾贝壳、游泳、闲躺，或者只是随意徜徉都能给人带来愉悦的体验。就算只是静坐观望，那深邃广阔的海洋、和煦的海风以及海上的各种景物也能给人带来美的享受。最难能可贵的是，亲海休闲既简单轻松又丰富多彩，可谓老少咸宜。这就很好理解为什么在各种户外休闲场所中，"海岸对美国人似乎具有异乎寻常的强烈吸引力"④。

亲海休闲热潮兴起之后，美国滨海地区游人数量急剧增长。比如，到 1951 年时，原本少人问津的科德角已是游人如织，同时会有 20 万人在那里游览。⑤ 美国其他滨海地区的情况也大抵如此。⑥ 亲海休

---

① 徐再荣等：《20 世纪美国环保运动与环境政策研究》，中国社会科学出版社 2013 年版，第 181—183 页。

② Outdoor Recreation Resources Review Commission, *Outdoor recreation for America*, p. 4.

③ Commission on Marine Science, Engineering and Resources, *Our Nation and the Sea: A Plan for National Action*, Washington, D. C.: United States Government Printing Office, 1969, p. 70.

④ George Washington University, *Shoreline Recreation Resources of the United States: Report to the Outdoor Recreation Resources Review Commission*, Washington, D. C.: United States Government Printing Office, 1962, p. 3.

⑤ Robert Thompson, "Local Government and the Closing of the Coast: Parking Bans and the Beach as a Traditional Public Forum", p. 462.

⑥ Bostwick H. Ketchum ed., *The Water's Edge: Critical Problems of the Coastal Zone*, p. 84; Dennis W. Ducsik, *Shoreline for the Public: A Handbook of Social, Economic, and Legal Considerations Regarding Public Recreational Use of the Nation's Coastal Shoreline*, Cambridge, MA: The MIT Press, 1974, 27.

闲人数的持续增长导致美国许多滨海地区夏季人口数量暴涨，甚至达到人满为患的地步。以马里兰州的大洋城（Ocean City）为例，当地平时常住居民也就 8000 人左右，但每年夏季那里却要接纳将近 400 万游客。①

简而言之，自 20 世纪中期开始，美国滨海休闲人数因户外休闲热潮的兴起而持续增长，同一时期公共滨海休闲资源却因为无序的工商业开发和私宅建设而急剧减少。这两种现象的同步发展使得公众的亲海需求不能顺利得到满足，或者说公众亲海权的行使遭遇到严重阻碍。

第二节　20 世纪中期美国公众亲海权面临的主要问题

20 世纪中期之时妨碍美国公众亲海权的因素有很多，比如以地方政府为主的碎片化管理所导致的对海岸的无序开发和破坏等，而普通人感受最真切的还是滨海地产主的阻挠。在此之前，美国所有的海滩——无论是公共海滩还是私人海滩，一般都是向公众开放的，但是当滨海休闲热潮兴起后，那些滨海地产所有权人产生了强烈的独享海滩的愿望，他们极力排斥公众到达和使用与他们地产相邻的海滩。为此，他们争相用篱笆圈占海滩，或者雇用私人保安巡逻，驱赶进入他们海滩的不速之客。在很多地方，滨海地产所有权人还组建起只能够由他们自己参加的封闭性的自治协会或俱乐部，行使准公共组织的职能，加强对海滩使用的管理，排斥外人。②

除了私人以外，不少地方政府在这一时期也开始表现出强烈的排外倾向。③ 为了满足本地人的亲海休闲需求，一些地方政府有意识地出资购买了部分海滩。他们把这些海滩看作当地人的私产，限制外地居民使用。地方政府所采取的排斥外地人的手段有很多。其中一些手

---

①　Josh Eagle, *Coastal Law*, p. 34.

②　Mark H. Robinson, *Beach Ownership and Public Access in Massachusetts*, pp. 52 – 53.

③　Robert Thompson, "Local Government and the Closing of the Coast: Parking Bans and the Beach as a Traditional Public Forum", p. 463; Roy R. Silver, "More Towns Are Closing Beach Areas to Outsiders", *New York Times*, July 4, 1970, p. 23; John Darnton, "Suburbia's Exclusive Beaches: The 'Keep-Out' Syndrome is under Legal Assault", *New York Times*, June 2, 1974, p. C6.

段较为间接，比如故意不提供停车场和卫生间等外地人所必需的公共
设施，或者向外地人收取歧视性停车费和海滩使用费等等；① 还有一
些地方政府则更加简单粗暴，他们直接将自己的海滩向外地人关闭，
只允许本地居民以及他们邀请的客人使用。②

那些私人和地方政府排斥其他人的理由有很多，表面上的理由包
括以下几条：（1）地方政府的海滩是利用当地居民缴纳的税款购买和
维护的，如果允许不向当地纳税的外地人与当地人一样平等地使用海
滩则会不合理地增加当地居民的财政负担；（2）特定海滩如果向所有
人都开放就会变得非常拥挤，环境也会变差，而如果要排除掉一些人
的话，排除外地人显然是比较合理的选择；（3）滨海地区没有足够的
停车设施来满足蜂拥而至的外地人的需要；（4）排斥外地人能够避免
当地受到吸毒、嬉皮士、乱丢垃圾等老城区存在的各种坏习惯的影
响。③ 他们尤其会抱怨外地人不爱护海滩环境："那些人四处闲逛，随
手乱丢垃圾，根本不关心那些土地和沙滩。他们只是来游览一下。因
为那不是他们自己的所以他们不关心。你只有出钱维护它你才能真正
感觉到那是你自己的。"④ 虽然提出了不少表面上的理由，但是那些滨
海居民之所以要极力排斥其他人的真正根源还是他们欲独享海滩的愿
望。他们中的很多人就是为了寻找清净整洁的环境才搬离城区的。这
些人花重金在海边购房，自认为是通过个人努力才获得了享受优美海
景的权利，所以他们极不愿意为了顾及其他人的感受而使自己的权益
受到损失。事实上，他们中很多人已经从心底里把海滩看成了自家的

---

① John Darnton, "Suburbs Stiffening Beach Curbs: Suburbs Are Stiffening Restrictions", *New York Times*, July 10, 1972, pp. 1, 25; Mark H. Robinson, *Beach Ownership and Public Access in Massachusetts*, p. 49; Rosemary J. Zyne, "Open Beaches in Florida: Right or Rhetoric?", *Florida State University Law Review*, Vol. 6, No. 3, Summer 1978, p. 984.

② Andrew W. Kahrl, "Fear of an Open Beach: Public Rights and Private Interests in 1970s Coastal Connecticut", p. 441; Mark H. Robinson, *Beach Ownership and Public Access in Massachusetts*, p. 47; Lynn Curtis-Koehnemann, "Public Access to Florida's Beaches", *Shore & Beach*, Vol. 47, No. 1, January 1979, p. 27.

③ Thomas J. Agnello, "Non-resident Restrictions in Municipally Owned Beaches: Approaches to the Problem", *Columbia Journal of Law & Social Problems*, Vol. 10, No. 2, Winter, 1974, pp. 189 – 190.

④ Adam Keul, "The Fantasy of Access: Neoliberal Ordering of a Public Beach", *Political Geography*, September 2015, p. 56.

后院，① 不能容忍别人随意进入。而且，他们还很为这份特权而感到自豪。比如，新泽西州一位海滩俱乐部的成员就曾沾沾自喜地夸耀："可以到私人海滩俱乐部感觉很好……这里一般要比公共海滩干净得多，也不像公共海滩那么拥挤。"② 为了能够充分享受亲海休闲的乐趣，他们不仅舍得花高价购买滨海地产，而且宁愿自己出资维护海岸也不愿接受联邦政府和州政府提供的补助，③ 以免失去自己对相关海滩的控制权。

无论出于什么原因，滨海地产所有权人和一些地方政府阻止其他人使用海滩的情况在 20 世纪中期之后已经很普遍。他们的地产在有些地方首尾相连，绵延几英里，构成一道道难以逾越的屏障，阻断从公共区域到达海洋的通道，致使其他人只能望洋兴叹而无法靠近。帕特·舍洛克（Pat Sherlock）1970 年 9 月 20 日在《波士顿星期日环球报》（*Boston Sunday Globe*）上发表的文章《最好的缅因落入缅因其他人之手》（The Best of Maine Lost to the Rest of Maine）中就有对缅因州此种情况的描述：

> 山峦依旧矗立在那里，大西洋的波涛依然像它自冰河世纪以来一样拍打着岸边的岩石，那里仍然还有一些旷野。只是它们现在远了一些——在围栏的另一边。④

在有些地方，情况更糟，连片的高大建筑不仅挡住公众到达海边

① Barry Yeoman, "Beach Wars", *Saturday Evening Post*, Vol. 287, No. 2, Mar/Apr2015, p. 56; "A Clash in California Over Public Access to the Beach", *New York Times*, June 24, 2014, p. A26.

② Martha Groves, "A Path of Lost Resistance: The Public Wins Access to a Malibu Beach after Deal with Homeowner", *Los Angeles Times*, July 3, 2015, p. A1.

③ Andrew W. Kahrl, "Fear of an Open Beach: Public Rights and Private Interests in 1970s Coastal Connecticut", pp. 454, 457; Andrew W. Kahrl, *Free the Beaches: The Story of Ned Coll and the Battle for America's Most Exclusive Shoreline*, New Haven, CT: Yale University Press, 2018, p. 240; James Bennet, "Keeping Its Shores to Itself: Greenwich Eschews Federal Aid to Repair Recreational Sites", *New York Times*, January 8, 1993, pp. B1, B4.

④ Dennis W. Ducsik, *Shoreline for the Public: A Handbook of Social, Economic, and Legal Considerations Regarding Public Recreational Use of the Nation's Coastal Shoreline*, p. 55; Ann Cowey, et al., *Shorefront Access and Island Preservation Study*, Washington, D. C.: National Oceanic and Atmospheric Administration, Office of Coastal Zone Management, 1978, p. 1.

的通道，甚至挡住公众看向大海的视线，使他们想看一眼大海也不可得。

当然，美国也有一些公共海滩，特别是一些滨海国家公园和州立公园，但是它们相对来说数量有限，而且大多位置较偏僻，或者环境不佳。大量游客涌入之后那些地方常常是人满为患，休闲体验极差，有些公共海滩甚至被户外休闲资源评估委员会描述为"海滩贫民窟"（beach slums）①。在周末或节假日期间，还经常会出现有些人好不容易到达公共海滩却因为人数已超过海滩承载量或停车位已满而不得不扫兴而返的情况。

因为滨海地产主或滨海地方政府排斥其他人而导致的冲突在1960年代就已经引起广泛关注，到70年代则进入一个高潮期。在1970—1985年的15年间，全美国出现了150多起挑战海滩使用限制的诉讼，而在此之前的70年中此类诉讼总共才只有差不多10起。② 双方就此展开的冲突火药味十足，"海滩战争"之类的词汇随处可见，"我们将在海滩上与他们战斗"这种套用二战时期英国首相温斯顿·丘吉尔名言的口号也不时见诸报端。③

除了普遍地排斥非本地居民外，很多地方对黑人等少数族裔的排斥力度更大，由此引发的冲突也更激烈。比如，1975年8月10日波士顿就爆发了由黑人争取公共海滩使用权而引发的激烈种族冲突，当地3个警局的800名警察一起出动才勉强控制住局势。④ 在南方一些州，这种情况更为严重。⑤

---

① Andrew W. Kahrl, "Fear of an Open Beach: Public Rights and Private Interests in 1970s Coastal Connecticut", p. 444.

② Andrew W. Kahrl, "Fear of an Open Beach: Public Rights and Private Interests in 1970s Coastal Connecticut", p. 452.

③ Barry Yeoman, "Beach Wars", *Saturday Evening Post*, Vol. 287, No. 2, Mar/Apr 2015; Dennis W. Ducsik, *Shoreline for the Public: A Handbook of Social, Economic, and Legal Considerations Regarding Public Recreational Use of the Nation's Coastal Shoreline*, pp. 2 – 4; John Darnton, "Suburbia's Exclusive Beaches: The 'Keep-Out' Syndrome is under Legal Assault"; "We Shall Fight Them on the Beaches", *New York Times* (Online), September 16, 2005.

④ John Kifner, "Blacks and Whites are Kept Apart on Boston Beach", *New York Times*, August 11, 1975, p. 46.

⑤ 具体情况见第四章第一节。

第三节　美国社会各界推进公众亲海权发展的举措

　　20 世纪中期之后，美国各界都很推崇户外休闲。他们认为，户外休闲不仅是消除个人心理压力的重要途径，而且是使年轻一代摆脱不良习惯的有效手段和治愈各种社会疾病的灵丹妙药。① 因此，自那时起户外休闲便不再被认为是可有可无的消遣，而是被认为意义重大，甚至被认为关乎"国家的健康"②。与此相应，公民的户外休闲权也开始受到高度重视，有人甚至把它上升到《独立宣言》所倡导的"追求幸福的权利"这样的高度。③ 在这种有利的大环境下，公众的滨海休闲权自然也受到了美国社会各界极为广泛的关注。

　　当时，很多滨海地区都出现了以维护公众亲海权为目标的民间组织，"美国大自然保护协会"（The Nature Conservancy）、"奥杜邦协会"（Audubon Society）和"塞拉俱乐部"（Sierra Club）等全国性环保组织也为促进公众亲海权做出了巨大贡献。面对公众强烈的亲海休闲需求，美国各级政府也做出了积极的回应。在关注公众亲海权的官方人士中比较有代表性的是约翰·肯尼迪总统。肯尼迪出生于马萨诸塞州的布鲁克莱恩（Brookline）镇，他自幼喜欢到海边玩耍，成年后他也一直酷爱与海洋打交道。可以说，肯尼迪一生都与海洋结下了不解之缘。因此，肯尼迪做总统时的海军助理塔兹韦尔·谢泼德（Tazewell Shepard）在给他写传记时便称他为"海之子"（man of the sea）④。肯尼迪担任总统期间正是美国公众滨海休闲热潮高涨之时，所以他义不容辞地投身为公众提供更多滨海休闲机会的努力中。肯尼迪不仅发表过亲近海洋重要性的言论，而且他还利用总统身份采取实际行动积极为公众提供更多的亲海休闲机会。刚就任总统后不久肯尼迪便在

---

　　① Dennis W. Ducsik, *Shoreline for the Public: A Handbook of Social, Economic, and Legal Considerations Regarding Public Recreational Use of the Nation's Coastal Shoreline*, p. 15.

　　② Outdoor Recreation Resources Review Commission, *Outdoor recreation for America*, p. 23.

　　③ Dennis W. Ducsik, *Shoreline for the Public: A Handbook of Social, Economic, and Legal Considerations Regarding Public Recreational Use of the Nation's Coastal Shoreline*, p. 20.

　　④ 参见 Tazewell Shepard, Jr., *John F. Kennedy: Man of the Sea*, New York: William Morrow & Company, 1965.

1961 年 2 月 23 日给国会的关于自然资源的特别咨文中敦促国会尽快采取行动,将马萨诸塞州的科德角、得克萨斯州的帕德雷岛(Padre Island)和加利福尼亚州的雷耶斯角(Point Reyes)等处海岸辟为公众休闲之地。① 他的努力获得成功。美国国会在 1961 年和 1962 年相继通过法案,将这三地共计 12.7 万英亩的区域划为国家海岸。② 当上总统后短期内就在扩大公众滨海休闲机会方面打破僵局,并且取得了前所未有的成就,肯尼迪自己对此也感到很自豪。

在各方的共同努力下,美国公众亲海权运动在 20 世纪中期之后逐渐开展起来。当然,无论公众亲海权运动的发起者是谁,其最终的实际成效还是要落实到各级政府的法律、政策和相关的司法判决上面。

就美国联邦政府来说,公众亲海权运动的成效集中体现在国会于 1972 年颁布的《海岸带管理法》(Coastal Zone Management Act)上。之后,该法又不断被修订,并且陆续增加了一些旨在维护公众亲海权的条款。不过,在美国的联邦体制下,与公众亲海权相关的事务主要还是由各州政府管辖,所以,除了兴建滨海国家公园外,联邦政府在这方面并不会采取过多的直接行动,而只是会提出一些指导性原则,以及通过提供资金补助和技术支持的方式引导和鼓励各州政府按照这些原则采取具体措施来保护滨海自然资源和促进公众亲海权的发展。

美国滨海各州在这一时期也都颁布了旨在促进公众亲海权发展的法律。他们之中有的比较积极,早于 1972 年就在这方面采取了实际的立法行动,但大多数州还是在联邦《海岸带管理法》出台后才依据其要求制订出本州的海岸带管理规划,并且依据该法 1976 年和 1980 年的修订加入了维护公众亲海权的内容。各州制订的此类法律法规以

---

① John F. Kennedy, "Special Message to the Congress on Natural Resources", in Office of the Federal Register ed. , *Public Papers of the Presidents of the United States*: *John F. Kennedy* 1961, Washington, D. C. : United States Government Printing office, 1962, p. 120.

② An Act to Provide for the Establishment of Cape Cod National Seashore (Public Law 87 - 126); An Act to Establish the Point Reyes National Seashore in the State of California, and for Other Purposes (Public Law 87 - 657); An Act to Provide for the Establishment of the Padre Island National Seashore (Public Law 87 - 712); Wayne N. Aspinall, "How Congress Views Recreational Need", in *Proceedings of the National Conference on Policy Issues in Outdoor Recreation*, *Held at Logan*, *Utah*, *September* 6 - 8, 1966, Washington, D. C. : Bureau of Outdoor Recreation, U. S. Department of the Interior, 1966, p. 24.

及与之配套的政策可以从两个方面促进公众亲海权：一是通过制定土地利用规划加强对海岸开发的管理，为公众保留适当的休闲空间；二是设法改善海岸休闲环境，为公众提供更为舒适和便利的亲海休闲条件。具体来说，各州议会可以授权本州政府为阻止海岸的无序开发而制定和实施海岸带综合管理规划，并且可以为维护海岸带自然资源和改善公众亲海环境而提供拨款，至少是为联邦政府补助的此类项目提供配套资金。由此获得的资金中有一部分被用来征购土地，兴建滨海公园。这是促进公众亲海权发展最直接也是最有效的途径。然而，在滨海土地价格高涨的情况下，政府的相关投资可谓是杯水车薪，不能从根本上解决滨海土地大部分被私人占有而公众难以亲海休闲的状况。针对这种局面，有些滨海州也试图通过立法和土地利用规划要求滨海土地所有权人为公众亲海休闲提供便利。不过这种对私人财产权施加一定限制的做法时常会遭到滨海地产所有权人依据联邦宪法第5条修正案和第14条修正案提起的诉讼。20世纪80年代中期以后，美国联邦最高法院趋于保守，在审理相关案件时倾向于维护私人财产权而限制州政府采取的管制措施。这使得各州那些通过限制私人财产权来维护公众亲海权的法律法规实施起来难度更大。

除了制定法之外，美国滨海各州还可以通过普通法来维护公众亲海权。普通法源自英国，传至英属北美殖民地后在那里生根发芽，美国建国后也没有被抛弃，得以一直流传下来。面对20世纪中期后突然出现的公众亲海休闲权冲突这个新问题，历久弥新的普通法显示出它善于顺势而变的优势，为此问题的解决提供了比制定法更为灵活可行的手段。在美国普通法中，与公众亲海权关系最密切的当属公共信托原则（Public Trust Doctrine）。依据公共信托原则，美国大多数滨海州政府可以控制州属海域和潮水波及的海滩，限制私人占有它们，这为公众的滨海休闲活动提供了基础性条件。不过，美国滨海各州公共信托原则一般只适用于平均高潮线下的湿沙滩（还有6个州公共信托原则只适用于平均低潮线下的海域），却不包括更便于公众休闲的干沙滩，这使得该原则在维护公众亲海权方面的效力大打折扣。为了进一步扩大公众亲海权，滨海各州法院自20世纪中期后也在尝试扩大公共信托原则的适用范围，同时依据"公共时效地役权"（Public Prescriptive Easement）、"默示奉献"（Implied Dedication）和"习惯权利"（Customary Right）等其他几项普通法原则争取公众对干沙滩的使用权。不过，囿于一些不利的传统属性，普通法原则在推进公众对干沙滩的使用权方面效力明显不足。

　　总之，面对公众不断增长的亲海休闲需求，美国各级政府都采取了一些应对措施。这些措施在一定程度上改善了公众的亲海休闲环境，促进了公众亲海权的发展。不过，此类措施都有各自的局限性，而且，受一些不利因素的影响，它们应有的效力也不能充分发挥出来。

第四节　美国公众亲海权的国内外研究状况和本书的研究思路

　　美国公众亲海权问题是 20 世纪中期开始才真正受到关注的，所以相关研究也是从那时以后才陆续展开的。起初，公众亲海权问题更多的是一种现实关切，因此，早期的相关研究主要还是体现为具有现实针对性的调研报告和政策建议。直到 20 世纪 70 年代，一批综合性的学术研究成果才相继问世。之后，针对联邦和各州海岸带管理规划实施情况的调研报告、针对相关争议事项的法律解读和针对相关冲突的新闻报道成为该领域文献的主要内容。

　　美国联邦政府机构第一次正式对滨海休闲资源进行调查是在 1934 年。[①] 第二次世界大战结束后，随着美国公众亲海休闲热潮的兴起，美国联邦政府相关机构对滨海休闲资源和海岸状况进行了更为全面深入的调查。1954 年和 1957—1958 年美国国家公园管理局（National Park Service）先后对大西洋与墨西哥湾沿岸以及太平洋沿岸的滨海休闲资源进行了系统调查。这两次调查的成果《关于大西洋和墨西哥湾沿岸休闲场所的报告》（*A Report on the Seashore Recreation Area Survey of the Atlantic and Gulf Coasts*）和《太平洋沿岸休闲场所调查》（*Pacific Coast Recreation Area Survey*）指出了当时美国海岸存在的问题和改善公众亲海休闲环境的建议。[②] 1960 年，美国户外休闲资源评估委员会

　　[①]　Environment and Natural Resources Policy Division, Congressional Research Service, Library of Congress, *Past Federal Surveys of Shoreline Recreation Potential*, p. 2.

　　[②]　National Park Service, *A Report on the Seashore Recreation Area Survey of the Atlantic and Gulf Coasts*, 1955; National Park Service, *Pacific Coast Recreation Area Survey*, 1958.

又委托乔治·华盛顿大学对包括大西洋、太平洋、墨西哥湾和五大湖沿岸地区在内的美国滨海（湖）休闲资源做了一次更为全面的调查，这次调查的成果《美国的海岸休闲资源》（*Shoreline Recreation Resources of the United States*）于 1962 年发布。① 此调查报告分析了当时美国海岸休闲资源的状况，提出了制订全国性海岸带管理政策的建议，并且明确列出了此种国家政策应当满足的主要目标。1969 年"海洋科学、工程与资源委员会"（Commission on Marine Science, Engineering and Resources）也提交了他们历经整整两年时间完成的综合调研报告《我们的国家和海洋：一项国家行动计划》（*Our Nation and the Sea：A Plan for National Action*）。该报告强调了海岸带对美国国家、州和地方的重要价值，建议设置"国家海洋和大气管理局"（National Oceanic and Atmospheric Agency）协调各级政府部门对海岸带的管理，同时它还对如何改善公众亲海休闲环境提出了一些具体建议。② 随后的两年中，美国联邦政府相关部门又针对海岸地区完成了几次专项调研。③ 这些调研活动为美国联邦政府制定综合性的海岸带管理规划奠定了基础。

进入 20 世纪 70 年代，综合探讨美国公众亲海权问题并系统分析公众亲海权发展途径的学术论著开始出现。其中比较有代表性的是丹尼斯·W. 杜卡斯柯（Dennis W. Ducsik）于 1974 年在麻省理工学院出版社出版的专著《公众的海岸：关于国家海岸公众休闲性使用之社会、经济和法律思考指南》。该书比较全面地分析了维护公众亲海权的重要性和当时美国公众亲海权面临的主要问题，并且提出了解决这些问题的几种可行途径。④ 另外，史蒂夫·A. 麦基翁（Steve A. McKeon）在

---

① George Washington University, *Shoreline Recreation Resources of the United States*：*Report to the Outdoor Recreation Resources Review Commission*, Washington, D. C.：United States Government Printing Office, 1962.

② Commission on Marine Science, Engineering and Resources, *Our Nation and the Sea*：*A Plan for National Action*, Washington, D. C.：United States Government Printing Office, 1969.

③ Bureau of Outdoor Recreation, *Islands of America*, Washington, D. C.：United States Government Printing Office, 1970；Department of the Interior Fish and Wildlife Service, *National Estuary Study*, Vol. 1, Washington, D. C.：United States Government Printing Office, 1970；Department of the Army Corps of Engineers, *Report on the National Shoreline Study*, August 1971.

④ Dennis W. Ducsik, *Shoreline for the Public*：*A Handbook of Social, Economic, and Legal Considerations Regarding Public Recreational Use of the Nation's Coastal Shoreline*, Cambridge, MA：The MIT Press, 1974.

《斯坦福法律评论》1970 年第 3 期上发表的论文《公众亲海权》也对当时美国公众亲海权面临的主要问题和可能的解决途径做了比较全面的分析，特别是对解决公众亲海权冲突的普通法途径做了比较系统的介绍。① 这一时期，还有一些学者探讨了部分州为促进公众亲海权而采取的具体立法或司法措施，② 小托马斯·阿格尼洛（Thomas J. Agnello, Jr.）则专门探讨了滨海地方政府限制外地人使用其海滩的情况和解决相关冲突的法律途径。③

之后，美国联邦政府和各滨海州政府的海岸带管理规划相继进入实施阶段，对这些规划实施效果的评估遂成为此领域的主要关注点。美国国家海洋和大气管理局下属之海岸带管理部门对各州获得联邦政府批准的海岸带管理规划定期（一般是 5 年一次）进行评估，并且还要定期就全国范围内海岸带管理规划整体的实施情况向总统和国会提交总结报告；有些州也会对本州海岸带规划的实施情况定期进行评估；④ 相关研究机构和个人有时也会针对全国或某州的海岸带管理规划实施情况进行研究评价，比如，北卡罗来纳大学教堂山分校的城市和地区研究中心就在有关部门资助下对美国联邦政府《海岸带管理法》的实施情况进行了详细的调查研究并于 1991 年发布了研究报告《全国海岸带管理规划评估》，⑤ 罗得岛大学的帕梅拉·波格（Pamela Pogue）和弗吉尼亚·李（Virginia Lee）也在 1998 年出版了调研报告

---

① Steve A. McKeon, "Public Access to Beaches", *Stanford Law Review*, Vol. 22, No. 3, February 1970.

② W. Roderick Bowdoin, "Easements: Judicial and Legislative Protection of the Public's Rights in Florida's Beaches", *University of Florida Law Review*, Vol. 25, No. 3, Spring 1973; William G. Hayter, "Implied Dedication in California: A Need for Legislative Reform", *California Western Law Review*, Vol. 7, No. 1, Fall 1970; Lew E. Delo, "The English Doctrine of Custom in Oregon Property Law: State Ex Rel Thornton v. Hay", *Environmental Law*, Vol. 4, No. 3, Spring1973; Richard J. Elliott, "The Texas Open Beaches Act: Public Rights to Beach Access", *Baylor Law Review*, Vol. 28, No. 2, Spring 1976.

③ Thomas J. Agnello, Jr., "Non-resident Restrictions in Municipally Owned Beaches: Approaches to the Problem", *Columbia Journal of Law & Social Problems*, Vol. 10, No. 2, Winter, 1974.

④ 例如 California State Coastal Conservancy, *Annual Report* 1991 – 92, November 1992; Florida Coastal Office, *Florida Coastal Management Program Final Assessment and Strategies FY 2016 – FY 2020*, December 2015。

⑤ Center for Urban and Regional Studies of the Department of City and Regional Planning, the University of North Carolina at Chapel Hill, *Evaluation of the National Coastal Zone Management Program*, NCRI Publication No. NCRI – W – 91 – 003, February 1991.

《州海岸带管理规划在提供到达海岸之公共通道方面的效用：全国概览》，① 等等。1987 年，美国众议院海运和渔业委员会之监督和调查小组委员会（Subcommittee on Oversight and Investigations of the Committee on Merchant Marine and Fisheries，House of Representatives）还针对公众亲海权问题举行了大型的听证活动，对各州公众亲海休闲环境的实际状况和改进措施进行了全面总结。② 另外，《纽约时报》和《洛杉矶时报》等美国主流媒体也有众多针对公众亲海权问题的报道。③

　　这一时期，此领域的学术性研究主要集中在探讨公众亲海权与滨海土地私人所有权之间的关系方面。比如，爱丽丝·G. 卡迈克尔（Alice G. Carmichael）和约瑟夫·J. 卡洛（Joseph J. Kalo）分别在 1985 年和 2000 年发表在《北卡罗来纳法律评论》上的论文《日光浴者和财产所有者：公众到达北卡罗来纳州海滩的权利》与《海岸的变脸：北卡罗来纳州自然和人工干沙滩上的公共和私人权利》、④ 詹姆斯·D. 多纳休（James D. Donahue）2016 年发表在《洛杉矶罗耀拉法律评论》上的论文《公共通道 vs. 私人财产：滨海地产主阻止公众进入他们土地的斗争》，⑤ 以及安德鲁·W. 卡欧（Andrew W. Kahrl）2015 年在《美国历史杂志》上发表的论文《对开放海岸的畏惧：

---

① Pogue，P. and V. Lee，*Effectiveness of State Coastal Management Programs in Providing Public Access to the Shore：A National Overview*，Narragansett，RI：Rhode Island Sea Grant Publications，1998.

② *Public Access to the Shore：Hearing before the Subcommittee on Oversight and Investigations of the Committee on Merchant Marine and Fisheries*，House of Representatives，One Hundredth Congress，First Session，on the Public's Rights to the Visual and Physical Aspects of the Shoreline of Lakes and Oceans，June 29，1987，*Warwick，RI.*，Washington，D. C.：United States Government Printing Office，1987.

③ 例如 David M. Herszenhorn，"Greenwich Cites Fears of ' Jerseyfication' in Beach Dispute"，*New York Times*，November 11，2000，p. B1；Timothy Egan，"Owners of Malibu Mansions Cry，'This Sand Is My Sand' "，*New York Times*，August 25，2002，pp. 1，20；David G. Savage and Kenneth R. Weiss，"Justices Bolster Beach Access"，*Los Angeles Times*，October 22，2002，p. A1.

④ Alice G. Carmichael，"Sunbathers Versus Property Owners：Public Access to North Carolina Beaches"，*North Carolina Law Review*，Vol. 64，No. 1，November 1985；Joseph J. Kalo，"The Changing Face of the Shoreline：Public and Private Rights to the Natural and Nourished Dry Sand Beaches of North Carolina"，*North Carolina Law Review*，Vol. 78，No. 6，September 2000.

⑤ James D. Donahue，"Public Access vs. Private Property：The Struggle of Coastal Landowners to Keep the Public off Their Land"，*Loyola of Los Angeles Law Review*，Vol. 49，No. 1，2016.

1970 年代康涅狄格海岸的公共权利和私人权益》,① 等等。此外，这一时期不少硕士或博士论文也是以此为题。②

近期，少数族裔等弱势群体的平等亲海权问题受到更强烈的关注，几部论述此类问题的专著相继问世。比如安德鲁·W. 卡欧 2012 年出版的《这是我们的土地：南方海岸之黑人海滩是如何变为白人财产的》和格雷戈里·W. 布什（Gregory W. Bush）2016 年出版的《白沙黑滩：公民权利、公共空间和弗吉尼亚岛》。③ 另有两部作品则以人物传记的形式详细描述了康涅狄格州和密西西比州比洛克西（Biloxi）市少数族裔争取平等亲海权斗争的历程。④

在国内，从历史发展的角度研究美国海岸保护以及公众对海滩休闲性使用方面的论著尚未出现。其他领域有些作品涉及这个话题，但基本上都属于简介性质，比如《借鉴国际经验保护滨水生态空间》《城市用地功能置换中的公共空间设计——旧金山滨水区公共空间设计的成败分析》和《水生态文明城市建设的国际经验与借鉴》等几篇篇幅不大的论文。⑤ 另外，国内有些论述海岸带管理的著作也会简要介绍美国的海岸带管理规划。⑥ 再者就是研究公共信托原则和公共

---

① Andrew W. Kahrl, "Fear of an Open Beach: Public Rights and Private Interests in 1970s Coastal Connecticut", *Journal of American History*, Vol. 102, No. 2, September 2015.

② 比如 Christopher City, *Private Title*, *Public Use*: *Property Rights in North Carolina's Dry-Sand Beach*, Master's Degree thesis, University of North Carolina at Chapel Hill, 2001; Mark H. Robinson, *Beach Ownership and Public Access in Massachusetts*, Master's Degree thesis, University of Rhode Island, 1983); Amy F. Blizzard, *Shoreline Access in Three States*: *Reciprocal Relationships Between State and Local Government Agencies and the Role of Local Governments in Shoreline Access Program Evaluation*, Ph. D. dissertation, East Carolina University, 2005。

③ Andrew W. Kahrl, *The Land Was Ours*: *How Black Beaches Became White Wealth in the Coastal South*, Chapel Hill, NC: The University of North Carolina Press, 2012; Gregory W. Bush, *White Sand Black Beach*: *Civil Rights*, *Public Space*, *and Miami's Virginia Key*, Gainesville, FL: University Press of Florida, 2016.

④ Andrew W. Kahrl, *Free the Beaches*: *The Story of Ned Coll and the Battle for America's Most Exclusive Shoreline*, New Haven, CT: Yale University Press, 2018; Victoria W. Wolcott, *Race*, *Riots*, *and Roller Coasters*: *The Struggle over Segregated Recreation in America*, Philadelphia, PA: University of Pennsylvania Press, 2012.

⑤ 何萍等：《借鉴国际经验保护滨水生态空间》，《环境保护》2014 年第 11 期；赵鹏军：《城市用地功能置换中的公共空间设计——旧金山滨水区公共空间设计的成败分析》，《城市发展研究》2005 年第 2 期；詹卫华：《水生态文明城市建设的国际经验与借鉴》，《中国水利》2016 年第 3 期。

⑥ 王小军：《海岸带综合管理法律制度研究》，海洋出版社 2019 年版，第 49—54 页。

地役权原则的几篇博士学位论文和硕士学位论文,① 不过,这些论文都只是从别的方面论述这两个普通法原则,并没有论及它们与公众亲海权之间的关系。

总起来看,国内对美国公众亲海权问题的研究尚待起步,美国的相关研究则以调研报告、新闻报道和对相关冲突的法理分析为主,缺乏系统的综合性研究成果,尤其是缺少法理分析与历史叙事有机结合的综合性研究成果。

鉴于这种状况,本书拟在充分收集整理相关调研报告、法律法规、新闻报道和专题研究的基础上系统梳理美国公众亲海权自 20 世纪 50 年代以来的发展脉络。具体研究从以下五个方面展开:(1)美国联邦政府改善公众亲海环境的政策措施;(2)美国滨海各州法院依据普通法原则解决公众亲海权冲突的努力;(3)美国滨海各州政府为改善公众亲海环境而采取的立法和行政措施;(4)美国公众争取平等亲海权的斗争历程和典型事例;(5)美国各界促进公众亲海权发展取得的成效、存在的问题和当前面临的主要挑战。

美国公众亲海权问题是 20 世纪 50 年代以后才显现出来的,本书的研究也主要是围绕这一时期展开。不过,由于美国公众亲海权问题的产生和相关解决措施的采用都有深厚的历史背景,所以,为了使这些内容能够得到更好的理解,本书在必要的情况下也会追溯它们在此时期之前的历史渊源。

另外需要说明的是,本书题为"美国公众亲海权的历史考察",所以研究对象一般都位于美利坚合众国境内的滨海州。不过,由于美国联邦政府的海岸带管理规划和美国学界关于公众亲海权问题的论著一般都将五大湖沿岸州和美国的海外领地也包括在内,所以,本书引用的部分资料也会涉及这些区域。

---

① 王灵波:《美国自然资源公共信托原则研究》,博士学位论文,苏州大学,2015 年;吴真:《公共信托原则研究》,博士学位论文,吉林大学,2006 年;李冰强:《公共信托理论批判》,博士学位论文,中国海洋大学,2012 年(此论文已于 2017 年由法律出版社出版);郝剑峰:《公共地役权制度研究》,硕士学位论文,内蒙古大学,2017 年;王芳:《公共地役权研究》,硕士学位论文,福建师范大学,2012 年;汪雪峰:《公共地役权制度研究》,硕士学位论文,华中师范大学,2011 年;杨雨潇:《公共地役权法律制度研究》,硕士学位论文,山东大学,2017 年;张文瑜:《公共地役权研究》,硕士学位论文,大连海事大学,2012 年。

第一章　美国联邦政府改善公众亲海环境的举措

　　美国人的亲海休闲问题是第二次世界大战结束后随着户外休闲热潮的兴起而显现出来的。户外休闲热潮兴起后要求有更多的户外休闲资源，然而，由于之前没有得到足够重视，所以那时美国很多适合户外休闲的场所都已经被各类工商企业、交通设施以及私人建筑占据或破坏，而且这种状况还有进一步加剧的趋势。这使得那些渴望户外休闲的人们只能涌向有限的活动场所，以至于"野餐区和露营区人多到无法立足，湖里塞满了游船，海滩上挤满了人"。当时，"这个国家户外休闲的未来已经成为国会议员、州议员乃至个人和民间组织都关注的问题"①。他们强烈地意识到，必须尽快采取切实行动，为人们保留并争取更多的适合户外休闲的空间。在此背景下，美国联邦政府采取积极行动，出台了一系列改善公众户外休闲环境的措施。亲海休闲属于户外休闲的重要组成部分，所以美国联邦政府采取的所有改善户外休闲环境的举措对公众亲海休闲环境的改善也都大有裨益。另外，这一时期美国联邦政府还对公众亲海休闲环境给予了特别的关注，其相关机构专门针对海岸状况和滨海休闲资源进行了数次调查，国会则依据这些调查报告于1972年制订出了综合性的《海岸带管理法》。该法及其后续的修订为美国海岸带的管理和公众亲海权的维护确立了指导原则，而且它还授权联邦政府为各州改进海岸环境和公众亲海休闲条件所实施的项目提供资金支持，以使各州的此类项目能够得到更为顺利地实施。

---

　　① Outdoor Recreation Resources Review Commission, *A Progress Report to the President and to the Congress*, January 1961, P. 1.

第一节　美国联邦政府改善户外休闲环境的努力

在 20 世纪 50 年代，针对公众户外休闲资源严重不足的问题，美国各界普遍赞同的应急措施是成立一个专门委员会，由它负责调研公众户外休闲的需求情况，并据此提出能够满足公众户外休闲需求的建议。1958 年 6 月 28 日，美国国会通过了成立"户外休闲资源评估委员会"的法案。该法案的前言表示，成立此委员会是出于以下目的：

> 为了保护、改善并确保所有美国人及其子孙后代都能够接触到对于个人享用来说必要且合意之质量和数量的户外休闲资源，并且要确保这种户外休闲活动能够提供精神的、文化的和身体的益处；为了清查和评估全国户外休闲资源和机会，确定当代人及其子孙后代所要求的此类资源和机会的种类和位置；为了使总统、国会和各州及领地能够获得实现这些目标所需要的综合信息以及建议，特此授权成立两党联立的户外休闲资源评估委员会。[1]

该法规定，户外休闲资源评估委员会由 15 名成员组成，其中参议员 4 名（参议院议长指派，多数党和少数党各两名）、众议员 4 名（众议院议长指派，多数党和少数党各两名）、熟悉户外休闲资源保护和利用事务的市民 7 名（总统指派，其中一名由总统任命为委员会主席）。[2] 该法还授权委员会雇用执行秘书和其他必要的工作人员。[3] 同时，该法还授权成立一个顾问委员会给户外休闲资源评估委员会提供帮助，并且规定该顾问委员会成员应当包括联邦政府各相关部门选派的联络官员，以及从各州渔猎部门、公园管理部门、林业部门、环保部门、水务部门、旅游管理部门以及地方政府、从事户外休闲业务的私营业主等相关人士中选任的能够广泛代表各大地理区域和各种利益

---

[1]　The Outdoor Recreation Resources Review Act（Public Law 85 – 470）.

[2]　The Outdoor Recreation Resources Review Act, Sec. 3.

[3]　The Outdoor Recreation Resources Review Act, Sec. 4.

群体的其他 25 名成员。① 另外，该法还专门给委员会拨款 250 万美元，以便使它能够顺利地开展工作。②

美国国会授权成立户外休闲资源评估委员会的法案通过后不久，其成员便按要求选出。1958 年 9 月 25 日，艾森豪威尔总统任命来自纽约市的劳伦斯·S.洛克菲勒（Laurance S. Rockefeller）为该委员会主席。顾问委员会成员也很快确定。各州州长都很积极地按照要求指派了各州的联络官员，其中多数是各州的资源保护、公园、林业、渔猎或规划部门的负责人；另外的 25 名顾问委员会成员是从各地各部门推荐的大约 500 人中选出。1959 年夏，户外休闲资源评估委员会得到第一笔拨款，他们随即雇用了必要的行政工作人员。

一切准备就绪后，户外休闲资源评估委员会便有条不紊地开始工作。概括起来讲，该委员的核心任务是为以下三个问题寻找答案：

当前美国人的户外休闲需求是什么？到 1976 年和 2000 年时美国人的户外休闲需求又会是什么？

美国能够满足那些要求的户外休闲资源有哪些？

为了确保当前与未来的休闲需求能够得到充分有效地满足，应当提出何种政策和规划建议？③

为了回答这三个问题，户外休闲资源评估委员会组织开展了广泛的调研工作。这些调研工作部分是由其雇用的工作人员直接进行，更多的则是承包给大学、联邦政府部门或非政府研究机构来完成。参与调研工作的单位有农业部经济研究局、商务部人口统计局、内政部鱼类和野生动植物管理局、劳工部劳工统计局、美国林业协会、美国政治科学协会、国会图书馆、加州大学伯克利分校、加州大学洛杉矶分校、密歇根大学安娜堡分校、乔治·华盛顿大学、蒙大拿大学、纽约大学、北卡罗来纳大学教堂山分校、纽约自然保护基金会、弗雷德里克·伯克教育基金会等等，另外还有不少个人也参与其中。他们提交

---

① The Outdoor Recreation Resources Review Act, Sec. 5.

② The Outdoor Recreation Resources Review Act, Sec. 8.

③ Lawrence K. Frank, et al., *Trends in American Living and Outdoor Recreation*: *Reports to the Outdoor Recreation Resources Review Commission*, Washington, D. C.: United States Government Printing office, 1962, p. iii.

的 27 册专题调研报告比较全面地反映了当时美国户外休闲资源的状况，并预测了未来的发展趋势。其中，由户外休闲资源评估委员会工作人员整理的《公共户外休闲区域清单》（List of Public Outdoor Recreation Areas）列出了大约 10000 处户外休闲区域的名称；由美国农业部经济研究局整理的《东北地区潜在户外休闲场所》（Potential New Sites for Outdoor Recreation in the Northeast）列出了美国东北部 10 个人口密集的州中大于或等于 30 英亩的当时属于私人但是有可能成为公众休闲场所的土地；该委员会工作人员依据人口统计局提供的资料在广泛调查基础上编制的《全国休闲状况调查》（National Recreation Survey）详细归纳了 12 岁以上不同年龄段、不同家庭收入、不同种族的美国人在不同季节的户外休闲偏好；乔治·华盛顿大学组织编写的《美国滨海休闲资源》（Shoreline Recreation Resources of the United States）考察了美国的滨海休闲资源以及影响到这些资源休闲性使用的因素；该委员会工作人员会同多部门联合编写的《对 1976 年和 2000 年的预测：经济发展、人口、劳动力和闲暇以及交通》（Projections to the Years 1976 and 2000：Economic Growth，Population，Labor Force and Leisure，and Transportation）对美国人口规模、地域分布、收入状况、闲暇时间和流动便利程度的未来发展趋势做了测算；由相关领域专家应委员会之请所撰论文合编而成的《美国人的生活与户外休闲趋势》（Trends in American Living and Outdoor Recreation）分析了当时的社会文化背景对以后户外休闲倾向的影响，等等。[1]

户外休闲资源评估委员会与顾问委员会的联席会议每年召开两次。第一次会议于 1959 年 7 月 16—17 日召开。这次会议主要是关于组织方面的问题，所以会议内容没有公开。之后召开的四次会议每次都有完整的会议纪要公布于世。这些会议有助于各方代表之间信息和意见的沟通与交流，特别是有助于该委员会与各州官员之间的沟通与了解，使他们都能充分知晓各自所关心的问题。各州的联络官员对该委员会的调研活动帮助很大，他们提供了很多重要的参考数据，并且负责完成了区域性调查问卷的发放和整理工作。

1962 年 1 月 31 日，户外休闲资源评估委员会终于按照调整后的

---

[1]　Outdoor Recreation Resources Review Commission，*Outdoor Recreation for America*，pp. 199 – 207.

时间节点提交了《美国的户外休闲——给总统和国会的报告》。① 此报告首先论述了历史上户外活动对美国人的重要性，以及当时美国人户外休闲需求的情况和未来趋势，随后列出了具体的调查结果。在调查结果中，该报告强调了以下几项：

1. 驾车及徒步游玩、游泳和野餐等简单的休闲活动最流行，不论何种收入、教育、年龄和职业背景的人都乐于参加。

2. 到世纪之交四分之三的人口将集中于大都市区，而当地的休闲设施和场地又最少，所以如何满足大都市区居民的户外休闲需求是最迫切需要解决的问题。

3. 从全国范围看，可供休闲的土地面积很大，但因地理位置和管理的原因，它们并不能被公众方便地使用，特别是不能满足大都市区居民周末休闲之用。

4. 政府可以通过征购或整修的方式为公众提供更多休闲场地和设施，但当时的情况是多数联邦政府机构缺少相应资金，而州属机构的情况更不乐观。

5. 公众的户外休闲活动无须独占资源，很多情况下休闲活动可以在为其他目的而保留或开发的土地上进行，所以户外休闲规划可以与城市更新、公路建设、野生动植物保护、水资源开发利用和历史遗存保护等规划同步进行。

6. 多数人喜欢与水有关的户外休闲活动，比如游泳、划船、垂钓，或者只是坐在水边。

7. 提供户外休闲场所和机会不仅对社会和个人益处良多，而且能够带来可观的经济效益。

8. 1960 年，大约 90% 的美国人参加了某种形式的户外休闲活动，总共有 44 亿人次；到 1976 年和 2000 年，户外休闲人次将分别达到 69 亿和 124 亿。

9. 因为户外休闲越来越重要，所以政府应当掌握更多的相关信息，加深对户外休闲社会价值的认知，以便能够做出更合理的分配休闲资源的决策。②

————————

① 按照最初的规定户外休闲资源评估委员会应当在 1961 年 9 月 1 日前提交最终报告。提交的时间后来又被推迟到 1962 年 1 月 31 日。

② Outdoor Recreation Resources Review Commission, *Outdoor Recreation for America*, pp. 3 – 5.

在陈述调查结果的基础上，户外休闲资源评估委员会的报告还就如何满足当时以及预期的美国公众户外休闲需求提供了 30 多条明确建议。这些建议可以概括为以下 5 个方面。

第一个方面是关于全国性户外休闲政策。该报告指出，满足公众户外休闲需求应当成为一个全国性政策，同时它还明确规定了联邦政府的责任，并特别强调各州应在实施户外休闲规划中发挥关键作用，地方政府也应当扩大提供户外休闲资源的努力。

第二个方面是关于户外休闲资源管理的指导原则。该报告要求管理户外休闲资源的各级政府部门将辖区内的户外休闲资源划分为高密度区、一般户外休闲区、自然环境区、特殊自然环境区、荒野区以及历史和文化资源区 6 类，并进行分类管理。

第三个方面是关于如何扩大、修改和强化发展规划以便满足公众日益增长之户外休闲需求。该报告强调各州应当制定户外休闲长远规划，为公众提供足够的休闲机会，并在必要的地方征购新的休闲区域，以及保护有突出特点的自然景观；它还强调，各级政府应当通力合作，持续提供必要资金，尽力采取合理措施满足公众的户外休闲需求；另外它又强调，在制定污染防治和水资源开发等相关规划时应当将公众休闲因素考虑进去。

第四个方面是建议成立户外休闲局。该报告建议在内政部下设立户外休闲局，由该局负责协调户外休闲领域内联邦政府各机构的政策，并帮助州和地方政府推进公众户外休闲规划的制订和实施；另外，为使户外休闲政策能够得到高层的关注并促进相关领域部门间的合作，它还建议设置由联邦政府各主要部委负责人组成的休闲顾问委员会。

第五个方面是建议设立联邦政府补助项目。该报告建议由联邦政府制定补助计划，对各州户外休闲规划的制定与实施按一定比例提供补助；它还建议由户外休闲局负责补助计划的管理与执行。①

当时的肯尼迪政府和国会高度肯定户外休闲资源评估委员会的报告，并针对该报告提出的设立户外休闲局与休闲顾问委员会、制定全国户外休闲规划以及向各州户外休闲规划的制定与实施提供联邦补助金等具体建议迅速采取行动予以落实。在 1962 年 3 月 1 日提交给国

---

① Outdoor Recreation Resources Review Commission, *Outdoor Recreation for America*, pp. 5 – 10.

会的有关自然资源保护的特别咨文中，肯尼迪总统就明确提出了赞同这些建议并要求尽快实施的主张。① 国会对此也很支持。

在户外休闲资源评估委员会提出的建议中，成立联邦户外休闲局是其中最为核心的一条。该委员会认为：

> 在未来 40 年中为美国人提供足够的户外休闲机会是一个巨大的挑战，它要求投入资金、资源和工作。要使投入能够进入最有效的渠道就需要有领导、远见和判断。当前不协调的努力不能胜任这项工作。必须有一个新的联邦层面的政府机构，而且要使它既可以在联邦政府内部提供指导和帮助，也可以为其他层级的政府及私营单位提供指导和帮助。②

这条建议既关键而且实施起来程序又比较简便，所以它成为最先得到落实的一条。1962 年 4 月 2 日，内政部长斯图尔特·L. 尤德尔（Stewart L. Udall）签署命令，正式成立"户外休闲局"（Bureau of Outdoor Recreation）。当天，肯尼迪总统任命美国林业局副局长爱德华·C. 克拉夫茨（Edward C. Crafts）出任户外休闲局的首任局长。1962 年 4 月 27 日，肯尼迪总统又颁布行政命令（Executive Order 11017），成立内阁级别的休闲顾问委员会（Recreation Advisory Council），内政部部长、农业部部长、国防部部长、商务部部长、卫生部部长、教育部部长以及福利和住房金融部门（后来的美国住房和城市发展部）负责人为该顾问委员会的成员。他们按上述顺序充当轮值主席，每人任期两年。其他部门负责人也可以被邀请参加会议或作为成员，预算局局长将作为观察员出席会议。顾问委员会的职责是就涉及户外休闲的所有重大事务向联邦政府部门负责人提供咨询，并促进各部门在此领域的合作。户外休闲局为顾问委员会提供工作人员，相关部门也提供联络官员为它服务。在其存续期间（1962—1966 年），休闲顾问委员会提供了不少政策建议。

---

① John F. Kennedy, "Special Message to the Congress on Conservation", in Office of the Federal Register ed., *Public Papers of the Presidents of the United States*: *John F. Kennedy* 1962, Washington, D. C. : United States Government Printing office, 1963, pp. 178 – 180.

② Outdoor Recreation Resources Review Commission, *Outdoor Recreation for America*, p. 121.

户外休闲资源评估委员会所提出的制定全国性户外休闲综合规划的建议也得到了积极的响应。不久之后美国国会通过《户外休闲法》（Outdoor Recreation Bill），① 肯尼迪总统于 1963 年 5 月 28 日签署。此法第 2 条责成内政部部长在 5 年内组织制定出一项全国性户外休闲综合规划并提交给总统和国会审核。它要求制定此规划时应当充分考虑进联邦政府诸机构和各州及其地方政府的各种规划。它同时还规定：该规划应当阐明公众对户外休闲的要求和需要，以及当时和未来可预见的那些能满足此类需求的户外休闲资源；该规划应当指出当时迫切需要解决的户外休闲问题，并对各级政府和私营组织应当采取何种措施解决这些问题提供建议。户外休闲局承担了制定户外休闲规划的具体任务。在广泛调查研究的基础上，该局先后拟定出了两版全美户外休闲规划。1973 年，其第二个版本的规划被提交给总统和国会。② 不过，在国会随后组织的调查中，这份休闲规划得到的评价并不高。③ 1979 年 12 月，取代了户外休闲局的 "文物保护和休闲局"（Heritage Conservation and Recreation Service）又提交了最终版本的《第三版美国户外休闲规划》（The Third Nationwide Outdoor Recreation Plan）。④

针对户外休闲资源评估委员会提出的由联邦政府为各州户外休闲规划的制定与实施提供资金补助的建议，肯尼迪总统在 1963 年 2 月 14 日给国会参、众两院议长的信中呼吁设立水土保持基金，并且用此基金为各州制定户外休闲规划以及征购和改进户外休闲用地与设施提供补助，以便激励各州在此领域尽快采取实质性行动。⑤ 在 5 月 28 日签署《户外休闲法》时的讲话中，肯尼迪总统再次敦促国会制定水

---

① An Act to Promote the Coordination and Development of Effective Programs Relating to Outdoor Recreation, and for Other Purposes（Public Law 88 – 29）.

② 户外休闲局 1969 年拿出的第一版户外休闲规划因为所定目标太高、所需费用太大，没能通过内政部的审核，被搁置起来。

③ Environmental Policy Division, Congressional Research Service, Library of Congress, *The Nationwide Outdoor Recreation Plans：Critiques by State Officials*, Washington, D. C.：United States Government Printing Office, 1975, p. 3.

④ 1977 年户外休闲局改组为文物保护和休闲局。

⑤ John F. Kennedy, "Letter to the President of the Senate and to the Speaker of the House on Outdoor Recreation Needs", in Office of the Federal Register ed., *Public Papers of the Presidents of the United States：John F. Kennedy 1963*, Washington, D. C.：United States Government Printing Office, 1964, p. 163.

土保持基金法。① 在肯尼迪总统、户外休闲局、户外休闲顾问委员会以及其他关心此问题的人士的共同努力下，《水土保持基金法》终于在国会获得通过，并于 1964 年 9 月 3 日由肯尼迪的继任者约翰逊总统签署，1965 年 1 月 1 日正式生效。② 该法规定，为了使当时和未来的美国人能够有足够且适宜之户外休闲场所，它将以如下两种方式提供保障：（1）为各州规划、获取和开发户外休闲所必需之土地、水域和设施提供资金支持以及其他类型的帮助；（2）为联邦政府获取和开发特定土地和其他区域提供资金。③ 它还明确规定，其资金来源是国家公园管理局（National Park Service）、土地管理局（Bureau of Land Management）、垦务局（Bureau of Reclamation）、林业局（Forest Service）和田纳西河流域管理局（Tennessee Valley Authority）等部门的相关收入以及摩托艇燃油税（Motorboat fuels tax）等税收收入。④为了能够获得联邦水土保持基金的资助，各州都抓紧制订并向户外休闲局提交自己的户外休闲规划。⑤

户外休闲资源评估委员会的报告以及联邦政府依据此报告所采取的各项措施有利于美国户外休闲环境的改善，对美国公众亲海休闲机会的增加也有很积极的影响。此种影响最直接的体现是《水土保持基金法》的通过使联邦政府能够有更充裕的资金用于整饬海岸和征购滨海土地兴建国家公园，所以该法生效后联邦政府在实施这些项目方面的力度明显加大。比如，自《水土保持基金法》生效到 1972 年这短短的几年时间中，美国就又增加了位于马里兰州和弗吉尼亚州的阿萨蒂格岛（Assateague，1965 年）、位于北卡罗来纳州的卢考特角（Cape Lookout，1966 年）、位于佛罗里达州的海湾群岛（Gulf Islands，1967 年）和位于佐治亚州的坎伯兰岛（Cumberland Island，1972 年）等几处国有海岸。⑥ 沿海各州也都把从联邦政府获得的水土保持基金

① John F. Kennedy, "Remarks Upon Signing the Outdoor Recreation Bill", in Office of the Federal Register ed., *Public Papers of the Presidents of the United States*: *John F. Kennedy* 1963, Washington, D. C.: United States Government Printing Office, 1964, p. 431.

② Land and Water Conservation Fund Act of 1965 (Public Law 88 – 578).

③ Land and Water Conservation Fund Act of 1965, Section 1 (b).

④ Land and Water Conservation Fund Act of 1965, Section 2.

⑤ Bureau of Outdoor Recreation, *Outdoor Recreation Action*, Report No. 1, August 1966, p. 36.

⑥ Zigurds L. Zile, "A legislative-political history of the coastal zone management act of 1972", *Coastal Zone Management Journal*, Vol. 1, No. 3, 1974, p. 238.

中的一部分用于征购滨海土地，在有些州中这部分资金占比还很高。①

　　除此之外，美国联邦政府在 20 世纪 60—70 年代还采取了其他一些改善公众户外休闲环境的措施。国会的相关立法有 1964 年的《荒野法》（The Wilderness Act）、② 1965 年的《联邦水项目休闲法》、③ 1968 年的《全国游径系统法》和《天然与景观河流法》，以及 1978 年的《1978 年国家公园和休闲法》等等。④ 这一时期任职的三位美国总统——林登·B. 约翰逊（Lyndon B. Johnson）、理查德·M. 尼克松（Richard M. Nixon）和吉米·卡特（Jimmy Carter）——对公众的户外休闲也都很重视。上述法案都是经他们签署生效的，有些还是在他们的大力推动下通过的。不仅如此，他们在这方面还各自都有其他一些建树。以约翰逊总统为例，他把"美化国家"作为其"伟大社会"改革的一个有机组成部分，他明确表示政府在"建立一个对居住其中的人们的健康和精神有益的环境"方面负有不可推卸的责任，并且主张把 1960 年代变成一个"为美国建造公园的时代"。约翰逊总统曾经声称，就算他的政府除了美化环境之外什么都没有做，他也会很高兴地作为一个"环保的总统"而载入史册。⑤ 为此，他于 1966 年 5 月 4 日发布行政命令，成立"休闲和自然美景总统委员会"（President's Council on Recreation and Natural Beauty）与"休闲和自然美景市民咨询委员会"（Citizens Advisory Committee on Recreation and Natural Beauty），由他们就户外休闲和自然美景有关的政策向总统提供建议，并由他们负责审查联邦政府各机构影响到户外休闲和自然美景的计划与规划，以及鼓励和帮助联邦机构在此领域相互合作。尼克松总统在这方面的贡献之一是推行"公园遗产"（Legacy of Parks）计划。在 1970 年 1 月 22 日给国会的年度咨文中，尼克松讲到："随着我们的城市和

---

　　① United States Department of Commerce, *U. S. Ocean Policy in the* 1970*s*: *Status and Issues*, Washington, D. C.: United States Government Printing Office, 1978, p. iv - 52.

　　② 该法虽然意在保护美国的荒野，但它的一些规定也体现了"为公众娱乐提供便利的目的"。参见滕海键《1964 年美国〈荒野法〉立法缘起及历史地位》，《史学集刊》2016 年第 6 期，第 77 页。

　　③ Federal Water Project Recreation Act（Public Law 89 - 72）.

　　④ National Trails System Act（Public Law 90 - 543）；Wild and Scenic Rivers Act（Public Law 90 - 542）；National Parks and Recreation Act of 1978（Public Law 95 - 625）.

　　⑤ 徐再荣等：《20 世纪美国环保运动与环境政策研究》，第 203 页。

郊区无情地扩张，那些公众可达的休闲所需之宝贵的开敞空间被吞噬掉——这经常是永久性的。除非我们在这些空间还存在时保留它们，否则我们将无以保存。"①因此他发起了公园遗产计划，主张当代人应该将所有美国人都能够游憩其上的公园和休闲区域作为最重要的遗产之一留给后人。为实现这个目标，尼克松总统不断地敦促国会授权拨付更多资金在城市区征购土地建设公园。②依据1970年10月22日由他签署的对《水土保持基金法》的修订，联邦政府将大量土地无偿转让给州和地方政府用于修建公园等户外休闲场所。③卡特总统对改善户外休闲环境也很关心，《1978年国家公园和休闲法》就是由他促成的，而且其中很多具体条款都是直接源自他1977年给国会的环境咨文中的内容。④

联邦政府改善户外休闲环境的这些措施也同样会直接或间接地影响到美国公众亲海权的发展。以约翰逊总统成立的"休闲和自然美景总统委员会"为例，该委员会按照要求提交的报告中就专门指出，海岸对于每位到此休闲的人来说都"具有特殊意义"。针对滨海休闲资源遭到破坏的现状，该委员会还表示，"现在已经是时候来宣布如下原则：所有美国人——当今的美国人及其子孙后代——都有权利享有流连于海边的体验，因此具有高质量景观和休闲价值的海岸和湖岸是需要保护而不能被破坏的自然资源"⑤。

---

① Richard Nixon, "Annual Message to the Congress on the State of the Union", in in Office of the Federal Register ed. , *Public Papers of the Presidents of the United States*: *Richard Nixon* 1970, Washington, D. C. : United States Government Printing Office, 1971, p. 13.

② Richard Nixon, "Special Message to the Congress Proposing the 1971 Environmental Program", in Office of the Federal Register ed. , *Public Papers of the Presidents of the United States*: *Richard Nixon* 1971, Washington, D. C. : United States Government Printing Office, 1972, pp. 135 – 136.

③ An Act to Amend the Land and Water Conservation Fund Act of 1965 (Public Law 91 –485) .

④ Subcommittee on National Parks and Insular Affairs of the Committee on Interior and Insular Affairs of the U. S. House of Representatives, Ninety-Fifth Congress, Second Session, *Legislative History of the National Parks and Recreation Act of* 1978, Washington, D. C. : United States Government Printing Office, 1978, p. 977.

⑤ President's Council on Recreation and Natural Beauty, *From Sea to Shining Sea*: *A Report on the American Environment—Our Natural Heritage*, Washington, D. C. : United States Government Printing office, 1968, p. 174.

第二节 美国联邦政府对滨海休闲资源的调研

除了致力于改善美国整体的户外休闲环境之外，美国联邦政府在20 世纪中期以后还对改善滨海休闲环境给予了特别的关注。这一时期美国联邦政府相关部门针对海岸环境和滨海休闲资源组织开展了数轮调研活动，以便为制定出更合理的海岸带管理政策提供可靠的事实依据。

一 国家公园管理局组织的滨海休闲资源调研

早在 1934 年，美国国家公园管理局就在内政部部长指示下对大西洋和墨西哥湾沿岸的休闲资源做过一次详细调查，并建议联邦政府收购总长度为 437 英里、面积为 602170 英亩的 12 处海岸用作公众休闲之地。在 1935 年 1 月 2 日提交给内政部部长的备忘录中，国家公园管理局局长阿尔诺·坎默尔（Arno Cammerer）写道："我们认为，大西洋和墨西哥湾的 4000 英里海岸中，联邦政府为休闲之目的而控制其中至少 400 英里——或者说全部海岸的约 10%，是合理的。"[1]这次调查很及时，而且关系重大，但是，由于经济大危机和第二次世界大战等因素的不利影响，相关建议没能得到应有的重视。

表 1-1　1935 年国家公园管理局建议收购的大西洋和墨西哥湾沿岸的 12 处海岸

名称	面积（英亩）	临海长度（英里）	预计费用（美元）
新泽西州巴尼加特湾（Barnegat Inlet）	3100	14	2480000
特拉华州与马里兰里州之里霍博斯和阿索乌曼（Rehoboth，Assawoman）	60000	21	1530000
马里兰州钦科蒂格湾（Chincoteague Bay）	95000	34	1357000
弗吉尼亚州亨利角（Cape Henry）	5080	6	687000
北卡罗来纳州屠魔岭（Kill Devil Hill）	15000	15	740000

---

[1] Environment and Natural Resources Policy Division, Congressional Research Service, Library of Congress, *Past Federal Surveys of Shoreline Recreation Potential*, p. 2.

续表

名称	面积 (英亩)	临海长度 (英里)	预计费用 (美元)
北卡罗来纳州哈特勒斯（Hatteras）	30000	42	350000
北卡罗来纳州博格岛（Bogue Island）	8465	30	260000
南卡罗来纳墨特尔比奇（Myrtle Beach）	49000	18	1250000
佐治亚州萨佩洛岛（Sapelo Island）	44100	12	1327000
佛罗里达州杰克逊维尔海滩（Jacksonville Beach）	30425	18	271340
佛罗里达州圣罗莎岛（Santa Rosa Island）	122000	110	736000
得克萨斯州帕德雷岛（Padre Island）	90000	117	500000

资料来源：Environment and Natural Resources Policy Division，Congressional Research Service，Library of Congress，*Past Federal Surveys of Shoreline Recreation Potential*，p. 3.

第二次世界大战结束后，美国滨海休闲资源的状况再度引起关注。1954 年，在私人捐赠基金的支持下，美国国家公园管理局又组织了一批专家对大西洋和墨西哥湾沿岸的公共休闲资源再次展开调查。这次调查提交了两份报告，一份是专题报告《我们正在消失的海岸》（Our Vanishing Shoreline），另一份是更为详细的综合报告《关于大西洋和墨西哥湾沿岸休闲场所的报告》（A Report on the Seashore Recreation Area Survey of the Atlantic and Gulf Coasts）。

这次调查发现，大西洋和墨西哥湾沿岸总共有 3700 英里海岸线，其中只有 240 英里，或者说只有 6.5%，由联邦政府或州政府掌握并用于公众休闲之目的。同时，此次调查还发现，在大西洋和墨西哥湾沿岸尚有 126 处未开发的海岸，其中的 72 处不具备公众休闲潜力，而另外的 54 处很适合公众休闲。这 54 处海岸共计 640 英里，占大西洋和墨西哥湾海岸线的 17%，它们是这一地区尚存的可用于扩大公众滨海休闲机会的主要资源。[1]

此次调查的总结报告强烈建议，大西洋和墨西哥湾沿岸至少 15% 的土地应当用于公众休闲之目的。该报告认为，如果政府部门能够获取当时尚未开发且适合公众休闲的那 640 英里海岸中的一半，即总里

---

[1] National Park Service，*A Report on the Seashore Recreation Area Survey of the Atlantic and Gulf Coasts*，1955，p. 7.

程的约 8.6%，再加上原有的 6.5%，即可达到这个目标。为此，该报告还专门列出了应当最优先获取的 16 处海岸，它们分别是马萨诸塞州科德角的大海滩（Great Beach，Cape Cod）、佐治亚州的坎伯兰岛（Cumberland Island）、纽约州的法尔岛（Fire Island）和欣纳科克湾（Shinnecock Inlet）、得克萨斯州的帕德雷岛（Padre Island）、北卡罗来纳州的史密斯岛（Smith Island）和博格班克斯堰洲岛（Bogue Banks）、佛罗里达州的圣约瑟夫沙嘴（St. Joseph Spit）和莫斯基托潟湖（Mosquito Lagoon）、弗吉尼亚州的帕勒莫尔岛（Parramore Island）、南卡罗来纳州的基洼岛（Kiawah Island）、佛罗里达州的马科海滩（Marco Beach）、南卡罗来纳州的代比都岛（Debidue Island）、缅因州的波帕姆—圣约翰（Popham-St. John）和克雷森特地区（Crescent Area，Maine）以及得克萨斯州的布拉索斯岛（Brazos Island）。[①]

该报告还进一步建议，政府部门应当积极寻求相关个人和组织的配合，尽快采取行动，争取抢在私人开发或商业性开发之前将那些最好的潜在公众休闲地段购入。在提出此建议时，它还通过对历史和现实状况的描述阐明形势的紧迫性：

第一，国家公园管理局 1935 年建议国家为满足公众休闲之目的而征购 12 处未开发的海岸，但到这次调查时，按照此建议处置的只有哈特勒斯角一处，而其他 11 处中的 10 处都已经不同程度地被私人或私营机构开发。

第二，1945 年后滨海地区受到各方追捧，滨海土地价格飙升。比如，国家公园管理局 1935 年建议政府征购的一处 30 英里长的海岸，当时 26 万美元即可买下，而到 1954 年时，只是征购剩余未开发的 9 英里海岸就需要 100 多万美元——20 年间价格增长了 1200%。

第三，滨海休闲人数大幅度增加，现有资源已经难以满足需要。以纽约州立公园所属海滩为例，从 1934 年到 1954 年的 20 年间，游客人数从 500 万激增至 6100 万，增加了 10 倍多，而且预计以后还会有更大规模的增加。[②]

---

①　National Park Service, *A Report on the Seashore Recreation Area Survey of the Atlantic and Gulf Coasts*, p. 9.

②　National Park Service, *A Report on the Seashore Recreation Area Survey of the Atlantic and Gulf Coasts*, p. 8.

简要表述过核心观点之后，该报告随后又以很大篇幅对每一处潜在的可供公众休闲的海岸都做了详细介绍，并且对它们各自的特点做了客观分析。

1954 年开始的这次对大西洋和墨西哥湾沿岸休闲资源的调查受到其他滨海地区，特别是太平洋沿岸地区的强烈关注。此次调查的报告之一《我们正在消失的海岸》促使太平洋沿岸的众多政府机构和个人发出这样的疑问："太平洋沿岸是个什么情况？""西海岸还有未开发的区域吗？""如果有，它们位于何处？"① 针对这些疑问，美国国家公园管理局又利用捐赠资金于 1957—1958 年对太平洋和五大湖沿岸地区的潜在公共休闲资源展开了系统调查。

这次对太平洋地区的调查共涉及 1743 英里海岸。调查发现，上述海岸中公有的很少，而私有的占绝大部分，达到 1448 英里。不过，这些私有海岸中的 527 英里尚未开发，还有机会被用于公众休闲和其他公共目的。这 527 英里未开发的私有海岸分属 74 处不同地域，9 处在华盛顿州，17 处位于俄勒冈州，48 处位于加利福尼亚州。②

这次的调查报告《太平洋沿岸休闲场所调查》（Pacific Coast Recreation Area Survey）对太平洋沿岸的风光大加赞美，并且指出滨海休闲人数激增的现实。它举例说，仅在 1956—1957 年的一年间，到加利福尼亚州海滩和滨海公园休闲的游人数量就增加了近 30%。③ 同时，它也对自然海岸和公共休闲区域急剧减少的状况深表担忧，因而发出这样的质问："从今往后 50 年或 100 年，什么更有价值、更宝贵或更重要———一处房产、一堆垃圾、一个机场、一座工厂，还是一个能够让美国人置身壮美的大自然中并随之恢复精力和精神的滨海公园？"④ 它的答案显然是后者。为了使期望的答案能够成为现实，该报告基于调查结果提出了 17 条具体建议：

1. 海峡群岛（Channel Islands）的生物、地理和历史价值都很高，应当认真考虑为公共目的征购或保护该群岛的全部或部分。

2. 当时处于军事管理之下的滨海地区，其固有的休闲和生物价值

---

① National Park Service, *Pacific Coast Recreation Area Survey*, 1958, p. 2.
② National Park Service, *Pacific Coast Recreation Area Survey*, pp. 1, 6.
③ National Park Service, *Pacific Coast Recreation Area Survey*, p. 20.
④ National Park Service, *Pacific Coast Recreation Area Survey*, p. 10.

应当得到尊重和保护，并且在军事用途结束后保持其公共属性，由相应政府部门接管。

3. 政府为满足公众休闲之目的而征购海岸时应当尽量使所购海岸的地理位置与人口分布状况相适应，除非某地之生物、美学或其他价值更为突出。

4. 许多因面积较小而没有统计在内的海岸对当地居民的休闲很有价值，地方政府应当积极征购和管理此类海岸。

5. 政府征购海岸的长远规划应当包括临近的陆地，它们对修建停车场和露营地等滨海休闲辅助设施至关重要。

6. 在不破坏太平洋沿岸之审美、科学和自然价值的前提下，应当修建一些适用于小型船舶的港口。

7. 应当通过协议和法规使电力及石化等工业设施不要紧靠海岸，以便在不给企业造成损失的情况下为公众留出更多滨海休闲空间。

8. 应当在现存公园附近增加稀有海洋生物群落，并把它们作为海洋保护区加以管理，这样既可以增殖濒危海洋动植物，也可以丰富休闲和教育内容。

9. 可以考虑建造海底公园。

10. 应当重视对滩涂生物资源的研究和保护。

11. 可以将部分潮浸区出售给私人，但要通过立法永久保证这些日渐重要之区域的公共利益。

12. 加州 1 号公路卡梅尔（Carmel）南和圣西米恩（San Simeon）之间的路段能欣赏到令人惊叹的壮美海景，应当通过分区规划或者直接征购等方式确保此路段或至少其中连续 25 英里路段的景观不被破坏。

13. 必须尽快通过更加严格的法律禁止向海岸排放污水和工业废水。

14. 多数近岸礁石和小岛当前还不能提供休闲机会，但在所有可能的地方还是要保持它们的公共属性，以便保护这些重要的自然资源。

15. 以后应当尽可能地不再将公路修到海岸地区，尽量使海岸保持未开发的状态。

16. 加利福尼亚州北部门多西诺角（Cape Mendocino）附近是一片相对荒凉的海滩，州政府应当从联邦政府获取更多该地区的土地，在该地区构建一个保持荒野特色的广阔海岸。

17. 包括加利福尼亚州的旧金山湾和华盛顿州的皮吉特湾（Puget Sound）在内的 1000 多英里海湾和海峡本次调查没包括在内，但它们与滨海休闲问题密切相关，所以这些地区的规划应当与海岸自身规划紧密结合。①

与《关于大西洋和墨西哥湾沿岸休闲区域的报告》一样，《太平洋沿岸休闲区域调查》的很大篇幅也是对有可能被用于公共目的之74处私有海岸的详细描述。

二 户外休闲资源评估委员会组织的滨海休闲资源调研

国家公园管理局组织的两次调查完成后不久，户外休闲资源评估委员会又于1960年委托乔治·华盛顿大学对包括大西洋、太平洋、墨西哥湾和五大湖沿岸地区在内的美国滨海（湖）休闲资源做了一次更为详尽的调查。这次调查的成果于1962年发布，名称为《美国的海岸休闲资源》（Shoreline Recreation Resources of the United States）。

这次调查结果显示，除阿拉斯加和夏威夷两州之外，美国本土海岸线总长度为53677英里（不含五大湖地区），可用于休闲的海岸有17455英里。在可用于休闲的海岸中，公众可用的公共海岸只有753英里，另有524英里属于军事管理区，公众不能随意使用。由此可知，美国本土可供公众休闲的公共海岸只占海岸总长度的约1.4%，占可休闲海岸长度的约4.3%。②

表1－2 　　　　　　　美国本土海岸线分类数据（1962年）　　　　　单位：英里

海岸位置	海岸总长度	可用于休闲的海岸	可用于休闲的公共海岸	受限制的公共海岸
大西洋	28377	9961	336	263
墨西哥湾	17437	4319	121	134
太平洋	7863	3175	296	127
五大湖	5480	4269	456	57
总和	59157	21724	1209	581
不含五大湖	53677	17455	753	524

数据来源：George Washington University, *Shoreline Recreation Resources of the United States*: *Report to the Outdoor Recreation Resources Review Commission*, p. 11.

---

① National Park Service, *Pacific Coast Recreation Area Survey*, pp. 11 – 16.

② George Washington University, *Shoreline Recreation Resources of the United States*: *Report to the Outdoor Recreation Resources Review Commission*, p. 11.

　　在绝大多数州，公共休闲海岸的占比都不算高，但相互之间差别也很明显。有的州占比极低，比如得克萨斯州 1081 英里海岸中可供休闲的公共海岸只有 5 英里，占比不到 0.5%；路易斯安那州 1076 英里海岸中可供休闲的公共海岸只有 2 英里，占比更是低至 0.2% 以下。有的州占比略高，比如加利福尼亚州 1272 英里海岸中可供休闲的公共海岸有 149 英里，占到该州海岸总长度的差不多 12%；最突出的是俄勒冈州，该州 332 英里海岸中可供休闲的公共海岸达到 101 英里，占比超过 30%。另外，各州海岸开发程度差别也很大。开发程度越高的州获取更多公共休闲海岸的潜力越低，反之，开发程度越低的州获取更多公共休闲海岸的潜力越高。

表 1-3　美国本土滨海和五大湖沿岸州岸线权属和开发程度（1962 年）单位：英里

州名	总长度	权属状况		私有	开发程度
		公有			
		休闲区域	限制区域		
亚拉巴马	204	3	1	200	低
加利福尼亚	1272	149	100	1023	中等
康涅狄格	162	9	—	153	高
特拉华	97	9	9	79	中等
佛罗里达	2655	161	122	2372	中低
佐治亚	385	5	—	380	中等
伊利诺伊	45	24	4	17	高
印第安纳	33	3	—	30	高
路易斯安那	1076	2	—	1074	低
缅因	2612	34	—	2578	低
马里兰	1368	3	113	1252	低
马萨诸塞	649	12	6	631	高
密歇根	2469	357	—	2112	低
明尼苏达	264	19		245	低
密西西比	203	—	25	178	高
新罕布什尔	25	3	—	22	很高

续表

州名	总长度	权属状况			开发程度
		公有		私有	
		休闲区域	限制区域		
新泽西	366	18	15	333	很高
纽约	1071	47	—	1024	中等
北卡罗来纳	1326	139	42	1145	低
俄亥俄	275	9	5	261	高
俄勒冈	332	101	—	231	中等
宾夕法尼亚	57	19	—	38	中等
罗得岛	188	8	10	170	高
南卡罗来纳	522	9	10	503	中等
得克萨斯	1081	5	18	1058	很低
弗吉尼亚	692	2	26	664	低
华盛顿	1571	46	27	1498	中等
威斯康星	724	13	48	663	中等
总量	21 724	1209	581	19 934	—

数据来源：George Washington University，*Shoreline Recreation Resources of the United States：Report to the Outdoor Recreation Resources Review Commission*，p. 12.

　　总起来看，这次调查结果还是"令人失望"[1]。美国可供休闲的海岸虽然超过 2 万英里（包括 5 大湖地区），但是对于公众休闲来说存在 3 个不利因素：（1）大量海岸并不靠近人口聚集之地，不能被便利地用于公众休闲；（2）有些靠近大都市区中心地带的海岸已经被人们过度使用；（3）大部分海岸——特别是大都市区的海岸——都是私人所有，不能供公众休闲之用。[2] 另外，以地方为主的分散管理体制以及各级政府间缺乏协调与合作的状态也对公共滨海休闲资源的有效利用造成极为不利的影响。

---

　　[1]　Dennis W. Ducsik，*Shoreline for the Public：A Handbook of Social，Economic，and Legal Considerations Regarding Public Recreational Use of the Nation's Coastal Shoreline*，p. 41.

　　[2]　George Washington University，*Shoreline Recreation Resources of the United States：Report to the Outdoor Recreation Resources Review Commission*，p. 2.

针对以上问题，《美国的滨海休闲资源》这份报告建议制定全国性海岸管理政策，并且要求该政策应当能够满足三个基本目标：（1）除了提供促进户外休闲的具体措施之外，还应当申明这些措施所要达到的公共目标；（2）应当明确规定各级政府在实现此类目标中的作用；（3）应当将海岸的休闲性使用与其他类型的正当使用结合起来。①

该报告随后强调，各级政府机构应当充分认识当时和之后户外休闲对美国人的重要性，并积极为此做好必要的准备工作。对于联邦政府，它提出的要求是：（1）为实现维护休闲、景观、野生动植物栖息或生物群落聚集之目的而获取、开发及经营具有全国性意义的海岸；（2）在包括国防用地在内的联邦土地上充分创造公众休闲机会；（3）在其他财政和技术资源不能满足滨海休闲需要的地方，特别是在对休闲有很大影响的地方，应当通过以下方式为州和地方政府提供援助：（a）对滨海休闲区域的规划、获取和开发提供财政支持；（b）对滨海休闲区域的规划、获取和开发提供技术支持；（c）确定各州和地方政府的规划得到联邦政府援助应达到的标准。②

三 户外休闲局对美国岛屿休闲资源的调查

约翰逊总统 1966 年又指令内政部部长对美国的岛屿展开调查。这是美国的岛屿第一次作为单独的对象接受调查，因为以前它们都是笼统地被归入海岸或海滩之中。这次调查由户外休闲局具体实施，调查报告《美国的岛屿》于 1970 年出版。③

这次调查对美国管辖区域内所有海洋、海湾、河口、河流、湖泊和水库中面积达到 10 英亩以上的岛屿做了详细统计。调查结果显示，美国 10 英亩以上的岛屿总共有 26325 个，面积为 2860 万英亩。具体来说，阿拉斯加州岛屿最多，有 5688 个，面积达 2100 万英亩，而且这些岛屿多数都是公有的，开发程度也很低，所以有很大的休闲潜

---

① George Washington University, *Shoreline Recreation Resources of the United States: Report to the Outdoor Recreation Resources Review Commission*, p. 28.

② George Washington University, *Shoreline Recreation Resources of the United States: Report to the Outdoor Recreation Resources Review Commission*, p. 28.

③ Bureau of Outdoor Recreation, *Islands of America*, Washington, D. C.: United States Government Printing Office, 1970.

力，但是，它们远离人口中心，公众不便去那里休闲。① 其他各州以及波多黎各和维京群岛共有岛屿 20673 个，面积 750 万英亩，② 其中只有 150 万英亩可供公众休闲，另有 300 万英亩也具有休闲潜力，但它们多数都在私人手中，不向公众开放。这 300 万英亩中差不多有一半位于 5 万人口以上之城区的 25 英里范围之内，而且这些"城区岛屿"四分之三的面积都未开发或开发程度很低。③ 这就意味着，美国大都市区附近还有差不多 100 万英亩岛屿存在着成为公众休闲区域的可能。

户外休闲局从以上信息得出结论："美国的岛屿显然是主要的尚未开发之具有巨大休闲潜力的国家资源。它们多样化的地质和位置有助于满足多种类型的休闲需求，特别是能够满足那些都市区居民和全国各地数量正急速增长之亲水休闲者的需求。"④ 同时，户外休闲局也很清楚，岛屿资源——特别是正在扩张的大都市区附近的岛屿，正在受到自然侵蚀和各种开发需求的威胁，它们的特质和休闲潜力正在遭受破坏，所以，它明确表示，它这份报告的主要目的就是要"提醒全国注意那些岛屿的存在及其重要性，为各级政府和私营部门指明可利用的保护机会，并且提出一份岛屿保护的全国性规划"⑤。

户外休闲局针对岛屿休闲资源保护问题提出的核心对策是建立全国岛屿信托体系（National System of Island Trusts）。它指出，此概念是专门为那些不能依靠传统技术加以保护和增加价值的岛屿而设计的；一个岛屿信托由一座或一群具有显著景观以及历史或休闲价值而且便于通达城区的岛屿组成；岛屿信托应当由内政部部长经国会授权后通过与相关州签订适当协议的方式设立；此类协议应当包括成立岛屿信托委员会的规定。

除了有关岛屿信托的建议外，户外休闲局还主张联邦政府应当采取如下行动：（1）颁布行政命令，要求联邦政府机构评估他们各自的规划是否会对岛屿休闲与环境质量产生任何可能的不利影响；（2）由

---

① Bureau of Outdoor Recreation, *Islands of America*, p. 6.
② 几处岛屿没包括在内，如夏威夷的五座主要岛屿和纽约州的曼哈顿岛（Manhattan）、斯塔恩岛（Staten）和长岛（Long Island）等。
③ Bureau of Outdoor Recreation, *Islands of America*, p. 6.
④ Bureau of Outdoor Recreation, *Islands of America*, p. 6.
⑤ Bureau of Outdoor Recreation, *Islands of America*, p. 3.

户外休闲局与各州合作确定岛屿保护与休闲开发应该采取的适当行动，并将其作为全国户外休闲规划的一部分；（3）国会授权设立几个岛屿国家公园；（4）研究如何通过设置国有海岸、组建信托等措施保护部分岛屿。

在报告后面，户外休闲局还附上了它拟制的行政命令文稿和《国家岛屿信托法》（National Island Trusts Act）草案。

从《美国的岛屿》这份报告可以看出，户外休闲局对岛屿的休闲作用极为重视。在报告开头的介绍中，它就专门指出了海岛休闲的特殊价值："对当今美国人来说，我们国家岛屿的最大吸引力在于它们的分离，既与大陆分离，也与大陆上的日常生活分离。穿越水域到达另一块土地成为抛下当前了无新意之日常生活和未解决之问题的一种象征性行为"；"在一个人们压力越来越大、节奏越来越快、充满焦虑和快速城市化的时代，美国的岛屿构成一种重要的自然资源。因为对于开发和防务之目的不再重要，所以很多岛屿已经又自然地转变回它们作为摆脱烦恼之地和作为休闲与身心修复之圣殿的传奇角色"①。

四 海洋科学、工程与资源委员会对美国海岸带的调研

"海洋科学、工程与资源委员会"（Commission on Marine Science, Engineering and Resources）是依据美国国会1966年通过的《海洋资源和工程开发法》（Marine Resources and Engineering Development Act of 1966）成立的，② 其成员有15名，由总统从联邦政府和州政府、企业界、大学以及从事海洋科学研究的实验室与其他机构的工作人员中选任。1967年1月9日，约翰逊总统完成对委员会成员的任命，他同时任命福特基金会主席朱利叶斯·A. 斯特拉顿（Julius A. Stratton）为委员会主席。所以，该委员会又称"斯特拉顿委员会"。

斯特拉顿委员会的主要任务是调查不断扩张的美国经济需要从海洋环境中获取哪些自然资源、弄清楚要从海洋环境获取所需资源应当开展哪些调查研究和工程项目、评估当时已有的研究和工程项目是否能够满足需要，然后在此基础上制定出能够充分满足国家当前和未来需要之有关海洋事务的全国性长期综合规划，并且提出设置适当的国

---

① Bureau of Outdoor Recreation, *Islands of America*, pp. 2 – 3.

② Marine Resources and Engineering Development Act of 1966 (public law 89 – 454).

家管理机构的建议。

斯特拉顿委员会组建以后便按照要求展开调研活动，经过整整两年努力，该委员会于 1969 年 1 月 9 日提交了综合调研报告《我们的国家和海洋：一项国家行动计划》。

在报告中，斯特拉顿委员会首先强调了合理利用海洋资源的重要性："在未来的几十年中美国如何充分而明智地使用海洋将会深刻影响其安全、其经济、其满足不断增长之对食物和原材料需求的能力、其在国际社会的地位和影响力以及其人民生活之环境质量。"① 随后，该报告对美国海洋资源及其利用问题的多个方面进行了论述，其中的第三章专门论述与滨海休闲密切相关之海岸带管理问题。

斯特拉顿委员会认为，海岸带在很多方面都是国家最有价值的地区，对海岸带的利用和保护既关乎州和地方的利益，也关乎国家利益，而当时的问题是在海岸带管理方面各级政府的职权很不清晰，致使美国的海岸带不能得到有效的保护和利用。经过调研后该委员会认为，海岸带的管理最好还是以州政府为主，但是联邦政府可以制订《海岸带管理法》，提出海岸带管理的政策目标，然后通过提供资金补助的方式引导和支持各州制定出符合联邦政府目标的海岸带管理规划，并设置相应海岸带管理机构来实现联邦政府有关海岸带管理的预定目标。为使联邦政府针对海岸带管理的政策目标能够得到更有效的实施，斯特拉顿委员会建议设置"国家海洋和大气管理局"（National Oceanic and Atmospheric Agency），由该机构统一行使联邦政府针对海岸带以及其他与海洋相关之规划、管理和协调的权力，并授权它审查监督各州海岸带管理规划的制定与实施，并在适当的情况下予以配合。

在综合考察的基础上，斯特拉顿委员会的报告还对公众亲海休闲问题给予了"特别关注"②，并就此提出很多建议。该报告指出："除了经济考虑外，对保持生活乐趣的适当关注要求沿国家拥挤的海岸线提供更多休闲场所。"它认为，"如何使日渐集中到海边和五大湖沿岸

---

① Commission on Marine Science, Engineering and Resources, *Our Nation and the Sea：A Plan for National Action*, p. 1.

② Commission on Marine Science, Engineering and Resources, *Our Nation and the Sea：A Plan for National Action*, p. 70.

城市区的人们能够到达岸边将成为海岸带管理的一个主要问题。在所有对海岸带的使用中，休闲性使用最为多样化，而且对任何海岸带管理体系都会带来一些最严峻的挑战"①。针对此问题，该报告提出的最直接的解决途径是更加充分地利用联邦水土保持基金征购潜在的滨海休闲土地，以及利用《住房法》（Housing Act）、《水资源规划法》（Water Resources Planning Act）和《清洁水恢复法》（Clean Water Restoration Act）等已有的法律或出台新的法律为各州海岸带管理规划的制定和实施提供资助。此外，它还强调了以下几点：

（1）滨海休闲资源的认定和管理权最好由州政府和地方政府行使，但是，他们制定的滨海休闲规划不能只关注地方利益，还要服从全国整体利益，而且，一些特定的地区必须要由联邦政府掌控。

（2）联邦政府可以通过为各地城市更新、模范城市建设和水土保持项目提供资助的方式鼓励此类规划将休闲设施建设纳入其中，争取使增加公众滨海休闲机会成为这些项目的副产品。

（3）联邦政府、州政府和地方政府都应当采取措施，要求沿岸的私人开发项目为公众提供亲海通道。对于那些涉及填海造地的项目，政府更应当将提供公共通道作为批准建设的条件，因为这类项目会侵占原属于公众的资源，所以应当提供补偿。特定情况下，可以要求开发者修建供公众使用的道路、码头或野餐营地。

（4）可以在城区附近增加人造海岸，比如建设人工岛和人造港湾等，以增加滨海休闲区域。

（5）各级政府应当采取强有力措施减少污染，争取恢复城市附近的滨海休闲资源。

（6）可以有限度地向公众开放滨海军事设施。

（7）要求城市区的大型工业项目和交通设施建设都必须提供公众滨海休闲区域和通道。

（8）可以尝试实施"海上宅地法"（Seasteads）计划，在保证公共利益不受侵害的前提下为有能力有创意的私营企业开发水产项目以

---

① Commission on Marine Science, Engineering and Resources, *Our Nation and the Sea*: *A Plan for National Action*, p. 53.

及海上或海底休闲设施提供便利。①

五 美国联邦政府相关部门针对滨海自然资源的几次专项调研

在 20 世纪 60—70 年代之交，美国联邦政府相关部门还针对海岸地区进行了几次专项调研，其中最具代表性的是内政部水污染控制管理局 1969 年完成的《全国河口污染调查》（The National Estuarine Pollution Study）、美国鱼类和野生动植物管理局（U. S. Fish and Wildlife Service）1970 年完成的《全国河口调查》（National Estuary Study）和美国陆军工程兵部队（U. S. Army Corps of Engineers）1971 年完成的《全国海岸调查报告》（Report on The National Shoreline Study）。

《全国河口污染调查》源自《1966 年清洁水恢复法》的授权。②此报告虽然名为河口污染调查，但它实际上涵盖了河口资源管理与利用的诸多方面，也包括对河口资源休闲性使用的论述。该报告认为，河口系统可以提供种类丰富的陆基和水基休闲活动，所以河口地区是户外休闲活动比较集中的地区。它总结道："每个周围有人居住的河口系统都被用于休闲，无论其质量是否适合休闲……当一个河口休闲质量很差时，只有那些没有能力去其他地方休闲的人才会使用它；当一个河口系统质量可以被接受时，很多当地人会使用它，而且它甚至还能吸引来一些缺少休闲资源之地的游客；当一个河口系统不仅质量可以被接受，而且还有美丽的景色或宜人的气候等其他引人之处时，休闲和旅游就会成为当地主要的产业。"③它建议，为充分开发河口系统的休闲潜力，政府应当提供一些辅助设施和服务，比如水陆通道和卫浴设施以及救生服务等。

《全国河口调查》源自 1968 年《河口保护法》的授权。④ 该报告共有 7 卷，对美国河口资源及其管理利用状况进行了很全面的分析和总结。该报告行文中也总是能体现出对公众户外休闲的关切。比如，

---

① Commission on Marine Science, Engineering and Resources, *Our Nation and the Sea: A Plan for National Action*, pp. 70 – 72.

② Clean Water Restoration Act of 1966 (Public Law 89 – 753).

③ Secretary of the Interior, *The National Estuarine Pollution Study: Report of the Secretary of the Interior to the United States Congress*, Washington, D. C.: United States Government Printing Office, 1970, p. 152.

④ Estuary Protection Act (Public Law 90 – 454).

美国鱼类和野生动植物管理局负责人在提交此报告时呈递给内政部部长的信函中就反复强调这一点。① 报告正文还指出当时河口休闲面临的主要问题：美国的河口全都处于人类活动的中心，这种状况使得河口地区成为人们户外休闲的理想之地；既然是人们集中休闲之地，河口地区的环境质量应当更高，但是，聚集的休闲人群却加重了维护环境质量的困难，这是一个需要妥善解决的问题。

《全国海岸调查报告》源自 1968 年《河流与港口法》的授权。② 此次调查的主要目的是了解美国海岸侵蚀状况，并提出解决方案。美国陆军工程兵部队就此共撰写了 12 份调研报告，其中的 11 份分别被提交给各相关州和地方政府部门，《全国海岸调查报告》是提交给国会的综合报告。该报告详细介绍了美国海岸的侵蚀情况，并提出了解决方案。当然，调查侵蚀问题也是为了海岸的管理和使用，包括休闲性使用，所以该调查报告前言中首先就提到海岸的休闲价值："海滨和海滩是 30 个人口稠密的沿岸州天然拥有的最大且最有吸引力的休闲场所。内陆地区的居民也会长途跋涉去公共海滩和商业化海滩。"③ 报告正文中还讲到影响公众滨海休闲的几个不利因素，这其中除了自然侵蚀外还包括公共海岸太少以及便于休闲的天然海滩不足等方面。在总结部分，该报告又特别指出，人口主要集聚区可供公众休闲的海滩当时已经拥挤不堪，更不能满足未来的需求，所以迫切需要有更多的公共海滩。它认为，由政府征购私人海滩是一种途径，但不能彻底解决问题，在一些地区必须以人造海滩加以补充才能满足人们的需求。考虑到陆上沙滩正急速耗尽或成本过于高昂以至于难以取用，而近岸海底资源既可以加以利用又不会对海洋环境和生态造成明显破坏，所以它建议找到一种经济有效的途径利用近岸海底泥沙增加人造海滩。另外，它也特别强调对海滩和滨海地区的环境保护，希望能给人们提供一个赏心悦目的休闲环境。

这几个专项调查报告为美国海岸带管理政策的制定提供了更多数据支持和合理化建议。

---

① Department of the Interior Fish and Wildlife Service, *National Estuary Study*, Vol. 1, Washington, D. C.：United States Government Printing Office, 1970, pp. 2 – 3.

② River and Harbor Act (Public Law 90 – 483).

③ Department of the Army Corps of Engineers, *Report on the National Shoreline Study*, August 1971, p. 3.

第三节　美国国会改善公众亲海环境的立法活动

经过十几年的调研，美国公众的亲海休闲需求以及各地的滨海自然资源状况基本上都已经很清楚了。自 20 世纪 60 年代末开始，美国国会开始采取实际行动，回应各界对海岸治理与公众亲海权问题的关切。当时美国国会内部围绕这一议题形成两种主要观点：一种比较激进，主张直接向公众开放美国全部公私海滩；另一种则较为温和，主张制定海岸带综合管理规划，在保护滨海自然资源和改善滨海生态环境的基础上促进公众亲海权。结果，激进的观点没有得到普遍认可，制定海岸带综合管理规划的主张得以付诸实践。由此形成的海岸带综合管理规划确立了美国联邦政府促进公众亲海权发展的基本方针和政策。

一　埃克哈特推动国会制定联邦《开放海滩法》的努力及其失败原因

到 20 世纪 60 年代后期，美国的国会议员们已经普遍认识到联邦政府有必要采取措施来维护公众的亲海权。不过，对于如何实现这一目标他们内部有很大分歧。其中态度最坚决的一派主张将全美国所有的海滩——无论是公共海滩还是私人拥有绝对产权的海滩——都完全不受限制地向公众开放，并且要求联邦政府出资协助各州政府尽可能地扩大公众对海滩的使用权。这一派的核心人物是来自得克萨斯州的联邦众议员罗伯特·C. 埃克哈特（Robert C. Eckhardt）。

埃克哈特长期以来一直都很重视维护公众亲海权。早年任得克萨斯州众议员时他就促成了该州的《开放海滩法》。当选联邦众议员后他仍然很关注这一问题，并致力于推出适用于全美国的联邦《开放海滩法》。1969 年第 91 届国会召开后他便提交了相关议案。因为他的这份议案对于很多议员来说显得太过激进，所以未能获得通过。然而他没有轻易放弃。自那时起直至 1975 年，每届国会他都会提交类似议案。① 这些议案大同小异，此处以他 1973 年在第 93 届国会上提交

---

① Dennis Nixon, "Public Access to the Shoreline: The Rhode Island Example", *Coastal Zone Management Journal*, Vol. 4, No. 1/2, 1978, pp. 73 – 74.

的此类议案为例加以介绍。

埃克哈特的此项议案将"海滩"界定为陆生植被边缘线以下的区域，也就是说，它所指的海滩既包括平均高潮线以下的湿沙滩，也包括平均高潮线以上的干沙滩。①它主张，鉴于历史上公众一直在使用海滩，而且这种使用对他们来说极为重要，所以国会应当宣布海滩关乎国家利益，并且确认在不违背宪法保障之私人财产权的前提下公众享有最大限度地使用海滩的权利。为了实现这个目标，埃克哈特提出的议案规定，任何人不得设置任何形式的障碍来限制公众单独或集体自由出入和使用海滩。为保障公众的这项权利能够落到实处，它授权司法部部长和联邦地区检察官通过诉讼程序保障公众对海滩的使用权，同时它还规定，法院审理相关案件时应遵循以下原则：（1）某地域是海滩的事实就可以作为滨海土地业主的产权不包括阻止公众使用该地域之权利的表面证据；（2）某地域是海滩的事实就可以作为公众已经取得公共时效地役权的表面证据。为了打消各州的顾虑，它还专门规定，该议案不削弱各州对其土地的所有权和控制权，而且它还要求联邦政府机构积极协助各州保护公众使用海滩的权利，并且授权内政部长为实现其目标向各州提供资助，资助额限定在各州公众亲海权项目规划和实施所需费用的75%之内。另外它还授权交通部部长向各州及其下属机构为保障公众亲海权而兴建的交通设施提供资金支持。②

埃克哈特所提议案最突出的一个特点是它既承认滨海地产主的财产权，但它同时却又明确主张公众可以依据普通法传统享有对这些土地的使用权。对此，埃克哈特是这样解释的：

> 鉴于美国的海滩在利用和开发潜力方面的特点，在考虑滨海土地主权利的要素和影响时，应当将海滩与其他土地区分开来。大部分时间中这种土地一般都被认为是依照欧洲国家的法律和英

---

① 根据普通法下的公共信托原则，美国大多数州都承认平均高潮线下的湿沙滩是公共财产，私人不能随意占有，而平均高潮线上的干沙滩私人可以占有。事实上，当时绝大多数干沙滩都已经成为私人财产。详情参见第二章。

② *Open Beaches: Hearings Before the Subcommittee on Fisheries and Wildlife Conservation and the Environment of the Committee on Merchant Marine and Fisheries*, *House of Representatives Ninety-Third Congress First Session on Public Access to Beaches*, H. R. 10394 and H. R. 10395, October 25, 26, 1973, Washington, D. C.: United States Government Printing Office, 1974, pp. 2 – 4.

> 美普通法管理。海滩对农业、牧业、木材产业、矿业和居住——
> 传统的土地利用方式——来说基本上没有什么价值，它只是用作
> 渔民和其他海上从业者的通道与避难处以及市民的休闲之地。滨
> 海土地的产权构成要素与价值从而会受到这些传统性使用的
> 影响。①

简言之，埃克哈特认为，海滩与其他土地性质不同，所以海滩的
产权也与其他土地的产权不同，海滩主人不能以其所有权排斥公众的
使用权。埃克哈特其实就是想调和海滩的私人所有权与公众使用权之
间的冲突，希望能在保留私人产权的情况下争取到公众对海滩的使用
权。不过，他的这种观点并不能被广泛接受。在 1973 年 10 月召开的
关于该议案的国会听证会上，司法部的代表就明确对其中的相关条款
表达了反对意见，不承认公众对私有的平均高潮线以上的干沙滩享有
完全不受干涉的使用权。内政部部长纳撒内尔·P. 里德（Nathaniel
P. Reed）也表示，他很理解该议案提出者对公众亲海权的关切，但他
不同意作为该议案基础的一些假设，并且担心该议案如果实施将会更
加激化有关干沙滩使用权的冲突。②

美国联邦政府其他主要部门和各州相关部门的代表也大都不赞成
埃克哈特提出的这个议案，他们从不同角度表达了对该议案的反对意
见。其中最尖锐的反对意见是指责该议案与联邦宪法相冲突，认为它
至少违反了联邦宪法中的两个条款：一个是联邦宪法第 5 条修正案中
"不给与公平赔偿，私人财产不得充作公用"的规定；另一个是联邦
宪法第 10 条修正案之"宪法未授予合众国、也未禁止各州行使的权
力，由各州各自保留，或由人民保留"的规定。具体来说，他们认
为：（1）允许公众不受限制地自由使用私人海滩就等于是将此私人土
地未给与公平补偿就被充作公用；（2）确定公众的海滩使用权是各州
的事务，联邦政府对州属海滩平均高潮线之上的干沙滩没有管辖权，

---

① W. Roderick Bowdoin, "Easements: Judicial and Legislative Protection of the Public's Rights in
Florida's Beaches", *University of Florida Law Review*, Vol. 25, No. 3, Spring 1973, p. 586.

② *Open Beaches: Hearings Before the Subcommittee on Fisheries and Wildlife Conservation and the
Environment of the Committee on Merchant Marine and Fisheries*, House of Representatives Ninety-Third
Congress First Session on Public Access to Beaches, *H. R.* 10394 *and H. R.* 10395, October 25, 26,
1973, pp. 7 – 12.

如果联邦政府对此立法就等于是违宪地侵犯各州在此领域的权力。

当然，埃克哈特的议案也有一些支持者。① 比如，他在第 93 届国会提交的一个此类议案就是由 45 名议员联署的，② 而且，来自华盛顿州的参议员亨利·杰克逊（Henry Jackson）在 1971 年也提交过类似的议案。③ 另外，埃克哈特的主张也得到一些法学专家的支持。比如，耶鲁大学的法学教授查尔斯·布莱克（Charles Black）就在 1973 年 10 月召开的那次国会听证会上发表了支持埃克哈特议案的观点，④ 后来他又专门发表文章进一步阐释此议案的合宪性。⑤

尽管有一些支持者，但是反对派的势力更大，所以埃克哈特提出的《开放海滩法》议案始终都不能冲出委员会讨论阶段，根本就没有获得过大会表决的机会。可以说，埃克哈特在这方面是彻底失败了。但是，他的努力也没有白费，他所提交的议案以及围绕这些议案展开的讨论使得公众亲海权问题受到更广泛的关注，这显然有助于国会通过其他一些形式的维护公众亲海权的立法。

二 美国联邦政府《海岸带管理法》的出台与后续修订

与埃克哈特片面强调公众亲海权的做法不同，当时大多数美国国会议员都主张以制定综合规划的方式加强对海岸带的管理。在 1969 年和 1970 年，美国第 91 届国会就收到了好几个关于海岸带管理的议案。这些议案大致可以归为两类，一类的出发点是以海洋为中心，另

---

① Andrew W. Kahrl, "Fear of an Open Beach: Public Rights and Private Interests in 1970s Coastal Connecticut", p. 447.

② *Open Beaches: Hearings Before the Subcommittee on Fisheries and Wildlife Conservation and the Environment of the Committee on Merchant Marine and Fisheries, House of Representatives Ninety-Third Congress First Session on Public Access to Beaches, H. R. 10394 and H. R. 10395, October 25, 26,* 1973, p. 19.

③ Marc R. Poirie, "Environmental Justice and the Beach Access Movements of the 1970s in Connecticut and New Jersey: Stories of Property and Civil Rights", *Connecticut Law Review*, Vol. 28, No. 3, Spring 1996, pp. 748 – 749.

④ *Open Beaches: Hearings Before the Subcommittee on Fisheries and Wildlife Conservation and the Environment of the Committee on Merchant Marine and Fisheries, House of Representatives Ninety-Third Congress First Session on Public Access to Beaches, H. R. 10394 and H. R. 10395, October 25, 26,* 1973, pp. 118 – 125.

⑤ Charles L. Black, Jr., "Constitutionality of the Eckhardt Open Beaches Bill", *Columbia Law Review*, Vol. 74, No. 3, April 1974.

一类的出发点是以陆地为中心。以海洋为中心的 6 个议案分别被提交给众议院 "海运和渔业委员会" 和参议院 "商务委员会" （Senate Committee on Commerce），它们都是对斯特拉顿委员会报告的回应，目的是通过对 1966 年《海洋资源和工程开发法》的修订加强对海岸带的管理，所以它们都主张将海岸带规划的管理权赋予与斯特拉顿委员会一同由 1966 年的《海洋资源和工程开发法》授权成立的 "海洋资源与工程开发全国委员会" （National Council on Marine Resources and Engineering Development）；以陆地为中心的两个议案分别被提交到参、众两院的 "公共工程委员会" （Public Works Committee），它们都是对内政部组织的河口调查的回应，目的是通过修订《联邦水污染控制法》（Federal Water Pollution Control Act）达到加强对海岸带管理之目的，所以它们都主张将管理权赋予内政部。① 两类议案的出发点不同，对海岸带范围的界定差别也很大。②

自 1969 年 10 月下旬至 1970 年 5 月上旬，美国参、众两院各相关委员会分别针对上述议案召开听证会。在参、众两院中，以海洋为中心并主张由 "海洋资源与工程开发全国委员会" 主管的议案都占多数，但是内政部坚决抵制它们，特别是反对它们要以副总统任主席、国务卿、海军部部长、内政部部长、商务部部长、原子能委员会主席、国家科学基金主任、卫生教育和福利部部长以及财政部部长等主要政府部门负责人为成员的一个委员会来执行海岸带管理规划的主张。该部认为，应当由一个专门的业务部门，比如内政部自己，来行使这项职权。国家科学基金会 （National Science Foundation）、联邦海事委员会 （Federal Maritime Commission）和商务部等部门赞同内政部的主张，所以他们也支持那两个以陆地为中心的议案。由于意见难以统一，而且时间太过紧张，所以在第 91 届国会中上述议案都只限于委员会讨论，未能进行大会表决。到第 92 届国会，相关提案依然很多。这些提案都在原有内容的基础上根据听证意见做了一些调整。比如，在第 91 届国会提交过以海洋为中心之海岸带管理法议案的众议

---

① Zigurds L. Zile, "A legislative-political history of the coastal zone management act of 1972", pp. 258 – 260.

② Martin R. Lee ed., *Legislative History of the Coastal Zone Management Act of* 1972, *As Amended in* 1974 *and* 1976 *with a Section-by-Section Index*, Washington, D. C.: United States Government Printing office, 1976, p. 4.

员伦农（Lennon）和参议员霍林斯（Hollings）等人又提交了几份类似的议案，不过这次他们不再主张将管理权赋予"海洋资源与工程开发全国委员会"，而是要把管理权交给商务部下新设之国家海洋和大气管理局。

在主张以海洋为中心和主张以陆地为中心的两派争执不下之际，又有人提出新的观点：应当将海岸带管理规划置于全国整体的土地利用规划之中加以考虑。此观点得到时任总统尼克松的支持。在 1971 年 2 月 8 日给国会的特别咨文中，他极力敦促制订全国土地利用政策。[①] 当时，美国法学会（American Law Institute）也很关注此问题，并已经着手起草《土地开发示范法》（Model Land Development Code）。[②] 有总统和法律界的支持，制定全国土地规划的主张影响大增，并在第 92 届国会上成为热点议题。到 1972 年春，美国参、众两院各委员会收到的涉及土地利用政策的提案就达到 200 多个。[③] 原来那些专注于海岸带管理法的议员也转向全国性土地利用规划，只不过他们都把海岸带作为"重大环境关切地区"加以特别对待。

全国性土地利用政策涉及面更广，争议也更多，短期内很难取得实质性进展，所以有些人又回过头来单独考虑海岸带管理问题。经过反复听证和不断调整，参、众两院内部逐渐就海岸带管理法达成一致。1972 年 4 月 25 日，参议院全票（68：0，32 位参议员未参加投票）通过了议案 S. 3507；同年 8 月 2 日，众议院也以较大比例（376：6）接受了经其修订后的 S. 3507。[④] 参众两院虽然都通过了 S. 3507，但各自采纳的内容有所不同，特别是在海岸带范围和法律的执行权方面。参议院主张，该法应当由商务部下新设之国家海洋和大气管理局负责实施，而众议院则主张将执行权交给内政部。两院各持己见，争执不下。眼看会期就要结束，两院都很着急，于是他们决定各派代表举行

---

① Richard Nixon, "Special Message to the Congress Proposing the 1971 Environmental Program", p. 134.

② Cyril A. Fox, Jr., "A Tentative Guide to the American Law Institute's Proposed Model Land Development Code", *The Urban Lawyer*, Vol. 6, No. 4, Fall, 1974, p. 928.

③ Zigurds L. Zile, "A legislative-political history of the coastal zone management act of 1972", p. 269.

④ Martin R. Lee ed., *Legislative History of the Coastal Zone Management Act of* 1972, *As Amended in* 1974 *and* 1976 *with a Section-by-Section Index*, pp. 7 - 8.

联席会议，共同商讨解决办法。两院联席会议提出的方案体现了双方的妥协。比如，它将商务部下新设的国家海洋和大气管理局确定为具体负责单位，但它同时又强调以后在涉及土地利用等重大事项时商务部部长应当征得内政部部长同意后才可以采取行动。1972 年 10 月 12 日，两院接受联席会议提出的方案；10 月 27 日，尼克松总统签署该法案。至此，历经 3 年的反复争论，美国联邦政府的《海岸带管理法》正式出台。该法整体上是以"斯特拉顿委员会"的报告为基础，所以它被确定为是对 1966 年《海洋资源和工程开发法》的修订，成为其中的第 3 条。① 该法对海岸带范围的界定是向海一侧到美国领海的边界，向陆一侧则包括控制滨岸所必需的土地，或者说是包括那些其利用会对近岸水域产生直接和重大影响的地域。

美国联邦政府 1972 年出台的《海岸带管理法》首先指出，随着人口增加和经济发展，当时美国海岸地区面临着工商业、渔业、居住、休闲、交通和废弃物处理等诸多竞争性利用需求，以及生态环境破坏和公共活动空间减少等大量问题；然后它又强调，更有效地保护海岸带自然资源的关键是通过促进联邦和地方政府以及各利益相关方的合作以及制定统一标准等方式鼓励各州在海岸带水土资源的利用方面充分行使职权。② 它提出的最直接的鼓励措施是授权商务部部长在 1977 年 6 月 30 日前为各州制定符合其要求的海岸带管理规划提供资助，资助标准为不超过其总费用的 $66\frac{2}{3}$；③ 如果某州制定出符合要求的海岸带管理规划，商务部部长还可以为其实施提供资助，资助额也是不超过其总费用的 $66\frac{2}{3}$。④ 为此，它授权联邦政府在 1973—1977 财年每财年拨款 900 万美元用于资助各州海岸带管理规划的制定、1974—1977 财年每财年拨款不超过 3000 万美元用于资助各州海岸带管理规划的执行，并授权拨款一定数额用于其他相关开支。⑤ 另外，该法还要求商务部部长审查各州提交的海岸带管理规划时应当充分考

① Coastal Zone Management Act of 1972 (Public Law 92 – 583)；16 U. S. C. A. § §1451 – 1464 (1972). 该法的具体实施情况参见 https：//coast. noaa. gov/czm/。

② Coastal Zone Management Act of 1972 (Public Law 92 – 583), Sec. 302.

③ Coastal Zone Management Act of 1972 (Public Law 92 – 583), Sec. 305.

④ Coastal Zone Management Act of 1972 (Public Law 92 – 583), Sec. 306.

⑤ Coastal Zone Management Act of 1972 (Public Law 92 – 583), Sec. 315.

虑联邦政府相关部门的意见，它同时规定所有联邦政府机构在实施任何影响到海岸带的项目时都必须尽可能地与已经获得批准的相关州的海岸带管理规划保持一致。①

美国国会之所以要制定《海岸带管理法》，很大程度上是因为之前主要由地方政府分散管理的状况使滨海自然资源遭受到严重破坏，所以它认为需要更为统一协调的管理措施才能改变这种状况。然而，它最终通过的方案并没有将海岸带的管理权完全收归联邦政府，而是侧重于鼓励和引导各州政府承担起这个责任。这一方面是因为尼克松总统所倡导的新联邦主义政策的影响，另一方面也是因为地方政府的抵制很强烈。比如，美国城市联盟（National League of Cities）和美国市长联合会（United States Conference of Mayors）就对严重削弱地方政府权限的海岸带立法提案表示强烈反对。② 在此形势下通过的联邦《海岸带管理法》不仅赋权于各州政府，而且它也没有提出任何强制性要求。在制定海岸带管理规划方面"各州可以自由选择是否采取行动"，联邦政府只是通过提供资金补助的方式加以引导、鼓励和帮助。或者说，在此问题上联邦政府对各州是给"胡萝卜（给予财政资助）"，而不是举"大棒（威胁取消联邦资助）"③。

在美国联邦《海岸带管理法》的制定过程中，不少人提出了要满足公众滨海休闲需求的主张，④ 然而此类主张在最终通过的版本中却没能得到充分体现。该法在介绍制定背景时虽然也提到这一点，但是其核心内容却只是从总体上要求各州对海岸带的开发利用进行更明智的规划和管制，并没有专门规定如何促进公众亲海权的发展。1973年美国国会针对埃克哈特提出的开放海滩议案进行听证时，依据《海岸带管理法》成立的联邦"海岸带管理办公室"（Office of Coastal Zone Management）主任罗伯特·克内克特（Robert Knecht）只能表示，该办公室"会敦促他们（滨海各州政府）在促进公众亲海权方

---

① Coastal Zone Management Act of 1972 (Public Law 92 - 583), Sec. 307.

② Martin R. Lee ed. , *Legislative History of the Coastal Zone Management Act of 1972, As Amended in 1974 and 1976 with a Section-by-Section Index*, p. 381.

③ Misty B. Soles, *Against the Wind: Coastal Zone Management in South Carolina, 1972 - 1993*, Master's Degree thesis, Clemson University, 2008, p. 38.

④ Martin R. Lee ed. , *Legislative History of the Coastal Zone Management Act of 1972, As Amended in 1974 and 1976 with a Section-by-Section Index*, pp. 9, 11, 13 - 14, 16, 25, 203, 579.

面设定量化目标"。不过，联邦政府在这方面仅仅拥有"敦促"的权力显然是不足以保障公众亲海权的，所以在联邦《海岸带管理法》出台后公众亲海权问题仍然不能得到"许多人认为它应当得到的关注"①。为了改变这种状况，联邦海岸带管理办公室在 1976 年 1 月发布意在敦促各州重视公众亲海权的规划手册，但碍于法律权限他们只得声明在这方面他们只是给各州提供"帮助"而不是"强制"要求。② 国会议员们也很快意识到公众亲海权"已经确实成为州和地方政府正在面临的严重问题之一"③，需要更为认真地加以对待，因此他们在后续对联邦《海岸带管理法》的修订中又特别加入了促进公众亲海权的内容。

美国联邦《海岸带管理法》第一次明确体现出维护公众亲海权倾向的修订出现在 1976 年，具体内容位于此次修订后的第 305 条和第 315 条中。第 305 条要求各州获得批准的海岸带管理规划应当包括如下内容："对'海滩'的定义；保护公共海滩和其它具有环保、休闲、历史、审美、生态和文化价值之公共滨海区域的规划程序，以及保障公众亲近它们的规划程序。"④ 第 315 条规定，内政部部长可以为下述目的向各州提供资助："为提供公众亲近公共海滩和其他具有环保、休闲、历史、审美、生态和文化价值之公共滨海区域的通道而购买土地，以及为保护海岛而购买土地。此类资助之金额不得超过相关项目费用的 50%；如果是购买河口保护区可以例外，但联邦政府分担的费用不得超过 200 万美元。"⑤ 之后，各界对进一步推进公众亲海权的呼声依然很高。比如，卡特总统 1979 年 8 月 2 日在就环境问题给国会的咨文中又专门谈到海岸问题。他指出，"我们的公民享受海滩、海湾和湿地的机会时常受到威胁。我支持为提高我们对海岸相关问题的认识而做的努力，我也衷心赞同环保组织将 1980 年定为'海岸年'

---

① Dennis Nixon, "Public Access to the Shoreline: The Rhode Island Example", p. 73.

② Robert B. Ditton and Mark Stephens, *Coastal Recreation: A Handbook for Planners and Managers*, Washington, D. C.: Office of Coastal Zone Management, 1976, preface.

③ David J. Brower, *Access to the Nation's Beaches: Legal and Planning Perspective*, Sea Grant Publication, UNC – SG – 77 – 18, 1978, p. 8.

④ Coastal Zone Management Act amendments of 1976 (Public Law 94 – 370), Section 305 (b) (7).

⑤ Coastal Zone Management Act amendments of 1976, Section 315 (2).

的提议"①。为了更合理地利用海岸，他提出三项措施，其中之一就是建议继续修订联邦《海岸带管理法》，以实现包括提高公众亲海权在内的重要目标。他的这项提议得到了很好的贯彻执行。国会在 1980年对联邦《海岸带管理法》的修订中又明确表示，将鼓励和帮助各州制定出包含保障公众"为休闲目的到达海滩"之类内容的海岸带管理规划，并将此目标列为"国家政策"。② 另外，此次修订又加入 306A条款，授权商务部部长向那些满足要求的州所实施的改善公众亲海休闲条件的项目提供资助，并规定可获得资助的项目包括但不限于为上述目的而购买土地所有权和其他地产权益，以及修建道路、围栏、公园等低成本设施和修复历史建筑等。③ 为实施此条款，1980 年的这次修订还特别授权在 1980 年 10 月 1 日至 1985 年 9 月 30 日之间每财年为商务部部长提供不超过 2000 万美元的专项拨款。④

除了明确以促进公众亲海权为目标的这两次修订外，美国联邦《海岸带管理法》的其他几次修订基本上都是关于如何延长拨款期限和如何调整联邦配套资金比例。1975 年的修订是适当增加 305 条款下的拨款额和降低 306 条款下的拨款额，这是因为当时还没有哪个州的海岸带管理规划获得批准，306 条款下的拨款在短期内基本上用不到，而 305 条款下用于资助各州制定海岸带管理规划的资金却很快用尽。具体变化是将 1975—1977 财年每年度 305 条款下的拨款从 900万美元增至 1200 万美元，同时将 306 条款下的拨款改为 1975 财年不超过 200 万美元，1976 财年不超过 250 万美元，1977 财年不超过 300万美元。⑤

1976 年的修订除了增加强调公众亲海权的内容外，还进一步提高了联邦资助额度和资助比例，并且延长了资助年限。它将 305 条款下的资助延长至 1979 财年，资助额度增加至每财年 2000 万美元；306

---

① Jimmy Carter, "Environmental Priorities and Programs: Message to the Congress", Office of the Federal Register ed. , *Public Papers of the Presidents of the United States: Jimmy Carter* 1979 II, Washington, D. C. : United States Government Printing office, 1980, p. 1362.

② Coastal Zone Management Improvement Act of 1980 (Public Law 96 – 464), Sec. 303 (2) (D) .

③ Coastal Zone Management Improvement Act of 1980, Sec. 306 A (b) .

④ Coastal Zone Management Improvement Act of 1980, Sec. 318 (a) (2) .

⑤ Coastal Zone Management Improvement Act of 1975 (Public Law 93 – 612) .

条款下的资助延长至 1980 财年，资助额度增至每财年不超过 5000 万美元；两条款下的联邦资助比例都提高到 80%。① 另外，此次修订还增加了 309 条款，此条款鼓励各州通过签署州际协定的方式在制定海岸带管理规划方面加强协作，并授权商务部部长对那些与 305 条款和 306 条款目标相一致的此类协作项目给予高达其总费用 90% 的资助。② 为此提供的拨款为每财年不超过 500 万美元。③ 1980 年的修订也是在进一步增加强调公众亲海权的内容外再次延长拨款年限和调整拨款额度。此次修订将 306 条款和 306A 条款下的拨款年限都延长至 1985 年 9 月 30 日，拨款金额改为 306 条款下每财年不超过 4800 万美元，306A 条款下每财年不超过 2000 万美元。另外它将 309 条款下的拨款年限也延长至 1985 年 9 月 30 日，不过拨款数额降至每财年不超过 300 万美元。④ 这说明各州在制定海岸带管理规划方面加强协作的积极性不高，此类拨款很难找到用武之地。

进入 20 世纪 80 年代以后，美国联邦政府对海岸带管理规划的重视程度明显降低。当时执政的里根政府奉行的是新联邦主义和新自由主义（Neoliberalism，或称"新古典自由主义"）政策，他们主张降低联邦政府的权限和支出，对于海岸带管理和公众户外休闲等问题不甚关心。所以，自 1982 年起，他们就建议逐渐取消对海岸带管理规划的资助。⑤ 结果，美国第 99 届国会 1986 年 4 月 7 日通过的《1985 年综合预算调整法》虽然继续延长对各州海岸带管理规划的补助年限，但资助力度却明显下降。根据该法案，联邦政府在 306 条款和 306A 条款下提供的补助所占比例要逐步降低：1986 财年联邦政府与州政府的出资比例是 4∶1；1987 财年是 2.3∶1；1988 财年以后是 1∶1。⑥ 相应地，该法为此目的提供的拨款总额也比以前有所下降。它规定，

---

① Coastal Zone Management Act amendments of 1976, Sec. 318 (a), Sec. 305 (c), Sec. 306 (1).

② Coastal Zone Management Act amendments of 1976, Sec. 309.

③ Coastal Zone Management Act amendments of 1976, Sec. 318 (a) (3).

④ Coastal Zone Management Improvement Act of 1980 (Public Law 96 – 464), Section 318 (1) (4).

⑤ Center for Urban and Regional Studies of the Department of City and Regional Planning, the University of North Carolina at Chapel Hill, *Evaluation of the National Coastal Zone Management Program*, NCRI Publication No. NCRI – W – 91 – 003, February 1991, p. 13.

⑥ Consolidated Omnibus Budget Reconciliation Act of 1985 (Public Law 99 – 272), Sec. 6043.

306 条款和 306A 两个条款下的拨款总额 1986 财年不超过 3500 万美元，1987 财年不超过 3660 万美元，1988 财年不超过 3790 万美元，1989 财年不超过 3880 万美元，1990 财年不超过 4060 万美元；309 条款下的拨款 1986 财年不超过 100 万美元，之后直到 1990 财年每财年不超过 150 万美元。①

里根政府结束之后，美国海岸带管理规划与公众亲海权问题重新又受到重视。比如，《1990 年综合预算调整法》在延长 306 条款之拨款年限的同时又重启 305 条款下的拨款，以鼓励那些尚未制定出获得联邦政府批准的海岸带管理规划的州在这方面继续努力。② 此外，这次修订还有几点值得关注：（1）设立由商务部部长控制的"海岸带管理基金"（Coastal Zone Management Fund），为处理相关事务或应对紧急状况提供资金支持；（2）授权商务部部长向各州根据当时和未来的需求情况为增加公众亲海休闲机会而采取的措施提供资助；③（3）授权商务部部长动用海岸带管理基金对表现突出的联邦政府工作人员、地方政府工作人员以及学术成果对改善海岸带管理有突出贡献的大学毕业生给予奖励；④（4）针对联邦最高法院 1984 年对"内政部部长诉加利福尼亚州"案的判决，进一步强调联邦政府机构实施任何影响到海岸带的项目时都必须尽可能地与相关州之获得批准的海岸带管理规划保持一致。⑤

1996 年，美国国会再次修订《海岸带管理法》，这次修订将 305、306、306A 和 309 条款下的拨款都延长至 1999 财年。⑥ 通过 2009 年的《公共土地综合管理法》（Omnibus Public Land Management Act of 2009），国会又在联邦《海岸带管理法》中增加了 307A 条款，授权商务部部长为保护具有重大环保、休闲、生态、历史或审美价值的海岸和河口区域与相关州及地方政府联合实施"海岸与河口土地保护计

---

① Consolidated Omnibus Budget Reconciliation Act of 1985, Sec. 6046.

② Omnibus Budget Reconciliation Act of 1990 (Public Law 101 – 508), Sec. 6205 – 6206.

③ Omnibus Budget Reconciliation Act of 1990, Sec. 6210.

④ Omnibus Budget Reconciliation Act of 1990, Sec. 6213.

⑤ Center for Urban and Regional Studies of the Department of City and Regional Planning, the U-niversity of North Carolina at Chapel Hill, *Evaluation of the National Coastal Zone Management Program* p. 21; Omnibus Budget Reconciliation Act of 1990, Sec. 6208.

⑥ Coastal Zone Protection Act of 1996 (Public Law 104 – 150), Sec. 2, Sec. 318.

划"（Coastal and Estuarine Land Conservation Program），并为此提供资助。国会为此提供的拨款是自 2009 财年至 2013 财年每财年 6000 万美元。①

除了《海岸带管理法》之外，美国联邦政府在 20 世纪中期之后出台的其他一些法律法规也在一定程度上促进了美国沿海自然资源的维护和公众亲海权的发展，比如：《海岸洲坝资源法》有助于扩大公众亲海休闲资源；② 《游钓资源恢复法》（Sport Fish Restoration Act, Dingell-Johnson/Wallop-Breaux）和《水土保持基金法》则为上述目标的实现提供资金支持。③

---

① Omnibus Public Land Management Act of 2009 (P. L. 111 - 11), Sec. 12501. "海岸与河口土地保护计划"于 2002 年出台，2009 年被纳入联邦《海岸带管理法》。

② Coastal Barrier Resources Act of 1982 (Public Law 97 - 348); Coastal Barrier Improvement Act (Public Law 101 - 591); Coastal Barrier Resources Reauthorization Act of 2005 (Public Law 109 - 226).

③ *Public Access to the Shore: Hearing before the Subcommittee on Oversight and Investigations of the Committee on Merchant Marine and Fisheries, House of Representatives, One Hundredth Congress, First Session, on the Public's Rights to the Visual and Physical Aspects of the Shoreline of Lakes and Oceans,* June 29, 1987, Warwick, RI., p. 89.

第二章　普通法下美国公众亲海权的历史考察

　　普通法起源于英国，后传至英属北美殖民地。"到了美洲独立那个时代，普通法在美洲殖民地本土已经成长得相当充分了，从而经受住了与其母体分离的冲击。"① 所以，虽然革命时期和革命之后很多美国人出于对英国的怨恨希望将"这种依附关系的最后的公开见证和耻辱的象征"去除掉，② 但普通法传统还是得以保留下来，"没有任何一个州背离它"③。后来加入美利坚合众国的州绝大多数也都接受了普通法。④ 尽管美国各州在沿袭普通法传统的同时也不排斥成文法，但"每年刊载于成文法书籍之中的大量制定法并没有使它消失，而是赋予它新的形式和内容"⑤。时至今日，普通法仍然是美国法律体系的重要组成部分。⑥

　　相对于成文法来说，注重事后救济的普通法更便于应对在某一历

---

　　① ［美］小詹姆斯·R. 斯托纳：《普通法与自由主义理论——柯克、霍布斯及美国宪政主义之诸源头》，姚中秋译，北京大学出版社 2005 年版，导论第 12 页。

　　② ［美］伯纳德·施瓦茨：《美国法律史》，王军等译，中国政法大学出版社 1997 年版，第 14 页。

　　③ Roscoe Pound, "Do We Need a Philosophy of Law?", *Columbia Law Review*, Vol. 5, No. 5, May 1905, p. 341.

　　④ 美国也有个别州没有接受英国普通法或受其影响较小。比如，路易斯安那州就更多地继承了法国《民法典》的传统，得克萨斯和加利福尼亚等州则保留了西班牙法律的元素。不过，此类州的法律中也具有与普通法原则相似的规定。

　　⑤ ［美］罗斯科·庞德：《普通法的精神》，唐前宏等译，法律出版社 2018 年版，第 1 页。

　　⑥ 普通法明确存在于美国绝大多数州之中，但是否存在联邦普通法是一个有争议的问题。一般认为，"从法律部门的意义上说，美国没有与各州不同的联邦普通法。但是，美国宪法、条约和法律可依据普通法解释。另外，在实质上涉及联邦利益或责任的案件中，联邦法院也可以适用普通法规则"。引自［美］莫顿·霍维茨《美国法的变迁：1780—1860》，谢鸿飞译，中国政法大学出版社 2005 年版，第 14 页译注。

史时期突然出现的新问题，因为在普通法体系下，法官们可以针对具体案件启动救济程序，并依照先例和案件事实形成适用于该案的审判规则，所以它不会像成文法那样陷入"法律不健全和缺乏相应规则的困境"①。美国的公众亲海权冲突就是在 20 世纪中期骤然爆发的，面对此种尚无明确成文法规范的新问题，普通法确实显现出它的这种优势，并且在解决此问题的过程中实实在在地发挥了重要作用。

普通法的另一个基本属性——连续性基础上的开放性——则有助于它在推进公众亲海权发展方面发挥作用。普通法"主要是一种司法和法学思想的模式，一种解决法律问题的方法而非许多一成不变的具体规定"②，所以它"能够不断地改变、修改并适应新情况和新时期，与此同时不失去它的原始特征、重要原则以及制度"③。英国历史上久负盛名的法官和法律史学家马修·黑尔（Matthew Hale）在其传世名著《英格兰普通法史》中曾以两个例子类比普通法的这种属性：一个是古希腊神话中的阿戈尔号战船——"尽管在漫长的旅程中不停修修补补，并且回来的时候几乎没有最初的那些部件和材料了，但归来时候的阿戈尔号还是出海时的阿戈尔号"；另一个是人的成长——"就像某人四十岁时还是他本人，即使医生告诉我们，他的躯体在七年之内几乎已经把原来的器官都换掉了"④。黑尔认为普通法也是如此——"王朝来来去去，但普通法一直存续"⑤，虽然在几百年的历史中"发生了一些改变或者多了一些添附……普通法总体上还是那个普通法"⑥。正因为普通法具有这种为适应不断变化的时代和社会环境需要而不吝改变或抛弃旧内容同时又善于吸纳新成分的高度开放性，美国的法官们才可以适时地赋予其新的含义，以便在维持原有法律制度基本稳定的前提下顺应时势地适当扩大公众的亲海权。

普通法并无严密的体系，它只体现为从过去判例和经典著作中归

---

① 高鸿钧等主编：《英美法原论》（上），北京大学出版社 2013 年版，第 218 页。
② ［美］罗斯科·庞德：《普通法的精神》，第 1 页。
③ 李欣欣：《美国法上司法征收的演变》，载刘连泰、刘玉姿等著《美国法上的管制性征收》，清华大学出版社 2017 年版，第 273 页。
④ ［英］马修·黑尔著，查尔斯·M. 格雷编：《英格兰普通法史》，史大晓译，北京大学出版社 2016 年版，第 42 页。
⑤ ［英］马修·黑尔：《英格兰普通法史》，编者导言第 9 页。
⑥ ［英］马修·黑尔：《英格兰普通法史》，第 42 页。

纳出的一条一条的基本原则。这种原则有很多，20世纪中期之后美国各州法院在推进公众亲海权发展过程中使用到的大致有"公共信托""公共时效地役权""默示奉献"和"习惯权利"等几项，其中又以公共信托原则最为关键。在美国联邦体制下，公众亲海权问题属于各州管辖的事务，而各州对推进公众亲海权发展的态度并不一致，他们各自依据的普通法原则以及对同一原则的解释也不尽相同，所以美国各州普通法下公众亲海权的发展水平存在差异。

第一节　普通法公共信托原则下美国
公众滨海休闲权的确立

在美国的普通法原则中，与公众滨海活动关系最为密切的当属"公共信托原则"，美国公众滨海休闲权的确立也主要是依据该原则。公共信托原则的核心思想是保障公众对特定自然资源的使用权，禁止"为了私的利益限制或者改变特定自然资源供社会公众自由利用的状态"[1]。该原则的形成是基于这样一种理念：某些自然资源对于所有人来说都极为重要，所以它们不适合由私人排他性占有，而应当由政府（在美国是州政府）控制并保持这些资源的公益性。当前公共信托原则虽然在美国已经被引申到多种自然资源，[2]但它原初和首要的目标还是针对通航的自然水域，特别是海洋和潮水波及的滨海区域。

"公共信托"的观念虽然早已存在，但是作为一个由法官造法形成的普通法原则，它的具体含义并不确定。不同历史时期公共信托原则的含义差别很大，所以它"常常被人们描述为一个有着古老起源但又难以捉摸的随时代和环境变化而变化的普通法理论"[3]。虽然说各种普通法原则本身都具有因时而变的属性，但是公共信托原则在这方面表现尤

---

[1] 李冰强：《公共信托理论批判》，法律出版社2017年版，第23页。

[2] 约瑟夫·萨克斯（Joseph L. Sax）教授1970年在《密歇根法律评论》（*Michigan Law Review*）上发表的"The Public Trust Doctrine in Natural Resource Law: Effective Judicial Intervention"一文对此转变产生了至关重要的影响。另参见 James J. Lawler and William M. Parle, "Expansion of the Public Trust Doctrine in Environmental Law: An Examination of Judicial Policy Making by State Courts", *Social Science Quarterly*, Vol. 70, No. 1, March 1989。

[3] 肖泽晟：《公物法研究》，法律出版社2009年版，第76页。

为突出。可以说，"几乎没有哪个普通法原则能够像公共信托原则那样经历过如此巨大的发展"①。20 世纪中期之后，美国公共信托原则的含义又发生一次重大发展，这次发展的结果是将公众休闲权纳入其中。

一 公共信托原则的形成与早期发展

严格来说，"公共信托原则"这个词是地道的"美国造"②，但美国的法官和学者们在谈及此原则时通常都会将其源头追溯到罗马法和英国普通法，而公认的美国历史上第一个提出公共信托原则的判例是新泽西州最高法院 1821 年审结的"阿诺德诉芒迪"（Arnold V. Mundy）。美国联邦最高法院 1892 年对"伊利诺伊中央铁路公司诉伊利诺伊州"（Illinois Central Railroad Co. v. State of Illinois）案的判决则奠定了现代意义上之公共信托原则的基调。

（一）公共信托原则溯源

美国的学者和法官们之所以要将公共信托原则追溯到罗马法，是因为罗马法中虽然没有"公共信托原则"这个词，但是确实有与之相似的内容，比如物权法中的"共用物"（res communes）和"公有物"（res publicae）等概念。罗马法中的共用物是指"供人类共同享用的东西"，"任何人、包括市民和外国人等都可以享用"它们；"共用物是没有主体的物，不是严格意义上的物，不能作为所有权的客体"。公有物是指"罗马全体市民公共享有的物"，"其所有权一般属于国家，不得为私人所有。但如公用的目的消失，则仍可为私权的标的"③。罗马法中的这些规定与后来美国的公共信托原则有异曲同工之处，所以，也可以说它们"构成了公共信托原则的源头"④。

具体到公众亲海权来说，美国的学者和法官们在追溯罗马法中与

---

① Jack H. Archer, *The Public Trust Doctrine and the Management of America's Coasts*, Amherst, MA: University of Massachusetts Press, 1994, p. vii.

② Bonnie F. McCay, *Oyster Wars and the Public Trust: Property, Law, and Ecology in New Jersey History*, Tucson, AZ: the University of Arizona Press, 1998, p. 43; Michelle A. Ruberto and Kathleen A. Ryan, "The Public Trust Doctrine and Legislative Regulation in Rhode Island: A Legal Framework Providing Greater Access to Coastal Resources in the Ocean State", *Suffolk University Law Review*, Vol. 24, No. 2, Summer 1990, p. 369; Glenn J. MacGrady, "The Navigability Concept in the Civil and Common Law: Historical Development, Current Importance, and Some Doctrines That Don't Hold Water", *Florida State University Law Review*, Vol. 3, No. 4, Fall 1975, p. 591.

③ 周枏：《罗马法原论》（上册），商务印书馆 2014 年版，第 319 页。

④ 吴真：《公共信托原则研究》，博士学位论文，吉林大学，2006 年，第 4 页。

之相关的内容时一般都会引用《查士丁尼法学总论》中的一段话：

> 根据自然法，以下为所有人共用之物：空气、流水、海洋以及海滩。因此，只要他不损坏房屋、纪念物或其他建筑（这些与海洋不同，它们不属于万民法的范畴），任何人都不得被禁止到达海滩。①

与之相关的还有一条规定：

> 公众对海滩的利用，就如同对海洋本身的利用一样，也属于万民法的范畴。因此，任何人都可以在那里建筑用于憩息的棚舍，就如同他可以在那里晾晒渔网或从海中收起渔网一样。但是，我们必须明白，海滩的所有权不属于任何人，它与海洋本身和海底土地及泥沙适用同一法律规则。②

由此可见，在罗马法下，海洋是任何人都可以自由享用的"共用物"，不可以由任何私人排他性占有。另外，罗马法还特别强调，海滩也属于共用物，任何人都可以不受限制地到达和使用它们。之所以会有这种规定，显然是因为海滩与海洋密切相关。或者说，海滩是海洋的"从物"③。根据罗马法"从物附属于主物"的原则，④ 作为主物的海洋是共用物，作为从物的海滩也应该是共用物。

虽然说，"将信托理论与罗马法上的共用物联系起来，更多的是一种怀古式的制度联想"⑤，但罗马法中的那些内容表明在古罗马时期公众自由到达和利用海洋及海滩的权利是受到法律保护的。⑥ 然而，

---

① *The Institutes of Justinian*, trans. J. T. Abdy and Bryan Walker, Cambridge, UK: The University Press, 1876, p. 78.

② *The Institutes of Justinian*, p. 79.

③ 徐国栋：《"一切人共有的物"概念的沉浮——"英特纳雄耐尔"一定会实现》，《法商研究》2006 年第 6 期，第 141 页。

④ 周枏：《罗马法原论》（上册），第 319 页。

⑤ 朴勤：《公共信托、国家所有权与自然资源保护》，《科学社会主义》2013 年第 6 期，第 153 页。

⑥ 也有人认为《查士丁尼法学总论》中的那段话更多的是表达一种愿望而非对现实的描述。参见 James R. Rasban, "The Disregarded Common Parentage of the Equal Footing and Public Trust Doctrines", *Land and Water Law Review*, Vol. 32, No. 1, 1997, pp. 8–9.

罗马帝国崩溃后，欧洲陷入割据状态，公众对海洋和海滩的使用权让位于封建君主或领主的所有权，"罗马法中关于公共所有权的规定几乎消失殆尽"①。英国当然也不例外。盎格鲁—撒克逊时期，由于政局动荡、经济凋敝和人烟稀少等原因，海洋和海滩几乎无人问津，所以它们的归属问题还不太受关注。诺曼底征服后，英王对海洋和海滩的控制不断强化。当时，英王不仅宣称海滩、河床以及其上和其下的砂石、矿物，水藻、贝类等一切可见之物都归他所有，而且要求失事船只的残骸与货物也归他所有。② 另外，他还将鲸鱼和鲟鱼规定为"御用之鱼"，所有的这两类鱼，无论是岸边搁浅的还是海岸附近捕获的，都属于他的财产。③ 除了独占部分资源外，英王还把大量地产和海滩分授给他属下的各色贵族，而由此形成的封建割据状态对公众权益损害更大，尤其是在通航水域的使用方面。比如，为方便捕鱼，各封建主纷纷在自己控制的河段架设鱼梁，致使这些河流上的航运活动受到严重阻碍。作为对这种状况的回应，英王在 1215 年被迫签署的《大宪章》之第 33 条专门规定：

> 自兹，泰晤士河、梅德韦河及全英格兰各地之一切河流上的鱼梁务须彻底清除，但设在海边的不在此限。④

这些规定显示出要维护通航水域公众权益的倾向，《大宪章》因此"被认为是美国公共信托原则的原始来源之一，并在美国法律研究文献中大量引用"⑤。姑且不论《大宪章》的价值是否如后人期望的那样大，单就维护公众对海洋和海滩的使用权这一方面看，它并没有产生任何作用，因为它明确地将"海边"排除在其适用范围之外。至于"海边"为什么会被专门排除在外，或许是因为那时英国的社会和

---

① 李冰强：《公共信托理论批判》，第 23 页。

② "The Public Trust in Tidal Areas: A Sometime Submerged Traditional Doctrine", *The Yale Law Journal*, Vol. 79, No. 4, March 1970, pp. 764 - 765.

③ [英] 威廉·布莱克斯通：《英国法释义》（第一卷），游云庭、缪苗译，上海人民出版社 2006 年版，第 320 页。

④ [英] 詹姆斯·C. 霍尔特：《大宪章》（第二版），毕竟悦等译，北京大学出版社 2010 年版，第 407 页。

⑤ 王灵波：《美国自然资源公共信托原则研究》，博士学位论文，苏州大学，2015 年，第 21 页。

经济生活主要还是集中在内陆与河流之中，海洋与海滩似乎不是公众必需的资源。在缺乏经济或社会压力的情况下，它们绝不可能是"法律关注的重点"①。

自 12 世纪以后，随着西欧各国相继兴起研习罗马法的势头，英国也被此风波及。所以，《大宪章》签署之时，英国的知识阶层对罗马法中的共用物和公有物等概念并不完全陌生。稍后不久，英国法律学者亨利·布拉克顿（Henry Bracton）写成的一部自称是反映当时英国法律状况的作品中就包含了《查士丁尼法学总论》的部分内容，他还据此提出自然法赋予公众自由使用通航水域和海滩之权利的观点。② 很显然，这只是他的个人之见。以当时的政治制度和经济发展水平判断，布拉克顿的观点既不可能是现实的反映，也不会得到认真对待。

都铎王朝时期，英国资本主义经济长足发展，海外扩张和海外贸易势头日盛，海洋与海滩的重要性随之凸显。那时，如果想要更有效地利用海洋和海滩，打破封建割据（或者说私人占有）状态是当务之急。在没有民选政府的情况下，加强君主权力是实现这个目标的唯一途径。而这正顺应了那时都铎王朝欲加强王权以及收回海岸控制权的意愿。在此形势下，受伊丽莎白女王委派帮助英国王室谋划征收钱财之策的托马斯·迪格思（Thomas Digges）不失时机地提出了表面（Prima Facie）理论。该理论的基本含义是：海滩与海洋一样都是王国重要的自然资源，它们理应由王室保有；除非有明确证据证明国王曾将特定海滩封授给某人，否则国王将被推定为一切海滩的所有人，其他任何人都不得要求对海滩的所有权。③ 由于之前英王分封土地时几乎从来没有专门提及过海滩，所以，根据表面理论，英国所有的海滩都将归于英王的直接控制之下，领主们不能以实际使用和长期占有为借口而获得所有权。④ 迪格思的这种理论遭到封建贵族们的强烈反对，而且在很长一段时期中它也一直被法院和陪审团抵制。从伊丽莎

---

① 王灵波：《美国自然资源公共信托原则研究》，第 18 页。

② Michelle A. Ruberto and Kathleen A. Ryan，"The Public Trust Doctrine and Legislative Regulation in Rhode Island：A Legal Framework Providing Greater Access to Coastal Resources in the Ocean State"，p. 367.

③ 李冰强：《公共信托理论批判》，第 24 页。

④ Stuart A. Moore, *A History of the Foreshore and Hall's Essay on the Rights of the Crown in the Sea-Shore*，London，UK：Stevens & Haynes，1888，p. 182.

白一世直至詹姆斯一世在位期间，所有的相关判例都不承认表面理论，而是继续支持滨海领主在海滩上的私人财产权。① 1631 年，一个精心组织的法院在查理一世（Charles I）授意下接受了表面理论，但该判例在之后的很长时间中都没受到广泛关注，也没有被其他法院遵循。

在表面理论发展过程中，还有一个人至关重要，此人就是曾担任过英国王座法庭首席大法官的马修·黑尔。黑尔曾经认真研习罗马法，并且十分赞同罗马法学家们的观点。他认为，"《学说汇纂》很好地传达了法律的真正基础和理由（true grounds and reasons），以致人们只有研读《学说汇纂》，才能对作为一门科学的法律做出最好的理解"②。深受罗马法影响的黑尔显然会对公共权利有不同于英国传统观念的认识。在他 1667 年左右撰写的一部作品《论海洋法》（De Jure Maris）中，③ 黑尔一方面表示了对表面理论的认可，同时他又表达了应当对君主权力施加限制的观点。他认为，君主虽然对海洋和海滩拥有所有权，但这些资源上还存在着公共权利（Jus Publicum），公众仍可不受妨碍地在这些地区自由通行；即使君主将海滩转授给私人，他也只能转授其上的私权利（Jus Privatum），而受让人获得的私权利仍然要服从公共权利；英王基于所有权而获得的针对滨海资源的君主权力（Jus Regium）事实上只是为了维护公众的安全和福祉而行使的管理权。④ 通过这番论述，黑尔将英王作为国王而获得的君权和他作为个人而拥有的私权进行了区分，或者说将英王的个人人格与君主的公共职能分离开来。在此之前，即使表面理论能够发挥作用，那也只会增强英王的权力；经黑尔发展之后，表面理论才真正可能成为维护公众权利的工具。不过，可能是感觉时机尚不成熟，黑尔当时并没有将他的作品公之于世。直到 1786 年，他的这部作品才由后人整理出版。

① Jeffrey D. Curtis, "Coastal Recreation: Legal Methods for Securing Public Rights in the Seashore", *Maine Law Review*, Vol. 33, 1981, p. 76.

② 杨蕾：《马修·黑尔与英格兰法的体系化——以〈民事法律分析〉为文本》，硕士学位论文，西南大学，2017 年，第 7—8 页。

③ 此书当时没出版。成书时间说法不一，一般认为是在 1666—1670 年之间。

④ Frank E. Maloney and Richard C. Ausness, "The Use and Legal Significance of the Mean High Water Line in Coastal Boundary Mapping", *North Carolina Law Review*, Vol. 53, December 1974, pp. 189 – 190.

黑尔的上述作品出版后，表面理论在英国成为普遍接受的普通法原则。1795 年，英国法院完全依据黑尔的理论对"总检察长诉理查兹"（Attorney General V. Richards）案做出裁决，这成为英国历史上第一个依据普通法原则确认英王对海滩所有权的"确凿"判例。[1] 与此同时，公众在海洋和海滩上的权利也得到承认。18 世纪晚期的一个判例"江恩诉威斯塔布自由渔民"（Gann v. Free Fishers of Wistable）就可以证明这一点。该案原告的祖先在《大宪章》颁布之前即获得了距离海岸 2 英里外的海床和一个牡蛎养殖场的所有权，原告据此要求向所有抛锚在此海域的船只收费。英国上议院对相关诉讼所做的裁决驳回原告的请求，确认原告对海床的所有权要服从公众的通航权。[2] 1800 年，英国议会通过法律，允许国王转让他用自己私款购置的土地，[3] 从而使英王的个人人格与君主职能的区分以成文法的形式确定下来。

纵观英国历史，可以看出，直到 18 世纪末期——美国已经独立之后——以英王所有权为表面形式的公众对海洋和海滩的使用权才正式确立下来。尽管如此，美国的法官和学者们依然愿意相信自《大宪章》之后英王一直享有对海洋和海滩的所有权，而且其所有权中一直蕴含着公众的使用权，并以此为根据将英国普通法视为美国公共信托原则的重要源头。

（二）公共信托原则在美国的形成与早期发展

英属北美殖民地建立之时，表面理论还没有完成它的进化历程，尚未被纳入英国的普通法体系之中。那时，虽然也有个别殖民地的特许状和法律中存在维护公众对海洋和海滩使用权的内容，[4]但是从总体

---

① Bonnie F. McCay, *Oyster Wars and the Public Trust*: *Property*, *Law*, *and Ecology in New Jersey History*, p. 71.

② 李冰强:《公共信托理论批判》，第 26—27 页。

③ 王灵波:《美国自然资源公共信托原则研究》，第 18 页。

④ 可能是受到罗马法的影响，马萨诸塞殖民地 1628 年获颁的特许状就规定，该殖民地的建立不能妨碍英王之任何臣民在美洲的新英格兰沿海地区继续从事捕鱼以及其他相关活动的权利。该殖民地 1641 年通过的法律也规定，所有潮水波及其土地之村镇的居民都可以自由地在海湾、河流及大面积水塘中从事渔猎活动，除非当地自由居民或地方议会已对此进行了分配。同时它也特别说明，这并不是要授予任何人未经许可进入他人地产的权利。参见 William MacDonald ed., *Select Charters and Other Documents Illustrative of American History* 1606 – 1775, New York: The MacMillan Company, 1906, pp. 42, 76。

上看，殖民地时期并不存在普遍通用的公共信托原则。

美国建国后最初的二三十年中，公共信托原则还是没有任何发展的迹象。这一段时间中，革命时期延续下来的不信任政府和重视私人财产权的观念还很强烈。与此相应，特别强调私人财产权的英国法学家威廉·布莱克斯通（William Blackstone）的理论在当时的美国备受推崇，法官和律师们基本上都是从他的著作中汲取法律知识。① 在这样的整体氛围中，强调政府对自然资源掌控权的公共信托原则确实难以形成。

自 19 世纪初期开始，美国逐渐出现了有利于公共信托原则形成的社会环境。一方面，美国人对州政府的态度有所转变。这很大程度上得益于各州先于联邦政府实施的"国内改进"（internal improvement）计划。通过组织并实际出资修建公路、开挖运河等举措，各州政府为改进本地基础设施做出很大努力，它们在此过程中也慢慢树立起公共利益维护者和促进者的形象。另一方面，黑尔的《论海洋法》正式出版后其中的表面理论在美国法学界也逐渐赢得一批信奉者。② 此外，1803 年的"路易斯安那购买"对这种局面的出现也产生了一定的影响。美国新购得的那些土地原来由法国和西班牙交替统治，而他们两国施行的都是脱胎于罗马法的民法体系，这种不同法律体系的纳入给美国带来了更多的法律冲突，该地区各级立法和司法机构对维护海洋和滨海资源公益性传统的坚持也给美国固有的法治理念造成冲击。在此大背景下，新泽西州最高法院于 1821 年审理"阿诺德诉芒迪"案时给出了开创性的判决意见。

"阿诺德诉芒迪"案源于新泽西州珀斯安博伊（Perth Amboy）附近拉里坦河（Raritan River）中的牡蛎采挖权之争。由于营养丰富且易于捕捞，所以从殖民地时期开始牡蛎就成为新泽西人所热衷的食材。另外，因为有壳保护，利于长途运输，所以牡蛎也成为重要的贸易产品。这使得新泽西地区对牡蛎的需求一直都很旺盛。起初，拉里坦河中盛产牡蛎，而且可以自由采挖，周围很多居民都以此作为重要

---

① 王铁雄：《布莱克斯通与美国财产法的个人绝对财产权观》，《河北法学》2008 年第 10 期，第 148 页。

② James R. Rasban，"The Disregarded Common Parentage of the Equal Footing and Public Trust Doctrines"，pp. 14 – 17.

的收入来源。然而，大规模的采挖导致河中天然牡蛎的数量急剧减少。在此情况下，有些滨河土地主便试图圈占河床，自行养殖牡蛎。比如，从1790年左右开始，一位名叫约瑟夫·科丁顿（Joseph Coddington）的地主便开始在河中布设界桩。不过，他设置的障碍作用不大，没能真正阻止他人进入。1814年，本案原告罗伯特·阿诺德（Robert Arnold）从科丁顿手中买下175英亩河岸土地，然后他也在河中用树枝圈出一块区域，并在其中放养了一些牡蛎苗。阿诺德比科丁顿圈占的区域更大，部分处于低水位线以下。对于闯入其所圈区域者，阿诺德总是尽力驱赶。1818年的一天，本案被告贝纳贾·芒迪（Benajah Mundy）率领一队渔船进入阿诺德圈占的区域采挖牡蛎。芒迪等人之所以要这样做，是因为他们认为，阿诺德圈占的区域位于通航河流之中，而且距拉里坦湾不远，是潮水波及之地，那里的牡蛎应该是自然生长的，新泽西州所有公民都有权利采挖。他们如此大张旗鼓地行动就是想制造一个实验案例（test case），以便让法院介入，明确判定此处牡蛎采挖权的归属。阿诺德果然到法院起诉，并坚持不懈地将官司一直打到新泽西州最高法院。

原告阿诺德及其律师声称，他们所主张的权利源于1664年英王查理二世授予其弟约克公爵的特许状。他们认为，该特许状在授予约克公爵部分英属北美土地的同时，将该地所有的河流、港口、矿产、林木及相应的渔猎权也一并授予他；约克公爵领受的土地后来虽然不断被分割转让或出售，但相关权利并未消失。① 所以，他们坚信，阿诺德在买下原属于约克公爵的这片土地时，也承袭了该土地上的附属权利。另外，他们还强调，阿诺德的权利已经在1818年芒迪率船队闯入之前就已经得到当地业主委员会的确认，并且获得了授权证书。

新泽西州最高法院首席大法官柯克帕特里克（Kirkpatrick）撰写的判决意见没有支持原告阿诺德一方的主张，而是基本上认可了被告芒迪一方的观点。针对双方的争议，柯克帕特里克表述了以下观点：根据自然法、欧洲多数国家采用的民法和英国普通法，潮水波及的通

---

① 约克公爵领受新尼德兰（纽约）后转售部分土地给他的两位朋友乔治·卡特利特（George Carteret）和约翰·伯克利（John Berkeley），这小块领地即新泽西。二人又转售给其他人。此案涉及的地方属于"东新泽西"的一部分，该地区属于24位业主。

航河流、港口、海湾与海岸——包括水体和水下土地，由全体人民共享，任何人都可以为通行、航运、渔猎、取食以及其他目的而随意利用这些水体及其物产（少数属于国王并专供他使用的物产除外），只需遵循规范那种利用方式的法律即可；这些财产确实属于君主，但把这些财产归属于他只是出于维持秩序和施加保护之目的，并不是为了供他个人使用，而是为了供公众使用；该普通法原则曾遭破坏，某些有权势的贵族曾攫取公共权利，国王也曾把它们赐予廷臣和亲信，但《大宪章》又恢复了该原则，而且自《大宪章》颁布之后，英王便无权再剥夺公众权利而将它们转授给私人；英王在北美的权利与在其他地方一样，不能更多，或者说，他也不能将殖民地人民的公共权益转化为私人特权，因此，查理二世将北美的部分河流、港口、海湾和海岸封授给约克公爵时，只是让他以总督的身份为公众利益代行王室权力，并不是要让他以业主的身份独自享用这片土地；美国革命之后，这些王室权力都被赋予新泽西人民，该州人民可以而且只能通过州立法机构处置这些资源，处置方式可以多种多样，但绝对不能将它们直接完全地让渡给个人，以至剥夺所有公民的公共权利。①

从上述观点可以看出，柯克帕特里克显然是受到了经黑尔发展的表面理论的影响。事实上，他在判决意见中不止一次提到黑尔。基于这些观点，柯克帕特里克认为，新泽西州的业主们无权侵犯潮水波及之通航河流中的公众权益。为了更有力地论证这一点，他还特别指出，新泽西州的业主们在 1702 年就已将管理权归还英王，使新泽西成为一个王室殖民地，所以即使他们曾经拥有针对争议河流的权益，自此之后也完全丧失。既然业主们根本不拥有这些权益，他们显然也不能将其让渡给阿诺德。因此，结论很明确，阿诺德的诉求没有任何依据。也就是说，阿诺德无权圈占潮水波及之通航水域下的土地，也无权阻止他人进入此水域采挖牡蛎。

柯克帕特里克在"阿诺德诉芒迪"案判决中表达的观点与当前美国公共信托原则所体现的精神基本一致，因此它被看作美国历史上第一个提出公共信托原则的判例。

"阿诺德诉芒迪"案判决之时，美国公共信托原则形成的社会环境和法律环境虽然已经基本上具备，但都还不甚成熟，所以柯克帕特

---

① Arnold v. Mundy, 6 N. J. L. 1 (1821).

里克本人其实并不太情愿触及这个话题,① 只是控辩双方的律师们都非常地博学，他们各自引经据典地抛出那些针锋相对的观点，作为法官的柯克帕特里克不得不勉为其难地进行裁决。在此案判决中发表意见的另一位法官罗塞尔（Rossell）则不无调侃地感慨："真是没想到，就因为挖了几蒲式耳本案原告声称是自己财产的牡蛎，竟然使本州法院不得不面对如此宏大并且本质上又至关重要的问题。"② 而且，在此判决之后，拉里坦河并没有完全向公众开放，因为新泽西州政府把其中的很大部分都租赁给私人养殖牡蛎。"阿诺德诉芒迪"案判决之前，新泽西州政府便在经济利益驱使下试探性地在一个狭窄范围内将小块水域出租给牡蛎养殖者。该判决之后，新泽西州议会认为它处置潮水波及之通航河流及其下覆土地的权力得到了法院承认，于是便更加理所当然地将越来越多的水域与河床租赁出去。由于养殖牡蛎利润丰厚，所以求租者趋之若鹜。这些承租者与阿诺德一样，都设法把自己租到的区域围圈起来，不让他人进入。结果，拉里坦河中大片区域仍被私人排他性占用，只不过此行为的授权者由业主委员会变成了新泽西州议会而已。

从另一个角度看，这是美国历史上第一个此类判例，而且它还只是一个州法院的判例，所以"阿诺德诉芒迪"案判决的合理性难免会遭到一些人的质疑。当然，最不愿接受此判决结果的是新泽西州的业主们，他们一直伺机假联邦法院之手推翻它。然而，如果只是新泽西州内居民之间的冲突，联邦法院一般不会插手，所以，新泽西州的业主们并不能轻易将他们的想法付诸实施。等了十几年之后，他们终于等到时机，通过一个名为威廉·沃德尔（William C. H. Waddle）的纽约人将官司打到联邦法院。

沃德尔是纽约州的律师兼商人，他也想在拉里坦河中养殖牡蛎赚钱。由于新泽西州议会禁止将该州辖区内的河床租赁给外州人，所以沃德尔一直无法通过新泽西州政府获得牡蛎养殖场。最后，沃德尔干脆绕开新泽西州政府，直接从业主手中买下拉里坦河河口附近 100 英亩的水域。他购买的区域与梅里特·马丁（Merrit Martin）等 7 位珀

---

① Bonnie F. McCay, *Oyster Wars and the Public Trust: Property, Law, and Ecology in New Jersey History*, p. 52.

② Arnold v. Mundy, 6 N. J. L. 1 (1821).

斯安博伊镇居民从新泽西州政府那里承租来的区域重合。1835 年 4 月，沃德尔以虚构的承租人约翰·登（John Den）的名义到位于新泽西州的联邦巡回法院起诉马丁等 7 人，① 要求他们退出该区域。与当年阿诺德一样，沃德尔也是把他的权利追溯到查理二世给约克公爵的封授。1837 年，联邦巡回法院做出裁决，支持沃德尔的诉讼请求，承认他在那一百英亩水域的排他性权利，否认公众在此水域的捕鱼权，并由此判定新泽西州政府对此水域不具备所有权，所以该州政府所做出的租赁决定是无效的。

马丁等人以及新泽西州政府不服该判决，他们上诉到联邦最高法院。1842 年，联邦最高法院在"马丁等人诉沃德尔的承租人"（Martin et al. V. Waddle's Lessee）一案中以 8∶2 的多数推翻了联邦巡回法院的判决。② 联邦最高法院针对此案的判决意见由首席大法官罗杰·托尼（Roger Taney）负责撰写。与柯克帕特里克撰写"阿诺德诉芒迪"案判决时一样，托尼在此案的判决意见中也是着重论述了"东新泽西"的业主们所声称的承袭自约克公爵的权利是否站得住脚的问题，而且他依据的理论和得出的结论也与前者基本一致。③

"马丁等人诉沃德尔的承租人"是美国联邦最高法院所做出的第一个有关公共信托原则的判例，按理说它应该影响很大，在所有关于公共信托原则的众多判例中应当具有突出的地位。然而事实并非如此，该判例的地位不仅不突出，而且学界对它还"颇有微词"④。这显然是因为此案的判决结果与之前"阿诺德诉芒迪"案的判决并无二致，没有对公共信托理论的发展做出引人注目的贡献。此判决也是只否认业主自称的承袭自约克公爵的特权，支持州政府基于本州民众的信托掌握和处置潮水波及之通航水域和水下土地的权力，但它并没有更进一步对州政府处置信托土地的方式加以规范。所以，在此判决之后，州政府依然可以不受限制地将信托土地租赁给私人经营，而这些

---

① 根据普通法之"逐出租地之诉"，这样做是可以的。参见薛波主编《元照英美法词典》，法律出版社 2003 年版，第 462 页。

② 美国联邦最高法院大法官的人数早期屡有变动。最初是 6 位，1807 年增至 7 位，后又逐渐增至 10 位，1869 年后才固定为 9 位。参见［美］克米特·L. 霍尔主编《牛津联邦最高法院指南》（第二版），许明月等译，北京大学出版社 2009 年版，第 512 页。

③ Martin et al. v. Waddle's Lessee，41 U. S.（16 Pet.）367（1842）.

④ 李冰强：《公共信托理论批判》，第 29 页。

租赁者依旧可以将租赁之地圈占起来，致使公众自由使用信托土地的权益继续受到侵害。

（三）美国现代公共信托原则的形成

虽然新泽西州最高法院 1821 年审理"阿诺德诉芒迪"案和联邦最高法院 1842 年审理"马丁等人诉沃德尔的承租人"案时就提出了公共信托原则的观念，但这两个判例都没能使现代公共信托原则所应当发挥的作用得到体现。现代公共信托原则的核心目标是要维持公共信托资源的公益性，确保公众在合理范围内充分享有附属于这些资源的权益。然而，以上两个判决之后，各州政府依然可以名正言顺地将信托土地租赁给私人排他性使用，公众权益不能得到保障。

这种情况的出现与 19 世纪中上期的社会环境以及法官们所秉持的理念有关。那时，对于大多数美国人来说，发展经济乃是第一要务，法官们也大抵如此。在此背景下，法官们解释公共信托原则时自然也是以有利于促进经济发展为准则，以至于无论联邦法官还是各州法官都喜欢将"公共利益"定义为"经济发展"①。这就不难理解，当时的法官们为什么会一方面承认公共信托原则，另一方面又放任各州政府以发展经济之名将公共信托土地交由私人排他性使用了。

当然，那时也会有一些不同的观点。比如，在"马丁等人诉沃德尔的承租人"案判决的反对意见中，汤姆森（Thompson）大法官就提出了这样的质疑："如果国王为了全体臣民的共同利益而作为受托人持有这些土地，并且他不能将这些土地作为私产转让，那么新泽西州政府为什么能够不受信托义务约束地持有这些土地，而且能够将其交与私人并由他们排他性地使用呢？"②汤姆森法官认为这是毫无道理的，所以他断定，新泽西州政府显然没有这种权力，该州支持此类租赁规定的法律都是无效的。③不过，他这只是少数派意见，在当时并不能产生作用。后来，新泽西州的一些公民也对私人在州政府授权下圈占潮水波及之水下土地养殖牡蛎的做法提出挑战，但该州最高法院在 1874 年"伍利诉坎贝尔"（Wooley V. Campbell）一案的判决中驳

---

① Molly Selvin, "Preface to the Garland Edition: The Public Trust Doctrine in 1985", in Molly Selvin, *This Tender and Delicate Business*: *The Public Trust Doctrine in American Law and Economic Policy* 1789 – 1920, New York: Garland Publishing, Inc. , 1987, p. 2.

② Martin et al. v. Waddle's Lessee, 41 U. S. 367, 432.

③ Martin et al. v. Waddle's Lessee, 41 U. S. 367, 433, 420.

回了他们的诉求，继续支持州政府将公共信托土地租赁给私人的行为。①

到 19 世纪末期，形势开始发生变化。那时，美国已成为世界第一大经济体，"社会已经很少需要政府在促进发展方面的努力了"②。与此同时，经济的迅猛发展以及与之相伴的工业化和城市化的快速推进却导致了一系列社会问题，各种冲突与矛盾日渐尖锐，传统的社会治理与法治观念也因此受到越来越强烈的挑战。面对新形势，美国各级法院在审理涉及公共信托原则的案件时逐渐改变司法理念，开始对州政府处置信托土地的权力施加限制。1892 年联邦最高法院对"伊利诺伊中央铁路公司诉伊利诺伊州"案的判决是此种转向的一个重要标志。下面是此案的背景。

芝加哥是伊利诺伊州的第一大城市，紧邻密歇根湖的地理优势为它的发展提供了有利的条件。为进一步促进航运并消除湖水侵蚀堤岸的隐患，芝加哥市政府自 19 世纪 40 年代起就不断地进行修筑防波堤和扩建外港的尝试，但是由于资金短缺等原因该市政府的几次努力都没能成功。1851 年，伊利诺伊中央铁路公司提出解决方案，该公司要求政府允许它沿湖岸修筑铁路，而作为交换，该公司承诺出资修建防波堤，并负责港口的维护。此方案对芝加哥市政府来说简直是雪中送炭，所以它欣然接受。伊利诺伊州政府也愿意接受此方案，并专门出台法律，在美国国会许可的范围内给铁路公司划拨土地。1869 年，伊利诺伊州议会又通过《湖滨法》（Lake Front Act），进一步扩大对该铁路公司的授权。至此，伊利诺伊中央铁路公司掌握的土地不仅囊括了芝加哥市几乎全部滨海商业区，而且延伸至水面以下的湖床之上几百英尺远，最远处甚至达到 1 英里。根据 1869 年的这项法律，伊利诺伊州政府将上述水下土地的产权以及附属权利都给了铁路公司，该公司可以自由支配和使用它们。

伊利诺伊中央铁路公司与政府的合作最初很顺利，但后来却遭到了强烈反对。这背后有经济利益的冲突，也有党派斗争的纠葛，当然

---

① Bonnie F. McCay, *Oyster Wars and the Public Trust：Property，Law，and Ecology in New Jersey History*, pp. 105 – 108.

② ［美］斯坦利·L. 恩格尔曼、罗伯特·E. 高尔曼主编：《剑桥美国经济史》（第二卷），王珏、李淑清译，中国人民大学出版社 2008 年版，第 347 页。

也有社会观念变化的影响。不管原因如何，结果是伊利诺伊州议会1873 年通过新的法律，撤销 1869 年对铁路公司的那些授权。但铁路公司依然坚持认为之前获得的授权是合法的，不能随意被撤销，所以该公司继续沿湖岸修建铁路、码头和其他设施。为满足工程建设的需要，该铁路公司大规模填湖造地，在一些地方填掉了差不多 200 英尺宽的湖面。为阻止铁路公司进一步建设并要求它移除湖床上已有的建筑物，伊利诺伊州检察总长于 1883 年 3 月 1 日到该州法院起诉。① 应铁路公司的请求，该案被移交给联邦巡回法院审理。当时坐镇联邦巡回法院的哈兰（Harlan）大法官负责撰写的法院意见支持伊利诺伊州1873 年法律的有效性，承认该州政府对湖水淹没之地的所有权以及在其上修建港口、码头和其他设施的独占性权利，允许它废除之前法律中授予铁路公司的特许。伊利诺伊中央铁路公司于是又上诉至美国联邦最高法院。

联邦最高法院肯定了哈兰大法官的判决结果，只是判决的依据不同。由菲尔德（Field）大法官负责撰写的法院意见开宗明义地写道："此为这个国家已定的法律，即各州辖区内潮水覆盖之土地的所有权、统治权和主权属于其所处之州。相关各州自然拥有使用或处置该土地之任何部分的权利，只是这种使用或处置不得对该水域的公共利益造成实质性损害，而且还要始终服从国会在必要情况下为管制与外国的和各州之间的贸易而控制该水域航运的至高权力。"② 随后，他又表示，公共信托原则也适用于五大湖之淡水覆盖的土地，因为除了是淡水且不受潮汐影响之外，这几个大湖具备海洋其他所有的特点。通过这番论述，菲尔德奠定了依据公共信托原则判决此案的基调。

在分析完案情后，菲尔德大法官指出本案的核心争议事项：伊利诺伊州立法机构是否可以剥夺该州政府对芝加哥港口中水下土地的所有权以及对相关水域的控制权；或者说，伊利诺伊中央铁路公司是否可以通过议会授权掌握和控制该水域，阻止州政府以后在此水域行使任何权力。对此，菲尔德大法官依据公共信托理论表述了以下意见：伊利诺伊州以与拥有潮水波及之土地所有权同样的方式拥有密歇根湖

---

① 作为利益相关者，芝加哥市也被列为被告；美利坚合众国政府也被列为被告，但未派代理人出庭。

② Illinois Central Railroad Co. v. State of Illinois，146 U. S. 387，435（1892）.

通航水域下土地的所有权，以及在使用这些土地时对其上水域的控制权；此种所有权与州政府所持有的用于出售之土地的所有权不同；此种所有权是基于公共信托而为本州人民持有，以确保他们可以不受任何私人干预地在此水域享有航运、贸易的便利以及从事渔业捕捞的自由；很多情况下，人民在这些水域航行和贸易的利益可以通过修建渡口、码头而得到促进，为实现此种目的，州政府可以分块转让部分水下信托土地，但此种转让不能对剩余水域和土地的公共利益造成实质性损害；批准州政府完全放弃对整个港口或海湾、海洋及湖泊之通航水域下土地一切控制权的行为不符合上述原则，因为此种放弃与公共信托原则所主张的州政府为公众使用而保护该水域的要求相悖；州的立法权从来都不包括整块转让本州通航水域下所有土地的权力，任何此种转让即使不是显然地完全无效，也是可以撤销的。基于以上观点，菲尔德大法官认为，像芝加哥这种大城市的港口关乎伊利诺伊全州人民的利益，其管理权和控制权必须掌握在州政府手中，绝不能旁落他人，所以，该州 1869 年的那种授权必须是可撤销的，州政府可以在任何时候恢复针对这种资源的信托责任和义务。

从菲尔德大法官在"伊利诺伊中央铁路公司诉伊利诺伊州"案判决中的论述中可以看出，他刻意强调公共信托土地的公益性质，主张州政府必须为保障公众合理地自由使用信托土地之目的而有效地对其行使控制权和管理权，反对州政府放弃信托义务将信托土地的产权和控制权完全转让给私人。不过，菲尔德并没有完全禁止州政府将信托土地转让给私人使用的做法，对他来说，这是个"程度问题"①，像伊利诺伊州 1869 年那样将芝加哥大量沿湖土地以及几百英尺乃至 1 英里宽近岸湖床的所有权和使用权完全让与私人公司的做法显然不行，但为促进公益之目的而将小块信托土地让与私人用来修建码头等设施的行为还是可以接受的，只要这种让与不会对剩余水域和土地的公共利益造成实质性损害。

"伊利诺伊中央铁路公司诉伊利诺伊州"案奠定了现代意义上之美国公共信托原则的基调，是美国公共信托原则发展史上的"里

---

① Judith J. Johnson and Charles F. Johnson III, "The Mississippi Public Trust Doctrine: Public and Private Rights in the Coastal Zone", *Mississippi Law Journal*, Vol. 46, No. 1, Winter 1975, p. 90.

程碑"①。自此以后直至 20 世纪中期，此判决所确立的原则没再发生根本性改变。该原则不仅被后续判例遵循，而且也被美国学界普遍接受。此研究领域的核心人物约瑟夫·萨克斯教授对其评价很高，称之为指引美国公共信托原则发展的"北极星"②。

（三）公共信托原则在美国各州的扩散

在第一次提出公共信托原则的"阿诺德诉芒迪"案判决中，新泽西州最高法院认为公共信托的受托人是本州政府，而不是联邦政府。后来，联邦最高法院也承认这一点，将公共信托原则的执行主体确定为各州政府。之后，美国各州相继以各种形式采纳此原则，逐渐在美国形成以各州政府为受托人的较为完备的公共信托体系。

1. 美国各州政府公共信托原则执行主体地位的确立

新泽西州最高法院在"阿诺德诉芒迪"案判决中认为，新泽西州对争议土地的信托责任承袭自英国国王。该判决的依据是这样的：公共信托原则早就存在于英国普通法之中，并且由英国殖民者带到美洲，因此各殖民地潮水波及之通航水域沿岸及其下的土地都是以公共信托的形式掌握在英国国王手中，而美国革命爆发之后，各州人民自己成为主权者，那些土地的所有权随即从英王手中以公共信托的形式转入代表本州人民利益的各州政府手中。基于此判决，由原殖民地转化来的最初 13 个州的州政府无疑有权掌握和支配信托土地，至于后来相继加入美利坚合众国的其他各州是否有此权力则尚存疑问。针对此疑问，美国联邦最高法院给出的答案是新加入的州在管理公共信托土地方面与原来的各州享有完全相同的权力。此类裁决的依据是美国邦联国会 1787 通过的《西北法令》（Northwest Ordinance）中所体现的"平等地位原则"（equal footing doctrine）。《西北法令》第 5 条中有如下规定：西北地区新组建的州，只要达到规定的居民人数，即可"在一切方面均与原有诸州平等的地位上"加入邦联。此法令虽然只是为原俄亥俄荒野之地"逐步建州设想出了过渡的办法"，但"这种办法

① *Public Access to the Shore：Hearing before the Subcommittee on Oversight and Investigations of the Committee on Merchant Marine and Fisheries，House of Representatives，One Hundredth Congress，First Session，on the Public's Rights to the Visual and Physical Aspects of the Shoreline of Lakes and Oceans，June 29，1987，Warwick，RI.，*p. 117.

② Joseph L. Sax，"The Public Trust Doctrine in Natural Resource Law：Effective Judicial Intervention"，*Michigan Law Review*，Vol. 68，No. 3，January 1970，p. 489.

的要点后来曾在美国的一切大陆领地和大部分岛屿领地上重复使用"①。

美国联邦最高法院第一次针对潮水波及之地的所有权问题详细论述平等地位原则是在 1845 年"波拉德诉黑根"（Pollard v. Hagan）案的判决中。② 此案的起因是亚拉巴马州莫比尔河（Mobile river）一处河滩的权属之争。黑根 1802 年从西班牙手中获得这块土地，其所有权在 1824 年得到亚拉巴马州议会确认。③ 1836 年，美国国会又通过一项法案将此地授予波拉德。波拉德据此声称他对这块土地拥有所有权，并到法院起诉，要求黑根退出。波拉德的主张没有得到亚拉巴马州法院支持，他又上诉到联邦最高法院。

联邦最高法院针对"波拉德诉黑根"案的判决意见由麦金利（McKinley）大法官负责撰写。在此判决意见中，麦金利首先论证，根据 1787 年《西北法令》中的"平等地位原则"，亚拉巴马州加入联邦后应享有与原来各州同样的权利。在此基础上，他做出如下判决："第一，通航水域之沿岸，以及它们下面的土地，都没有通过宪法让渡给合众国，而是由各自州保留；第二，新加入联邦的州在这方面与最初那些州有同样的权利、最高统治权和管辖权；第三，合众国对于公共土地的权利，以及国会为出售和处置这些土地制定所有必要法规和条令的权力，都不能为联邦政府提供授予原告本案争议中土地的权力。"④ 结果，亚拉巴马州最高法院的判决得到维持，波拉德依据国会授权提出的诉讼请求被驳回。

麦金利大法官在 1845 年"波拉德诉黑根"案判决中表述的观点得到后续判例的肯定。比如，菲尔德大法官 1892 年撰写"伊利诺伊中央铁路公司诉伊利诺伊州"案的判决意见时，也是先强调"伊利诺伊州 1818 年在与原初州各方面地位平等的基础上被接纳入联邦"⑤，然后才开始论述公共信托原则的适用问题。另外，"波拉德诉黑根"案之后，还有一些判例明确将"平等地位原则"推及美国以不同形式获得的土地（比如通过 1803 年购买获得的土地以及通过其他方式从

① [美]塞缪尔·莫里森等：《美利坚共和国的成长》（上），南开大学历史系美国研究所译，天津人民出版社 1980 年版，第 297 页。
② Pollard v. Hagan, 44 U. S. (3 How.) 212 (1845).
③ 亚拉巴马州 1819 年加入美利坚合众国。
④ Pollard V. Hagan, 44 U. S. 212, 230.
⑤ Illinois Central Railroad Co. v. State of Illinois, 146 U. S. 387, 434.

周边国家获得的土地）上新成立的州。[1]

关于此问题的另一个重要判例是 1894 年的"夏夫利诉鲍尔比"（Shively V. Bowlby）。此判例的独特之处在于它涉及的问题是联邦政府是否有权处置尚未建州的领地上的公共信托土地（潮水波及之通航水域平均高潮线以下的土地）。具体来说，该判例要解决的是如下问题：在俄勒冈领地建州之前联邦政府曾经将根据公共信托原则应当属于公有的土地转让给私人，建州后俄勒冈州政府是否可以不承认此转让，并行使对此土地的控制权？审理此案的联邦最高法院的大法官们一致支持州政府在这方面的权力。格雷（Gray）大法官负责撰写的法院意见在系统追溯公共信托理论的发展历史（从黑尔的表面理论到平等地位原则）后指出，除非是为了履行国际义务和应对公众的紧急需求，联邦政府不能随意转让领地上通航河流平均高水位线下的土地，而应当以信托的形式为以后建立的州保留之，并且在这些州以与原有州完全平等的地位加入联邦后将这些土地移交给他们。简单说，就是联邦政府不能零星地将领地上的土地转让给个人作私有财产，而应将它们作为一个整体保留，以便最终能由相应各州为公共利益而管理和处置它们。[2] 此判例进一步确认了各州政府控制和管理公共信托土地的权力。

联邦最高法院虽然将公共信托土地的控制权完全赋予各州政府，但它同时也明确规定，各州在行使此权力时必须始终服从国会依据联邦宪法第一条第八款为管制与外国的和各州之间的贸易而控制相关水域航运的至高权力。在 1824 年审理"吉本斯诉奥格登"（Gibbons V. Ogden）一案时联邦最高法院即已明确提出了"航运"属于国会"贸易条款下"管辖范围的观点，并强调各州针对通航水域的任何规定都不得与国会法律相冲突。[3] 在随后的诸多判例中联邦最高法院又不断重申这一点。[4]

---

[1] James R. Rasban, "The Disregarded Common Parentage of the Equal Footing and Public Trust Doctrines", p. 38.

[2] Shively v. Bowlby, 152 U. S. 1 (1894).

[3] Gibbons v. Ogden, 22 U. S. (9 Wheat.) 11 (1824).

[4] Frank Langella, "Public access to New York and New Jersey Beaches: Has Either State Adequately Fulfilled Its Responsibilities as Trustee under the Public Trust Doctrine?", *New York Law School Law Review*, Vol. 44, No. 1, 2000, p. 183.

2. 美国各州对公共信托原则的采纳

美国第一个采纳公共信托原则的州无疑是新泽西，该州最高法院1821年对"阿诺德诉芒迪"案判决时在美国历史上第一次正式提出公共信托的观念。随后其他各州法院也陆续表达了对公共信托原则的认可。例如，华盛顿州最高法院在1891年对"艾森贝茨诉哈特菲尔德"（Eisenbach V. Hatfield）案的判决中就明确指出，潮间地归州政府所有，只有州立法机构才有权处置它们。[①] 一般情况下，各州对公共信托原则的采纳基本上都是通过司法判例的形式实现的，但是也有部分州的公共信托原则是体现在其法律或宪法之中的。在路易斯安那、密西西比和加利福尼亚等在原法国和西班牙殖民地上发展起来的州中，这种情况更为普遍。[②] 总之，无论是通过何种途径，美国所有各州都已经采纳了某种形式的公共信托原则。[③]

伊利诺伊中央铁路公司案判决之后，各州在采纳公共信托原则时也都不再单纯地强调州政府的所有权，而是开始强调公共信托土地的公益性质和州政府不可随意放弃信托责任的义务。比如，在该判决后的第二年，即1893年，佛罗里达州最高法院在对"佛罗里达州诉黑河磷肥公司"（State V. Black River Phosphate Co. ）案的判决中就援引该判例强调了这两点："本州的通航水域以及其下覆土地……是本州人民作为一个整体或一个主权单位……而拥有的财产。掌握这些财产不是为了用于出售或转变为其他价值的目的，也不是为了分配给几个人或者分配给每个人的目的，而是为了本州全体人民可以至少为了航运、渔业以及其他隐含之目的而同样地使用和享用它们"；"放弃（对主权土地的控制）与要求州政府为公众使用而保护此水域的信托

---

① Kenan R. Conte, *The Disposition of Tidelands and Shorelands: Washington State Policy*, 1889 – 1982, Master's Degree thesis, University of Washington, 1976, pp. 17 – 18.

② Margaret E. Peloso & Margaret R. Caldwell, "Dynamic Property Rights: The Public Trust Doctrine and Takings in a Changing Climate", *Stanford Environmental Law Journal*, Vol. 30, No. 1, 2011, 109 – 112; James G. Wilkins and Michael Wascom, "The Public Trust Doctrine in Louisiana", *Louisiana Law Review*, Vol. 52, No. 4, March 1992, p. 868; Judith J. Johnson and Charles F. Johnson III, "The Mississippi Public Trust Doctrine: Public and Private Rights in the Coastal Zone", p. 92; Edward F. Treadwell ed. , *The Constitution of the State of California*, 4th ed. , San Francisco, CA: Bancroft-Whitney Company, 1916, p. 569.

③ William J. Bussiere, "Extinguishing Dried-Up Public Trust Rights", *Boston University Law Review*, Vol. 91, No. 5, October 2011, p. 1753.

目标相悖。为公众使用之目的而交付于州政府的信托……不能通过财产转让而放弃。州政府为信托目的而掌握的控制权永远也不能丢失，除非是对于那种被用于促进公共利益、或被处置后不会对剩余水域和土地的公共利益造成任何实质性损害的地块。"① 另如，南卡罗来纳州最高法院 1928 年对 "开普罗曼土地开发公司诉佐治亚—卡罗来纳灌装公司"（Cape Romain Land & Improvement Co. v. Georgia-Carolina Canning Co.）案的判决中也同样强调了这一点："根据早已确定的规则，潮水波及之通航河流高水位线下土地的产权属于州，它们不是用于出售之目的，而是出于维护公众利益之目的以信托的形式由州政府持有。"② 简而言之，美国各州采纳的公共信托原则都强调，州政府应当为了全州人民的利益而掌管信托土地，他们虽然可以为了促进公共利益之目的而将部分信托土地转让给私人，但是在被转让的公共信托土地上公众仍然享有从事贸易、航运和捕鱼等活动的传统权利，而且受让者的私人利益在任何时刻都要服从公共利益，他们绝对不能干涉公众使用原信托土地从事上述活动。或者说，他们都承认公共信托土地上存在着双重权利（Dual Title）：一重是公共权利——公众为实现贸易、航运和捕鱼等目的而充分利用和享受信托土地和水域的集体权利；另一重是私权利，或者说是占有和使用该土地的所有权。州政府可以在一定情况下将一块公共信托土地转让给私人，但它只能转让其上的私权利，并不能放弃它对人民的信托责任而转让其上的公共权利。

　　概括起来讲，至 20 世纪中期美国滨海各州普遍采纳的 "公共信托原则" 大致包含以下五层含义：（1）州政府基于本州民众的信托对辖区内潮水波及之通航水域及其下覆土地行使所有权和管理权；（2）州政府要确保这些资源的公益性，尤其是要确保公众在这些区域航行、贸易和渔猎的权利与自由不受任何私人干涉；（3）州政府拥有使用和处置信托土地的权力，只是这种使用和处置不得危害公共利益，而且还要始终服从国会为管制与外国的和各州之间的贸易而控制

---

　　① Glenn J. MacGrady, "Florida's Sovereignty Submerged Lands: What Are They, Who Owns Them, and Where is the Boundary?", *Florida State University Law Review*, Vol. 1, No. 4, Fall 1973, p. 599.

　　② Mary L. Bryan, "Which Way to the Beach?", *South Carolina Law Review*, Vol. 29, No. 4, September 1978, p. 629.

该水域航运的至高权力；（4）州政府不得放弃信托责任，或者说不能将整片的信托土地转让给私人；（5）州政府可以为促进公共利益之目的将信托土地中的小部分转让给私人，但在此被转让之土地上，民众仍然保有公共信托原则下的基本权利。

总起来看，美国各州采纳的公共信托原则基本一致，然而，既然各州可以自行管理各自辖区内的信托土地，那就难免会出现各州依据本州特有的历史和现实状况"赋予公共信托原则不同含义"的情况。① 因此，现实中美国各州执行的公共信托原则不尽相同。最显而易见的差别体现在各州对该原则适用范围的界定上。就美国沿海各州来说，至 20 世纪中期，亚拉巴马、阿拉斯加、加利福尼亚、康涅狄格、佛罗里达、佐治亚、夏威夷、路易斯安那、马里兰、密西西比、新泽西、纽约、北卡罗来纳、俄勒冈、罗得岛、南卡罗来纳、得克萨斯和华盛顿这 18 个州的公共信托原则的适用上界是平均高潮线。② 也就是说，在这些州中，私人地产的边界只能到平均高潮线，③ 而公共信托原则下由州政府控制的区域则包括两部分：一部分是常年处于海水之下的土地及其上覆水体，另一部分是平均高潮线和平均低潮线之间的海滩，即前滩（foreshore，或称前滨，也称湿沙滩或潮间带）。而在特拉华、缅因、马萨诸塞、新罕布什尔、宾夕法尼亚和弗吉尼亚这 6 个州，私人地产的边界却可以达到低潮位线，公共信托原则的适用范围则只限于平均低潮线以下的州属海域。

从上可以看出，将公共信托原则适用上界定在低潮位线的州都处于东部沿海，特别是新英格兰地区。这大概与当地一贯奉行的个人主

---

① Gilbert L. Finnell, Jr., "Public Access to Coastal Public Property: Judicial Theories and the Taking Issue", *North Carolina Law Review*, Vol. 67, No. 3, March 1989, p. 641.

② Margaret E. Peloso & Margaret R. Caldwell, "Dynamic Property Rights: The Public Trust Doctrine and Takings in a Changing Climate", pp. 109 – 112; Frank E. Maloney & Richard C. Ausness, "Use and Legal Significance of the Mean High Water Line in Coastal Boundary Mapping", *North Carolina Law Review*, Vol. 53, December, 1974, pp. 200 – 202. 对于佐治亚州公共信托原则的适用上界是平均低潮线还是高潮线的意见有分歧，此处采用多数意见。另外，路易斯安那州法律中类似于公共信托原则的内容散见于该州的《民法典》《宪法》和司法判例之中。根据该州《民法典》，公共信托土地的上界对于潮泊来说是平均高潮线，对于海洋来说是冬季最高潮位线。参见 James G. Wilkins & Michael Wascom, "The Public Trust Doctrine in Louisiana", *Louisiana Law Review*, Vol. 52, No. 4, March 1992, pp. 862, 870。

③ 根据美国联邦最高法院 1935 年 Borax Consolidated, Ltd. v. Los Angeles（296 U. S. 10）案的判决，平均高潮线的计算周期为 18.6 年。

义观念有关。另外，这些州早在殖民地时期就注重发展航运，为鼓励私人建造码头等航运设施，他们将滨海土地所有者的产权延伸至低潮位线。现在的形势虽然与殖民地时期大不相同，但这些州仍然不愿放弃过去的原则，拒绝做出改变。不过，这些州也都允许公众为从事航运、贸易和捕鱼活动之目的而临时使用高潮位线与低潮位线之间的私人海滩。

对于各州公共信托原则适用范围向陆地一侧边界的不同规定，美国联邦最高法院并不反对。在 1894 年对"夏夫利诉鲍尔比"案的判决中，联邦最高法院指出，通过对最初 13 州法律的梳理可以得出如下结论："在这个问题上并没有普遍适用和统一的法律，每个州都是根据他们自己对公正和政策的理解来处理其境内潮水下的土地……因此，将一个州的先例应用于发生在另一个州的案件时必须极为慎重。"① 在 1988 年对"菲利普石油公司诉密西西比州"（Phillips Petroleum Co. V. Mississippi）一案的判决中，联邦最高法院又据此强调："每个州都有划定本州政府持有之公共信托土地的边界的权力，也有权以他们认为合适之方式承认这些土地上的私人权利，这一点长久以来一直是确定不移的。"② 此判决对各州自行划定公共信托原则适用上界的做法进一步予以肯定。

公共信托原则适用范围向海一侧边界的划定问题起初并未受到关注。直到 20 世纪 40 年代，随着海底资源——特别是海底油气资源——开发引起的利益之争日渐激烈，近海海域及其下覆土地的所有权（归联邦政府所有还是归各州政府所有）这个问题才正式进入人们的视野。美国联邦最高法院第一次对此问题发表意见是在 1947 年对"合众国诉加利福尼亚州"（United States V. State of California）案的判决中。该案起因于加利福尼亚州将其近海海域租赁给个人和公司用以开采石油、天然气及其他矿物并从中获取巨额收入的做法。美国联邦政府认为，加利福尼亚州太平洋沿岸自低潮位线至海洋中 3 海里的区域（也就是美国所承认的国际法上的领海）的产权属于合众国，其水下矿物以及其他有价值之物也都属于合众国，加利福尼亚州无权处置。为阻止加利福尼亚州的租赁行为，美国司法部部长托马斯·C.

---

① Shively v. Bowlby, 152 U. S. 1, 26.

② Phillips Petroleum Co. v. Mississippi, 484 U. S. 469, 475 (1988).

克拉克（Thomas C. Clark）代表美国政府到联邦最高法院起诉。针对联邦政府的主张，加利福尼亚州的回应是：原初 13 州从英王那里获得了他们辖区内包括近岸 3 海里宽海域在内的通航水体下一切土地的所有权；因为加利福尼亚是以与原初各州相同的"平等地位"加入联邦的，所以加利福尼亚州也应当被赋予了对这些土地的所有权。然而，加利福尼亚州的观点没有得到联邦最高法院的支持。布莱克（Black）大法官负责撰写的法院意见认为，那 3 海里宽的海域是国家政府基于国际法争取来的，而且对它的保卫和控制也一直是国家政府对外主权职能的体现，所以，它应该归国家政府所有，加利福尼亚州无权自行处置。①

联邦最高法院 1947 年对"合众国诉加利福尼亚州"案的判决遭到美国沿海各州的强烈反对。在各州以及新当选总统艾森豪威尔等诸方政治势力的推动下，美国国会很快对此判决做出回应，于 1953 年通过倾向于维护各州利益的《水下土地法》（Submerged Lands Act）。可以说，"联邦政府与州政府之间关于水下土地的所有权归属问题的争议，是《水下土地法》出台的直接推动力"②。该法将离岸 3 地理英里（geographical mile，1 地理英里相当于 1 海里）宽海域内水下土地及其附属资源的所有权、开发权、租赁权和管理权都划归相关各州，只给联邦政府保留与国防、国际事务以及国际和州际贸易相关的管理权。之后，各州公共信托原则适用范围向海一侧的界限通常也都划定在离岸 3 海里处。有的州是通过立法明确界定，有的州并无明文规定，等于是事实上予以承认。

二 美国公共信托土地上公众休闲权的确立

至 20 世纪中期时美国滨海各州采纳的公共信托原则将各自辖区内的海域和潮水波及之沿岸地区置于州政府的直接控制之下，严格限制私人占有它们，这为民众的滨海活动提供了基础性条件。然而，当滨海休闲热潮兴起之时，传统的公共信托原则却不能给公众的亲海休闲需求提供足够的支持。这主要是因为维护公众滨海休闲娱乐的权利并非公共信托原则的原初目标。通常认为，"英国普通法所保护的公

① United States v. State of California, 332 U. S. 19 (1947).
② 邓上：《美国〈水下土地法〉研究》，硕士学位论文，大连海事大学，2017 年，第 4 页。

众的信托利益在范围上比较狭窄，一般仅限于通航和捕鱼"，根本就不包含休闲。例如，在1821年的"布隆代尔诉卡特罗尔"（Blundell V. Catterall）案和1908年的"菲茨哈丁勋爵诉珀塞尔"（Lord Fitzhardinge V. Purcell）案的判决中，法院就认为"公共信托不保护游泳、射击等娱乐性、消遣性利益"①。美国学者小托马斯·阿格尼洛（Thomas J. Agnello, Jr.）在1974年的一篇文章中也写道："自《大宪章》以降，英国法院只关注过公共信托理论下几项有限的用途。早年的著述者们认为，公共权利范围内的使用权被严格限定于捕鱼和航运。英国的法院也明确将其限定于那些用途，并判定公众无权为洗浴之目的而使用前滩。"② 承袭自英国普通法的美国公共信托原则起初自然也是只限于保障公众从事渔猎、贸易和航行等与生产生活直接相关之活动的权利。在20世纪中期之前美国各级法院的相关判例中，法官们一般也都会刻意强调这一点。比如，美国联邦最高法院1892年在"伊利诺伊中央铁路公司诉伊利诺伊州"案的判决中就特别指出，在公共信托原则下民众可以"免于私人阻挠和干涉地在水上航行、贸易和捕鱼"③。简言之，公共信托原则的原始含义中并不包含维护公众亲海权的内容。其实，即使传统的公共信托原则并不刻意要维护公众亲海休闲权，如果平均高潮线下的海滩和近海海域真能如该原则要求的那样由州政府掌握并为公众所用，那么公众的滨海休闲要求还是有机会实现的，然而，实际情况却非如此，很多公共信托土地早已转入私人之手。早年，由于公共信托原则的观念还未普及，所以各州（包括之前的殖民地）在处理滨海土地时很随意。为了鼓励私人投资兴建和维护码头等用于航运和贸易的基础设施，他们往往会通过立法主动将潮间地转让给私人。在17和18世纪，这种专门的"码头建设法令"（wharfing statutes）有数百项之多。④ 联邦最高法院虽然在1892年对伊利诺伊中央铁路公司案的判决中对州政府转让公共信托土地的行为进行了限制，但并没有完全禁止。结果，在经济利益驱使下，各州政府仍不断将公共信托土地转给私人。以华盛顿州为例，在1890—

① 吴卫星：《环境权研究——公法学的视角》，法律出版社2007年版，第49页。
② Thomas J. Agnello, Jr., "Non-resident Restrictions in Municipally Owned Beaches: Approaches to the Problem", p. 204.
③ Illinois Central Railroad Co. v. State of Illinois, 146 U. S. 387, 452 (1892).
④ Jack H. Archer, *The Public Trust Doctrine and the Management of America's Coasts*, p. 56.

1979 年间，该州 61% 的潮间地被转入私人之手。① 从整个美国范围来看，转入私人手中的公共信托土地差不多占到总量的三分之一。② 占有公共信托资源的个人或私营组织可能会尊重公众从事航运和渔猎活动的传统权利，但他们很少会容忍大批游人为休闲之目的而使用他们的海滩。所以，在传统的公共信托原则之下，公众的滨海休闲权并无切实保障。20 世纪中期之后，公共信托原则的这个特性更清晰地显现出来，并成为妨碍公众亲海权的关键因素。为扭转这种局面，美国滨海各州法院在时代潮流冲击之下逐渐改变态度，解释公共信托原则时不再固守传统理念，而是相继赋予它适应现实需求的新含义。

1971 年加利福尼亚州最高法院对"马克斯诉惠特尼"（Marks V. Whitney）案的判决就体现了这种变化。该案原告马克斯拥有一块潮间地，此地向陆一侧与惠特尼的地产接壤。惠特尼认为他可以在那一块潮间地上行使公共信托原则下的权利，但马克斯却拒不承认，他坚称自己对那块潮间地拥有绝对的所有权，禁止任何他人使用。二人于是到法院打官司。初审法院认为公共信托原则不适用于马克斯的那一块潮间地，所以不支持惠特尼的诉求。加利福尼亚州最高法院推翻了下级法院的判决。加利福尼亚州最高法院不仅承认公共信托原则适用于马克斯的那块潮间地，而且它还特别强调，考虑到当时客观存在的人口压力、公众对休闲资源的需求以及海岸和滨海地产日益增强的开发力度等现实因素，潮间地使用权问题对公众来说就显得愈发重要。通过分析具体案情和相关先例，它断定，在那块争议中的潮间地上，公共权利必须保留，而购买者的私人权利只能在公共利益允许的范围内行使。随后，它又进一步指出，公众对潮间地的使用不应该仅仅局限于传统的航行、贸易和渔猎这三个方面，还应该包括垂钓、打猎、洗浴、游泳、划船以及为满足一般休闲目的而采取的行动。为论证此主张的合理性，它参照以前的判例提出如下观点：公共信托原则对潮间地上公共权利的规定是充分灵活的，能满足公众不断变化的需

---

① Ewa M. Davison, "Enjoys Long Walks on the Beach: Washington's Public Trust Doctrine and the Right of Pedestrian Passage over Private Tidelands", *Washington Law Review*, Vol. 81, No. 4, November 2006, p. 814.

② David C. Slade, *Putting the Public Trust Doctrine to Work: The Application of the Public Trust Doctrine to the Management of Lands, Waters and Living Resources of the Coastal States*, Report to Connecticut Department of Environmental Protection, November 1990, p. 175.

求；州政府在管理公共信托土地时并不受制于那种赞同一种使用而反对另一种使用的过时分类。①

加利福尼亚州最高法院对"马克斯诉惠特尼"案的判决明显表现出要根据时势变化将民众公共信托原则下的权利扩展到滨海休闲权这方面的强烈愿望。不过，该案的主要争议事项并不在此，所以它在这方面的影响并不是很广泛。美国历史上第一个明确将公共信托原则的效力推及休闲娱乐权并产生巨大反响的判例是 1972 年新泽西州最高法院审理的 "内普丘恩镇诉海边的埃文镇" （Borough of Neptune City V. Borough of Avon-By-The-Sea） 案。此案背景如下：

"海边的埃文镇" （Avon-By-The-Sea，以下简称埃文镇） 是新泽西州一个毗邻大西洋的滨海小镇，这里风光旖旎，海景优美，是个亲海休闲的好去处。在该镇，除了平均高潮线之下的湿沙滩和海域可供游玩之外，镇政府在平均高潮线之上拥有的一块沙地也供公众休闲之用。每年夏季都会有多于当地常住居民三四倍的外地人到此处消暑避夏。早先，埃文镇的整片海滩都免费向所有人开放。自 20 世纪 50 年代起，该镇开始向游人收费。此收费行为得到了新泽西州议会的授权。新泽西州议会之所以授权收费，主要是考虑到海边游人数量激增，滨海地方政府为维护公众亲海环境和提供救生、安保和清洁等人工服务需要承担不少费用。1970 年，埃文镇又出台新的收费政策。新政策的主要特点是区别对待本镇居民和外地居民。它将季 （两个月） 票价格降至与月票价格等同的 10 美元，同时却将单日票价格由原来的 1 美元 （本地人） 和 1.25 美元 （外地人） 分别提至 1.50 美元和 2.25 美元，另外它还专门规定只有埃文镇居民和纳税人及其直系亲属才可以购买季票。这显然有利于当地人而不利于外地人。对此政策最不满意的是内普丘恩镇居民。内普丘恩是紧邻埃文镇内陆一侧的小城镇，该镇居民也时常到埃文镇的海边休闲。埃文镇新的收费政策出台后，内普丘恩镇人由于不能购买相对便宜的季票所以他们要想随时到埃文镇的海边休闲就必须花比当地人至少多一倍的钱。内普丘恩镇人不愿意接受这种结果，于是，该镇政府代表本地居民将埃文镇政府告上法庭，要求它停止执行新的收费政策。埃文镇政府则辩称，外地人的涌入使海滩的维护和管理成本增加，而本地纳税者不应当因此而

---

① Marks v. Whitney, S. F. 22566 （Cal. December 9, 1971）.

承担更多费用。初审法院接受埃文镇政府的观点，允许它继续执行新的收费政策。内普丘恩镇政府上诉，一直将官司打到新泽西州最高法院。

新泽西州最高法院以 4：2 的多数推翻下级法院的判决，认定埃文镇的收费政策违反了公共信托原则。霍尔（Hall）法官负责撰写的法院多数意见首先指出，没有迹象表明在只有埃文镇本地居民的情况下维护和管理海滩的成本会比当前更低，所以该法院决定，审理此案时不以被告埃文镇提出的费用分担问题为基础，而是要根据原告内普丘恩镇的主张从公共信托原则的当代含义和应用这一更为基本的问题入手进行分析。其实，原告的诉讼理由中本来没有明确提到公共信托原则这个词，但是提出了该州所有公民都享有使用海洋这一普通法权利的观点，霍尔法官认为这实质上就等于是在依据公共信托原则提起诉讼，所以他就此展开了论述。

在论证过程中，霍尔法官提出以下观点：毫无疑问新泽西州是承认公共信托原则的，但该州公共信托原则的具体适用范围和界限却从来都没有明确规定；各级法院起初解释公共信托原则时之所以特别强调保护公众在自然水域航行、贸易和捕鱼的权利，那是因为当时水路是贸易的主要通道，而鱼类是人们重要的食物来源；公共信托原则，如同其他普通法原则一样，不应该被认为是一成不变的，其含义应当随形势和公众需求的持续变化而不断被重塑和扩展；进入 20 世纪后半期以来，公众在潮浸区的权利已经不再局限于古时候航行和捕鱼那样的特权，而是扩展到游泳和海滩活动等休闲性使用。霍尔法官提出这些观点显然是要证明，当时新泽西州公共信托原则下的公众权利已经涵盖亲海休闲权。由于公共信托原则的实施属于州政府的权力范畴，地方政府无权制定与之相冲突的政策，所以，在到公共信托原则保护下的海滩休闲方面，内普丘恩镇居民享有与埃文镇居民同样的权利。① 至此，民众依据公共信托原则在新泽西州辖区内平均高潮线下之湿沙滩和近岸海域的休闲权开始有了明确的法律依据。

"马克斯诉惠特尼"和"内普丘恩镇诉海边的埃文镇"两判例之后，公众的滨海休闲权越来越受重视，美国多数沿海州也都相继以不同方式将休闲权纳入公共信托原则保护之下。当然，由于没有全国统

---

① Borough of Neptune City v. Borough of Avon-By-The-Sea, 61 N. J. 296 (1972).

一的公共信托原则，所以难免会出现个别州有与众不同规定的情况。在美国东部的纽约和新英格兰地区的马萨诸塞、特拉华、缅因和新罕布什尔等州，这种情况尤为突出，[1] 代表性的判例是缅因州最高法院 1989 年审理的"贝尔诉韦尔斯镇"（Bell v. Town of Wells）。

不过，尽管有极少数州例外，但是将公众亲海休闲权纳入公共信托原则保护之下的总体趋势是确定不移的。而且，即便有些州的法院仍然顽固地坚守传统，拒绝扩大公共信托原则的适用范围和适用事项，但其州内的改革呼声也是很高的。比如，马萨诸塞州在 1970 年就成立了一个特别立法委员会，专门研究公众对海滩的使用权问题。在正式提交研究报告之前，该委员会提出了几个意在授权公众即使不是为了渔猎之目的也可以穿越私人海滩的议案。或者说，他们要通过立法将公众休闲权纳入公共信托原则之中。该委员会虽然因为未能征得本州最高司法法院（Supreme Judicial Court）的支持而放弃了此类提案，但是他们在 1975 年仍然坚持发布了言辞激烈的报告，呼吁全面放开对私人和市政海滩的限制。1982 年马萨诸塞州海岸带管理部门实施的一次民意调查显示，近 60% 的调查对象支持修订本州宪法，增加确保公众在所有海滩休闲权的规定。支持者们认为，内在正义要求这种权利，因为"海滩应当属于所有人"[2]。另如，缅因州议会 1986 年颁布了支持公众亲海权的《潮间地公共信托法》（Public Trust in Intertidal Land Act），该法明确宣布缅因州的潮间地适用公共信托原则，并将公众使用潮间地休闲的权利纳入公共信托原则的保障范围。《潮间地公共信托法》的颁布表明缅因州的民众和代表民意的立法机构都是强烈支持公众滨海休闲权的。此法虽然在 1989 年的"贝尔诉韦尔斯镇"案中被该州最高法院否决，但该法院也不得不承认，当时公众对休闲的需求比以前"显然广泛得多"[3]。况且，该法院内部在这个问题上意见并不统一，而且分歧很大，所以这只是一个 4∶3 的判决。领衔撰写反对意见的沃森（Wathen）法官明确表示，他不同意公众在缅因州海岸的权利被严格限定在渔猎和航行这几个方面的观点。他认

---

① William L. Lahey and Cara M. Cheyette, "The Public Trust Doctrine in New England: An Underused Judicial Tool", *Natural Resources & Environment*, Vol. 17, No. 2, Fall 2002, p. 93.

② Mark H. Robinson, *Beach Ownership and Public Access in Massachusetts*, p. 69.

③ Bell v. Town of Wells, 557 A. 2d 168, 169 (1989).

为，法院的多数意见只是基于当初之"殖民地法令"是一切公共权利唯一的和首要的来源这一错误前提，而事实上早在这些法令出现很长时间之前公众在潮间地的权利就存在于普通法之中。他相信，那些普通法权利没有被殖民地法令取代，而且它们足够广泛，能够支持《潮间地公共信托法》所列出的公共权利。根据以上分析，沃森认定，本州议会通过的《潮间地公共信托法》是合宪的，它只是确认了普通法中早就存在的公众休闲权利，该法院对此案判决的多数意见应被取消。① 这种不同意见的存在为缅因州最高法院以后对公众亲海权态度的转变埋下了伏笔。再者，缅因州最高法院的这个判决在州内引起强烈不满，对它的批评可谓铺天盖地，遍布于各类刊物之中。②缅因大学法学院缅因法律研究所对此高度重视，他们在案件审理过程中以法庭之友的身份代表公众提出了广泛的意见；③ 案件审理结束后，他们又在《缅因法律评论》出版专辑，继续讨论此问题。④ 另外，"贝尔诉韦尔斯镇"案判决后，缅因州议会并没有因此而撤销或修订其《潮间地公共信托法》，所以关于公众可以依据公共信托原则在潮间地休闲的规定仍然存在于该州的法条之中。⑤ 这也意味着此问题还有待以后进一步解决。

总而言之，20 世纪中期之后，将公共信托原则下的公众权利扩展至滨海休闲权的观点已经得到普遍认可，并且在大多数滨海州中得以施行。鉴于户外休闲的社会价值在当代美国愈发受到重视，所以将公众休闲权纳入公共信托原则的保护范围也算是在"满足新的社会需要"⑥。1990 年完成的一份官方研究报告对这种转变做了总结。该报告表示，州法院和联邦法院都已经承认，州政府在管理公共信托土地

---

① Bell v. Town of Wells, 557 A. 2d 168, 180 (1989).

② Michael P. Dixon, "Drawing Lines in the Disappearing Sand: A Re-Evaluation of Shoreline Rights and Regimes a Quarter Century after Bell v. Town of Wells", *Ocean and Coastal Law Journal*, Vol. 16, No. 2, 2011, pp. 482 – 483.

③ Orlando E. Delogu, "Friend of the Court: An Array of Arguments to Urge Reconsideration of the Moody Beach Cases and Expand Public Use Rights in Maine's Intertidal Zone", *Ocean and Coastal Law Journal*, Vol. 16, No. 1, 2010, p. 47.

④ Editor, "Editor's Foreword", *Maine Law Review*, Vol. 42, 1990, p. 3.

⑤ William L. Lahey and Cara M. Cheyette, "The Public Trust Doctrine in New England: An Underused Judicial Tool", p. 94.

⑥ Mark H. Robinson, *Beach Ownership and Public Access in Massachusetts*, p. 59.

时不必受那种过时的用途分类限制；它还断定，"随着社会和科技的发展，公众对信托土地和水域的使用也必然发生了变化。过去几个世纪中公共信托原则事实上一直在与时代同步发展"，到现在，得到认可的公众对信托土地的使用绝不再局限于与生计直接相关的传统事项，而是包括"垂钓、洗浴、日光浴、游泳、漫步、推婴儿车、狩猎、捕鸟、休闲及商业航行、保护环境、保护自然风光"等各类活动，当然也包括最基本的使用，即"仅仅待在那儿"①。既然公共信托原则下的公众休闲权已经得到普遍承认，那么该原则的定义显然也会随之改变。所以，当前公共信托原则的定义已经纳入了有关休闲娱乐的内容："由于水域是供公众用于航行、捕鱼和娱乐，因此作为社会公众受托人的政府有责任确保公众有权为这些目的使用水域。"②

第二节　美国滨海各州依据普通法扩大公众亲海权的努力

人们去海边休闲，除了从事游泳、冲浪、划船等水上活动外，更多的是在沙滩上漫步、嬉戏、晒日光浴以及进行其他一些类型的娱乐活动，然而，20 世纪中期之前美国各州普遍采纳的公共信托原则仅适用于平均高潮线以下的湿沙滩（且不说还有 6 个州的公共信托原则只适用于平均低潮线以下的海水中），却不包括更便于一般公众休闲的干沙滩（也称后滩或后滨，backshore）。只在狭窄且时常被潮水淹没的湿沙滩上活动显然不能带来令人满意的休闲体验。更为严重的是，由于干沙滩和其他滨海土地不受公共信托原则保护，所以到 20 世纪中期之时它们基本上都已经被私人或私营机构瓜分殆尽。③ 在很多地方，私人和私营机构占有的滨海地产连绵成片，横亘在公共道路和海洋之间。这就意味着，公众不仅不能自由地使用干沙滩，而且多数情况下他们要到达湿沙滩和海洋也必须先穿过私人地产，而如果私

---

① David C. Slade, *Putting the Public Trust Doctrine to Work*: *The Application of the Public Trust Doctrine to the Management of Lands*, *Waters and Living Resources of the Coastal States*, p. xxi.

② 薛波主编：《元照英美法词典》，第 1118 页。

③ George Washington University, *Shoreline Recreation Resources of the United States*: *Report to the Outdoor Recreation Resources Review Commission*, p. 11.

人地产主禁止公众通行，那么他们公共信托原则下使用湿沙滩和州属海域的权利也难以顺利行使了。早年，这种情况倒是很少发生，因为那时美国人口本就不多，有闲情逸致去海边休闲者更是寥寥，即使偶尔有人为了到海边休闲之目的而进入和通过私人土地，此土地所有权人一般也不会太在意，所以那时绝大多数私属干沙滩事实上都是向公众开放的。但是，公众亲海休闲热潮在当代兴起之后，滨海地产所有权人阻挠游人使用和穿越他们干沙滩的事件确实屡有发生，公众的亲海权因此受到严重侵害。所以，就当时的情形来说，要切实维护公众亲海权，就必须先解决好两个方面的问题：一个是"设法扩大公众使用干沙滩区域的权利"，另一个是"为公众提供到达海滩的通道"①。针对这两个问题，美国滨海各州采取了一系列应对措施。就各州法院来说，他们为此所采取的措施就是在维护公众湿沙滩（公共信托土地）上之休闲权的同时，还力图增进公众对干沙滩的使用权。为达此目的，有些州的法院倾向于借助"公共时效地役权""默示奉献"和"习惯权利"等其他普通法原则，而新泽西州法院还是执意在公共信托原则下寻求突破。

一 美国滨海州法院依据公共时效地役权原则扩大公众亲海权的努力

所谓地役权，是指"为实现自己土地的利益而使用他人土地的权利"，"地役权中最主要的一般为通行权、用水权等"②；时效地役权则是指"在法定期间公开、持续地利用他人土地而取得的地役权，但对土地的利用必须为所有人所知悉或应当知悉"③。

世界各国的法律中一般都有关于地役权的规定，英国普通法和美国普通法中也有。然而，英美两国普通法中关于地役权的规定差别却很大。在英国，地役权附属于土地，没有不附属于土地的地役权，即不存在使用他人土地的纯个人权利。比如，在英国一位农民可以为了到达他的土地而获得通过其邻居农场的地役权，但是没有相邻土地的一般公众却不能在这同一块土地上取得此类地役权。④ 与英国不同，

---

① Steve A. McKeon, "Public Access to Beaches", *Stanford Law Review*, Vol. 22, No. 3, February 1970, p. 566.

② 薛波主编：《元照英美法词典》，第 455 页。

③ 薛波主编：《元照英美法词典》，第 1082 页。

④ Daniel A. Degnan, "Public Rights in Ocean Beaches: A Theory of Prescription", *Syracuse Law Review*, Vol. 24, No. 3, Summer 1973, pp. 949 – 950.

美国的地役权可以不必依附于土地，没有相邻土地的一般公众也可以获得对于某一私人土地的地役权。① 这种以实现公共利益为目标，"不要求需役地，权利主体是不特定的公众"的地役权亦称为"公共地役权"（Public Easement）。② 公共地役权是"出于公共利益的需要而使国家或公众取得一种要求相关不动产权利人承担某种额外负担的权利"，它"解决的是国家、地方政府以及特定的集体与土地权利人之间的利益关系"；"公共地役权一般没有期限的限制，只要公共利益一直存续，公共地役权就会一直存续"③。这也就是说，公共地役权的设立是为了满足公共利益的需要而施加于不动产权利人的负担，其设立不必如一般地役权那样要通过协议，而是可以在避免土地所有权人的抵制会给公共利益造成损害的情况下直接通过法律途径强制设立，而且公共地役权一旦设立，土地所有权人便不得再阻止公众持久地使用其土地。

美国的公共地役权可以通过时效取得，只是各州对通过这种方式取得公共地役权的时间规定差别很大，从 5 年到 30 年不等。④ 特殊情况下，有的州可能将公众取得公共时效地役权的时间缩短至 3 年，也有可能延长至 40 年，⑤ 正常情况下 10—20 年比较普遍。另外，各州对满足公共时效地役权条件的设定也有差别。一般来说，在美国各州公众要取得公共时效地役权必须同时满足以下三个条件：（1）公众必

---

① 参见耿卓《论美国法上的役权——以〈美国财产法第三次重述：役权〉为中心》，《求是学刊》2013 年第 2 期，第 100—107 页。

② 罗建：《公共地役权制度研究》，硕士学位论文，西南政法大学，2014 年，第 8 页。当前，"公共地役权"这种表达方式已被国内法学界普遍接受。近 10 年来，已有多所大学的数篇硕士学位论文以此为题，例如：杨雨潇的《公共地役权法律制度研究》（硕士学位论文，山东大学，2017 年）；郝剑峰的《公共地役权制度研究》（硕士学位论文，内蒙古大学，2017 年）；王芳的《公共地役权研究》（硕士学位论文，福建师范大学，2012 年）；张文瑜的《公共地役权研究》（硕士学位论文，大连海事大学，2012 年）；汪雪峰的《公共地役权制度研究》（硕士学位论文，华中师范大学，2011 年）。另外，肖泽晟的文章《公物的二元产权结构——公共地役权及其设立的视角》（《浙江学刊》2008 年第 4 期）也对美国公共地役权做了阐述。美国的相关文献中对地役权和公共地役权这两个概念并未刻意加以区分。为避免混淆，本书在论及公众通过法定时间内使用私人海滩而取得的权利时全部都用"公共时效地役权"（Public Prescriptive Easement）这种表达方式。

③ 罗建：《公共地役权制度研究》，第 6—8 页。

④ Donna R. Christie and Richard G. Hildreth, *Coastal and Ocean Management Law in a Nutshell*, 4th ed., St. Paul, MN: West Academic Publishing, 1999, p. 50.

⑤ Thomas J. Agnello, "Non-resident Restrictions in Municipally Owned Beaches: Approaches to the Problem", p. 216.

须不受土地所有权人明显干涉地连续使用其土地，并且使用时间要达到法定年限；（2）公众对此土地的使用必须违背土地所有权人意愿或者有悖于其利益；（3）公众对土地的使用必须是公开的，土地所有权人必须充分知晓或应当知晓。反过来说，如果公众对私人土地的使用无损于土地所有权人利益或得到其许可，公共时效地役权便不能成立；如果土地所有权人对公众使用其土地的行为强烈抵制，公共时效地役权也不能成立。

公共时效地役权原则虽然在美国历史上比较常用，但在争取公众通行权方面，它以前只被用于街道和一般道路，没有被用于海滩。20世纪60年代以后，在公众亲海权运动的强烈影响下，此原则才被用于争取公众对干沙滩的使用权。在这方面最先取得突破的是得克萨斯州，关键性判例是该州民事上诉法院1964年审结的"森威公司诉得克萨斯州检察总长"（Seaway Company V. Attorney General of the State of Texas）案。此案的起因是森威公司在其拥有产权的干沙滩上设置障碍，阻挡公众通行。得克萨斯州检察总长以及其他相关人员到法院起诉，要求森威公司撤除障碍，允许公众通行。初审法院支持此诉求，森威公司上诉。得克萨斯州民事上诉法院维持原判，其判决的依据之一就是公共时效地役权原则。针对这起诉讼，得克萨斯州检察总长和其他相关部门的工作人员做好了充分准备，他们提供了大量证据，其中既包括一直追溯至1836年得克萨斯共和国成立之时的丰富历史文献，也包括来自渔夫、渡船船长、执法官员和当地长期居民等众多证人的长达1900多页（法庭上出示了200多页）的证言。据此，得克萨斯州民事上诉法院判定，在得克萨斯州，民众未经土地所有权人许可连续公开使用其土地超过10年便可取得公共时效地役权，而足够的证据可以证明，公众之前以多种形式未经许可也未受土地所有权人干涉，为渔猎、游泳、荡舟、日光浴等诸多目的而使用涉案干沙滩的时间已经远远超过10年。森威公司辩称，该公司与公众同时都在使用那块干沙滩，所以公众的使用并非未经许可。得克萨斯州民事上诉法院的法官没有接受森威公司的这一主张，他们认为，共同使用并不能说明民众一定是得到了许可。另外，他们还特别指出，执法人员曾在那块沙滩上巡逻，地方政府也曾组织并出资对该沙滩进行整修，这些事实都表明公众的使用不是经过土地所有权人许可的。根据上述论证，得克萨斯州民事上诉法院判定，公众已经取得对争议中海滩的公共时效地役权，森威公司不能阻碍公众使用那块干沙滩。①

之后，得克萨斯州法院又不断重申此原则。在 1986 年对"费曼诉得克萨斯州"（Feinman V. The State of Texas）案的判决中，该州上诉法院更进一步明确肯定了海滩上的"滚动地役权"（Rolling Easement）。②"滚动地役权"的含义是：如果干沙滩的范围因自然原因发生变动，原有公共地役权的适用范围也要随之改变。也就是说，如果风暴侵蚀或海平面上涨等原因导致干沙滩向内陆位移，那么公众原有的公共地役权可以"滚动"到新的干沙滩上。如此一来，得克萨斯州的公众亲海权就更有保障了。③ 不过，在 2012 年对"塞弗伦斯诉帕特森"（Severance V. Patterson）案的判决中，得克萨斯州最高法院极大地削弱了这种权利。根据此判决，如果因海岸缓慢且难以觉察的变化导致干沙滩边界向内陆移动，那么公众权利可以随之延伸到新形成的干沙滩上；而如果因飓风等原因导致海岸急剧变动，公众权利则不能自然"滚动"到由原私人土地所形成的新干沙滩上。④

之后，依据公共时效地役权原则维护公众对干沙滩使用权的判例在各州不断涌现，而且有些州在这方面也取得了实质性进展。北卡罗来纳州就是一个很好的例子。北卡罗来纳州也承认公共时效地役权，其规定是公众在违背土地所有权人利益的情况下连续未间断地使用其土地超过 20 年便可以取得针对那块土地的公共时效地役权。不过，该州法院早年对此事项的审查很严格，那时他们审理相关案件时总是先假定公众的使用已经得到土地所有权人许可，并且强调公众必须在法定时间中一直使用固定路径才能获得针对此路径的公共地役权。⑤ 在过去的判例中，该州最高法院还曾把政府对通行道路的

---

① Seaway Company v. Attorney General of the State of Texas, 375 S. W. 2d 923 (Tex. App. 1964).

② Richard J. McLaughlin, "Rolling Easements as a Response to Sea Level Rise in Coastal Texas: Current Status of the Law after Severance v. Patterson", *Journal of Land Use & Environmental Law*, Vol. 26, No. 2, Spring 2011, pp. 365 – 394.

③ 其他一些州的法院，比如北卡罗来纳州最高法院和佐治亚州最高法院，也表达了公众的亲海休闲区域应当随海岸的自然变动而改变的主张。Richard J. McLaughlin, "Rolling Easements as a Response to Sea Level Rise in Coastal Texas: Current Status of the Law after Severance v. Patterson", p. 386.

④ Severance v. Patterson, 370 S. W. 3d 705 (Tex. 2012).

⑤ Christopher City, *Private Title, Public Use: Property Rights in North Carolina's Dry-Sand Beach*, Master's Degree thesis, University of North Carolina at Chapel Hill, 2001, pp. 6 – 8.

养护作为公共时效地役权设立的前提条件。① 法院的这种态度使得北卡罗来纳州居民很长时期都难以借助公共时效地役权获得对干沙滩的使用权。直到 1991 年，形势才发生根本性改变。在是年对"不伦瑞克县纳税人协会相关公民诉霍尔登海滩公司"（Concerned Citizens of Brunswick County Taxpayers Association V. Holden Beach Enterprises）案判决时，北卡罗来纳州最高法院彻底抛弃传统理念，转而开始强力支持公众对公共时效地役权的诉求。第一，它将证明公众之使用是否得到许可或受到阻止的负担由公共地役权要求者转移给土地所有权人；第二，它认为，土地所有权人只有完全阻止所有人通行方能构成明显干预，如果只阻止部分人通行或短时间内阻止所有人通行都不算打破公众对其土地的连续使用；第三，它表示，因为海滩的使用具有季节性特点，所以，即使公众对海滩的使用在冬季曾有较长时间的中断，他们的使用仍然可以被认为是连续的；第四，它特别指出，考虑到沙滩的流动性，很难证明其上是否存在一条连续使用了 20 年的固定路径，所以，确定这种特殊环境下的公共时效地役权时，不能套用针对内陆土地的规定，而应当放宽对路径范围的限制；第五，它不再坚持政府对道路的养护是公共时效地役权设立之前提条件的观点。② 此判例极大地放宽了公共时效地役权原则对海滩的适用条件，之后，北卡罗来纳州居民依据该原则争取对私属干沙滩使用权的便利程度大大提高。

　　近期美国另一个依据公共时效地役权原则维护公众亲海权的重要判例是 2000 年缅因州最高法院审理的"伊顿诉韦尔斯镇"（Eaton v. Town of Wells）案。在对此案的判决中，缅因州最高法院认定，民众和韦尔斯镇已经对争议中的干沙滩和潮间地取得公共时效地役权，所以公众不仅可以为渔猎和航行之目的使用它们，而且还可以在那里进行休闲娱乐活动。③ 该判决一定程度上克服了缅因州公共信托原则的局限，有望消除 1989 年"贝尔诉韦尔斯镇"案判决对该州公众亲

① William A. Dossett, "Concerned Citizens of Brunswick County Taxpayers Association v. Holden Beach Enterprises: Preserving Beach Access through Public Prescription", *North Carolina Law Review*, Vol. 70, No. 4, April 1992, p. 1308.

② Concerned Citizens of Brunswick County Taxpayers Association v. Holden Beach Enterprises, 329 N. C. 37 (N. C. 1991).

③ Eaton v. Wells, 760 A. 2d 232 (Me. 2000).

海权的不利影响。①

一般来说，如果公众对某处私人海滩获取了公共时效地役权，那么所有公众都有权使用它。但是，也有部分州的规定更为严格。比如，康涅狄格和纽约这两个州都规定，"无组织的公众"不能取得公共时效地役权。② 马萨诸塞州在这方面的规定更具体，该州的时效地役权有时只针对特定的个人或特定的群体。比如，在 1964 年的一个案例中，虽然很多人都曾经使用过科德角镇的某处私人海滩，但是只有一个人能够证明其"公开且违背业主利益"的使用时间超过 20 年，结果该州最高法院就判定只有这一个人可以继续使用此处海滩，其他人则无权再继续使用；另如，在 1981 年的一个判例中，该州上诉法院判定，因某私人海滩所处的斯沃普斯科特（Swampscott）市政府已经对此海滩进行养护和管理达到 30 多年，所以该市居民可以依据公共时效地役权继续使用此处海滩，但此使用权不能扩展至该市居民之外的其他人。③

总起来看，美国滨海各州大都承认公共时效地役权，但是将此原则适用于海滩却易事。因为海滩不同于一般土地，它的开放性、流动性和未垦殖状态使得海滩主人能有更多理由抵制公共时效地役权的设立。比如，某处海滩的所有权人即使以前没有公开反对过公众的使用，但在诉讼时他仍然可以辩解说并非他没有阻止公众，而是因为海滩的开放性使得阻止不能奏效；另如，地产所有权人也可以辩称，因为海滩没有耕种，所以公众以前的使用并未给他的利益造成损害，也非违背他的意愿。这些理由都可能会妨碍公共时效地役权的设立。所以，如果法院倾向于严格审查的话，公众便很难依据该原则获得对私人海滩的使用权。事实上，美国有些滨海州的法院对公共时效地役权原则适用于私有干沙滩时的审查确实比较严格，致使该原则在促进公众对私有干沙滩使用权方面不能充分发挥作用。

---

① 2000 年审理"伊顿诉韦尔斯镇"（Eaton v. Town of Wells）案时，缅因州政府代表曾向该州最高法院提出请求，推翻"贝尔诉韦尔斯镇"案判决，扩大公众公共信托原则适用范围。但该法院认为，他们已经通过其他普通法原则达到了扩大公众亲海权的目标，拒绝再对此发表意见。

② C William A. Dossett, "Concerned Citizens of Brunswick County Taxpayers Association v. Holden Beach Enterprises: Preserving Beach Access through Public Prescription", p. 1291, note 22.

③ Mark Harlow Robinson, *Beach Ownership and Public Access in Massachusetts*, p. 65.

二 美国滨海州法院依据默示奉献原则扩大公众亲海权的努力

美国民众获得私人土地通行权的另一个普通法途径是业主的"奉献"。严格来说，只有业主明确表示出奉献意愿并履行正式奉献手续、民众或作为民众代表的政府机构履行正式接受手续，"奉献"才算完成。不过，现实中各州的要求并不总是那么严格。他们有时并不要求业主履行奉献手续，甚至不要求业主明确地以口头或书面形式表达其奉献意愿，而是承认业主的奉献意愿可以"默示"地表达。同样，公众对土地使用权的接受也无须履行正式手续，只要他们对此土地使用一段时间或由公共机构控制一段时间，就可以认为他们已经"默示"接受。而默示奉献一旦成立，地产所有权人便不得再撤销此奉献。一般情况下，公众依据默示奉献原则只是获得对相关土地的通行权，地产所有权人仍然保留其实际产权，除非地产所有权人明确表示要奉献出完全产权。①

默示奉献原则与公共时效地役权原则在很多方面都很相似。甚至可以说，这两个原则的真实区别只"在于形式而不在于本质"②。与公共时效地役权原则相比，默示奉献原则最大的特点是它强调业主的奉献意愿。当然，如果业主阻止公众使用其土地，那显然就表示他无意奉献。然而，如果业主"许可"公众使用其土地，那也不代表他有奉献意愿，甚至可以说，"许可"本身正说明了业主没有奉献的意愿。而且，既然是"许可"，那也就意味着业主随时都可以取消它。因此，公众要通过默示奉献原则获得对私人土地的使用权，他们也要如同取得公共时效地役权那样，必须在业主虽然知晓但却既未阻止也未许可的情况下使用其土地超过一定的时间。

默示奉献原则和时效地役权原则的另一个区别在于，默示奉献原则的成立对公众使用业主土地时间的要求更短一些。比如，在加利福尼亚州，公共时效地役权原则成立所需的使用时间要求是至少20年，而默示奉献原则却只要求超过5年即可成立。③ 不过，由于相关诉讼大都是针对公众已经至少使用了几十年的土地，所以这种不同在司法

---

① Steve A. McKeon, "Public Access to Beaches", p. 573.

② Daniel A. Degnan, "Public Rights in Ocean Beaches: A Theory of Prescription", p. 940.

③ W. Roderick Bowdoin, "Easements: Judicial and Legislative Protection of the Public's Rights in Florida's Beaches", p. 590.

实践中并没有多少实际意义。

由此可见，默示奉献原则和时效地役权原则虽然是普通法中两个完全独立的概念，但现实中二者的界限其实很"模糊"①，它们的形成都是基于公众在一段时间中未经许可地对私人土地的使用。因此，很多法院时常会混淆这两个原则。② 而且，通常情况下各州法院一般都会在审理某一案件时同时使用它们。比如，审理"森威公司诉得克萨斯州检察总长"案时得克萨斯州民事上诉法院就同时使用了这两个原则。

默示奉献原则在美国也是一个历史悠久的普通法概念，早在1832年联邦最高法院就已经承认了该原则。③ 与公共时效地役权相同，默示奉献原则起初也只是用于一般道路，各法院早年的判例基本上都不支持公众据此原则提出的对海滩使用权的要求。④ 当时法官们审理相关案件时总是倾向于推定公众对海滩的使用都是基于业主提供的"可撤销的许可"（revocable license）。这种观点历史上一直被普遍应用于开放、未改良的土地，比如森林和草原，当然也包括海滩。⑤ 在海滩之类开放且未开垦也未开发的土地上，公众的活动范围会遍及各处，而不是沿固定线路行走。这种情况下，法官们通常会认为公众的使用是得到了业主可撤销的许可，而不会因为业主未能阻止公众的这种使用就判定他有意奉献出自己土地的使用权。

自20世纪60年代开起，伴随着美国公众亲海权运动的发展，得克萨斯、加利福尼亚和俄勒冈等一些州的法院逐渐改变看法，在审理涉及公众干沙滩使用权的案件时开始认真对待默示奉献原则。⑥ 其中

---

① Margit Livingston, "Public Access to Virginia's Tidelands: A Framework for Analysis of Implied Dedications and Public Prescriptive Rights", *William & Mary Law Review*, Vol. 24, No. 4, Summer 1983, p. 701.

② Denny D. Titus, "Acquisition of Easements by the Public Through Use", *South Dakota Law Review*, Vol. 16, Winter 1971, p. 156.

③ W. Roderick Bowdoin, "Easements: Judicial and Legislative Protection of the Public's Rights in Florida's Beaches", p. 590.

④ 也有个别例外。参见 *Public Access to the Shore: Hearing before the Subcommittee on Oversight and Investigations of the Committee on Merchant Marine and Fisheries*, *House of Representatives*, *One Hundredth Congress*, *First Session*, *on the Public's Rights to the Visual and Physical Aspects of the Shoreline of Lakes and Oceans*, *June* 29, 1987, *Warwick*, *RI.*, pp. 119 – 120。

⑤ Steve A. McKeon, "Public Access to Beaches", p. 574.

⑥ Note, "Public Access to Beaches: Common Law Doctrines and Constitutional Challenge", *New York University Law Review*, Vol. 48, No. 2, May 1973, p. 372.

主要依据默示奉献原则争取公众亲海权并且影响比较大的一个判例是1970年加利福尼亚州最高法院审结的"吉翁诉圣克鲁斯市"（Gion v. City of Santa Cruz）案。此判例包括两起诉讼，一起是"吉翁诉圣克鲁斯市"，另一起是"迪茨诉金"（Dietz v. King）。两起诉讼都是关于公众不经许可也未受明显干涉地使用私人海滩达到一定年限后，地产所有权人是否可以拒绝公众继续使用的问题。

　　"吉翁诉圣克鲁斯市"案涉及的是位于圣克鲁斯市的三处滨海土地。过去60多年来，公众一直把这三处土地临路的部分当作停车场，并且经由那里到海边休闲。这三处土地的所有权人从来也没有驱赶过游人，只是偶尔在那里立上一块写有"私人土地"的牌子作为警示，但这些牌子很快便被海风吹走，不留痕迹。为了便于公众在此处休闲，圣克鲁斯市政府曾经组织整修海滩，后来又设置报警系统并提供垃圾清理服务。20世纪60年代初，该市政府又出资硬化停车场。除此之外，那里没有其他永久性建筑。吉翁于1958年和1961年先后买下这三块土地。他想阻止公众继续使用这些土地，并由此引发了这起诉讼。针对具体案情，圣克鲁斯县高等法院判定，吉翁是这三处争议土地的产权所有人，但是他的产权要服从于圣克鲁斯市及其代表的民众在此土地上通行和休闲的权利。

　　"迪茨诉金"案涉及的是门多西诺县的纳瓦罗海滩（Navarro Beach）以及通向该处海滩的一条土路。公众已经使用此处海滩和这条土路超过100多年，以前的业主从未公开干涉过公众的使用，只是曾经将铁链横挡在路上。但是此铁链从未被固定，可以轻松地被移开，所以一般人自然地认为它只是为了阻拦牛，而不是为了阻拦人。金于1959年买下这块海滩。自1960年开始，他不断在路口放置路障和树立"禁止通行"的牌子，但每次都很快被人移开。1966年，他派人永久封闭了道路。在对由此引发的诉讼进行判决时，门多西诺县高等法院明确支持被告人金等人，因为该法院认为，公众广泛使用该海滩的事实并不必然导致业主的默示奉献。

　　上述两个案件最后都上诉到加利福尼亚州最高法院。因为它们案由相似，所以被并案审理，统称"吉翁诉圣克鲁斯市"。美国的相关论著在引用该判例时一般称之为"吉翁—迪茨案"（Gion-Dietz）。

　　审理此案时，加利福尼亚州最高法院的关注点是默示奉献原则对海滩的适用问题。在判决中，它首先强调，加利福尼亚州既承认明示奉献也承认默示奉献，公众在地产所有权人充分知晓的情况下未经许可也未受阻碍地使用其土地超过 5 年时间即可达到适用默示奉献原则的条件；随后，它又指出，本判决涉及的两起诉讼都是基于默示奉献原则提起的，它们争议的焦点都在于公众是否对私人海滩有超过 5 年未经许可的使用；紧接着，它针对具体案情和下级法院的疑问从三个方面对海滩适用默示奉献原则的标准展开论述。

首先，它探讨了怎样才算是未经许可的使用这个问题。它认为，只要大家在使用私有土地时像使用公共土地一样，想用就用，不去征求任何人的许可，也没有遭到来自土地所有权人的抗议，这就属于未经许可的使用；对于私有沙滩来说，如果大家像在公共休闲场所一样在其上活动，也属于未经许可的使用。另外，它还认为，政府部门对私有土地的养护也可以看作公众使用是未经业主许可的证明。

其次，它分析了是否应当推定公众对海滩的使用都是得到了业主的许可，以及此类推定是否必须由公众提供相反的证明才能被推翻的问题。对此，它断然否认公众对开放海滩的使用都是得到了业主的许可这种过去惯常的推定，并进而把证明的负担转移给业主，表示除非他们能确切地证明自己曾经给予许可或者曾经明显地加以阻止，否则公众在使用其海滩 5 年后即说明业主有奉献的意愿。

第三，它讨论了奉献海滩与奉献一般道路是否存在区别的问题。它首先指出，默示奉献原则以前之所以主要用于一般道路，那是因为公众更经常地需要穿过私人地产的一般道路，相应地一般道路被奉献给公众的情况也更多，而且一般道路也更容易确定范围；然后它断定，该原则在保护公众为其他目的而使用土地方面能发挥同样效力；紧接着它又补充道，加利福尼亚州的宪法和法律都大力保障公众亲海权，地方政府也为此积极采取措施，以致很多海滩事实上都已经被当作公共资源在管理，它以此说明，将默示奉献原则适用于海滩在加利福尼亚州已是众望所归。

论述完默示奉献原则适用于海滩的基本判断标准之后，加利福尼亚州最高法院又针对这两起诉讼的具体情况进一步指示：如果前任业主已经将某块土地的使用权默示奉献给公众，那么后任业主也一定要承认这一事实，无权将其收回。

基于以上分析，加利福尼亚州最高法院决定维持圣克鲁斯县高等法院对"吉翁诉圣克鲁斯市"案的判决，推翻门多西诺县高等法院对

"迪茨诉金" 案的判决。①

　　与之前的判例相比，加利福尼亚州最高法院对"吉翁—迪茨案"的判决体现出两点明显的变化：一是它抛弃了"公众对海滩这种开放、未改良之土地的使用都是得到了土地所有权人可撤销的许可"这一传统假设；二是它将证明某块海滩的使用权是否已经被默示奉献的负担由公众转移给海滩所有权人。另外，此判例还有另外一个特别突出的特点，即它对公众依据默示奉献原则取得私有地产使用权的时间没有具体限制。也就是说，只要历史上某一时期公众曾未经许可也未受阻止地使用过某一土地超过 5 年，即表明此块土地已经被当时的业主默示奉献，以后的业主也不能否认。"毫无疑问，加利福尼亚州所有的滨海土地都在该州历史上的某一时期被'公众'使用过 5 年以上。"② 这就等于是说，公众在加利福尼亚州所有海滩上都已经取得默示奉献原则下的权利，以后他们依据此原则要求对海滩的使用权时几乎不会再有任何障碍。

　　具有上述几个特点的"吉翁—迪茨"案判决极大地提高了加利福尼亚州公众依据默示奉献原则争取私有海滩使用权的便利性，但它对于加利福尼亚州的不动产法来说则不啻一场"地震"③。因此，它不可避免地招致众多批评。④ 批评者们认为，此判例使公众可以很轻松地获得对私人地产的使用权，这等于是未给予公平补偿就将私有财产充作公用。⑤ 同时，它也给该州滨海地产所有权人造成巨大恐慌，使他们对自己地产的未来极为担忧。结果，一些海滩所有权人赶紧将自己的海滩围起来，或者雇保安巡逻，以免因为未明确阻止公众使用而失去对自己海滩的控制权。⑥ 面对此种状况，加利福尼亚州立法机构

---

　　① Gion v. City of Santa Cruz, 2 Cal. 3d 29 (1970).

　　② Michael A. O'Flaherty, "This Land is My Land: The Doctrine of Implied Dedication and its Application to California Beaches", *Southern California Law Review*, Vol. 44, No. 4, Summer 1971, p. 1105.

　　③ John V. Gallagher, et al, "Implied dedication: The Imaginary Waves of Gion-Dietz", *Southwestern University Law Review*, Vol. 5, Issue 1, Spring 1973, p. 48.

　　④ Richard H. Zimmerman, "Public Beaches: A Reevaluation", *San Diego Law Review*, Vol. 15, No. 5, August 1978, p. 1256; John V. Gallagher, et al, "Implied dedication: The Imaginary Waves of Gion-Dietz", p. 49.

　　⑤ Michael M. Berger, "Nice Guys Finish Last-At Least They Lose Their Property: Gion v. City of Santa Cruz", *California Western Law Review*, Vol. 8, Fall 1971, p. 93.

　　⑥ Michael A. O'Flaherty, "This Land is My Land: The Doctrine of Implied Dedication and its Application to California Beaches", pp. 1094 – 1095.

也很快做出回应，对该州《民法典》进行了相应修订，① 尽量增加默示奉献原则的适用难度，以便消除"吉翁—迪茨案"判决给海滩所有权人造成的恐慌。

在加利福尼亚州的"吉翁—迪茨案"之前，已有几个州的法院也在审理与公众亲海权相关的案件中用到默示奉献原则。比如，得克萨斯州民事上诉法院在 1964 年审理"森威公司诉得克萨斯州检察总长"案时，除了用到公共时效地役权之外，也用到了默示奉献原则。该法院指出，在得克萨斯州公众确定无疑的是可以通过默示奉献原则取得对私人土地的使用权的，默示奉献不需要契约证明，也不对公众使用此块土地的时间做明确规定；默示奉献的意愿不一定必须通过明确的表达才能被证明，也可以从一些行为或一系列活动中得到证明；现有的证据足以证明，争议中海滩的所有权人保持此海滩开放地供公众使用的时间已经超过百年，直到 1958 年才设置障碍；如果此海滩的历任业主没有将其奉献给公众的意愿，他们可以很轻易地如当前一样设置障碍；对默示奉献的接受不必通过地方当局，公众的普遍使用就可以证明对此奉献已予以接受。根据以上推论，得克萨斯州民事上诉法院判定，在那块争议中的海滩上，公众的使用权也完全可以依据默示奉献原则取得。② 不过，"森威公司诉得克萨斯州检察总长"案判决虽然明确肯定了默示奉献原则的作用，但是它没有如"吉翁—迪茨案"那样主要依据该原则、也没有如它那样专门系统论证该原则对海滩的适用性。另外，俄勒冈州最高法院 1969 年审理"俄勒冈州政府根据桑顿告发诉海"（State of Oregon ex rel. Thornton v. Hay）案时也提到默示奉献原则，但是它认为此案中的地产所有权人不可能有奉献的意愿，所以它未就此展开讨论。③

加利福尼亚州最高法院 1970 年对"吉翁—迪茨案"做出判决并引发了一系列动荡之后，仍然有一些州的法院继续依据默示奉献原则争取公众在私人土地上的通行权。比如，在 1977 年审理"达灵顿县

① Jay L. Shavelson, "Gion v. City of Santa Cruz: Where Do We Go from Here?", *California State Bar Journal*, Vol. 47, No. 5, September-October 1972, p. 416.

② Seaway Company v. Attorney General of the State of Texas, 375 S. W. 2d 923 (Tex. App. 1964).

③ State of Oregon ex rel. Thornton v. Hay, 254 Or. 584 (Or. 1969).

诉珀金斯"（County of Darlington v. Perkins）案时，南卡罗来纳州最高法院一改以前的谨慎态度，① 适当放宽了对默示奉献原则的适用审查，肯定了地方政府依据此原则为公众争取对私人土地使用权的做法。本案涉及的是南卡罗来纳州达灵顿县劳瑟斯湖（Louther's Lake）畔的一片休闲场地和从公共道路通向此场地的一条四分之一英里长的土路。达灵顿县政府认为，公众已经依据公共时效地役权和默示奉献原则取得了对它们的使用权，理由是公众已经未经所有权人许可地使用它们超过了 20 年。地产所有权人对此观点予以否认，他们的理由是：那条道路的开通只是为了土地主人的利益，所以不构成对公众的奉献；公众对休闲场地和道路的使用都是经过许可的，而且，那些土地都处于开放和自然未改进的状态，根据之前的"泰勒诉格瑞"案判决，公众不能通过使用取得对这种土地的公共时效地役权。初审法院支持县政府的观点，地产所有权人上诉。南卡罗来纳州最高法院审理后发现，众多证人能够证明公众未支付任何费用也未受阻碍地使用涉案通道和休闲场地的时间已经超过几十年，而且自 1951 年后该通道就被作为本县道路系统的一部分由地方政府整治和维护，该法院据此判定，公众已经依据默示奉献原则取得了在该道路上的通行权。南卡罗来纳州最高法院做此判决的理论基础是这样的：地产所有权人将道路使用权奉献给公众的意愿可以是默示的，这种奉献意愿可以从地产所有权人长期默许公众使用其土地的行为中推断出来。另外，它又指出，既然通向湖畔那块休闲场地的道路已经依据默示奉献原则成为公共通道，那么这块休闲场地就不再是自然状态，而是经过改进的，所以它不适用"泰勒诉格瑞"案判决。依据此推论，它认为根据相关证据可以判定公众已经依据公共时效地役权获得了对那块休闲场地的使用权。②"达灵顿县诉珀金斯"虽然不是专门针对公众亲海权，但是它涉及的湖畔土地与海滩类似，所以它所体现的观点也完全可以适用于涉及公众亲海权的争端。

　　加利福尼亚州的"吉翁—迪茨案"判决之后其他州的另一个涉及默示奉献原则的重要判例是得克萨斯州民事上诉法院 1979 年审理的

---

　　① 南卡罗来纳州最高法院 1968 年审理"泰勒诉格瑞"（Tyler v. Guerry）案时对默示奉献原则做了很严格的解释。

　　② County of Darlington v. Perkins, 269 S. C. 572 (1977).

"穆迪诉怀特"（Moody v. White）案。在对此案的判决中，得克萨斯州民事上诉法院首先指出，在得克萨斯州默示奉献原则是公众获取亲海通道的途径之一，随后它又认定，穆迪家海滩的前任业主曾经目睹公众使用此海滩几十年而不加干涉就证明他有意奉献给公众使用，而公众广泛的使用也证明他们已经接受了此奉献，所以这块海滩的默示奉献已经成立。另外，该法院又强调，默示奉献一旦成立，土地所有权人便不得再撤销此奉献，也不得再以与最初奉献目的不一致的方式使用此土地。这就是说，既然穆迪家海滩的前任业主已经将其奉献给公众使用，那么他们就无权否认此奉献，所以他们不得阻止公众继续使用。①

加利福尼亚州"吉翁—迪茨案"判决之后，默示奉献原则虽然在部分州中仍然被应用于争取公众亲海权的案件，但是从总体上看该原则在促进公众对私有干沙滩使用权方面的作用不甚明显。此结果源于默示奉献原则适用于此类案件时表现出的两个特点。特点之一是此原则被部分州法院用到时总是与公共时效地役权等其他普通法原则混用，而每当同时涉及默示奉献和公共时效地役权这两个原则时，关注点又通常都会被放在公共时效地役权上，比如上文提到的"不伦瑞克县纳税人协会相关公民诉霍尔登海滩公司"和"伊顿诉韦尔斯镇"两判例都提到这两个原则，但它们都是只对公共时效地役权原则展开讨论，而对默示奉献原则都只是一笔带过，这就使得该原则在促进公众亲海权方面所发挥的作用难以凸显出来；另一个特点是在其他多数州中法院对默示奉献原则适用于海滩的审查越来越严格，在部分州中甚至可以说几乎到了完全不承认默示奉献而只承认明示奉献的程度。②

当然，要使海滩所有权人能够心甘情愿地将自己的海滩明确地奉献给公众使用绝非易事。近期各州在这方面所做的努力主要是通过在税收和土地开发方面给予优惠的方式激发滨海土地所有权人主动奉献的意愿。③ 比如，北卡罗来纳州法院对默示奉献原则的解释比较严格，公众很难依据此原则争取亲海通道，在此情况下，为鼓励滨海地产所

---

① Moody v. White, 593 S. W. 2d 372 (Tex. Civ. App. 1979).

② Gilbert L. Finnell, Jr., "Public Access to Coastal Public Property: Judicial Theories and the Taking Issue", pp. 635 – 636; Bradford v. Nature Conservancy, 224 Va. 181 (Va. 1982).

③ David J. Brower, et al., *Public Access to the New York Shoreline*, Report to the New York State Department of State, December 1988, pp. 201 – 206.

有权人主动奉献能够改善公众亲海休闲条件的土地，该州议会通过立法授权对有此行为者给予税收减免。① 到20世纪后期，美国已经有10个以上的州采取了此类措施。②

三 美国部分滨海州依据习惯权利原则扩大公众亲海权的尝试

所谓习惯权利，简单地说就是"通过长期使用形成的法律权利"③，或者更直白地说是由习惯形成的权利。而所谓习惯，是指"经过长期实践和使用所形成的为历代民众所肯定认可的惯常做法，它在人们的日常生活中一直保持效力，并以不成文的形式对人们产生约束力"④。英国的普通法就是以习惯为基础形成的法律体系，而美国法在继承英国普通法传统时也接受了其中的习惯概念。

美国的法官和学者们在使用"习惯"这一概念时通常都会参照威廉·布莱克斯通在《英国法释义》中的解释。布莱克斯通认为，习惯的成立必须同时满足七个条件：（1）习惯存在的时间必须久远，要久远到超出人们的记忆，而且人们记忆所及的时间范围内不能有与之相悖的记录；（2）习惯必须连续，未曾被打断；（3）习惯必须为各方默认，能使他们和睦相处，而不应引起争执和纠纷；（4）习惯必须合理，或者反过来说，习惯一定不能不合理；（5）习惯必须是确定的，不能模棱两可；（6）习惯必须具有强制性，不能给任何人留有接受与否的选择余地；（7）各种习惯要一致，不能相互冲突。⑤

布莱克斯通的《英国法释义》在早期的美国可以说是相当于"法律圣经"⑥，它的受众相当广泛。英国著名的政治思想家爱德蒙·柏克（Edmund Burke）就曾讲到："我还听说，布莱克斯通的《英国法释

① Beth Millemann, *And Two If by Sea*: *Fighting the Attack on American Coasts*, Washington, D. C.: Coast Alliance, Inc., 1986, p. 14; Christopher City, *Private Title*, *Public Use*: *Property Rights in North Carolina's Dry-Sand Beach*, p. 40.

② Pamela Pogue and Virginia Lee, *Effectiveness of State Coastal Management Programs in Providing Public Access to the Shore*: *A National Overview*, p. 36.

③ Lew E. Delo, "The English Doctrine of Custom in Oregon Property Law: State Ex Rel Thornton v. Hay", *Environmental Law*, Vol. 4, No. 3, Spring 1973, p. 389.

④ 薛波主编：《元照英美法词典》，第361页。

⑤ William Blackstone, *Commentaries on the Laws of England*, Vol. 1, London, UK: John Murray, 1857, pp. 60 – 62.

⑥ ［美］卡尔文·伍达德：《威廉·布莱克斯通与英美法理学》，张志铭译，《南京大学法律评论》1996年秋季号，第4页。

要》在美洲的销量，几乎与英国的销量同样多。"① 所以，在历史上美国的学者和法官们对布莱克斯通的《英国法释义》都很熟悉，对它论及的习惯权利原则自然也不陌生。然而，在美国各州具体的司法实践中，习惯权利原则却极少被用到。20世纪中期之前，仅新罕布什尔一个州的法院曾经有过实际使用该原则的少数判例，缅因和俄勒冈两州的判例中虽然也曾提到它，但那只是在法官的附带意见中。而新泽西、弗吉尼亚、康涅狄格和纽约这四个州的法院则曾明确拒绝接受此原则。② 导致这种局面出现的原因可以归结为如下三点：（1）美国历史比较短，基本上没有不可追忆起源的习惯，或者说，习惯权利在一个新社会中远没有在古老的国家中重要；③（2）证明公众自当地政治史的开端就一直在不间断地使用某块土地的难度远比满足公共时效地役权原则和奉献原则适用条件的难度大得多；④（3）对于美国这种正处于持续成长过程中的新兴国家来说，承认此种习惯很可能会造成危害，因为随着人口的不断增长它们注定会变成负担。⑤ 因为法官们大都不愿意使用它，所以有评论家曾经总结说，"英国法中的习惯原则在美国已遭废弃"⑥。

　　虽然历史上一直不被看好，但是在20世纪中期开始的公众亲海权运动中，习惯权利原则还是被搬了出来，成为争取公众对私有干沙滩使用权的一种手段。第一个采取行动的是夏威夷州，该州法院在1968年的一个判例中依据夏威夷的古老习惯将私人土地的边界限定

---

　　① ［英］爱德蒙·柏克：《论与美国的和解的演讲》，缪哲选译《美洲三书》，商务印书馆2003年版（2005年印刷），第94页。

　　② Steve A. McKeon，"Public Access to Beaches"，p. 583.

　　③ Thomas Kemmerlin，"What Constitutes Intent to Dedicate in South Carolina"，*South Carolina Law Quarterly*，Vol. 6，No. 1，September 1953，p. 97.

　　④ *Public Access to the Shore: Hearing before the Subcommittee on Oversight and Investigations of the Committee on Merchant Marine and Fisheries*，House of Representatives，One Hundredth Congress，First Session，on the Public's Rights to the Visual and Physical Aspects of the Shoreline of Lakes and Oceans，June 29，1987，Warwick，RI.，p. 122.

　　⑤ Lew E. Delo，"The English Doctrine of Custom in Oregon Property Law: State Ex Rel Thornton v. Hay"，p. 388.

　　⑥ Neal E. Pirkle，"Maintaining Public Access to Texas Coastal Beaches: The Past and the Future"，*Baylor Law Review*，Vol. 46，No. 4（Fall 1994），p. 1102.

在植被边缘线（或称最高高潮线）之上，从而将干沙滩留给公众使用。① 然而，由于夏威夷州的法律一贯具有特殊性，所以该判例并没有带来多大反响。真正引起广泛关注的相关判例是 1969 年俄勒冈州最高法院审理的"俄勒冈州政府根据桑顿告发诉海"案。该案涉及的坎农海滩（Cannon Beach）环境优美，气候宜人。此处的干沙滩虽为私有，但以前公众一直都可以自由地使用，而且税务机关征税时也不把它们计算在内。后来，随着游人数量增加，附近出现了无序的商业开发，一些滨海地产业主开始想方设法地阻止公众进入自己名下的沙滩。1966 年，威廉·G. 海和乔治亚娜·F. 海（William G. Hay and Georgianna F. Hay）夫妇将他们汽车旅馆后面的沙滩用篱笆圈占起来，禁止公众进入，只允许住在他们家旅馆的客人使用。海夫妇的做法遭到俄勒冈州各界人士的强烈反对。结果，次年，也就是 1967 年，俄勒冈州议会针对性地通过了《俄勒冈海滩法》（Oregon Beach Bill），明确将尽力维护低潮线和法定植被边缘线（大致与海拔 16 英尺等高线重合）之间所有海滩上之公众权利定为该州的基本政策。此法出台的前提是议员们普遍相信该州公众已经依据默示奉献和公共时效地役权等普通法原则获得了对这些海滩的使用权。② 当年 12 月，海夫妇的篱笆被风暴摧毁。1968 年年初，他们未经批准又重修了篱笆。由于海夫妇固执己见，不遵守本州的法律，俄勒冈州检察总长罗伯特·桑顿（Robert Y. Thornton）代表本州政府到法院起诉，要求他们拆除篱笆，不得阻碍公众自由地到海滩休闲。初审法院支持州政府的诉求，海夫妇又上诉到该州最高法院。

俄勒冈州最高法院同意下级法院的判决结果，但是不同意其判决理由。俄勒冈州最高法院认为，相较于州政府和下级法院所依据的默示奉献和公共时效地役权等其他普通法原则，源自英国的习惯权利原则对本案更为适用。

当时，在俄勒冈州使用习惯权利原则面临两个反对意见：一个是该州没有先例，其他州也很少使用；另一个是美国的政治史比较短，

---

① Robert T. Burke, "Public or Private Ownership of Beaches: An Alternative to Implied Dedication", *UCLA Law Review*, Vol. 18, March 1971, p. 811.

② Lew E. Delo, "The English Doctrine of Custom in Oregon Property Law: State Ex Rel Thornton v. Hay", p. 385.

在这种新定居的土地上不适合使用那种源自英国的要求年代久远的原则。在对"俄勒冈州政府根据桑顿告发诉海"案的判决中，古德温（Goodwin）法官负责撰写的俄勒冈州最高法院多数意见针对这两点进行了反驳了。他首先指出，虽然俄勒冈州法院审理案件时并不一定要遵循其他州的先例，但本州确实不是第一个承认该原则的州，新罕布什尔州就曾经有过这样的先例。然后，他又针对美国政治史较短的观点发表了以下意见：美国的政治史确实比较短，但这并不妨碍确实存在传统的地方那些传统的有效性；如果年代久远是习惯权利有效性的唯一判断标准，那么俄勒冈人也能够满足这种要求，因为在第一批欧洲殖民者到达之前土著居民便在使用这片干沙滩，新来者在建州后也继续那些习惯，而且州和地方政府还为干沙滩的使用提供安全保障并维护其环境卫生；俄勒冈州居民以及游客使用干沙滩休闲的行为有目共睹，购买滨海地产者理应知晓此习惯；本案涉及的土地所有权人承认他们确实知道公众曾经长期使用那块干沙滩，他们只是主张公众的使用是经过许可的，所以此海滩上的公共时效地役权不能成立；我们判决此案不依据公共时效地役权原则，因此不讨论此种许可对公共时效地役权的适用会造成何种影响；此种许可正好能够证明在此海滩上确实存在公众基于习惯取得的权利。①

通过上述论证，古德温判定，公众使用争议中海滩的经历完全能够满足布莱克斯通提出的习惯形成所需要的全部条件，因此公众可以依据习惯权利原则继续使用此海滩休闲，海夫妇的篱笆应被拆除。

根据该案案情来看，依据各州普遍采用的公共时效地役权原则应该也可以得到同样的判决结果，在此情况下，俄勒冈州最高法院对此判决的多数意见之所以还执意要依据习惯权利这一并未被广泛使用的原则，是因为他们有更高的目标，他们期望通过这个判例赋予公众自由使用该州所有干沙滩的权利。在对此案的判决中，古德温法官负责撰写的多数意见指出，公共时效地役权等其他普通法原则只适用于针对特定地块的诉讼，如果依据它们来解决相关争端的话，法院可能会经年累月地被有关一块一块具体沙滩使用权的诉讼塞满；相反，一项得到确认的习惯权利可以被证明能够适用到更大的地域。基于此前

---

① State of Oregon ex rel. Thornton v. Hay, 254 Or. 584（Or. 1969）.

提，他补充道，俄勒冈州从南到北的海滩都可以同样看待。① 也就是说，他打算将此案的判决结果推及该州所有的干沙滩，使该州全部的公私干沙滩都向公众开放。

相对于公共时效地役权原则和默示奉献原则来说，习惯权利的设立虽然需要更长的时间，但它也有一个优势，即它只强调公众是否曾经长期使用过某块土地，并不追究公众的使用是否得到了业主的许可。或者说，公众在此原则下的权利取决于"土地的性质，而不是使用的性质"②。公共时效地役权原则和默示奉献原则在很多州之所以不能有效地运用于争取公众对私有干沙滩使用权的诉讼中，很大程度上就是因为公众对此类沙滩的使用经常被认定为是得到了业主的许可，并非"未经许可的使用"（adverse use）。习惯权利原则却能够避免这个问题。③ 诚然，它要求的使用时间更长，但这对它的应用并不会构成太大妨碍，因为滨海土地上之业主权利和公众亲海权之间的冲突只是自 20 世纪中期开始才逐渐尖锐起来的，在此之前的绝大部分历史时期公众事实上一直都在比较自由地使用私有海滩，所以如果法官们愿意使用此原则，这种较长的使用时间要求也不是不可以满足的。因此，在俄勒冈州最高法院对"俄勒冈州政府根据桑顿告发诉海"案的判决之后，习惯权利原则在部分州中开始被采用。其中比较典型的例子是佛罗里达州最高法院 1974 年对"代托纳比奇市诉托纳—拉玛公司"案的判决。在该判决中，佛罗里达州最高法院认为公众没有取得对争议中沙滩的公共时效地役权，因为公众对该沙滩的使用并不违背业主的利益，不算"未经许可的使用"，但该法院在判决中又补充说，公众仍然可以继续使用那块海滩从事休闲活动，理由是他们很多年来一直都在没有争执也未受干涉的情况下使用此海滩，因此他们已经通过习惯获得了对该海滩的使用权。④

20 世纪末，佛罗里达州又出现一次反响较大的依据习惯权利原则争取公众亲海权的努力。此次事件出现在该州的德斯廷（Destin）市。

---

① State of Oregon ex rel. Thornton v. Hay, 254 Or. 584, 595（Or. 1969）.

② Alice G. Carmichael, "Sunbathers Versus Property Owners: Public Access to North Carolina Beaches", *North Carolina Law Review*, Vol. 64, No. 1, November 1985, p. 175.

③ S. Brent Spain, "Florida Beach Access: Nothing but Wet Sand?", *Journal of Land Use & Environmental Law*, Vol. 15, No. 1, Fall 1999, pp. 185 – 186.

④ City of Daytona Beach v. Tona-Rama, 294 So. 2d 73（1974）. 下文有针对此案详情的论述。

德斯廷市是佛罗里达州西北部的一个滨海旅游胜地，当地由公众亲海需求引发的争端越来越严重。为了在缓解这种冲突的前提下最大限度地增进公众亲海权，该市议会在1999—2000年间形成了三项立法提案，① 其中的一项——《干沙滩缓冲区法令》（Dry-Sand Buffer Zone Ordinance）——就是依据习惯权利原则制定的。此项立法提案的出台是基于该市负责土地利用的司法官员应市议会要求提出的建议。他认为，根据该州最高法院1974年对"代托纳比奇市诉托纳—拉玛公司"案的判决，公众已经依据习惯权利原则取得对德斯廷地区干沙滩的使用权，因此他提出了此项建议。该立法建议草案这样表述其制定背景：

> 鉴于，包括本地居民和游客在内的广大公众都在使用的可供休闲的干沙滩是本市的宝贵财富；
>
> 鉴于，干沙滩是本市、奥卡卢萨县（Okaloosa County）乃至整个佛罗里达州的重要经济来源；
>
> 鉴于，包括本地居民和游客在内的广大公众自不可追忆的时期开始就一直在使用本市的干沙滩；
>
> 鉴于，佛罗里达州最高法院在"代托纳比奇市诉托纳—拉玛公司"案 [294 So. 2d 73，75（Fla. 1974）] 判决中已经明确承认在佛罗里达州可以使用习惯权利原则；
>
> 鉴于，本市渴望公众长期以来形成的使用本市海滩的习惯权利能够得到维护；
>
> 鉴于，本市承认和认可私人财产所有权人享有和使用他们财产的权利。②

针对此背景，为了在尽可能地减少冲突的前提下达到维护公众亲海权的目标，它提出以下解决方案：

（1）在任何位于或临近本市干沙滩之私人永久建筑物周围设置25英尺宽的缓冲区；

---

① Jennifer A. Sullivan, "Laying out an 'Unwelcome Mat' to Public Beach Access", *Journal of Land Use & Environmental Law*, Vol. 18, No. 2, Spring 2003, p. 341.

② S. Brent Spain, "Florida Beach Access: Nothing but Wet Sand?", pp. 191 – 192.

（2）除了为使用业已存在之公众亲海通道而进出本市海滩的情形外，包括本地居民和游客在内的广大公众不得使用此 25 英尺宽的缓冲区；

（3）任何实体和个人都不得妨碍公众基于习惯权利原则继续使用那 25 英尺缓冲区之外的干沙滩；

（4）干沙滩所有权人可以在遵循上述规定的情况下随意使用自己的财产。

另外，它还特别强调，设置这 25 英尺宽的缓冲区并不是要正式放弃公众长期形成的使用此区域的习惯权利，而只是为了缓和与干沙滩所有权人之间的冲突而主动做出的让步。①

此建议草案在当地报纸头版刊出后，在当地居民中间引起强烈反响。报社开展的民意调查显示，包括部分干沙滩所有权人在内的绝大多数受访者都支持公众不受限制地使用海滩的权利。当然，也有些当地干沙滩所有权人坚决抵制这项建议草案，他们声称市议会任何控制私人财产的行为都是不道德的，并且威胁要采取法律行动维护自己的权益。

德斯廷市议会为了给公众争取使用私人干沙滩的权利做了很多努力，并且已经着手收集能够支持公众使用本市干沙滩之习惯权利的证据，但是，它最终还是因顾忌可能由此引发的诉讼而没有通过此项法令。②

另一个明确承认习惯权利原则并且真正有依据此原则争取公众亲海权之判例的州是得克萨斯。在 1979 年对"穆迪诉怀特"（Moody v. White）案的判决中，得克萨斯州民事上诉法院明确表示承认习惯权利原则，但因为它判决此案时并不是依据此原则，所以该法院当时没有就此展开论述。③ 1986 年，得克萨斯州民事上诉法院审理"玛彻诉马托克斯"（Matcha v. Mattox）案时在该州历史上第一次直接依据习惯权利原则并参照"俄勒冈州政府根据桑顿告发诉海"案先例主张公众对干沙滩的使用权。此案背景如下：玛彻一家在加尔维斯顿（Galveston）海边有幢房屋，该房屋原本在干沙滩之外的陆地上，

---

① S. Brent Spain, "Florida Beach Access: Nothing but Wet Sand?", p. 192.
② Jennifer A. Sullivan, "Laying out an 'Unwelcome Mat' to Public Beach Access", p. 343.
③ Moody v. White, 593 S. W. 2d 372 (Tex. Civ. App. 1979).

1983 年的强飓风艾丽西亚（Alicia）将房屋摧毁，并导致海岸变化使得该房屋的遗址变为干沙滩。玛彻家打算重建房屋，但得克萨斯州检察总长马托克斯依据本州的《开放海滩法》到法院起诉以阻止他们重建，理由是他们重建房屋会妨碍公众对干沙滩的使用。初审法院支持检察总长的诉求，认为公众已经依据公共时效地役权、默示奉献和习惯权利等普通法原则取得对争议中海滩自由和不受限制的使用权。玛彻一家不服判决，他们上诉到得克萨斯州民事上诉法院。该上诉法院肯定下级法院的判决结果，只是它的依据不像下级法院那样多，而是主要集中于习惯权利原则这一点。在此判决中，该法院首先指出，得克萨斯州是承认习惯权利的，而且其他州也有这方面的先例，其中最具代表性的当然就是 1969 年俄勒冈州最高法院对"俄勒冈州政府根据桑顿告发诉海"案的判决；然后，它又指出，自 1836 年以来公众就一直在使用那块涉案海滩，所以公众无疑已经依据习惯权利原则取得对那块海滩的使用权；同时，它还强调，既然海岸是变动不居的，那么公众依据习惯权利取得的使用权也应当随海岸变动而调整。①在 1989 年判决"阿灵顿诉马托克斯"（Arrington v. Mattox）案时，得克萨斯州民事上诉法院又重申了这一观点。②

华盛顿州没有依据习惯权利原则争取公众亲海权的典型案例，但是该州检察总长在 20 世纪 70 年代中期曾经表示，公众有权依据习惯权利使用太平洋沿岸的海滩。因为此观点长期未受挑战，所以在华盛顿州公众实际上可以基于习惯权利使用植被边缘线之下的全部湿沙滩和干沙滩。③ 北卡罗来纳州也没有相关判例，但是该州议会表达了承认公众习惯权利的观点。1978 年，北卡罗来纳州将公共信托原则纳入其成文法体系之中，规定该州所有滨海地产向海一侧的边界是平均高潮线。1998 年，一批滨海地产所有权人依据此法到法院起诉，阻止公众使用他们平均高潮线以上的干沙滩休闲。此即著名的"吉安帕诉柯里塔克县"（Giampa v. Currituck County）案，或称"鲸头"（Whalehead）案。在此情况下，为了防止此项法律被误读为否定公众

---

① Matcha v. Mattox on Behalf of People，711 S. W. 2d 95（Tex. Civ. App. 1986）.

② Arrington v. Mattox，767 S. W. 2d 957（Tex. Civ. App. 1989）.

③ James W. Scott ed. , *Shoreline Public Access Handbook*，Olympia，WA：Washington State Department of Ecology，1990，p. 13.

在干沙滩上业已存在的权利，该州议会赶紧在其后增加两条修正案。①
其中的一条规定："公众自法律不可追溯的年代起就一直频繁、连续
且不受阻碍地使用本州从头到尾全部的海滩，本条款不得被解释为削
弱人们习惯上自由使用和享受海滩的权利，这些权利根据普通法保留
给民众，它们也是北卡罗来纳州宪法第 14 条第 5 款认可的公共遗产
的一部分。"②

　　在采纳习惯权利原则的州中，最具雄心的当然还是要数俄勒冈
州，该州最高法院在"俄勒冈州政府根据桑顿告发诉海"案判决中所
体现出的意欲依据此原则向公众开放该州全部干沙滩的观点在此方面
确实发挥了重要作用，这令那些热心支持公众亲海权的评论家们倍感
振奋。不过，该判例在其他各州引起的舆论反响虽然很大，但却没能
推动几家法院积极效仿它。有些州的法院刻意回避此原则，佐治亚和
马里兰等州的法院则明确拒绝使用此原则，③ 佛罗里达和得克萨斯等
少数几个州虽然也明确承认此原则，并且有依据该原则争取公众亲海
权的判例，但他们都未如俄勒冈州最高法院在"俄勒冈州政府根据桑
顿告发诉海"案判决中那样表达出要依据此原则将公众亲海权推及本
州全部海滩的意图。在 1995 年对"雷诺兹诉沃卢夏县"（Reynolds
v. County of Volusia）案的判决中，佛罗里达州的一家上诉法院还专门
强调，在依据习惯权利原则审理每个案件时，法院都应当详细查明此
案所涉海滩在历史上的使用情况，以便确定习惯权利原则可以在何种
范围以及何种程度上保障公众对争议中海滩的使用权。这就等于说，
在佛罗里达州依据习惯权利原则争取公众亲海权也只能针对具体海
滩，而不能将某一判决结果适用于州内所有海滩。④

　　到 20 世纪 80 年代末，甚至俄勒冈州最高法院自身也改变态度，
放弃了原来那种雄心勃勃的目标。在 1989 年对"麦克唐纳诉霍尔沃
森"（McDonald v. Halvorson）案的判决中，该法院明确否认 1969 年

---

①　Joseph J. Kalo, "The Changing Face of the Shoreline: Public and Private Rights to the Natural
and Nourished Dry Sand Beaches of North Carolina", *North Carolina Law Review*, Vol. 78, No. 6, Sep-
tember 2000, p. 1895.

②　North Carolina General Statutes § 77 – 20 (d).

③　Margit Livingston, "Public Access to Virginia's Tidelands: A Framework for Analysis of Implied
Dedications and Public Prescriptive Rights", p. 680, note 44.

④　S. Brent Spain, "Florida Beach Access: Nothing but Wet Sand?", p. 182.

的"俄勒冈州政府根据桑顿告发诉海"案判决确立了公众在俄勒冈州全部海滩上的休闲权利。

"麦克唐纳诉霍尔沃森"案缘起于两块相邻土地所有权人之间的争端。俄勒冈州迪波贝（Depoe Bay）附近的太平洋沿岸有两处水域，一处叫大鲸湾，另一处叫小鲸湾。麦克唐纳和林奇（Lynch）是大鲸湾畔土地的业主，霍尔沃森等人是小鲸湾畔土地的业主。麦克唐纳等人认为，因为他们也拥有小鲸湾畔干沙滩的一部分，所以根据该州最高法院1969年对"俄勒冈州政府根据桑顿告发诉海"案的判决，他们有权到达小鲸湾畔整个干沙滩的任何地方。俄勒冈州政府为给公众争取对这块干沙滩的使用权也加入诉讼。初审法院认为，小鲸湾这块水域虽然被叫作"海湾"（Cove），但它有滩沿阻隔，并不与太平洋直接连通，它只是一个偶尔会受到潮水影响的淡水塘，所以它不属于海洋的一部分，其附近的沙滩也不属于太平洋沿岸开放给公众休闲用的干沙滩，而是完全属于私人的地产。上诉法院不关注小鲸湾是不是海湾的问题，而是只强调它处于平均高潮线和可见陆生植被边缘线之间，属于"俄勒冈州政府根据桑顿告发诉海"案判决认定的那种应当被开放给公众用作休闲之地的干沙滩区域。针对由被告根据小鲸湾的地理特点提出并得到初审法院支持的辩护理由，上诉法院指出，这种具体分析一块一块海滩实际情况的做法正是本州最高法院通过"俄勒冈州政府根据桑顿告发诉海"案判决要力图避免的现象。上诉法院将"干沙滩区"定义为平均高潮线和陆生植被边缘线之间的海滩，不管它是由细沙、鹅卵石还是由岩石构成，也不管它被海潮波及的频率有多高。该法院认为，如果不这样界定的话，公众对俄勒冈州海滩的使用权就要根据每块海滩、每个海湾和每处海汊所表现出的动物、植物和地形的复杂信息来具体判断，而此结果将不可避免地使海岸土地变成拼布床单，有的地方公众能使用，有的地方不能使用，并且公众也没有明确的方法来区分哪处可用哪处不以可用。基于前述分析，上诉法院做出如下总结：初审法院所要回答的恰当问题应当为小鲸湾之附属沙滩是否处于平均高潮线和陆生植被边缘线之间；证据显示该沙滩正处于此区域，所以它应当依据"俄勒冈州政府根据桑顿告发诉海"案判决向公众开放。

此案最后上诉到俄勒冈州最高法院。在对该案的判决中，俄勒冈州最高法院首先指出，上诉法院和州政府都误读了先例。随后，它从几个方面进行了分析。关于如何看待 1969 年"俄勒冈州政府根据桑顿告发诉海"案这一先例的问题，俄勒冈州最高法院在此判决中认定，该案的判决结果不能给本案中州政府的主张提供支持，因为法院判决该案时针对的只是紧邻大洋的海滩，而小鲸湾并不是海洋的一部分；针对"俄勒冈州政府根据桑顿告发诉海"案判决是否已将其效力范围推广到俄勒冈州全部海滩这一问题，俄勒冈州最高法院首先指出，虽然对该案判决的各种评论很多，但本法院从来也没有再次详细阐述过它；随后，它又宣称，在"俄勒冈州政府根据桑顿告发诉海"案判决中，当俄勒冈州最高法院表示希望避免"逐块诉讼"或者表示俄勒冈州从南到北全部海滩都应当同样对待时，那只是笼统的表述，而事实上，该法院只是指那些与坎农海滩具有相同使用历史的海滩；最后，该法院断定，"俄勒冈州政府根据桑顿告发诉海"案判决绝对没有要依据习惯权利原则将公众亲海权推及俄勒冈州全部海滩的意图，它只是认为可以将此判决结果适用到与坎农海滩"情况类似"的地方。基于以上分析，俄勒冈州最高法院推翻上诉法院的判决，重申了初审法院的观点。①

在 1989 年对"麦克唐纳诉霍尔沃森"的判决中，俄勒冈州最高法院强调，该法院 1969 年"俄勒冈州政府根据桑顿告发诉海"案判决所追求的目标只是要依据习惯权利原则将其结果推及与坎农海滩"情况类似"的地方。很显然，各处海滩情况不会完全一样，某处海滩是否与坎农海滩"情况类似"还是需要根据具体情况详加考察。所以说，俄勒冈州最高法院的这份新判决似乎要"从根本上去除习惯权利原则的精髓，使它避免逐块诉讼的原初功能变得毫无用处"②。尽管如此，俄勒冈州最高法院在此判决中只是给予 1969 年的"俄勒冈州政府根据桑顿告发诉海"案判决更为狭隘的解释，并没有表示出要推翻它的意思。1993 年，该院在"史蒂文斯诉坎农海滩市"（Stevens v. City of Cannon Beach）一案的判决中又以遵循"俄勒冈州政府根据桑顿告发诉海"案判决的形式正面肯定公众在习惯权利原则下对私有干沙滩的使用权。③ 1994 年，联邦最高法院拒绝签发针对这起诉讼的

---

① McDonald v. Halvorson, 308 Or. 340（Or. 1989）.

② Alfred Clayton, Jr., "Oregon's New Doctrine of Custom: McDonald v. Halvorson", *Willamette Law Review*, Vol. 26, No. 3, Summer 1990, p. 788.

③ Melody F Havey, "Stevens v. City of Cannon Beach: Does Oregon's Doctrine of Custom Find a Way around Lucas", *Ocean and Coastal Law Journal*, Vol. 1, No. 1, 1994, p. 109.

调卷令，明确支持俄勒冈州对习惯权利原则的运用。① 所以，到目前为止，习惯权利原则仍然是俄勒冈州用以争取公众亲海权的重要手段，只是它已不再像半个世纪之前那样被寄予将公众亲海权推及俄勒冈州全部海滩那样的厚望。

四　新泽西州依据公共信托原则扩大公众亲海权的努力

在争取公众对干沙滩的使用权方面，新泽西州法院还是倾向于坚持依据公共信托原则。因为这涉及对美国人来说极为敏感的私人财产权问题，所以它这样做时很慎重。起初，它只就地方政府之干沙滩的公众使用权问题进行裁决；随后，它又将公共信托原则的效力推及海滩协会等准公共（quasi-public）组织的干沙滩；最后它才直接面对私有干沙滩是否也应当依据公共信托原则向公众开放的问题。这个过程整整持续了三十多年。

（一）新泽西州地方政府之干沙滩上公众休闲权的确立

在 1972 年审理"内普丘恩镇诉海边的埃文镇"案时，新泽西州最高法院就已经遇到地方政府之干沙滩是否应当向公众开放这个问题。该案涉及的海滩不仅包括平均高潮线之下的部分，还包括平均高潮线之上埃文镇政府所拥有的一块已让与公众用作休闲之地的干沙滩（相当于公园）。对于这块干沙滩的使用权，新泽西州最高法院的意见是："至少当干沙滩是由市镇政府——州政府创设的下属政治分支机构——所拥有并已经奉献出来用于公共目的之时，一家现代法院必须认定公共信托原则要求该海滩和附属海域都必须不存偏好地依照平等的条件向所有人开放，任何州或地方政府与之相反的做法都是不被允许的。"② 此判决的出发点是："既然人民大众拥有享用海洋和平均高潮线以下那部分海滩的权利，而如果众人穿过干沙滩到达此处的权利根本不存在或被干沙滩的主人拒绝，那么此种权利还有什么用？"③ 由于内普丘恩镇的这块干沙滩早已用作公园并一直被公众使用，所以，尽管新泽西州最高法院依据公共信托原则将其平等地向所有人开放，

---

① Jennifer A. Sullivan, "Laying out an 'Unwelcome Mat' to Public Beach Access", pp. 337 – 338.

② Borough of Neptune City v. Borough of Avon-By-The-Sea, 61 N. J. 296, 308 – 309 (1972).

③ Borough of Neptune City v. Borough of Avon-By-The-Sea, 61 N. J. 296, 312 (1972). 这是佛朗西斯（Francis）法官在此案判决的反对意见中对多数派观点的总结。

但此判决是否能够适用到新泽西州全部地方政府之干沙滩仍存疑义。

不久之后，在 1978 年对"范内斯诉迪尔镇"（Van Ness v. Borough of Deal）案的判决中，新泽西州最高法院就回答了这个问题。此案中的迪尔镇是新泽西州蒙茅斯县（Monmouth County）濒临大西洋的一个小镇。该镇的海岸总共只有 1 英里，其中适合休闲的海滩仅有 1325 英尺长。这部分适合休闲的海滩分为三个部分，它们都归镇政府所有。南、北两处共计 905 英尺长的海滩完全开放，所有人都可以使用它们，中间那处位于"迪尔俱乐部"（Deal Casino）前的约 420 英尺长的海滩却有使用上的限制。此处海滩过去是一段陡崖，1956 年俱乐部修建时被平整为沙滩。迪尔镇为修建俱乐部和平整海滩花费了 80 万美元，以后的维护费用都是从俱乐部会员费中支出。公众可以在此处海滩的平均高潮线之下的湿沙滩及海水中活动，并可以使用紧挨高潮线之上一条 50 英尺宽的通道，但自此再往陆地一侧的干沙滩则用绳子围起来，只保留给俱乐部的会员使用。非迪尔镇居民和财产所有者不能成为俱乐部会员，当然也就不能使用那块干沙滩。

周围人不满这种状况，作为公众代言人的新泽西州公共议政员（Public Advocate）斯坦利·C. 范内斯（Stanley C. Van Ness）于是依据公共信托原则和 1972 年的"内普丘恩镇诉海边的埃文镇"案判决将迪尔镇告到法院。起初，他不仅请求向公众开放俱乐部前的干沙滩，还请求开放俱乐部会员资格和俱乐部设施。初审法院于 1975 年做出判决，支持他的所有诉讼请求，不过该法院依据的不是公共信托原则，而是依据地方政府权力的概念和平等保护的要求。在 1976 年，此判决被新泽西州上诉法庭推翻，该法庭认为迪尔镇限制俱乐部成员资格的做法不违反平等保护的要求，因为这种分类是合理的，而且新泽西州法律中有相关的授权。另外，该法庭还认为，迪尔俱乐部前的那处干沙滩并没有如埃文镇的那处干沙滩一样被奉献给公众使用，而且其他两处开放的海滩完全可以满足公众的休闲需求，所以它判定迪尔镇可以只允许俱乐部成员使用俱乐部前的那处干沙滩。范内斯又上诉到新泽西州最高法院，不过这次他放弃了公众对迪尔俱乐部设施使用权的诉求，只是依据公共信托原则要求公众对俱乐部前那片干沙滩的使用权。结果，他的诉讼请求得到新泽西州最高法院的支持，该州上诉法庭的判决被推翻。

新泽西州最高法院对"范内斯诉迪尔镇"案判决的多数意见由沙

利文（Sullivan）法官负责撰写。在此判决中沙利文也是先通过追溯
1821 年的"阿诺德诉芒迪"案来证明，公共信托原则长久以来一直
被新泽西州承认，并且根植于其普通法之中。随后他又通过援引 1972
年"内普丘恩镇诉海边的埃文镇"案的判决证明，当时新泽西州公共
信托原则下的公众权利已经不再局限于古时候那种捕鱼和航运等特
权，而是扩展到休闲权。就此他总结道，这些判例表明新泽西州最高
法院坚持认为公共信托原则与其他所有普通法原则一样都不是固定不
变的，它们会根据形势和公众需求的变化而不断重塑和扩展。具体到
地方政府所有的干沙滩来说，沙利文同样赞同该法院在"内普丘恩镇
诉海边的埃文镇"案中的判决，并认为该判决完全适用于本案。①

在诉讼过程中，迪尔镇一方指出，此案争议中的干沙滩虽然用于
休闲目的，但它并不像埃文镇的那块一样已经辟为公园，所以它并没
有被奉献给一般公众使用。沙利文认为这无关紧要。他判定，如果地
方政府拥有并已奉献为休闲之地的这块海滩如本院判定的那样适用公
共信托原则，那么他们就认为所有人都有权使用它休闲；迪尔镇不能
以只将在其上休闲的权利奉献给本地居民的方式阻挠公众对它的使
用；该镇不能对公众的使用权附加限制条件，公众应充分享受公共信
托原则下他们固有的一切权利。②

迪尔镇一方在诉讼过程中还指出，俱乐部前的那个区域原本是一
处陡崖，不适合常规的滨海休闲活动，是镇政府出资将其平整为海
滩，所以镇政府应当有权决定它如何被使用。沙利文认为，无论是自
然的还是人造的，海滩都是海上休闲活动的从属物，都应当受制于公
共信托原则。③

关于当时公共信托原则应当在多大程度上适用于地方政府所有之
干沙滩这个问题，沙利文的回答是：新泽西州正快速地陷入公众无法
享用其珍贵无价之海滩的危机；法院有克制的司法判决对此危机无济
于事；法院只有采取迅速而且果断的行动才能扭转这种局势。④

基于以上论述，沙利文判定迪尔俱乐部前面那块由该镇政府所有

---

① Van Ness v. Borough of Deal, 78 N. J. 174 (1978).
② Van Ness v. Borough of Deal, 78 N. J. 174, 179 (1978).
③ Van Ness v. Borough of Deal, 78 N. J. 174, 180 (1978).
④ Van Ness v. Borough of Deal, 78 N. J. 174, 180 (1978).

的干沙滩也应当如旁边的海滩一样向所有人开放，而不能仅限该俱乐部成员使用。在此判决中沙利文还强调，他们判定迪尔镇之干沙滩受制于公共信托原则并不是在以前没有公共权利的地方创造公共权利，该判决只是对已经存在的这种权利予以确认。

经"内普丘恩镇诉海边的埃文镇"和"范内斯诉迪尔镇"这两个判例之后，虽然不少地方仍试图以各种名目排斥或限制外地人，① 但是地方政府所有的且已经用作休闲之地的干沙滩也应当平等地向全体公众开放的观点在新泽西州基本确立。

（二）新泽西州公共信托原则的适用范围扩展至准公共组织的干沙滩

在基本上解决了地方政府之用于休闲的干沙滩是否应当平等地向全体公众开放这一问题后，新泽西州最高法院在 1984 年又试探性地判决了一个涉及准公共组织之干沙滩的过渡性案件"马修斯诉贝海德改善协会"（Matthews v. Bay Head Improvement Association）。

"贝海德改善协会"成立于 1910 年，并于 1932 年组建为非营利的法人组织。该协会的宗旨是改善和美化贝海德镇（Borough of Bay Head）环境，使当地居民能有更好的亲海休闲体验。该协会章程规定，为实现其宗旨，它可以拥有财产、经营海滨浴场、雇用保安和清洁人员。到此诉讼开始时，贝海德镇垂直通向海边的 9 条道路中，7 条道路的尽头是该协会所拥有的干沙滩，其他的干沙滩虽然属于个人，但是它们中的大部分也都被租赁给该协会使用。每年 6 月中旬（6 月第 3 个星期开始）至 9 月上旬（美国劳动节），贝海德改善协会都会雇人为其控制的海滩提供安保、清洁等服务。在此期间，佩戴专门标识的协会会员可以自由地使用其干沙滩。只有贝海德镇居民才有资格成为协会会员（根据家庭成员数量每年缴纳 60 或 90 美元会费）。对于那些不是当地居民的镇政府工作人员以及为本地工作的消防员和教师该协会也会给他们发放专门标识，而且会员（包括宾馆）也可以为每位客人支付 12 美元购买标识。此外，渔民可以穿过干沙滩到海边作业，但是其他人在早 10 点到晚 5 点半之间则被禁止入内，他们要想到海边就必须从别处绕行。该镇北边波因特普莱森特比奇镇（Borough of Point Pleasant Beach）的居民可以在退潮时沿海边走到贝

---

① Jack H. Archer, et al. , *The Public Trust Doctrine and the Management of America's Coasts*, pp. 107 – 108.

海德镇旁平均高潮线以下的湿沙滩，但他们不能使用贝海德改善协会的干沙滩。为了执行其海滩政策，贝海德改善协会在通向海滩的路口安排保安值守，并派保安在海滩上巡逻。自 1932 年起，该协会限制外人使用其海滩的状况持续了半个世纪。后来，在日渐高涨的公众亲海需求推动下，波因特普莱森特比奇镇政府将贝海德镇政府以及贝海德改善协会告到法庭，为本镇居民争取权利。但是此诉讼请求被驳回，因为贝海德镇政府不拥有那片沙滩，对其没有控制权，所以它不属于适格的被告。之后，相关诉讼又改为以弗吉尼亚·马修斯（Virginia Matthews）为代表的波因特普莱森特比奇镇居民起诉贝海德改善协会。① 公共议政员斯坦利·C. 范内斯也站到原告一方参加诉讼，并且在波因特普莱森特比奇镇政府退出后成为这起诉讼的主要推动者。初审法院和上诉法院都不支持原告，他们认为贝海德改善协会不是贝海德镇的职能部门，也不是一个市政机构，而且没有任何证据能够证明该协会拥有或租用的私人地产上存在任何公共权利。马修斯等人不服判决，他们又将官司打到新泽西州最高法院。该法院参与审判的 6 位法官意见一致，都认为贝海德改善协会这种准公共组织的干沙滩应当依据公共信托原则向公众开放。

新泽西州最高法院针对此案的判决由施赖伯（Schreiber）法官负责撰写。施赖伯法官首先简要总结了新泽西州公共信托原则的基本含义和发展变化，并就此点明此案的主要争议事项：公众是否可以为了增进亲海权而通过和使用准公共组织的干沙滩。在随后的论证过程中，施赖伯首先从以下 5 个方面阐述了自己关于公共信托原则下公众对干沙滩使用权的观点：（1）将公共信托原则的适用范围扩展至游泳以及其他滨海休闲活动符合并且能够增进公共福利，公众从事滨海休闲活动的这种权利一定要得到尊重；（2）海滩是独特且不可替代的适合亲水休闲的自然资源，随着人口的增加和交通设施的改进，公众对海滩的需求与日俱增，而同一时期公众到达海滩的难度却越来越大，这使得人们对公众滨海休闲机会的关心越来越强烈，此种关心可以从本州法院的判例、本州立法机构出台的法律和本州行政机构制定的政策中反映出来；（3）由于获准通过干沙滩是公众实现他们公共信托原

---

① 弗吉尼亚·马修斯原来是贝海德镇居民，后迁至波因特普莱森特比奇镇。离开贝海德镇后她便被拒绝再使用那里的干沙滩。

则下亲海休闲权的重要前提，而且公众只有被允许在干沙滩适当停留才有可能尽情享用湿沙滩和海洋，所以在必要情况下公共信托原则应当保障公众合理地通过和使用干沙滩的权利；（4）为保障公共信托原则下的公众亲海权，本法院已经判定地方政府之用于休闲的干沙滩应当依据公共信托原则平等地向所有人开放；（5）鉴于公众对本州海滩不断增长的需求以及公共信托原则富于变化的特性，我们认为在使用干沙滩对于公众亲海休闲来说是必须或合理必要的地方，公共信托原则应当保障公众在充分考虑业主利益的前提下适当使用私有干沙滩的权利，但是这并不意味着公众拥有随意穿越任何临近信托土地之地产的权利，准确地说，私人干沙滩是否应当依据公共信托原则向公众开放以及开放到何种程度需要在充分考虑此干沙滩的长度、相对于前滩的位置以及公有干沙滩的可用性、自然状况和公众需要的程度、业主对土地的利用情况等各种相关因素的前提下视具体情况而定。随后，施赖伯又详细辨析了贝海德改善协会和它控制的干沙滩的性质。对此他提出以下观点：贝海德镇的干沙滩非政府所有，从这个意义上说它们是私有的，但从其他意义上却很难说它们是私有的，事实上直到1975 年贝海德改善协会拥有的 7 块干沙滩都没有缴纳过不动产税；从一开始贝海德镇镇委会就批准贝海德改善协会的沙滩经营计划并且同意与之合作实施，之后镇委会确实为此提供了很多便利甚至资金支持，比如，贝海德镇政府在 1934—1973 年间在镇政府大厅免费为贝海德改善协会提供办公场所、1962—1968 年镇政府购买的综合责任保险都包括该协会在海滩上的活动、1936—1941 年镇政府每年动用公共基金给该协会提供补助 600 美元、1969 年补助 1000 美元等等，而该协会对沙滩使用的管理就类似于行使地方政府的职能，所以，无论从哪个角度看贝海德改善协会都明显具有准公共组织的性质；根据以前的判例，当一个控制具有重大公众关切之领域的非营利组织因为与其目标并无关联且与公共利益相悖的理由而限定其成员资格时，法院拥有广泛的司法权威来确保其排斥性政策是合法的而非专断的或歧视性的。基于以上分析，施赖伯判定，由于贝海德镇没有公共海滩，贝海德改善协会的做法事实上妨碍了公共信托原则下的公众亲海权，如果其他滨海地区的人也采取同样措施排斥非本地居民，那么公众实际上就被剥夺了到海边休闲的权利，所以，此种做法应被禁止，贝海德改善协会的会员资格应向所有人开放，以使非本地居民也可以成为会员并有权在夏季日间使用其控制的干沙滩。另外，施赖伯认为，除了开放会员资格外，贝海德改善协会还应当允许非本地居民获得合理数量的使用其干沙滩的单日票和季票，具体数量要根据公众需求量和在保证安全适宜之亲海环境的前提下海滩容纳量等因素来确定。同时，他判定贝海德改善协会仍然可以实施其对海滩使用的管理措施，并且同意该协会收取一定费用以满足救生、保洁、安保、设备和管理等方面的支出，只是要求在确定收费金额时不能区别对待本地居民和外地居民。①

通过对"马修斯诉贝海德改善协会"一案的判决，新泽西州最高法院明确地将该州公共信托原则下的公众亲海权推及贝海德改善协会这种准公共组织的干沙滩。贝海德改善协会又上诉到联邦最高法院，但联邦最高法院拒绝受理，所以新泽西州最高法院对此案的判决成为终审判决。

（三）新泽西州将公共信托原则的效力推及特定私有干沙滩

对于是否应当依据公共信托原则将纯粹私有干沙滩向公众开放这个敏感问题，新泽西州最高法院在很长一段时期中都刻意避免做出正面回应。

在"内普丘恩镇诉海边的埃文镇"案判决中讨论州立法机构转让公共信托土地的权力时，霍尔法官就提到私有干沙滩的问题。他说，对于那些紧挨着私有干沙滩的潮间地来说，无论它们有没有被州政府转让给私人，都会存在公众如何到达它们的问题。写到这儿霍尔法官似乎感到很庆幸，因为他紧接着便如释重负地写道，此案中的干沙滩是镇政府的，而不是私人的，所以"本案不要求解决这类问题，我们对此不发表意见"②。在此判决的反对意见中，弗朗西斯（Francis）法官则直截了当地否认公众具有使用私有干沙滩的权利："无论那些地方具有何种微妙的状况，这都不意味着在本州内私人所有的平均高潮线之上的沙滩必须给公众使用。根据我的判断，私人所有者可以合法地将他平均高潮线之上的全部沙滩用栅栏围起来，如果他感觉到自己需要那样做的话。"③

新泽西州最高法院在1984年对"马修斯诉贝海德改善协会"案

---

① Matthews v. Bay Head Improvement Association，95 N. J. 306（1984）.

② Borough of Neptune City v. Borough of Avon-By-The-Sea，61 N. J. 296，308（1972）.

③ Borough of Neptune City v. Borough of Avon-By-The-Sea，61 N. J. 296，313（1972）.

的判决中曾经提出在必要情况下公众可以依据公共信托原则适当使用私人干沙滩的观点，但在此案审理过程中公共议政员范内斯提出将贝海德镇全部私人所有的滨海地产都向公众开放的要求时，新泽西州最高法院却再次拒绝直面此问题。施赖伯法官负责撰写的法院意见认为，那时贝海德镇的干沙滩基本上都由贝海德改善协会掌握，开放该协会控制的干沙滩就已经能够合理地满足公众在公共信托原则下的亲海休闲要求，所以该法院当时没有必要决定在何种情况下以及在何种程度上开放纯粹私有干沙滩的问题。不过，施赖伯并没有彻底否定范内斯的要求，他指出，如果以后私人出租给贝海德改善协会的海滩到期不再续租，或者该协会将其海滩出售给私人，到那时法院才需要根据具体情况就公众依据公共信托原则针对那些私人干沙滩提出的权利要求进行裁决。①

到 2005 年审理"罗利大街海滩协会诉亚特兰蒂斯海滩俱乐部有限公司"案时，酝酿了多年的新泽西州最高法院终于正式面对私人干沙滩是否应当依据公共信托原则向公众开放这一问题。

该案的争议区域是位于洛尔镇（Lower Township）的戴蒙德海滩（Diamond Beach）。这是洛尔镇唯一的海滩。此海滩及其邻近土地共约 7767 英亩，1907 年由新泽西州政府转让给一家房地产开发公司（诉讼开始之时 2450 英亩处于海水之中）。开发先从内陆一侧开始。1986 年，亚特兰蒂斯海滩俱乐部有限公司（Atlantis Beach Club, Inc）获准开发剩余部分。1996 年之前，这片海滩一直免费向公众开放。1996 年夏季，亚特兰蒂斯俱乐部有限公司开始限制人们到达海滩。该公司要求到海滩休闲者都必须支付至少 300 美元购买 6 个季节性标识。2002 年夏天，它又要求，欲到海滩休闲者，要么每季花 700 美元购买 8 个标识，要么交 10000 美元成为终身会员。该俱乐部声称，它提高价格的目的是让戴蒙德海滩的居民及其会员独享整洁、安全的海滩。为阻止其他人进入海滩，该俱乐部在通向海滩的街道尽头竖立警示牌，并公开宣称任何未经许可或未佩戴有效标识进入海滩者都将被起诉。周围居民对俱乐部的做法很不满，冲突在所难免。新收费政策出台当年（2002 年）便出现了两起诉讼，一起是亚特兰蒂斯海滩俱乐部有限公司起诉未经许可闯入其海滩者，另一起是罗利大街海滩协会

---

① Matthews v. Bay Head Improvement Association, 95 N. J. 306, 333 (1984).

（Raleigh Avenue Beach Association）起诉该公司。罗利大街位于该地区偏南之处，垂直通向海滩，沿线居民原本可以很方便地到海滩休闲，但是此后想到海滩休闲却需要交大笔钱，否则就不得不向北（南面是不宜使用的联邦土地）走八个街区到另一处海滩。这些居民组成协会联合起诉，要求通过亚特兰蒂斯海滩俱乐部有限公司地产的权利以及在干沙滩休闲娱乐的权利。两起诉讼由于内容相关，所以被并案处理，统称为"罗利大街海滩协会诉亚特兰蒂斯海滩俱乐部有限公司"。

初审法院于 2003 年判定，公共信托原则适用于亚特兰蒂斯海滩俱乐部有限公司的地产，但仅限于平均高潮线之下的部分和平均高潮线之上 3 英尺宽的干沙滩。它允许公众由平均高潮线之下的区域沿海岸平行方向进入那 3 英尺宽的干沙滩，但禁止他们自罗利大街尽头纵向进入和使用该公司名下的干沙滩。罗利大街海滩协会和一些关注公众亲海权的民间组织都不愿意接受这个结果，他们联合提起上诉。上诉法庭裁定，亚特兰蒂斯海滩俱乐部的做法违反了公共信托原则。它在判决中特别指出三点：（1）如果不能在一定程度上使用干沙滩，公众在湿沙滩上和海洋中的休闲活动也就无法顺利进行；（2）洛尔镇没有公共海滩，所以无论是当地居民还是外地居民，只要他们想到海边休闲，就必须通过私人海滩；（3）没有证据显示公众对俱乐部名下干沙滩的间歇性使用会妨碍它为其成员提供服务。根据该判决，亚特兰蒂斯海滩俱乐部公司不能再限制公众纵向或横向进入其名下之干沙滩的权利，也不能干涉公众为实现与海洋及湿沙滩相关之休闲目的而间歇性地使用其干沙滩的权利。同时，该法庭也同意，在提供清洁服务和淋浴设施等保障措施的前提下，该公司可以向长时间使用海滩者收取一定费用，具体数额由环保部门核定。① 环保部门给亚特兰蒂斯海滩俱乐部公司核定的收费标准是每季 55 美元、每月 40 美元、每周 15 美元、每天 3 美元。② 俱乐部负责人对此判决结果和环保部门确定的收费价格都不满意，他们遂向新泽西州最高法院上诉。

新泽西州最高法院维持上诉法庭的判决。该法院在回顾之前判例

---

① Raleigh Avenue Beach Association v. Atlantis Beach Club, 370 N. J. Super. 171 （N. J. Super. 2004）.

② Robert Hanley, "As Battle for Beach Access Rages in New Jersey, Private Club Digs Its Heels into Sand", *New York Times*, July 4, 2004, p. N25.

的基础上强调，公众的亲海休闲权应当得到尊重，而公众要依据公共
信托原则到湿沙滩和海上休闲，就必须适当利用干沙滩，所以公共信托
原则下的公众权利其实就暗含使用相关干沙滩的权利，包括在必要
情况下使用私人干沙滩的权利。根据本案所涉各方当事人以及争议事
项的具体情况，新泽西州最高法院判定，亚特兰蒂斯海滩俱乐部的干
沙滩属于"马修斯诉贝海德改善协会"案判决所规定的那种应当依据
公共信托原则向公众开放的私人海滩。①

通过 2005 年对"罗利大街海滩协会诉亚特兰蒂斯海滩俱乐部有限公
司"案的判决，新泽西州最高法院终于明确判定，必要情况下公众可以
在尊重业主权益的前提之下依据公共信托原则合理使用私有干沙滩。

相比较来说，新泽西州在依据公共信托原则扩大公众对干沙滩的
使用权方面——特别是在打破地方政府对干沙滩的垄断方面——表现
还是比较突出的，以至于邻近州中那些坚持排斥非本地居民者非常担
心本州的海滩使用政策会受其影响而被"新泽西化"（Jerseyfica-
tion）②。不过，新泽西州最高法院的相关判决，特别是它 2005 年对
"罗利大街海滩协会诉亚特兰蒂斯海滩俱乐部有限公司"案的判决，
遭到不少法学家的批评，他们认为这相当于是未经公平补偿便征收私
人财产，属于违宪征收。可能是受到了这些批评的影响，自该判例以
后新泽西州各级法院在扩大公共信托原则适用范围方面已经变得较为
克制，③ 所以近期他们不太可能再依据此原则更进一步推进公众对私
人干沙滩的使用权。

除了新泽西州外，北卡罗来纳州也表现出希望依据公共信托原则
扩大公众沙滩使用权的倾向。该州关注此问题的评论家们大都赞成通
过"扩大"公共信托原则适用范围的方式促进公众亲海权。④ 比如，
《北卡罗来纳法律评论》1985 年刊发的一篇文章就提出以下观点：
"如果没有到达前滩的通道和对干沙滩的休闲性使用，公共信托原则

---

① Raleigh Avenue Beach Association v. Atlantis Beach Club, 185 N. J. 40（N. J. 2005）.

② David M. Herszenhorn, "Greenwich Cites Fears of 'Jerseyfication' in Beach Dispute", *New York Times*, November 11, 2000, p. B1.

③ David M Carboni, "Rising Tides: Reaching the High-Water Mark of New Jersey's Public Trust Doctrine", *Rutgers Law Journal*, Vol. 43, No. 1, Fall 2011/Winter 2012, p. 105.

④ Christopher City, *Private Title, Public Use: Property Rights in North Carolina's Dry-Sand Beach*, p. 5.

便毫无意义。随着越来越多的人到'陆地的最尽头'寻找快乐和从事休闲活动，北卡罗来纳州法院也应当调整对公共信托原则的解释，以便满足公众不断变化的需求。"① 另如，《北卡罗来纳法律评论》1992年刊发的另一篇文章则认为，公共信托原则在维护公众对干沙滩的使用权方面比公共时效地役权原则等其他普通法原则更具优势，因为它能统一地适用于全州所有海滩，可以避免逐块诉讼的麻烦，而且它还可以使公众使用他们原本不可到达的海滩，而不像其他普通法原则那样只能维护公众业已存在的权利。该文章还认为，相较于公共时效地役权等其他普通法原则来说，公共信托原则在维护公众亲海权方面更为灵活，可以更好地协调公众亲海权和私人财产所有权之间的关系。② 北卡罗来纳州立法机构似乎也有依据公共信托原则争取公众对干沙滩使用权的意愿，其立法研究委员会1984年年底提交的立法建议和该州议会1985年通过的两条法律确实表现出这种倾向。③ 另外，该州议会针对"鲸头"案于1998年通过的那条法律修正案虽然前面讲的都是公众依据习惯取得的权利，但它在最后总结时却又把它们定性为公共信托原则下的权利："这些海滩上的公共信托权利的确立既是基于习惯法，也是基于本州法院的解释和应用。"④ 北卡罗来纳州法院还没有直接依据公共信托原则争取公众干沙滩使用权的判例，但是他们在一些相关判例中曾间接地承认公共信托原则下公众在干沙滩上的权利。比如，在1987年的一个判例"埃默拉尔德岛镇诉北卡罗来纳州政府"（Town of Emerald Isle v. State of North Carolina）中，该州最高法院就曾暗示，在干沙滩上确实存在某种公共信托原则下的权利。⑤ 在1991年对"不伦瑞克县纳税人协会相关公民诉霍尔登海滩公司"案

---

① Alice G. Carmichael, "Sunbathers Versus Property Owners: Public Access to North Carolina Beaches", *North Carolina Law Review*, Vol. 64, No. 1, November 1985, p. 201.

② William A. Dossett, "Concerned Citizens of Brunswick County Taxpayers Association v. Holden Beach Enterprises: Preserving Beach Access through Public Prescription", p. 1332.

③ Legislative Research Commission, *Coastal Submerged Lands*, Report to the 1985 General Assembly of North Carolina, December 1984, Appendix H-II; Alice G. Carmichael, "Sunbathers Versus Property Owners: Public Access to North Carolina Beaches", p. 184; Christopher City, *Private Title, Public Use: Property Rights in North Carolina's Dry - Sand Beach*, p. 37.

④ North Carolina General Statutes § 77 - 20 (d).

⑤ William A. Dossett, "Concerned Citizens of Brunswick County Taxpayers Association v. Holden Beach Enterprises: Preserving Beach Access through Public Prescription", pp. 1315 - 1316.

的判决中，该法院又特别强调，它反对上诉法院否认公共信托原则能够赋予公众为到达公共海滩而穿越私人干沙滩之权利的观点。① 这可以被理解为北卡罗来纳州最高法院确实有意要效仿新泽西州最高法院，将公共信托原则的适用范围扩展至干沙滩。② 1994 年，北卡罗来纳州州长吉姆·亨特（Jim Hunt）任命的一个委员会提交的报告也指出，需要采取更多措施来确保公众能够到达公共信托土地。他们评论道，如果不能顺利到达那些公共资源，公共信托原则下的权利就只能是"空的"③。这表明该委员会也倾向于支持公众依据公共信托原则使用干沙滩的权利。总之，种种迹象显示，北卡罗来纳州的各方人士都不排斥依据公共信托原则争取公众对干沙滩使用权的观点，但是该州的立法机构、司法机构和行政机构都只是隐含地或间接地表达这种了意愿，并没有采取任何直接的实质性行动。

美国其他各州都没有表现出要将公共信托原则的适用范围扩展至私有干沙滩的意向。④ 有的州还明确否认这一点。比如，特拉华州高等法院 1994 年审理的一个案件与新泽西州最高法院审理的"马修斯诉贝海德改善协会"案的案情类似，但它却给出了完全不同的判决。在对此案的判决中，特拉华州高等法院特别指出，它不会采用马修斯案判决的规则，该法院坚持认为，特拉华州的公共信托原则从来也不包含要求私人地产主的权利服从公众到达潮间地的权利之类的含义。⑤ 另如，1997 年罗得岛州的一家法院也判定，公共信托原则虽然保护公众在信托土地上的休闲权，但它没有赋予公众使用平均高潮线之上干沙滩的权利。⑥

---

① Concerned Citizens v. Holden Beach Enterprises 329 N. C. 37，55（N. C. 1991）.

② Joseph J. Kalo，"The Changing Face of the Shoreline：Public and Private Rights to the Natural and Nourished Dry Sand Beaches of North Carolina"，p. 1895.

③ Christopher City，*Private Title*，*Public Use*：*Property Rights in North Carolina's Dry-Sand Beach*，pp. 41 – 42.

④ Alice G. Carmichael，"Sunbathers Versus Property Owners：Public Access to North Carolina Beaches"，p. 180.

⑤ Edward J. Fornias，"Public Trust Doctrine in Delaware-The Problem of Beach Access"，*Delaware Lawyer*，Vol. 17，No. 1，Spring 1999，p. 37.

⑥ William L. Lahey and Cara M. Cheyette，"The Public Trust Doctrine in New England：An Underused Judicial Tool"，p. 93.

第三节　普通法下美国公众亲海权发展的局限性

历久弥新的普通法原则确实为 20 世纪中期之后美国公众亲海权的发展做出了重要贡献。最突出的一点是美国绝大多数滨海州都依据普通法之公共信托原则确立了公众在湿沙滩上的休闲权。然而，普通法原则在推进公众亲海权发展方面同时也表现出很大的局限性，特别是在推进公众对干沙滩的使用权方面效力明显不足。

一般情况下，湿沙滩和公共道路之间都会隔着干沙滩，所以，获准通过和使用干沙滩是公众实现公共信托原则下之亲海休闲权的重要前提。然而，当公众亲海休闲热潮兴起之时，美国滨海各州的干沙滩基本上都已经落入私人或私营机构（包括地方政府）之手。在很多地方，控制着干沙滩的私人或地方政府极力排斥其他人，使公众的亲海权受到很大限制。针对这种状况，一些州的法院也努力依据公共信托、公共时效地役权、默示奉献和习惯权利等普通法原则争取公众对干沙滩的使用权，但是总起来看效果不是很理想。这种结果的出现可以归因于普通法至今仍然保持的另外一些基本属性。

一　普通法注重维护私人权利的传统不利于据其推进公众亲海权的发展

从美国的现实情况看，要将公众亲海权扩大至干沙滩就要适当限制私人权利，甚至要在一定程度上限制私人的财产权，但是，历史上的普通法却"以极端的个人主义为特征，无比珍惜个人自由、尊重个人财产。它注重个人权利而并不关心普遍社会福利"[1]。受清教思想和其他近现代经济社会理论的影响，普通法精神中的个人主义偏好在"市侩的天堂——美国达到了顶峰"[2]。囿于这种法律传统，美国各州法院依据普通法原则推进公众亲海权时总是显得顾虑重重，不能尽力而为，而且他们也不会热切地追随其他州具有突破性的先例。

在这方面最典型的是新英格兰地区的马萨诸塞、特拉华、缅因和

---

[1]　［美］罗斯科·庞德：《普通法的精神》，商业版序言第 28—29 页。

[2]　［美］罗斯科·庞德：《普通法的精神》，第 23 页。

新罕布什尔等州，由于这些州中历来盛行个人主义，① 所以他们的法院在依据普通法原则推进公众亲海权方面比其他州的法院更显保守。虽然当前美国绝大多数滨海州都已经依据公共信托原则确立了公众在湿沙滩上的休闲权，但是新英格兰地区这几个州的法院却无意效仿，他们仍然秉承传统观念，坚持将其公共信托原则的适用上界定在平均低潮线，否认公众可以依据公共信托原则享有在湿沙滩上的休闲权。比如，直到 1989 年审理"贝尔诉韦尔斯镇"案时，缅因州最高法院的多数意见仍然固执地援引 100 年前乃至 300 年前殖民地时期的法令，坚持认为公共信托原则只是保障公众为实现渔猎和航运之目的而使用潮间地的权利，并没有赋予公众在其上的休闲权。该判决的多数意见承认，公众的亲海休闲需求一定会越来越强烈，而且公众的这种需求确实也应该得到满足，不应当只让那些有幸拥有滨海土地的人享有滨海休闲的机会，但是，他们还是认为，在美国的宪政体制下，这个问题的解决办法应当是由州政府和地方政府购买公众滨海休闲所需的地产，或者给予合理补偿后征用私人地产，而不能通过以立法或司法手段重新定义私有财产权范围的方式不予补偿地强制性征收。② 在同一时期，新英格兰地区各州的法院总体上都拒绝依据公共信托原则扩大公众的亲海权。③ 具有类似倾向的还有位于美国东部的纽约等州。比如，纽约州法院在 1972 年对"图奇诉萨兹赫尔"（Tucci v. Salzhauer）案的判决中仍然主张，涨潮时公众可在前滨划船、钓鱼和洗浴，但落潮时他们则只能为上述目的通过湿沙滩，而不能在其上逗留休闲。④

二 普通法判决就事论事的特点增加了据其维护公众亲海权的难度

普通法判决具有"就事论事"的特点，⑤ 或者说，"普通法的基本原则之一是法院不能作出抽象的一般适用性判决意见，只能就具体

---

① Burt Feintuch and David H. Waiters, eds., *The Encyclopedia of New England: The Culture and History of an American Region*, New Haven, CT: Yale University Press, 2005, p. 61.

② Bell v. Town of Wells, 557 A. 2d 168 (1989).

③ William L. Lahey and Cara M. Cheyette, "The Public Trust Doctrine in New England: An Underused Judicial Tool", p. 93.

④ Thomas J. Agnello, "Non-resident Restrictions in Municipally Owned Beaches: Approaches to the Problem", p. 206.

⑤ 泮伟江：《英格兰宪政与现代理性官僚制问题——重访韦伯的"英国法问题"》，《天府新论》2013 年第 5 期，第 11 页。

争议事实作出裁决"①。因为这一特点，美国各州法院应用普通法原则审理由公众亲海需求引发的争端时只能针对具体海滩的实际情况做出裁决，而不能如成文法那样做出普遍适用性规定。这就意味着，如果业主不主动开放其海滩，依据普通法原则争取公众亲海权就需要针对一个一个海滩分别进行。俄勒冈州最高法院曾打算依据"习惯权利原则"将其 1969 年对"俄勒冈州政府根据桑顿告发诉海"案的判决结果适用于全州所有海滩，但是在 1989 年对"麦克唐纳诉霍尔沃森"案的判决中，该法院又否认了这一点。针对一个一个海岸分别起诉不仅耗时费力，而且还需要大笔诉讼费用，所以有些人会不胜其烦而放弃。比如，加利福尼亚州一个仅有 320 人的小镇"特立尼达"（Trinidad）就因为陷入这种官司而濒临破产，最后不得已只好向霸占公众亲海通道的房主妥协。②

　　这种需要根据每个海滩的具体情况逐一判决的要求还会造成另外一个问题，即某州虽然承认公众可以依据某项普通法原则获得对某类私有干沙滩的使用权，但是如果该州法院倾向于严格审查的话，在一些具体案件中此普通法原则很可能会被判定为未达到适用条件而不能发挥作用。事实上，这些普通法原则适用于海滩的条件在各州都是很严苛的，公众依据它们提出的对特定私有干沙滩使用权的诉求得不到法院支持的情况是很常见的。以佛罗里达州为例，该州长期以来一直都承认公共时效地役权，但该州法院依据此原则审理与公众对私有干沙滩使用权相关的案件时却总是以公众的使用与业主利益并无冲突（或者说得到了业主的许可）为由否认此原则适用于这些案件。③ 该州最高法院 1974 年对"代托纳比奇市诉托纳—拉玛公司"（City of Daytona Beach v. Tona-Rama）案的判决就是一个典型的例子。

　　此案背景如下："麦克米兰和赖特公司"（McMillan and Wright, Inc.）在佛罗里达州代托纳比奇市拥有一处海边地产，此地产上建有一处探入大西洋中 1050 英尺的专门用于旅游观光的码头。码头沿岸约 15300 平方英尺的干涉滩也属于该公司。此处干沙滩南北长 102 英

---

① 汤维建主编：《美国民事诉讼规则》，中国检察出版社 2003 年版，总序第 8 页。

② Hank Sims, "Town Is on Brink Over Trail at Sea's Edge", *Los Angeles Times*, October 27, 2003, p. B5.

③ Erika Kranz, "Sand for the People: The Continuing Controversy over Public Access to Florida's Beaches", *Florida Bar Journal*, Vol. 83, No. 6, June 2009, p. 16.

尺，从平均高潮线向内陆一侧延伸约 1050 英尺。1969 年，麦克米兰和赖特公司经过公开听证后从代托纳比奇市获得在此海滩上修建一座观光塔的许可。塔基直径 17 英尺，塔身直径 4 英尺，总共占地大约225—230 平方英尺。此塔为观光码头的组成部分，并且只能从码头进入。托纳—拉玛公司在附近也经营着一座观光塔，它对代托纳比奇市许可麦克米兰和赖特公司修建观光塔的做法提出抗议，并且要求法院发布暂停修建的禁令，理由之一是公众已经连续使用该处海滩超过 20年，已经取得对此海滩的公共时效地役权，而观光塔的修建会侵害公众使用此处海滩的权利。托纳—拉玛公司的抗议没有奏效，麦克米兰和赖特公司花费 12.5 万美元将塔建成。托纳—拉玛公司不愿接受这个结果，决定正式与麦克米兰和赖特公司以及批准修建该塔的市政府对簿公堂。初审法院支持托纳—拉玛公司的主张，要求麦克米兰和赖特公司 90 天内拆除该塔。上诉法院维持原判，但此判决最终被佛罗里达州最高法院推翻。

在对此案的判决中，佛罗里达州最高法院首先强调，该院一直都很重视维护公众的亲海休闲权，而且也一贯承认公众通过取得公共时效地役权而使用海滩的权利，但它随后又表示，根据此案的具体情况来看，在争议中的干沙滩上公众取得公共时效地役权的条件没有得到满足，因为公众对那块干沙滩的使用并不违背麦克米兰和赖特公司的利益。它对此所做的解释是：那块干沙滩既不能耕种也不能用于建房子，除了用于休闲和过路之外再也没有任何别的用处；公众之前对那块干沙滩的使用不仅不会损害而且还会增进麦克米兰和赖特公司的利益，因为这有助于为该公司在码头上经营的娱乐项目增加客流量；既然公众对那块干沙滩的使用确实无损于业主的利益，那么按照佛罗里达州的法律传统，他们就未能取得对那块沙滩的公共时效地役权。①

类似的情况也出现在默示奉献原则的使用方面。比如，南卡罗来纳州最高法院也承认默示奉献原则，但它在 1968 年的"泰勒诉格瑞"（Tyler v. Guerry）案判决中却对此原则的适用做出了极为严格的解释。在此判决中，南卡罗来纳州最高法院认为，默示奉献是一种"不寻常的"和"特殊的"让渡土地使用权的方式，所以确认默示奉献的证据一定要是"严格的、清晰的和有说服力的"，而且唯有当涉案地产

---

① City of Daytona Beach v. Tona-Rama, 294 So. 2d 73 (1974).

所有权人的行为只能被理解为"奉献"而不能有任何其他理解的情况下，默示奉献才能成立。另外，它还特别强调，证明默示奉献成立的责任应当由要求对私人土地通行权的公众负担。依据这种严格的标准，南卡罗来纳州最高法院判定该案争议中的土地没有被奉献。① "泰勒诉格瑞"案判决针对的虽然只是关于公众为了到河畔休闲之目的而使用私人地产的问题，但是，因为到河畔休闲与到海边休闲性质相近，而且此判例中涉及的是那种开放且未经改良的与海滩具有相同特点的河畔土地，② 所以它对南卡罗来纳州的公众亲海权也有直接影响。

　加利福尼亚州"吉翁—迪茨案"判决后，各州法院在这方面的审查更为严格。比如，在 1972 年审理"格维尔茨诉长滩市"（Gewirtz v. City of Long Beach）案时，纽约州最高法院的法官们就很可能是注意到了加利福尼亚州"吉翁—迪茨案"判决造成的混乱局面，所以他们审查默示奉献原则的适用条件时特别谨慎，一定要确认业主是否有明确的奉献意愿以及公众是否通过某种途径表达了接受的意愿。他们这等于是又回归到要求严格履行奉献和接受程序的传统明示奉献原则上来。③ 另如，马里兰州最高法院在 1975 年审理"自然资源局诉大洋城镇镇长和镇委会"（Department of Natural Resources v. Mayor & Council of Ocean City）案时也表达了要对默示奉献原则的适用进行严格审查的观点，它要求必须有地产所有权人"清楚、明确"的奉献意愿才可以。该法院表示，它不会依据公众的长期使用而推断地产所有权人的奉献意愿。另外，它又指出，所谓的默示奉献其实也是公共时效地役权的一种表现形式，所以该原则的适用也必须满足公共时效地役权设立所需要的一切条件。基于此种观点，它判定争议中的干沙滩上既不存在公共时效地役权下的公众权利也不存在默示奉献原则下的公众权利。④ 此判决意见也基本上等于说是只承认明示奉献，否认了任何依据默示奉献原则争取公众亲海权的可能性。再如，弗吉尼亚州最高法院在 1982 年的"布拉德福德诉自然保护协会"（Bradford v. Nature

　　① Tyler v. Guerry, 251 S. C. 120, 126 - 127 (1968).

　　② Tyler v. Guerry, 251 S. C. 120, 126 (1968).

　　③ Thomas J. Agnello, "Non-resident Restrictions in Municipally Owned Beaches: Approaches to the Problem", p. 222.

　　④ Gilbert L. Finnell, Jr., "Public Access to Coastal Public Property: Judicial Theories and the Taking Issue", pp. 635 - 636.

Conservancy） 案中同样对默示奉献原则下的公众亲海权要求进行了严格的审查。该法院在此判决中的观点是：要将一条道路奉献给公众，就必须有土地所有权人的奉献和公众的接受；土地所有权人的奉献可以通过他的一些行为暗示出来，但是那些行为必须要明白无误地显示出他将永久放弃自己财产的意愿；本法院一直认为，在城区可以构成奉献的行为在乡村不一定能产生同样的作用，这是因为乡村地区的土地所有权人即使无意奉献也会经常允许公众通过其土地，而且在乡村地区政府也可能没有任何意愿接受对这种道路的奉献并承担维护它的责任；因此，对于乡村道路来说，必须有公众的正式接受程序其奉献手续才算完成；原告提供的证据只能够证明公众曾经使用过争议中的道路，但不能够证明其所属的北安普敦县 （Northampton County） 曾以任何形式接收过它；公众没有通过默示奉献原则取得对争议中的那条通向海滩的道路以及海滩的使用权。①

新泽西州在这方面要好一些，该州法院依据公共信托原则所做出的很多判决都能比较顺利地适用于全州各地，但也存在需要分别诉讼的现象。比如，在 1978 年对"范内斯诉迪尔镇"案的判决中，新泽西州最高法院已经明确表达了地方政府用于休闲的干沙滩也应平等地向公众开放的观点，然而有些地方，比如斯普林莱克 （Spring Lake）镇，仍禁止外地人使用其两处海滩。直到 1985 年有人就此起诉，该镇才改变政策，并拆除禁止外地人的警示牌。② 对于那些私人和准公共组织的海滩来说，情况更为复杂，不经法院逐一判决很难使它们向公众开放。

从以上判例可以看出，普通法不能形成普遍适用性判决的特点不仅增加了据其维护公众亲海权的难度，而且增大了诉讼结果的不确定性。也就是说，这些普通法原则虽然在很多州中都得到承认，但是在具体案件中它们却时常通不过法院的严格审查，这使得它们在促进公众对私有干沙滩使用权方面不能发挥实际作用。

三　普通法注重事后救济的特点也有不利于扩大公众亲海权的一面

普通法注重事后救济的特点使其在解决美国由公众亲海需求引起

---

① Bradford v. Nature Conservancy, 224 Va. 181 （Va. 1982）.

② Joseph F. Sullivan, "Resort Pressed on Use of Beaches", *New York Times*, July 14, 1985, p. NJ6.

的冲突方面相对于制定法来说确实具有一定的优势，但是普通法的这个特点也有不利于推进美国公众亲海权进一步发展的方面。作为注重事后救济的"补救之法"，普通法不能充当事先界定权利的"权利之法"①。或者说，普通法更适合被用于确认之前已经存在的权利，而不太适合被用来争取新的权利。普通法的这个特点在"公共时效地役权""默示奉献"和"习惯权利"这三个原则之中体现得最明显。这三个原则发挥效用都是以公众长期未受明显阻碍地使用私人土地为前提的，所以它们只能被用来帮助公众保持原已存在的使用某块干沙滩的权利，而不能被用来为公众争取新的活动区域。不仅如此，依据它们争取公众亲海权有时甚至还会产生适得其反的效果，因为这会促使业主们关闭他们原本开放的海滩。加利福尼亚州在 1970 年的"吉翁—迪茨案"判决后出现的景象就是明证。

在对"吉翁—迪茨案"的判决中，加利福尼亚州最高法院判定，只要历史上某一时期公众曾不经许可也未受阻碍地使用过某一处海滩超过 5 年，即表明此处海滩已经被业主默示奉献给公众使用；公众在此海滩上的权利一旦确立，业主便不能阻止公众再继续使用此海滩，即使海滩易手新业主也不能否认公众的此项权利。从此案的判决意见看，加利福尼亚州最高法院要依据默示奉献原则大力提高公众亲海权的意图是显而易见的，但此判决所产生的影响却与该法院的初衷背道而驰，造成了"讽刺性后果"②。在此判例之前，加利福尼亚州的很多私有干沙滩其实还是可供公众休闲的，但此判例之后，那些原本允许公众使用自己海滩休闲的业主们感受到了危机，于是他们中的不少人闻风而动，赶紧用铁丝网围起自己的海滩，或者雇保安巡逻，不再允许公众使用。③《洛杉矶时报》1970 年 7 月 23 日和 1971 年 3 月 21 日分别刊登的两篇文章对洛杉矶市周围出现的此类现象做了生动的描述。

1970 年的那篇文章写道：

在奥兰治县，一位大地主竖起围栏，又在围栏根基处散种上

---

① 高鸿钧等主编：《英美法原论》（上），第218页。

② Alice G. Carmichael, "Sunbathers Versus Property Owners: Public Access to North Carolina Beaches", p. 170.

③ Michael A. O'Flaherty, "This Land is My Land: The Doctrine of Implied Dedication and its Application to California Beaches", pp. 1094 – 1095.

仙人掌，以防止赤脚的冲浪者翻越。在圣马特奥县，以前公众使用的未硬化的坡岸被犁起。在索诺玛县，很多汽车变速器被埋到俄罗斯河沿岸的地里，用以阻止车辆进入。①

1971 年的那篇文章写道，在洛杉矶县帕洛斯弗迪斯（Palos Verdes）半岛上，为了阻止公众通过他们的地产达到海滩，"五位主要的大地主最近竖起了 7 英尺高并且上覆三道铁丝网的围栏"，据悉，该地区的其他一些地主"炸毁了通向水边的道路，以便否认任何之前的公共通道"②。

此种情形真是触目惊心，有人评价说，奥兰治县（Orange County）滨海地产主们的应急反应搞得当地"像是 1944 年的诺曼底海滩，到处都是坦克陷阱"③。对于那些滨海地产主们来说，此举也实属无奈，因为"吉翁—迪茨案"判决迫使他们采取这种行动，否则他们就很可能面临在默示奉献原则下失去对自己土地控制权的结果。④所以，有人说"吉翁—迪茨案"判决"没有结束问题——它只是使问题开始"⑤。

面对"吉翁—迪茨案"判决造成的后果，加利福尼亚州立法机构很快做出回应，于 1971 年针对性地修订了该州《民法典》第 813 条，并增加了第 1009 条。⑥ 修订后的第 813 条规定，土地所有权人可以到相关县政府部门登记其土地信息，并在已登记的土地信息后面签署如下声明："公众或任何个人对上述土地或其中任何一部分所享有的任何形式的使用权（由记录在案的地图、协议、契约或奉献明确允许的任何使用除外）都是得到许可的，任何此类使用权都要受地产所有权

---

① Philip Fradkin, "Owners of Waterway Property Rushing to Block Access Paths: Supreme Court Decision, That Public Use of Such Routes over 5 Years Constitutes Land Dedication, Spurs Action", *Los Angeles Times*, July 23, 1970, p. 3.

② Philip Fradkin, "Fences Go Up to Keep Public from Beaches: Landowners Attempting to Protect Property in Face of Ruling by High Court", *Los Angeles Times*, March 21, 1971, p. B1.

③ Michael M. Berger, "Nice Guys Finish Last-At Least They Lose Their Property: Gion v. City of Santa Cruz", p. 75.

④ William G. Hayter, "Implied Dedication in California: A Need for Legislative Reform", *California Western Law Review*, Vol. 7, No. 1, Fall 1970, p. 259.

⑤ Michael M. Berger, "Nice Guys Finish Last-At Least They Lose Their Property: Gion v. City of Santa Cruz", p. 101.

⑥ Jay L. Shavelson, "Gion v. City of Santa Cruz: Where Do We Go from Here?", p. 416.

人控制。"① 此声明签署之后至撤销之前的时段，地产所有权人不能阻止公众使用登记在册的土地，但他们可以通过声明对公众使用该土地的时间、地点和方式加以限制，任何违反限制规定的使用都不能被当作能够证明默示奉献的公众使用。新增加的第 1009 条规定，此法生效后，对于平均高潮线之上 1000 码以外的私有土地（政府机构在未经地产所有权人许可的情况下进行过整治的土地除外），除非经过严格的明示奉献程序，否则，不管地主有没有按照第 813 条签署允许公众使用的声明或者按照第 1008 条张贴告示，公众使用其土地无论多长时间都不能获得对它的永久使用权。距离太平洋及其海湾和港口平均高潮线 1000 码之内的土地仍然适用默示奉献原则，但此法生效后，如果地主采取了以下任何一项措施，公众对其土地的使用便不能再作为他们争取默示奉献原则下权利的证据：（1）至少每年一次在公众进入其土地的入口或在其土地周边间隔不超过 200 英尺张贴"经许可通行，受业主控制"的告示，或者在全县发行的报纸上刊登告示内容；（2）按照第 813 条的规定签署声明；（3）与任何一个联邦、州或地方政府机构签署允许公众使用其土地的协议。② 加利福尼亚州议会此番修订该州《民法典》的意图很明显，它就是要努力造成公众对私有土地的使用都是基于业主许可这样的事实，以便尽量增加默示奉献原则的适用难度，从而消除"吉翁—迪茨案"判决给滨海地产业主们造成的恐慌，使他们不再急于关闭原本向公众开放的海滩。之后，加利福尼亚州议会仍然持续不断地关注"吉翁—迪茨案"判决及其提出的默示奉献原则所造成的影响和各方对此所做出的反应，以便随时采取针对性措施。比如，在 1972 年 2 月，该州众议院司法委员会又专门就此事项召开了听证会。③

经此一事，加利福尼亚州各级法院以后再审理此类案件时自然会变得更加谨慎。而且，1971 年该州议会对《加利福尼亚州民法典》进行修订之后，默示奉献原则也确实越来越难以被用作保护公众亲海

---

① California Code, Civil Code – CIV § 813.

② California Code, Civil Code-CIV § 1009.

③ Charles Warren, et al., *Transcript of Hearing of Assembly Interim Committee on Implied Dedication*, Sacramento, CA：Interim Committee on Implied Dedication, February 1972.

权的工具。① 所以，"吉翁—迪茨案"判决在加利福尼亚州并没有成为一个被普遍遵循的先例。除了紧随此判例的几起诉讼外，在之后的很长一段时期中，加利福尼亚州极少再出现依据默示奉献原则为公众争取海滩使用权的事例。②

"公共信托原则"似乎能在一定程度上避免这种状况，因为该原则的行使并不完全基于公众之前对相关海滩的使用，所以法院依据此原则可以酌情将公众权利扩展至任何一处干沙滩，而且不会造成业主因担心失去控制权而关闭原本开放之海滩的情况。但是，直到目前明确地依据该原则争取公众对私有干沙滩使用权的只有新泽西一个州，而且该州也只承认在特定情况下公共信托原则才有此效用。

总而言之，普通法原则为 20 世纪中期后美国公众亲海权运动的兴起和初步发展提供了基本的法律保障，但是，从目前来看，它们提供的保障具有很大的局限性，最突出的一点是它们在推进公众对干沙滩的使用权方面效力明显不足。如果要依据普通法继续推进公众亲海权，还需更加充分地发挥其顺势而变的优势，进一步扩展相关普通法原则的内涵和适用范围。美国历史上的著名法学家罗斯科·庞德（Roscoe Pound）在其经典著作《普通法的精神》一书中就强烈呼吁普通法要为满足现实社会的需要而持续创新，并且"要从社会科学中获得新的思想"③。目前来说，时下流行的"环境正义"理论就可以被用来加强普通法对公众亲海权的推进力度。④ 当然，在普通法存在不足的领域，以制定法加以弥补也是一种可行的选择。

---

① Joy Chase, "Rights by Use in California: When the Public Has a Right to Cross Private Land to the Shore", *California Coast & Ocean*, Vol. 19, No. 1, Spring 2003, p. 19.

② Richard H. Zimmerman, "Public Beaches: A Reevaluation", *San Diego Law Review*, Vol. 15, No. 5, August 1978, p. 1258.

③ ［美］罗斯科·庞德：《普通法的精神》，商业版序言第 30 页。

④ "环境正义"理论最初被用来抵制不公正地将弱势群体置于有害环境的倾向；现在，该理论也被用来为公众争取平等享用优美环境的机会。

第三章　美国滨海各州通过制定法促进公众亲海权的努力

除了普通法之外，制定法也是 20 世纪中期后美国滨海各州维护公众亲海权的重要手段。在制定此类法律法规方面，有一些州采取行动比较早，比如得克萨斯州早在 1959 年就通过了以保障公众亲海权为主要目标的《得克萨斯州开放海滩法》（Texas Open Beaches Act）。另一个较早采取行动的州是俄勒冈，该州也于 1967 年通过了以保障公众对干沙滩使用权为目标的《俄勒冈海滩法》。再有就是加利福尼亚州，该州在 1970 年左右也兴起了制定海岸带管理规划的运动。其他一些州则行动则比较迟缓，直到美国国会 1972 年通过《海岸带管理法》之后他们才陆续根据此法的要求出台了本州的相关法律和具体实施规划。

第一个制定出符合联邦《海岸带管理法》要求之海岸带管理规划的州是华盛顿，该州的规划于 1976 年 6 月 1 日获得联邦政府相关部门批准。① 随后其他各州的海岸带管理规划也相继获得批准。至 1979 年联邦《海岸带管理法》为各州制定规划提供资助的 305 条款到期之时，有 14 个滨海州的规划获得批准。除华盛顿州外，他们分别是俄勒冈州（1977 年）、加利福尼亚州（1978 年）、马萨诸塞州（1978 年）、罗得岛州（1978 年）、北卡罗来纳州（1978 年）、夏威夷州（1978 年）、缅因州（1978 年）、马里兰州（1978 年）、新泽西州（1978 年）、阿拉斯加州（1979 年）、特拉华州（1979 年）、亚拉巴马州（1979 年）和南卡罗来纳州（1979 年）。在 1980 年代，又有路

---

① Office of Coastal Zone Management of National Oceanic and Atmospheric Administration, *Report to the Congress on Coastal Zone Management Fiscal Year* 1976, Washington, D. C.: United States Government Printing Office, April 1977, p. 2.

易斯安那（1980 年）、密西西比（1980 年）、康涅狄格（1980 年）、宾夕法尼亚（1980 年）、佛罗里达（1981 年）、新罕布什尔（1982 年）、纽约（1982 年）和弗吉尼亚（1986 年）8 个州的海岸带管理规划获得批准。① 1990 年，美国国会重启《海岸带管理法》305 条款下的资助。在 1996 年和 1998 年，得克萨斯和佐治亚两州的规划也分别获得批准。至此，美国滨海各州都有了符合联邦政府要求的海岸带管理规划。②

美国联邦《海岸带管理法》1976 年和 1980 年的修订增加了促进公众亲海权发展的内容，所以，各州依据此法制定的法律和规划肯定也都包含有相关规定。不过，由于联邦政府只是给予指导性意见和通过资金补助加以引导，并无具体的强制性规定，所以各州在维护公众亲海权方面有很大的自由决定权，他们各自的重视程度、采取的措施和取得的成效显然也会有不同。下面将对几个代表性州维护公众亲海权之法律法规的制定背景、过程和实施效果展开系统论述，力争能够较为全面地反映制定法在推进美国公众亲海权发展方面所发挥的作用。

第一节 《得克萨斯州开放海滩法》的制定与实施

得克萨斯州在参加联邦政府主导的海岸带管理项目方面表现得很不积极，但它却是美国滨海各州中第一个出台以维护公众亲海权为主要目标之法律的州。1959 年，《得克萨斯州开放海滩法》即颁布实施。而且，该州对公众亲海权的保护力度很大，它是美国为数不多的明确要求向公众开放海滩的州。③ 2009 年，该州又将保障公众亲海休

① Center for Urban and Regional Studies of the Department of City and Regional Planning, the University of North Carolina at Chapel Hill, *Evaluation of the National Coastal Zone Management Program*, p. 11.

② 阿拉斯加州议会在 2011 年没能按要求更新它的规划，因此该州又退出了这项由联邦政府主导的全国海岸带管理项目。参见 Ryan M. Wilson, *Why Did Alaska Eliminate the Alaska Coastal Management Program*, Master's Degree thesis, University of Alaska Fairbanks, 2018.

③ Michael Hofrichter, "Texas's Open Beaches Act: Proposed Reforms Due to Coastal Erosion", *Environmental & Energy Law & Policy Journal*, Vol. 4, No. 1, 2009, p. 147.

闲权的内容写进本州的宪法之中，给予公众的这项权利更有效的保障。所以，在通过立法维护公众亲海权方面，得克萨斯确实可以称得上是模范州。

一　埃克哈特与《得克萨斯州开放海滩法》的制定

在河流泥沙沉积和风浪的共同作用下，得克萨斯州的墨西哥湾沿岸形成了众多的堰洲岛（Barrier islands，也称堡岛），比如帕德雷岛、马斯坦岛（Mustang Island）和马塔戈达岛（Matagorda Island）等等。该州全部近 377 英里海岸中，除了 80 英里外其他地方都是此类堰洲岛。这给该州提供了一些世界上最美的银色沙滩，①也使得该州的滨海地区成为理想的亲海休闲场所。

与美国其他的滨海州一样，得克萨斯州的滨海土地也大都被私人占有。② 不过，20 世纪中期之前，得克萨斯州民众对海滩和海域的使用实际上是不受限制的。这一方面是因为那时海滩几乎没有什么可以利用的价值，所以也没有多少人真正关心它们的归属；③ 另一方面是因为那时大家普遍都认为，无论是海边的干沙滩还是湿沙滩都是州政府控制的公众可以自由使用的公共资源。滨海土地所有权人当时似乎也承认这一点，因为他们没有公开对此提出过异议。④ 然而，自 20 世纪中期开始，随着滨海土地价值的提高和商业开发的兴起，滨海土地所有权人开始加强对自己名下海滩的控制，阻止其他人随意使用。与此同时，出于维护公共利益和增加旅游相关收入的考虑，得克萨斯州政府也开始关注公众亲海休闲的权利。⑤这种同时出现的相互冲突的诉求导致了得克萨斯州历史上一起影响深远的判例，此即 1958 年的

---

① *Public Access to the Shore*: *Hearing before the Subcommittee on Oversight and Investigations of the Committee on Merchant Marine and Fisheries*, *House of Representatives*, *One Hundredth Congress*, *First Session*, *on the Public's Rights to the Visual and Physical Aspects of the Shoreline of Lakes and Oceans*, *June 29*, 1987, *Warwick*, *RI.*, p. 91.

② Richard J. Elliott, "The Texas Open Beaches Act: Public Rights to Beach Access", *Baylor Law Review*, Vol. 28, No. 2, Spring 1976, p. 384.

③ Kenneth Roberts, "The Luttes Case-Locating the Boundary of the Seashore", *Baylor Law Review*, Vol. 12, No. 2, Spring 1960, p. 142.

④ Neal E. Pirkle, "Maintaining Public Access to Texas Coastal Beaches: The Past and the Future", *Baylor Law Review*, Vol. 46, No. 4, Fall 1994, p. 1093

⑤ Jacqueline Reeves, "The Challenge of Legislating Coastal Boundaries: One Property Owner's Attack on the Public's Beach", *South Texas Law Review*, Vol. 53, No. 2, Winter 2011, p. 350.

"卢特斯等人诉得克萨斯州"（J. W. Luttes et al. v. State of Texas）案。

在对此案的判决中，得克萨斯州最高法院否定了本州政府将私人地产与州属公共海滩的分界线定在可辨识之陆生植被边缘线的观点，判定私人地产向海一侧的边界是平均高潮线。① 根据此判决，在得克萨斯州只有平均高潮线下的湿沙滩受州政府掌控并可由公众自由使用，而平均高潮线之上的广阔的干沙滩则属于私人所有，公众不得随意使用。这种观点在得克萨斯州历史上还是"第一次"被公开提出，② 它打破了该州长期以来一直存在的那种认为公众既可以使用湿沙滩也可以使用干沙滩的传统。

本来，"卢特斯等人诉得克萨斯州"案涉及的只是租赁卢特斯家滨海土地的壳牌石油公司（Shell Oil Company）可否在那块土地上钻探石油的问题，但此判例为那些正欲封闭自己干沙滩的滨海地产所有权人提供了契机，他们乘势在自己的海滩周围设置各种障碍，阻挡公众通行。很快，得克萨斯州向公众封闭的海滩便占到了该州全部海滩的约三分之一。③ 在这些封闭的海滩上，公众不能再随意使用干沙滩。他们虽然可以继续使用湿沙滩，但这根本不能满足他们的亲海休闲需要。

得克萨斯州最高法院对"卢特斯等人诉得克萨斯州"案的判决及其造成的后果"令公众感到震惊"④，他们纷纷对此判决意见提出批评，并对州议会施加压力，督促它尽快采取应对措施。得克萨斯州议会反应也很迅速，它在之后的第二年就通过了以维护公众亲海权为核心目标的《得克萨斯州开放海滩法》。该法之所以能够如此顺利地通过，很大程度上要归功于该州时任众议员罗伯特·C. 埃克哈特，他

---

① J. W. Luttes v. The State of Texas 324. W. 2d 167 （1958）.

② *Public Access to the Shore: Hearing before the Subcommittee on Oversight and Investigations of the Committee on Merchant Marine and Fisheries, House of Representatives, One Hundredth Congress, First Session, on the Public's Rights to the Visual and Physical Aspects of the Shoreline of Lakes and Oceans, June* 29, 1987, *Warwick, RI.*, p. 95.

③ Robert C. Eckhardt, "The Texas Open Beach Act", in *The Beaches: Public Rights and Private Use*, Proceedings of A Conference Sponsored by the Texas Law Institute of Coastal and Marine Resources, College of Law, University of Houston, in cooperation with the Senate Interim Coastal Zone Study Committee, Senator A. R. Schwartz, Chairman, and partially funded by the National Science Foundation Grant GT – 26, January 15, 1972, p. 2.

④ Richard J. McLaughlin, "Rolling Easements as a Response to Sea Level Rise in Coastal Texas: Current Status of the Law after Severance v. Patterson", p. 370.

在此法的制定过程中发挥了至关重要的作用。

埃克哈特于 1913 年 7 月 16 日出生于得克萨斯州的奥斯汀（Austin）市，1939 年他从得克萨斯大学奥斯汀分校毕业，获得法学学位，并通过该州律师资格考试。随后，他在奥斯汀从事律师职业，同时积极参加政治活动，逐渐成为颇有影响的公众人物。1950 年，埃克哈特搬家到休斯顿。1958 年，他当选为得克萨斯州众议员，1959 年 1 月 13 日宣誓就任。虽然埃克哈特只是新任议员，但是由于长期参与政治活动，他对政治问题很敏感，而且很清楚如何行使手中的权力。得克萨斯州最高法院 1958 年对"卢特斯等人诉得克萨斯州"案的判决及其带来的后果给他造成了很大的触动。在休斯顿居住的几年中，他与家人也经常到海边休闲。现在，很多海滩被封闭，到海边休闲变得困难重重。埃克哈特感到这是一个事关重大需要尽快解决的问题。所以，他进入州议会后立即着手拟制相关议案。为了得到翔实的事实依据，他与家人又到海边实地勘察，测量潮水到达的位置和篱笆圈占的范围；为得到可靠的法理依据，他结合得克萨斯州的历史广泛研读有关罗马法、西班牙法和英国普通法的相关论著；为了使自己准备的议案能够得到广泛的支持，他在报纸发表文章，到电台和电视台接受采访，并向他遇到的每位州议员推介自己的观点。另外，为了能够使本州检察总长这位关键人物支持自己的主张，埃克哈特还专门偕同得克萨斯大学法学院院长佩奇·基顿（Page Keeton）去向他游说。

经过一番紧锣密鼓的筹备，埃克哈特在得克萨斯州议会 1959 年新会期开始三周后便拿出了要求开放本州海滩的议案 HB14。他的议案有广泛的支持者，但也有以地产开发商为代表的强大反对集团。为阻击埃克哈特的议案，得克萨斯州参议员罗伯特·贝克（Robert Baker）针锋相对地提出了自己的议案 SB9，并使此议案在参议院获得通过。

贝克议案所体现的观念与"卢特斯等人诉得克萨斯州"案的判决意见如出一辙。它表面上表示要保障公众的亲海权，但它却不主张扩大公众的亲海休闲区域，而是如上述判决一样将公众的休闲活动区域限制在平均高潮线之下的狭窄区域。埃克哈特对贝克所提议案进行了猛烈抨击，讥讽它为"大众牌海滩法"（the Volkswagen Beach Bill），意为它提供的公共休闲活动区域只能通过一辆大众牌汽车。在该州众议院讨论贝克的议案时，埃克哈特极力推动对此议案进行修改。为了能够与代表开发商集团的议员抗衡，埃克哈特积极向公众寻求支持，并获得 4000 人签名的请愿书。他还主动与媒体人士交流，抨击参议院的那份议案是"毫无价值的议案"①。经过反复较量，埃克哈特终于在众议院中将 SB9 的内容删除干净，完全以他自己议案的内容取而代之，并推动众议院以 74∶61 的多数通过了此议案。② 随后，又经过一番激烈较量，以埃克哈特提案为基础的《得克萨斯州开放海滩法》终于在 1959 年 7 月 16 日被得克萨斯州参众两院通过。这使得克萨斯成为当时全美国唯一具有开放海滩法的州，③ 这也成为埃克哈特 46 岁生日的绝佳礼物。

二 《得克萨斯州开放海滩法》的主要内容

《得克萨斯州开放海滩法》的根本目标就是要维护公众亲海权。为实现此目标，它从多个方面做了规定。其核心内容可以归纳为如下几点。

一是确认得克萨斯州海滩上的公共权利。该法开宗明义地指出，墨西哥湾沿岸自平均低潮线直至陆生植被边缘线之间的任何海滩，只要公众已经通过公共时效地役权、默示奉献和习惯权利等普通法原则取得了对它的使用权或在其上的通行权，则该海滩无论是公有还是私有都属于"公共海滩"（Public beach）④；在此基础上，该法又指出，得克萨斯州公开声明和确定无疑的公共政策是支持公众（无论是个人还是集体）自由且不受限制地进出墨西哥湾之州属海滩以及上述公共海滩的权利。⑤ 另外它还规定，一旦发生与本法相关的诉讼，争议地点位于平均低潮线和植被边缘线之间这一事实就可以作为表面上充分有效的证据来证明以下两点：（1）滨海土地主人的产权不包括禁止公众通过该土地往返海洋的权利；（2）此区域存在基于证据的公共时效

---

① Gary A. Keith, *Eckhardt-There Once Was a Congressman from Texas*, Austin, TX: University of Texas Press, 2007, p. 159.

② Gary A. Keith, *Eckhardt-There Once Was a Congressman from Texas*, p. 160.

③ Laurencia Fasoyiro, "Does the Open Beaches Act Seek to Take Private Property for Public Use without Just Compensation", *Texas Tech Administrative Law Journal*, Vol. 9, No. 1, Fall 2007, p. 116.

④ Vernon's Texas Codes Annotated: Natural Resources Code § 61.001 (8) (West Group, 2001).

⑤ Vernon's Texas Codes Annotated: Natural Resources Code § 61.011 (a).

地役权下的权利或公众通过此地往返海洋的权利。① 该法还进一步明确，在没有清晰植被边缘线的地方，公共海滩的范围以其两侧清晰植被边缘之间的连续等高线确定；如果两侧植被边缘线的海拔不一致，则选取二者高差的平均值；如果两侧也没有清晰的植被边缘线，公共海滩的范围则限定于平均低潮线向陆地一侧延伸不超过 200 英尺的地方；② 人为因素导致的植被边缘线改变不被承认。③

二是禁止妨碍"公共海滩"上之公众休闲权的行为。该法规定，任何人通过建造、设置任何形式的障碍或施加任何形式的限制而使公众（个人或集体）自由且不受限制地合法进出上述"公共海滩"的权利受到妨碍的行为都是对本州公共政策的侵犯；除非依照本法之要求获得批准，否则任何人都不得在"公共海滩"附近营造或容许他人营造任何确定或可能会对公众到达和使用"公共海滩"带来不利影响的建筑；④ 任何人都不得在上述任何"公共海滩"之上或附近设置声称该海滩是私有财产的任何标志或警示，或以书面或口头方式表达这种意思，也不得做出任何声称公众无权到达该海滩的表示。⑤ 该法还强调，州属海滩和"公共海滩"应当主要被用于休闲之目的，这是本州的公共政策，其他形式的使用如果实质性地影响到公众对海滩的休闲性使用则构成对本州公共政策的侵犯。⑥ 同时该法也承认，在不妨碍公众休闲权的情况下，海滩上存在一定数量的流动摊贩也是有益的，但它要求这些摊贩必须要得到相关部门批准后才可以经营，而且它还对经营方式做了严格规定。⑦

三是要求州政府和地方政府承担清理与维护海滩的责任。该法规定，为了保障公众的亲海休闲权，州政府和地方政府应当负责清理和维护海滩与滨海公园，地方政府可以为此目的向州政府申请资金支持。它同时规定，相关政府部门应当对采挖海滩砂石的行为进行严格

---

① Vernon's Texas Codes Annotated：Natural Resources Code § 61.020.
② Vernon's Texas Codes Annotated：Natural Resources Code § 61.016.
③ Vernon's Texas Codes Annotated：Natural Resources Code § 61.017.
④ Vernon's Texas Codes Annotated：Natural Resources Code § 61.013（a）（b）.
⑤ Vernon's Texas Codes Annotated：Natural Resources Code § 61.014（b）.
⑥ Vernon's Texas Codes Annotated：Natural Resources Code § 61.161.
⑦ Vernon's Texas Codes Annotated：Natural Resources Code § 61.162 – 61.178.

管控。①

　　四是规定本法的实施和执行程序。它规定，每个对公共海滩附近建筑物有管理权的地方政府以及每个拥有"公共海滩"的县政府都要制定维护和增进公众到达和使用"公共海滩"之权利的规划，此类规划要提请本州综合土地办公室专员（Commissioner of the General Land Office）和州检察总长审批；② 州综合土地办公室专员可以依据本法颁布相应的规章制度；③ 州检察总长要严格且积极地执行对妨碍公众海滩使用权行为的限制措施，并且要制定和颁布实施细则，以避免和去除任何对"公共海滩"的侵犯；④ 州检察总长可以针对任何影响到公众到达和使用"公共海滩"的行为到法院提起诉讼。⑤ 该法还对违反其要求的行为规定了具体的处罚措施。

　　五是要求设置公众亲海通道标志和开展海岸保护教育。该法规定，州综合土地办公室应协同州交通局设计和生产统一的指示公众亲海通道的双语标志，由州政府安置到合适的位置；州综合土地办公室和检察总长办公室可以发布相关信息，向公众强调保护海岸资源的重要性；得克萨斯农工大学海洋基金项目（Sea Grant Program）应向公立学校提供相关教学资源，解释自然海滩和沙丘系统的重要性和保护它们的必要性。⑥

　　另外，该法还特别强调，其效力高于该州的一般法律，如果据其出台的管理规定与一般法律相冲突，那么相关诉讼活动只能依照它的规定执行。⑦

　　根据《得克萨斯州开放海滩法》的内容可知，它的立法意图就是要将得克萨斯州墨西哥湾沿岸的全部海滩（既包括湿沙滩也包括干沙滩）都向公众开放，而且为实现此意图它还提供了很多切实可行的措施。虽然从表面上看它只是以成文法的形式确认了公众依据公共时效地役权、默示奉献和习惯权利等普通法原则早已经取得的权利，不

---

① Vernon's Texas Codes Annotated：Natural Resources Code § 61. 211 – 220.
② Vernon's Texas Codes Annotated：Natural Resources Code § 61. 015（a）（b）.
③ Vernon's Texas Codes Annotated：Natural Resources Code § 61. 011（d）.
④ Vernon's Texas Codes Annotated：Natural Resources Code § 61. 011（c）.
⑤ Vernon's Texas Codes Annotated：Natural Resources Code § 61. 018.
⑥ Vernon's Texas Codes Annotated：Natural Resources Code § 61. 026.
⑦ Vernon's Texas Codes Annotated：Natural Resources Code § 61. 128.

过，因为在"卢特斯等人诉得克萨斯州"案判决之前得克萨斯州的海滩事实上都是向公众开放的，所以要依据普通法原则确认公众在该州海滩上的权利并非难事，这就意味着此法实际上是将得克萨斯州全部的公私海滩都定义为公众可以自由使用的"公共海滩"。尽管该法的适用范围仅限于得克萨斯州的墨西哥湾沿岸，不包括深入内地之海湾和潟湖的沿岸地区，①但它所能提供给公众休闲的海滩也占到了该州海滩的大多数。根据得克萨斯州综合土地办公室 1978 年的报告，该州墨西哥湾沿岸全部 376.6 英里海岸中，公众可达的是 292.6 英里，占到总数的77.6%。②得克萨斯州在 20 世纪 60 年代之前就能通过立法将如此高比例的海滩向公众开放，确属难能可贵，在美国滨海各州中绝对处于领先的地位。所以，作为《得克萨斯州开放海滩法》的主要推动者，埃克哈特对此颇感自豪。后来，已经在得克萨斯州议会和美国国会摸爬滚打了 22 年的埃克哈特仍然将 1959 年的这份《得克萨斯州开放海滩法》称作自己一生所促成的"最好的议案"③。

三　《得克萨斯州开放海滩法》的合宪性之争及其后续发展

得克萨斯州议会 1959 年制定《得克萨斯州开放海滩法》时显然是假定公众已经依据普通法原则取得了对该州全部海滩的使用权，但是，很多滨海地产主却不愿意承认这一点，他们不断到法院起诉，否认自己的海滩上存在公共权利，或者直接挑战《开放海滩法》的合宪性。总起来看，得克萨斯州司法部门对本州的《开放海滩法》是鼎力支持的，他们在一系列判例中都依据该法肯定公众依据普通法原则争取和维持原已获得的对私属干沙滩的使用权。

得克萨斯州第一个涉及其《开放海滩法》的判例正是 1964 年的"森威公司诉得克萨斯州检察总长"案④。该州检察总长威尔·威尔

---

① Vernon's Texas Codes Annotated：Natural Resources Code § 61.021.

② *Public Access to the Shore：Hearing before the Subcommittee on Oversight and Investigations of the Committee on Merchant Marine and Fisheries，House of Representatives，One Hundredth Congress，First Session，on the Public's Rights to the Visual and Physical Aspects of the Shoreline of Lakes and Oceans，June 29，1987，Warwick，RI.*，pp. 102 – 103.

③ Gary A. Keith，*Eckhardt-There Once Was a Congressman from Texas*，pp. 161 – 162.

④ Richard J. Elliott，"The Texas Open Beaches Act：Public Rights to Beach Access"，p. 389.

逊（Will Wilson）等人起诉森威公司就是依据《得克萨斯州开放海滩法》。该州民事上诉法院判定，公众已经依据默示奉献原则和公共时效地役权原则取得对涉案干沙滩的使用权，所以根据《得克萨斯州开放海滩法》森威公司不得阻止公众继续使用它们。

在此案审理过程中，森威公司的诉讼代理人对《得克萨斯州开放海滩法》的合宪性提出疑问。他们认为，该法违反了得克萨斯州宪法和联邦宪法，因为该法力图不经公平补偿便将私人财产用于公共目的以及不经正当法律程序便剥夺私人财产。另外，森威公司的诉讼代理人还特别质疑该法第二部分关于争议地点位于平均低潮线和植被边缘线之间这一事实即可以作为表面上充分有效的证据来证明滨海土地主人的产权不包括禁止公众通过该土地往返海洋的权利、以及此区域上存在公众基于证据的公共时效地役权下之权利的规定，他们认为此种规定等于是剥夺了该公司获得法律平等保护的权利。对于森威公司一方就《得克萨斯州开放海滩法》之合宪性提出的质疑，得克萨斯州民事上诉法院采取了回避的态度，没有给予正面回答。该法院在对此案的判决中表示，被上诉方（得克萨斯州检察总长等）只是依据《得克萨斯州开放海滩法》使自己获得代表民众起诉的资格以及确定"海滩"和"植被线"的概念，并没有将其中的表面证据条款作为诉讼理由，所以它认为在此判决中没有必要确定该法的合宪性问题。森威公司还要再上诉，但是得克萨斯州最高法院拒绝受理。

1973 年，得克萨斯州民事上诉法院又审理了一起涉及本州《开放海滩法》的案件"海湾控股公司诉布拉佐里亚县"（Gulf Holding Corporation v. Brazoria County）。此案的上诉方海湾控股公司在圣路易斯岛（San Luis Island）东岸拥有 36 英亩土地，1971 年该公司花费 75 万美元将它改成一处宿营地，然后用栅栏将其围起来。这些栅栏越过植被线一直达到平均低潮线附近，等于是将全部干沙滩和湿沙滩都围了起来。不过这些栅栏刚树立起来不久便被布拉佐里亚县政府工作人员拆除了。沟通无果后，海湾控股公司又重新树起栅栏，并设置明显标识，警告公众不要"侵入"。县政府欲再次拆除栅栏，但遭到该公司雇员的阻拦。他们在栅栏外围排满汽车，使县政府工作人员无法将拆除栅栏所需的大型设备运进去。布拉佐里亚县政府于是依据《得克萨斯州开放海滩法》将海湾控股公司告到法院，声称公众已经通过公共时效地役权取得对涉案沙滩的使用权。得克萨斯州检察总长也依据该法加入诉讼，站到原告一方。他认为公众对涉案干沙滩的使用权不仅源自公共时效地役权原则，而且还源自默示奉献原则。初审法院支持布拉佐里亚县和州检察机关的诉求。海湾控股公司上诉，但得克萨斯州民事上诉法院维持原判。在此诉讼中，海湾控股公司只是质疑圣路易斯岛是否属于墨西哥湾沿岸、是否适用于《得克萨斯州开放海滩法》，以及其他一些程序性问题，并没有挑战该法的合宪性，所以法院也没有对此事项发表意见。①

在 1979 年审理"穆迪诉怀特"案时，得克萨斯州民事上诉法院终于正面回应了对该州《开放海滩法》合宪性的质疑。在否定了对该法的几项违宪指控后，得克萨斯州民事上诉法院参照它过去在"森威公司诉得克萨斯州检察总长"案判决中的附带意见指出，该州《开放海滩法》中可能违宪的只有第二部分中主张争议地点位于平均低潮线和植被边缘线之间这一事实就可以作为表面证据证明公众在其上之权利的那一条款，而且即使该条款违宪，这也不影响《得克萨斯州开放海滩法》其他条款的有效性。

在各级法院的大力支持下，《得克萨斯州开放海滩法》实施得比较顺利，较好地发挥了保障公众亲海权的作用。在该法实施过程中，法院还根据现实需要给予它更宽泛的解释，其中很典型的一点就是针对 1983 年强飓风艾丽西亚对海岸造成严重侵蚀的情况提出公众普通法下的权利应当随海岸变化而迁移到新形成的干沙滩上的观点。在 1986 年对"玛彻诉马托克斯"案的判决中，该州民事上诉法院表示，因为海岸是不断变动的，所以将公共海滩的边界固定在某一位置的做法是极为不合理的。在此基础上，它又进而指出，法律不能将公众通过习惯取得的对海滩的使用权限定在某一区域，正如法律不能使海滩自身固定不变一样。② 在同一年对"费曼诉得克萨斯州"案的判决中，该州民事上诉法院则明确肯定了海滩上的"滚动地役权"，使公众原有的公共地役权可以在海岸变动后自然地"滚动"到新的干沙滩上。在此判决中，针对《得克萨斯州开放海滩法》是否允许公共亲海休闲区域自动地随陆生植被边缘线的变动而变动这一问题，该法院给

---

① Susan P. Stephens, "Access to the Shore: A Coast to Coast Problem", *Journal of Land Use & Environmental Law*, Vol. 3, No. 1, Spring 1987, pp. 99 – 101.

② Matcha v. Mattox on Behalf of People, 711 S. W. 2d 95 (Tex. Civ. App. 1986).

出的答案是：如果不允许公共地役权的适用范围随海岸变化而移动，这种地役权在有些情况下便会完全消失，所以，既然《得克萨斯州开放海滩法》的目标是保障公众不受限制地使用"公共海滩"的权利，那么就可以认定该法隐含地承认滚动地役权。①

在得克萨斯州各级法院极力推动本州《开放海滩法》实施的同时，该州立法机构也在关注此法的实施效果，以便针对其实施中出现的问题及时做出修订。为此，该州立法机构协同州长办公室与休斯敦大学法学院合作成立"得克萨斯州海岸和海洋资源法研究所"（The Texas Law Institute of Coastal and Marine Resources）。该研究所除了自行研究外还不时地召集由各方人士参加的研讨会，共同探讨与《得克萨斯州开放海滩法》相关的问题。比如，1972 年 1 月，该研究所就应得克萨斯州议会之邀举办了探讨海滩使用权事宜的专题研讨会，到会者有州议会议员、检察官、州和地方政府机构代表以及其他一些对此问题感兴趣的人士，总共约 150 人。② 当时已经是国会议员的罗伯特·C. 埃克哈特也专门赶去参会，并发言介绍《得克萨斯州开放海滩法》出台的背景以及该法实施过程中可能会遇到的问题，同时埃克哈特还介绍了他在国会提出的全国性《开放海滩法》议案。

为了使《得克萨斯州开放海滩法》能够得到更有效的实施，该州议会于 1985 年后又对其作了数次修订，其中比较值得关注的是 1985 年新增并于 1987 年修订的一个条款。该条款规定，以后任何人如果要出售规定区域内土地都必须在出售合同中写明如下内容：如果该地产靠近墨西哥湾沿岸之海滩，购买者将特此被告知，公众已经通过公共时效地役权、默示奉献和习惯权利等普通法原则取得对该区域的使用权和通行权；州法禁止以在公共海滩内营造建筑物等方式阻碍公众对公共海滩的使用。在这一条规定之后是以大写字体呈现的一段话："那些位于植被线（或其他可用于确定地役权范围的边界线）向海侧

---

① Richard J. McLaughlin, "Rolling Easements as a Response to Sea Level Rise in Coastal Texas: Current Status of the Law after Severance v. Patterson", pp. 374 – 375.

② Carol Dinkins, "Introduction", in *The Beaches: Public Rights and Private Use*, Proceedings of A Conference Sponsored by the Texas Law Institute of Coastal and Marine Resources, College of Law, University of Houston, in cooperation with the Senate Interim Coastal Zone Study Committee, Senator A. R. Schwartz, Chairman, and partially funded by the National Science Foundation Grant GT – 26, January 15, 1972, p. iii.

或因海岸侵蚀等自然过程而成为植被线向海侧的建筑物，得克萨斯州政府会通过法律诉讼将其去除掉。"① 这些修订的目的显然是为了使《得克萨斯州开放海滩法》能够更顺利地实施，避免新购买滨海土地的业主拒绝承认公众原有的权利。另外，新修订的内容还明显表现出欲使公众权利自然迁移到因海岸变动而新形成的干沙滩上的意图，与该州司法机构所主张之"滚动地役权"相呼应。

1991 年，得克萨斯州议会再次对其《开放海滩法》进行修订。这次修订针对表面证据条款之第 2 项，去掉了"基于证据"的要求，直接表述为"此区域上存在普通法下的权利或公众通过此地往返海洋的权利"②。这表明得克萨斯州议会的议员们开始更加坚定地支持本州全部海滩上都已经存在着公共权利的观念。

2009 年，得克萨斯州在向公众开放海滩方面又取得新的进展。这一年 11 月，该州以全民公投的形式通过一条宪法修正案，将《得克萨斯州开放海滩法》的核心部分纳入本州宪法之中。此即该州宪法第一条《权利法案》中的第 33 款——"公众到达和使用公共海滩的权利"。其具体内容为：

（a）在此条款中，"公共海滩"是指墨西哥湾沿岸从平均低潮线到潮浸地带向陆侧边缘之间的州属海滩，以及墨西哥湾沿岸从平均低潮线到植被边缘线之间公众已经在得克萨斯普通法下依据时效、奉献原则在其上获得了使用权和通行权以及通过连续使用在其上确立并保有权利的任何更大区域的海滩。

（b）公众（无论个人还是集体）拥有不受限制地使用和进出公共海滩的权利。本条款赋予的权利是奉献给公众的永久通行权。

（c）立法机构可以颁布法律保护公众到达和使用公共海滩的权利，以及保护公共海滩上之公共地役权免受干涉和侵犯。③

① Vernon's Texas Codes Annotated：Natural Resources Code § 61.025.
② Vernon's Texas Codes Annotated：Natural Resources Code § 61.020（2）.
③ Texas Constitution, Art. I Sec. 33, in Legal Division of the Texas Legislative Council ed., *Texas Constitution*（Includes Amendments Through the November 7, 2017, Constitutional Amendment Election）, p. 7.

得克萨斯州此次修宪的背景还是与飓风有关。2008 年，飓风艾克（Ike）袭击得克萨斯州，造成房屋损毁，海岸侵蚀。根据《得克萨斯州开放海滩法》，很多房屋不得再重建。然而，该州议会 2009 年 6 月却通过一项法案，专门将玻利瓦尔半岛（Bolivar Peninsula）排除在开放海滩法相关条款的适用范围之外，允许该地的业主重建房屋。① 不过人们很快便发现，此法的通过有假公济私之嫌。此法的主要推动者是得克萨斯州议会众议员韦恩·克里斯琴（Wayne Christian），而克里斯琴恰好在玻利瓦尔半岛有一座度假屋，而且该屋也被此次飓风摧毁。被飓风摧毁前，该度假屋的价值是 18.73 万美元，被毁后的价值则只有 100 美元，因此克里斯琴很可能是为了重建此度假屋才积极推动了该法的通过。此消息一经公布，群情激愤。该州土地专员杰里·帕特森（Jerry Patterson）坚决抵制此法，并呼吁州长否决它。② 与此同时，有人针锋相对地提出修改州宪法的公投提案，欲将得克萨斯州开放海滩的规定纳入其宪法之中，以便使它们能够得到更严格的遵守。在当年 11 月的全民公投中，此提案（Proposition 9）得到 77% 的赞成票，顺利获得通过。③

无论出于何种原因，《得克萨斯州开放海滩法》的核心内容最终被纳入了该州的宪法之中。之后，任何意欲削弱其效力的企图都将更难实现，得克萨斯州的公众亲海权因此有了更强有力的保障。

第二节　俄勒冈州的公众亲海权立法

俄勒冈是继得克萨斯之后另一个较早致力于通过立法维护公众亲海权并在此领域取得突出成就的州。1967 年，俄勒冈州即通过了旨在保障公众亲海权的《海滩法》（Beach Bill），使该州 362 英里海岸中的绝大部分（262 英里海滩和 64 英里海岬）都可以继续向公众

---

① 法案中没有明说玻利瓦尔半岛，只是说它适用于人口 25 万到 25.1 万人的县，但全得克萨斯州只有那一个地方符合，所以它其实就是专指玻利瓦尔半岛。

② Harvey Rice & Matt Stiles, "Battle for a Beach", *Houston Chronicle* (*Online*), June 4, 2009.

③ Richard J. McLaughlin, "Rolling Easements as a Response to Sea Level Rise in Coastal Texas: Current Status of the Law after Severance v. Patterson", p. 373.

开放。① 之后，俄勒冈州再接再厉，持续不断地加强对海滩以及其他自然资源的保护和管控力度，并且取得了众所公认的成就。优美的自然环境让俄勒冈州赢得了"天堂"和"生态乌托邦"（ecotopia）的美誉。② 1999 年 12 月 31 日，美联社专门刊发一篇报道，将俄勒冈州在保护环境方面取得的卓越成就总结为 20 世纪的一大"遗产"③。

俄勒冈州之所以能够在保护环境和维护公众亲海权方面成为美国沿海各州中的佼佼者，有其客观原因，比如该州偏处西北、开发较晚等。在 20 世纪中期美国公众亲海热潮兴起之时该州沿海地带的大部分地区依然还被茂密的森林覆盖，中间只散落着为数不多的小渔村和随伐木业兴起的小镇，再就是一条双向两车道的国家公路沿海岸蜿蜒伸展。④ 不过，这并不是俄勒冈州在环保和维护公众亲海权方面取得非凡成就的决定因素，根本原因还在于该州历史上以原州长奥斯瓦尔德·韦斯特（Oswald West）为代表的一批见识卓著的政治人物和环保主义者高瞻远瞩，自 19 世纪后期便开始关注海岸环境保护，并相继通过了几部针对性法律，在这方面奠定了良好的基础。该州《海滩法》在 1967 年通过后又得到较为有效的执行，使该州切切实实地成为美国维护公众亲海权的典范。

一　1967 年之前俄勒冈州维护海滨环境的举措

美国起源于北美大陆东端的大西洋沿岸，美国人对大陆另一端的太平洋沿岸认识比较晚。1804 年 5 月，梅里韦瑟·刘易斯（Meriwether Lewis）上尉和威廉·克拉克（William Clark）中尉受时任总统托马斯·杰斐逊（Thomas Jefferson）之命向西北探查，于当年 11 月到达今俄勒冈地区。至此，该地区才正式进入美国人的视野。不过，由于那时很少有美国人对此地感兴趣，而且此地的归属英美两国之间还有

① Kathryn A. Straton, *Oregon's Beaches: A Birthright Preserved*, Oregon State Parks and Recreation Branch, September 1977, p. 2.

② Peter A. Walker, *Planning Paradise: Politics and Visioning of Land Use in Oregon*, Tucson, AZ: University of Arizona Press, 2011, pp. 3, 8.

③ Derek R. Larson, *Keeping Oregon Green: Livability, Stewardship, and the Challenges of Growth 1960 - 1980*, Corvallis, OR: Oregon State University Press, 2016, p. 11.

④ Lew E. Delo, "The English Doctrine of Custom in Oregon Property Law: State Ex Rel Thornton v. Hay", p. 384.

争议，所以，在之后的很长一段时间中这一地区都没有真正得到开
发。直到 19 世纪 40 年代，美国才开始出现"俄勒冈热"。所谓的
"俄勒冈小道"（Oregon Trail）虽然在 19 世纪中期名噪一时，但那时
真正到达此地的移民为数并不算多，因为随着加利福尼亚淘金热的兴
起，大批移民分流到了那里。1885 年，俄勒冈太平洋铁路修通，该地
区的人气才真正兴旺起来。之后的十余年中，俄勒冈地区不仅常住居
民明显增多，外来游人数量也急剧增加。

俄勒冈地区以前人口稀少的时候，海滩不受关注。那时海滩不仅
没有受到保护，而且还被允许出售给私人。1872 年，俄勒冈州立法机
构明确授权私人从州政府手中购买所有州属潮间地。1874—1901 年
间，该州土地委员会向私人出售了大约 23 英里的潮间海滩。① 随着俄
勒冈州居民和游人数量不断增加，各种海滩使用需求所产生的矛盾也
显现出来。1899 年，俄勒冈州议会对此做出回应，将哥伦比亚河南岸
到克拉索普县（Clatsop County）南部边界之间约 30 英里的太平洋沿
岸一般高潮线和最低潮位线之间的海滩划作公共通道，永久向公众
开放。②

应当说，俄勒冈州议会的反应还是很及时的，在问题刚一出现时
就已经意识到，并迅速采取了应对措施。不过，它 1899 年颁布的法
律涉及范围太小，仅具有象征意义。要从根本上解决问题还需扩大此
类法律的适用范围，最好能将俄勒冈州的所有海滩都包括进去。1913
年，此目标得以实现，而促成这一伟业的核心人物就是时任州长奥斯
瓦尔德·韦斯特。

奥斯瓦尔德·韦斯特曾经做过俄勒冈州土地部门的工作人员和铁
路专员，并因其敢作敢为的作风成为颇具影响力的政治人物。1911
年，37 岁的韦斯特成为俄勒冈州州长。韦斯特保护自然环境的意愿
很强烈，而且他也积极向公众宣传此种观念。当上州长后，他更是想
方设法地将其自然保护理念付诸实践。韦斯特的行为让同样强烈主张
保护自然环境的美国前总统西奥多·罗斯福对他产生了浓厚的兴趣。
1911 年，老罗斯福到访俄勒冈，会见韦斯特，随后撰文对他保护自然

---

① Kathryn A. Straton, *Oregon's Beaches: A Birthright Preserved*, p. 10.
② Derek R. Larson, *Keeping Oregon Green: Livability, Stewardship, and the Challenges of Growth* 1960 – 1980, p. 117.

环境的努力给予高度评价。①西奥多·罗斯福的褒扬使韦斯特名声大噪，美国各地的环保主义者都把他当成崇拜的偶像。

韦斯特虽然极力主张将海滩留作公用，坚决反对将海滩出售给私人，但作为一位资深政治人物，他很清楚，如果直接这样提，肯定会遭到利益相关者的强烈反对，难以顺利出台此类法律，因此，他想出了一套新的说辞。韦斯特在给立法机构的提案中指出，俄勒冈州全部的海滩都应当被划为公共通道。他的理由是沿海没有其他道路，而如果海滩能够划为公共通道的话，俄勒冈州就能在不增加纳税人负担的情况下解决这个问题。韦斯特的策略获得成功，俄勒冈州议会同意他的观点，于1913年依照他的意愿对1899年的上述法律进行修订，将俄勒冈州全部海岸——从哥伦比亚河直至加利福尼亚州边界——一般高潮线到低潮线之间的全部海滩都划为公共通道。根据该法，除了已经售出的部分外，该州所有海滩都不得再出售给私人，都要永久向公众开放。②

韦斯特促成的这项法律为俄勒冈州海滩的公益性使用奠定了良好基础，也为以后该州海滩的保护与管理树立了良好的榜样。因为此卓越贡献，韦斯特被尊称为"俄勒冈州海滩之父"（Father of the Oregon Beaches）③。之后，俄勒冈人一般都会把该州改善滨海环境取得的成就归功于他。1958年，俄勒冈州议会授意在太平洋岸边的一座山上树立铜质纪念碑，向韦斯特表达敬意。此铜碑上刻有这样一段话："如果沙滩、天空和海洋之美景能给你每天劳碌的生活带来一丝轻松，那就停下来感谢俄勒冈州前州长（1911—1915年任职）奥斯瓦尔德·韦斯特吧。因为他的远见卓识，北起哥伦比亚河南岸南至加利福尼亚州边界近400英里的海岸都被留作公用。此碑由心怀感激的俄勒冈州公民奉献和树立，用以纪念这一保护自然资源的非凡成就。"④

当然，虽然韦斯特得到了极高的评价，但不可否认的是，俄勒冈

---

① Thomas R. Cox, "The Crusade to Save Oregon's Scenery", *Pacific Historical Review*, Vol. 37, No. 2, May 1968, p. 187.

② Kathryn A. Straton, *Oregon's Beaches: A Birthright Preserved*, p. 11.

③ Kathryn A. Straton, *Oregon's Beaches: A Birthright Preserved*, p. 2.

④ Derek R. Larson, *Keeping Oregon Green: Livability, Stewardship, and the Challenges of Growth 1960–1980*, p. 120.

州的滨海环境之所以能够获得较好的保护，绝非单靠他一人之力，与他同时及之后的俄勒冈州政治人物和环保主义者连续不断的努力也是不可或缺的。比如，1919—1923 年间任俄勒冈州州长的本·W. 奥尔考特（Ben W. Olcott）在其中也发挥了不小的作用。奥尔考特热衷于户外活动，与韦斯特意气相投。虽然二人分属不同党派（奥尔考特属于共和党，韦斯特属于民主党），但韦斯特任州长时还是让奥尔考特当州务卿。自己当上俄勒冈州州长后，由于受到韦斯特的影响和美国国家公园管理局负责人斯蒂芬·T. 马瑟（Stephen T. Mather）的督促，再加上他个人的亲身经历，奥尔考特对自然环境保护有了更深刻的认识，开始更加积极主动地投身到环保运动中去。奥尔考特任州长期间在这方面取得的最大成就是推动了两项法律的通过：一是将破坏州立公路两旁树木的行为定为非法；二是授权州公路委员会为保护景观和文化遗迹之目的征购土地。从实际效果看，此处的第二项法律对保护海岸环境发挥的作用更大。

通过韦斯特以及俄勒冈州历史上其他环保主义者的努力，该州不仅通过了维护海滩公益性的法律，而且此法律得到了有效执行。1913年，即该法通过的同一年，俄勒冈州成立公路委员会（State Highway Commission），负责公共道路的修建。奥尔考特提议的法律于1921年通过后，该委员会又获得征购土地的权利，同时承担起修建和管理州立公园的责任。1922—1927 的 5 年中，俄勒冈州公路委员会就获得2000 英亩土地用于建设州立公园，建成的公园中有 6 个位于海边。1927 年 7 月，热切主张州立公园建设计划的罗伯特·索耶（Robert Sawyer）加入俄勒冈州公路委员会，使该委员会建设州立公园的力度进一步加大。仅在索耶任职后的头 6 个月中，俄勒冈州公路委员会获得的用于公园建设和景观保护的土地就比过去之前 6 年的总和还要多一倍。[1] 索耶上任后做的另一件事是争取为俄勒冈的州立公园系统聘任一位主管，以使这项工作能得到更好的开展。他的这一主张也得以实现。1929 年，另一位热忱的环保主义者塞缪尔·H. 博德曼（Samuel H. Boardman）受聘为俄勒冈州立公园系统的主管。博德曼不负众望，在担任这一职务 21 年的时间中，他尽可能地扩大滨海公园的范围，为公众滨海休闲提供更多的便利。由于工作出色，博德曼被公认

---

① Kathryn A. Straton, *Oregon's Beaches: A Birthright Preserved*, p. 14.

为"俄勒冈州立公园之父"①。

在扩建州立公园的同时，俄勒冈州公路委员会还尝试对该州海岸的使用进行整体规划。1947 年，俄勒冈州议会接受他们的规划，对1913 年的那项法律进行修订。新法律明确将该州海滩的所有权授予州政府，并禁止任何政府机构出售任何一块海滩。该法仍将海滩定性为公共通道，同时授权州公路委员会在海滩上划出允许机动车和飞机行驶和停放的区域。另外，该法还规定，如果有人要从海滩挖取砂石，必须先获得批准。

到 20 世纪中期，俄勒冈州沿海地区的开发进入新的高潮。一方面，随着游人数量迅速增加，宾馆、饭店等旅游服务设施如雨后春笋般拔地而起；另一方面，很多工业企业也纷纷到海边选址建厂。当时，身为新闻工作者的弗洛伊德·J. 麦凯（Floyd J. McKay）考察过俄勒冈州海岸后满怀忧虑地写道："过去几年中俄勒冈海岸上唯一没有增加的是海岸本身。"② 这些建设不仅使得海边的商业气息越来越浓，而且使海边环境变得拥挤和脏乱。这一时期，相对于保护公众亲海休闲环境来说，俄勒冈州的政策制定者们更关注经济发展。所以，当时维护公众亲海权的法律常常会遭到重重阻力，而促进经济发展的法律却能顺利通过。比如，1957 年俄勒冈州众议院中有一个议案，主张通过修宪使该州所有高潮线和低潮线之间的海滩都永久地由州政府保有，以供公众休闲之用，但该议案连委员会讨论阶段都没通过便胎死腹中了。③ 与之相反，国际纸业公司（International Paper Company）1961 年提出穿越海滩铺设排污管道的要求时该州参众两院却不仅快速批准，而且还指示该州的土地委员会以后遇到类似情况也要依此办理。④

俄勒冈州在 20 世纪中期虽然出现了重经济发展而轻环境保护的趋势，但是，该州毕竟有着深厚的环保传统，而且同时兴起的亲海休

---

① Thomas R. Cox, "Conservation by Subterfuge: Robert W. Sawyer and the Birth of the Oregon State Parks", *The Pacific Northwest Quarterly*, Vol. 64, No. 1, January 1973, p. 29.

② Floyd J. McKay, *Reporting the Oregon Story: How Activists and Visionaries Transformed a State*, Corvallis, OR: Oregon State University Press, 2016, p. 47.

③ Kathryn A. Straton, *Oregon's Beaches: A Birthright Preserved*, p. 18.

④ Derek R. Larson, *Keeping Oregon Green: Livability, Stewardship, and the Challenges of Growth 1960 - 1980*, p. 120.

闲热潮也促使政府更加重视海岸环境质量，所以，这一趋势在该州延续的时间相对来说比较短暂。该州的政治领袖们很快便表示出了对海岸环境质量恶化的忧虑。比如，当该州林肯（Lincoln）县的几个城镇打着"美妙的 20 英里"的旗号招徕游客时，时任州长马克·哈特菲尔德（Mark Hatfield）却忧郁地称之为"糟糕的 20 英里"①。在这些注重环保的政治人物和民众的共同推动下，俄勒冈州又出台了一系列改善户外休闲环境的举措。1962 年，该州成立不久的"公园建设咨询委员会"（Parks Advisory Committee）和公路委员会下属之"公园和休闲处"（Parks and Recreation Division）联合发布了一份户外休闲调查报告，该报告将公共亲海通道及其配套设施建设列为下一步规划的重中之重。根据此报告，公园和休闲处于 1964 年制定出促进公众亲海权的规划，主张每隔 3 英里提供一条公共亲海通道。② 1965 年，俄勒冈州议会颁布《俄勒冈州户外休闲政策》（Oregon Outdoor Recreation Policy），声称要确保现代与将来的俄勒冈人以及游客都能够有充足的户外休闲资源。同一年，该州议会又对 1947 年的相关法律做出修订。此次修订最突出的一点是改变对海滩用途的设定——将海滩的用途从公共通道变更为州属休闲场所。③

二 俄勒冈州 1967 年《海滩法》的出台

自 1899 年制定第一个针对海滩使用方式的法律之后，俄勒冈州议会又相继在 1913 年、1947 年和 1965 年通过立法不断强调海滩的公共属性，并在 1965 年的法律中明确将海滩定性为公共休闲区域。这些法律以及依据它们成立的州立公路委员会及其下属之州立公园管理部门的努力使俄勒冈海滩保持了较好的自然环境和较强的公共属性，所以，当公众亲海热潮在 20 世纪中期兴起之时，俄勒冈州的公众亲

---

① Courtney B. Johnson and Steven R. Schell, "Adapting to Climate Change on the Oregon Coast: Lines in the Sand and Rolling Easements", *Journal of Environmental Law and Litigation*, Vol. 28, No. 3, 2013, p. 470.

② Derek R. Larson, *Keeping Oregon Green: Livability, Stewardship, and the Challenges of Growth 1960 – 1980*, p. 121.

③ Janet McLennan, "Public Patrimony: An Appraisal of Legislation and Common Law Protecting Recreational Values in Oregon's State-Owned Lands and Waters", *Environmental Law*, Vol. 4, No. 3, Spring 1973, p. 347.

海休闲条件在美国沿海各州中可以说是首屈一指的。不过，虽然表面上亲海休闲条件较好，但俄勒冈州的公众亲海权还是存在着很大的隐患——根据上述法律，州属海滩只包括平均高潮线之下的部分，所以严格来说公众在干沙滩上的休闲权是没有保障的。由于以前公众一直想当然地认为所有海滩都是公有的，而且也没有出现过私属海滩主人驱赶游人的典型事件，所以那时这种隐患并未带来实际问题。到20世纪中期，随着海滨游人数量急剧增加和滨海土地开发迅速升温，海滩的利用价值越来越高，一些滨海地产业主便跃跃欲试地要将自己名下的海滩留作专用，干沙滩私有给公众亲海权造成的隐患开始显现出来。到1960年代中期，俄勒冈州的有些政府官员也意识到，公众对私有干沙滩的使用只是基于传统，并无坚实的法律基础。俄勒冈州立公园系统时任主管戴维·塔尔博特（David Talbot）在1965年提交给公园建设咨询委员会的一份报告中就指出了这一点。他提醒说，由于部分干沙滩事实上私有，所以立法部门必须立即采取相应措施，否则将来人们也许只有在落潮的时候才可以到海滩游玩了。[1] 塔尔博特提交报告的第二年，他所担心的事情就真的出现苗头，俄勒冈州确实有人开始将海滩圈作私用，其中最典型的是威廉·G. 海和乔治亚娜·F. 海夫妇二人。

海夫妇在坎农海滩拥有一家汽车旅馆。1966年夏，他们将旅馆前的干沙滩圈起来，只允许住店的客人使用。当地居民和游客对此行为极为震惊，他们纷纷向有关部门投诉。一位俄勒冈州公民在写给该州时任州务卿托马斯·麦考尔（Thomas McCall）的信中表示，他"对当前的局势感到特别不安"，因为他担心这会"形成一个最终毁坏所有俄勒冈海滩和欲从公众对海滩沙地使用中牟利的商业企业全面接管海滩的先例"[2]。

作为此事最直接的管理部门，公路委员会对公众的投诉做出积极反应。8月1日，威廉·G. 诺克斯（William G. Nokes）受该委员会指派到现场调查。诺克斯调查后发现，海夫妇确实圈占了干沙滩，但该委员会却不好干涉，因为之前的法律都没有明确界定"公共海滩"的

---

① Kathryn A. Straton, *Oregon's Beaches: A Birthright Preserved*, pp. 19-20.

② Derek R. Larson, *Keeping Oregon Green: Livability, Stewardship, and the Challenges of Growth 1960-1980*, p. 122.

范围。而根据公园和休闲处不久前的调查，全州高潮线之上的干沙滩中超过 42% 明确属于私人财产。① 面对此境况，公园和休闲咨询委员会（Parks and Recreation Advisory Committee）认为必须马上采取行动，以避免再发生类似事件。起初他们想建议政府收购私人海滩，但他们很快便否定了这个想法，因为这样做的费用太高，政府负担不起。最后，他们认为唯一可行的方案是通过立法补救。公路委员会同意该方案，并立即委托其首席法律顾问乔治·罗德（George Rohde）负责起草法案。罗德及其助手于 1967 年 2 月中旬起草好议案。该议案经公园和休闲咨询委员会和公路委员会批准后及时递交给州议会审议。俄勒冈州众议院公路委员会首先启动审议程序，议案编号为 HB 1601。

罗德等人起草的议案以 1959 年的《得克萨斯州开放海滩法》为蓝本，旨在依据普通法原则为公众争取平均高潮线到陆生植被边缘线之间干沙滩上的休闲权。得克萨斯州的法律已经被该州最高法院认可，所以，此议案有比较好的基础，似乎应该比较容易被接受。然而，实际情况却非如此。俄勒冈州众议院相关委员会 3 月 7 日召开第一次听证会时，此议案就遭遇了巨大挫折。此结果的出现有两个主要原因：一个原因是大多数普通俄勒冈人当时还没有意识到此立法的重要性，媒体也不积极报道，所以没有多少普通人到听证会上为此议案的必要性与合理性作证，而受到影响的业主和地产企业却闻风而动，纷纷去发表反对意见；另一个原因是这次听证会关注的焦点是财产权问题，而从这一点看滨海地产业主显然更占优势。3 月 23 日召开的第二次听证会与第一次情形相似。针对此结果，委员会 4 月初对此议案做出修订，声明该法只是为了维持现状，不会更多地侵害私人财产权。另外，修订后的议案也不再强调公共休闲区域一定要到达陆生植被边缘线。不过，即使做出这种让步，随后的几次听证会仍然没能取得令委员会满意的结果。为扭转不利局面，该委员会在 5 月 2 日再次召开听证会时从州内各大学和研究机构召集来一批专家学者，他们从不同专业角度表达了支持该提案的意见。虽然这次听证的结果依然是反对派占多数，但这些具有影响力的专家学者的言论还是产生了很大效果。比如，已经担任州长的托马斯·麦考尔和财政局长罗伯特·斯

---

① Kathryn A. Straton, *Oregon's Beaches: A Birthright Preserved*, p. 23.

特劳布（Robert Straub）就因为受到他们影响而旗帜鲜明地加入争取公众亲海权的阵营中来。

麦考尔和斯特劳布分属共和党和民主党，二人在1966年俄勒冈州州长选举中还是直接的竞争对手，但是由于二人都是环保事业的坚定拥护者，所以他们能不顾党派分歧合作共事。之前，二人的关注点主要集中在污染治理方面，现在他们决定携手为公众亲海法的通过助一臂之力。5月4日，即5月2日的听证会召开两天后，麦考尔和斯特劳布联合召开记者招待会，表达他们对上述议案的支持。同一天，麦考尔还亲自给负责提交这个议案的议员悉尼·巴泽特（Sidney Bazett）写信。在信中，他一方面表示对该议案的支持，另一方面则指出该议案之所以受到强烈抵制的根源。他写道：

> 我们绝不能再忽视自己在保护干沙滩免遭蛮横的商业主义侵蚀方面对本州公众所应当承担的责任了……此议案一直被误解为州政府要霸占土地或篡夺私人财产所有者固有的权利。没有什么比这种理解离事实更远了。如果公众通过长期使用发展出对于海岸干沙滩的某种法定权利，这种权利的有效性显然也必须要由法院来确定……此议案仅仅是授权公路委员会为公众保住任何可能已经形成的权利。①

这封信的内容自然也透露给了媒体，并引发5月5日各大媒体潮水般的报道。一夜之间，有关海滩法的内容登上了俄勒冈州各大报纸的头版头条。

州长麦考尔等政府要员的加入使得俄勒冈州推进海滩法的势力陡然增加。另外，政府要员的加入也引来媒体的更多关注，他们铺天盖地的报道使海滩使用权之争真正成为全州关注的热点话题。这让很多原本不太在意的公众意识到此项立法的重要性，他们开始行动起来，纷纷给州长和议员们打电话或写信，呼吁尽快通过海滩法。波特兰市还成立了一个名为"挽救俄勒冈州海滩公民会"（Citizens to Save Oregon Beaches）的民间组织，为海滩法的通过呐喊助威。形势的急剧转

---

① Derek R. Larson, *Keeping Oregon Green: Livability, Stewardship, and the Challenges of Growth 1960–1980*, p. 128.

变不仅给俄勒冈州海滩法带来了更坚实的群众基础，而且还迫使议员们不得不更加认真地对待此议案，致使此议案成为"1967 年俄勒冈州立法机构讨论最热烈的问题"①。

很快，俄勒冈州是否应该制定保护公众亲海权的法律已不再是问题，各方争议的焦点集中到公众对干沙滩使用权的范围上来。这时，该州众议院议长蒙哥马利（Montgomery）提出一个折中方案。该方案同意公众对干沙滩的使用权，但不像原初议案那样要求公共权利范围达到陆生植被边缘线，而是主张将公众权利的适用上界定在平均高潮线之上 200 英尺之处。它规定，滨海土地所有者不得在此线以下营造建筑物或架设篱笆等物阻挡公众通行，而公众也要放弃针对此线之上干沙滩使用权的主张，即使那里曾是他们几代人的休闲场所。

财政局长斯特劳布坚决反对蒙哥马利的方案，他极力主张 HB 1601 应以它原初的形式通过。州长麦考尔则更慎重一些。他想找出一条能用科学方法定义的始终如一的分界线。他的原则是这条线一定要经得住考验，而不能像 1913 年法律中含糊其词的"一般高潮线"那样受到质疑。为达此目的，麦考尔于 5 月 13 日亲率俄勒冈州立大学土木工程系的弗雷德·伯吉斯（Fred Burgess）博士等专业人员到海滩现场勘查。经勘查，他们认为此分界线可以参照大致与陆生植被边缘线重合的海拔 16 英尺等高线，因为该线便于测量，而且整个俄勒冈海岸各处都一致。

经过各方又一番较量之后，俄勒冈州众议院公路委员会终于在 5 月 18 日通过了参照州长麦考尔的意见修订的《海滩法》，提交众议院大会表决。5 月 22 日，俄勒冈州众议院以 57：3 的绝对多数通过了该法案；6 月 6 日，该州参议院以全票通过此法案。② 7 月 6 日，俄勒冈州《海滩法》经州长麦考尔签署正式生效。

在签署该法案时的演讲中，麦考尔特意引用了前州长奥斯瓦尔德·韦斯特 1949 年为保护公共海滩而写过的一句话："绝对不能容许

---

① Derek R. Larson, *Keeping Oregon Green: Livability, Stewardship, and the Challenges of Growth 1960 – 1980*, p. 130.

② Derek R. Larson, *Keeping Oregon Green: Livability, Stewardship, and the Challenges of Growth 1960 – 1980*, pp. 138, 140.

地方性的私人利益通过政治或其他途径摧毁我们人民这项重大的与生俱来的权利，即使稍加损害也不行。"① 后来，在他给《俄勒冈的海滩：一项与生俱来的权利得以保存》一书所写的序言中，麦考尔又强调，"对于我，以及成千上万的俄勒冈人来说，'私人海滩——禁止侵入'的牌子不仅仅是不可接受的。这是难以想象的"②。

三　俄勒冈州 1967 年《海滩法》的主要内容

俄勒冈州《海滩法》将其适用之"海滩"定义为太平洋最低低潮线和法定植被边缘线之间的区域。③ 至于何为"法定植被边缘线"，俄勒冈州议会在 1967 年制定法律时其实就是把它等同于海拔 16 英尺等高线，但是同时该州的议员们也明显地感觉到，这种简单武断的划线方式效果不一定理想，因为各处海滩的具体情况千差万别，依照单一标准划出的界限可能会与公众实际的亲海需求并不相符，而且这种划线方式也可能严重侵害滨海地产所有权人的利益。因此，俄勒冈州议会又责成该州公路委员会详细勘查本州的全部海岸，以便确定每处海滩公共权利应当到达的适宜位置。根据公路委员会提交的报告，俄勒冈州议会于 1969 年修订其《海岸法》，增加进描述每处海滩法定植被边缘线的条款。该条款对每处海滩都做了详细描述，并且清清楚楚地标注其精确坐标。④ 事实证明，使用这条勘测出的分界线比机械地套用实际植被边缘线或海拔 16 英尺等高线都更加切实可行。另外，鉴于海岸环境会随时间推移而改变，所以，修订后的俄勒冈州海滩法还指示本州的公园和休闲局（State Parks and Recreation Department）定期重测海岸，并根据所获信息确定是否建议本州议会重新调整法定植被边缘线，以便该州海滩上的私人权利和公共权利始终都能够得到恰当的维护。⑤

除了界定其适用之"海滩"范围的条款外，该州议会关于公众亲海权之观点和政策的表述也是俄勒冈州《海滩法》的核心内容。这方

① Derek R. Larson, *Keeping Oregon Green*: *Livability*, *Stewardship*, *and the Challenges of Growth* 1960 – 1980, pp. 140 – 141.

② Kathryn A. Straton, *Oregon's Beaches*: *A Birthright Preserved*, p. vii.

③ Oregon Revised Statutes § 390. 605 (2) (2013).

④ Oregon Revised Statutes § 390. 770.

⑤ Oregon Revised Statutes § 390. 755.

面的具体内容包括以下 4 条：

（1）本州议会特此宣布，永久维护和保持迄今为止一直合法存在的本州对北起哥伦比亚河南至加利福尼亚州边界的所有海滩之主权，以便公众可以自由和不受限制地使用它们，是为本州的公共政策。

（2）本州议会确认，多年以来公众一直频繁且未受阻碍地使用海滩；另进一步确认，为公共利益计，在此种使用能通过奉献、时效、授予或其他形式充分合法地形成权利或地役权的地方，应当保护和维持这种公共权利或地役权，使其永久作为俄勒冈州休闲资源的一部分。

（3）因而，本州议会特此宣布，本条款第 2 小项所划定之地域内所有合法获得的公共权利或地役权都被确认，它们被完全授予俄勒冈州并且应当作为州属休闲区域来持有和管理。

（4）本州议会进一步宣布，为维持和保护俄勒冈州海滩观景和休闲之用途而采取的任何措施都是符合公共利益的。①

除了以上宣示政策的基本内容外，俄勒冈州《海滩法》还规定了维护公众亲海权的一些具体措施。

首先，它明确规定，该州一般高潮线和极端低潮线之间的海滩，除 1947 年 7 月 5 日之前已经被处置的外，其余全部都归州政府所有并作为公共休闲区域；除非依照法律规定，否则任何机构也不得转让任何一块海滩。②

然后，它授权公园和休闲局依法征购与海滩相邻且适于休闲或者能够提供公众亲海休闲通道之私人土地的产权或相关权益，③并要求该局与地方政府合作增进公众亲海权，为此它责成该局要确保休闲海滩的位置都必须公之于众，同时它还要求该局负责这些亲海通道的安全和卫生。④

---

① Oregon Revised Statutes § 390.610.
② Oregon Revised Statutes § 390.615.
③ Oregon Revised Statutes § 390.630.
④ Oregon Revised Statutes § 390.632.

再者，俄勒冈州《海滩法》1969 年的修订除了划定法定植被边缘线的内容外还增加一个条款，此条款规定所有供公众休闲使用的海滩都可以免税。[1] 这项规定也有助于公众亲海权的实现。

另外，俄勒冈州《海滩法》还对可能危害公众亲海权的行为做出了规范性或限制性规定。第一，为了保证公共亲海休闲区域不受破坏，它要求未经审批任何人都不得对海滩进行整治（对于不受此限的情况它也做了具体说明）；[2]第二，它指令公园和休闲局制定公众使用海滩的规则，并负责宣传和执行；[3] 第三，它禁止任何人未经公园和休闲局许可在公众亲海休闲区域的地上或地下布置任何管线，也禁止任何人未经许可从海滩取走鱼或野生动植物以及玛瑙或纪念品之外的其他任何自然产物。[4] 对于违反上述规定的行为以及其他危害公众亲海权的行为，该法制定了相应的处罚措施。

四 俄勒冈州《海滩法》遭遇的挑战

俄勒冈州 1967 年《海滩法》的根本目的就是要将公众在高潮线外干沙滩上的休闲权以法律的形式固定下来。因为这些干沙滩很多属于私人所有，所以此法触及比较敏感的私人财产权问题。不少俄勒冈人对此法最终能否通过违宪审查还是心存疑虑的，另外他们又认为此法在维护公众亲海权方面还有很多不足之处。为了切实保障公众亲海权，他们主张制定新的法律以弥补此法的不足。当然，他们也很清楚，要通过议会达此心愿短期内绝无可能，因此他们决定通过行使创制权的方式实现这个目标。[5] 结果，到 1968 年初便形成了针对此事项的两个创制提案。

其中的一个创制提案由曾是俄勒冈州《海滩法》最积极推动者之

---

[1] Kathryn A. Straton, *Oregon's Beaches: A Birthright Preserved*, p. 32.

[2] Oregon Revised Statutes §390.640, 760.

[3] Oregon Revised Statutes §390.660.

[4] Oregon Revised Statutes §390.705, 715, 725.

[5] 创制权（initiative）是直接民主制的一种形式，它允许任何一个公民或一批公民就宪法修正或法律制定草拟提案，并在征集到法定数目或比例的选民支持后提交全体选民表决，如能得到足够赞成票，则该提案即可成为宪法修正案或法律。自 19 世纪后期开始，美国一些州的人民因不满本州议会被利益集团把持的状况而进行了立法领域的民主化改革，改革的主要措施之一就是采纳创制权。俄勒冈州在 1902 年采纳了创制权。参见李世安主编《美国州宪法改革与州和地方政治体制发展》，人民出版社 2009 年版，第 140—169 页。

一的斯特劳布为主发起，该提案主张通过政府购买产权的方式彻底解决公众亲海权问题。它提出的筹资措施为：1969 年 1 月 1 日至 1972 年 12 月 31 日的 4 年间，私人机动车每加仑汽油的燃油税提高 1 美分。斯特劳布等人预计，这样可以筹集到 3000 万美元的资金。他们计划用 2000 万美元购买干沙滩的产权，用 1000 万美元购买公众亲海通道。另外，斯特劳布等人拟制的创制提案还主张，禁止在海滩上修筑公路，并责成公路委员会管理陆生植被边缘线以下的所有海滩。①

另一个创制提案由 1967 年成立的"挽救俄勒冈州海滩公民会"拟制。该提案的主导者包括俄勒冈大学和俄勒冈州立大学的几位教授和毕业生，另外还包括该州一位众议院议员。他们认为，俄勒冈人早已通过公共时效地役权确立了对所有干沙滩的公众使用权，所以当务之急并不是通过法律再确认这种权利，而是要抓紧界定公共海滩的区域并采取措施予以保护。因此，他们提出的创制提案要求滨海地产所有权人必须在一年之内通过法律途径验证自己的产权。另外，此提案还主张，陆生植被边缘线不应该作为公私权利的分界线，公共权利的适用范围应当随海岸自然环境的变化而做相应调整。

两个创制提案的倡导者虽然目标相同，都是要维护俄勒冈州的公众亲海权，但是因为他们在具体措施上意见相左，所以并没能形成联合一致的行动。结果，"挽救俄勒冈州海滩公民会"的提案由于没能得到足够签名支持而被迫作罢，斯特劳布等人的提案虽然获得足够的签名，但最终也在 11 份的公投中折戟沉沙。

两个创制提案虽然都没能成功，但提案倡议者们所担心的最坏结果倒是也没有出现，俄勒冈州公众对私有干沙滩的使用权基本上都得到保持。这种局面的形成得益于该州司法部门对本州《海滩法》顺应时势的解释，使之经受住了来自滨海地产主们的挑战。

由于俄勒冈州 1967 年《海滩法》一定程度上削弱了滨海地产业主在他们私有干沙滩上的权益，所以该法会遭到他们的司法挑战是意料之中的事情。早在此法起草期间，公路委员会的法律顾问们就预见到这个问题，并着手准备应对之策。他们认为第一起诉讼应该会与直接导致《海滩法》出台的海夫妇有关，但正式进入司法程序的第一起相关诉讼却是由另一位名为莱斯特·富尔茨（Lester Fultz）的人

---

① Kathryn A. Straton, *Oregon's Beaches: A Birthright Preserved*, pp. 56 – 57.

引起。

　　莱斯特·富尔茨在俄勒冈州的内斯克温（Neskowin）拥有一处海滩。1967年5月22日，他开始修筑一条越过陆生植被边缘线进入干沙滩的私人道路。该州公路委员会接到当地居民的举报，但因那时《海滩法》还未通过，委员会也无法阻止，所以他们只能为将来的诉讼做准备。该州参议院通过关于《海滩法》的法案之后，富尔茨就根据此法案的规定向公路委员会提出开辟穿过干沙滩之道路的申请，但被告知该法案尚未经州长签署，因此还没有正式生效。得不到明确答复的富尔茨继续修筑他的道路。州长麦考尔于7月6日正式签署《海滩法》后不久，富尔茨又于7月13日申请修筑那条道路的许可。经过听证之后，公路委员会于11月8日否决了富尔茨的申请。虽然申请被否决，但富尔茨在其律师鼓动下坚信自己对那块海滩的完全所有权高于《海滩法》的规定，所以他5天后又恢复了修路行动。俄勒冈州政府方面早就在为依据《海滩法》阻止富尔茨的行为做准备，此时已经征集到70位证人，州检察总长罗伯特·桑顿发出的要求大家提供能证明公众曾使用富尔茨沙滩休闲之老照片的呼吁也得到了热烈的回应。因为早有准备，而且《海滩法》也已经正式生效，所以，富尔茨刚复工桑顿就立即代表州政府到法院起诉他。富尔茨一方则针对公路委员会否决他筑路申请的做法提起反诉，同时他们还依据联邦宪法修正案第5条和第14条要求法院宣布俄勒冈州的《海滩法》违宪。

　　俄勒冈州检察总长桑顿对富尔茨的起诉和他的反诉都在蒂拉穆克县（Tillamook County），由该州巡回法院合并审理，主审法官是 J. S. 博汉农（J. S. Bohannon）。案件审理从1968年5月7日开始，持续了5周时间。各方充分展示完证据和观点之后，博汉农法官在8月26日做出判决。在判决中，博汉农首先肯定了俄勒冈州公路委员会拒绝批准富尔茨提出的在干沙滩上修筑私人道路之申请的决定，并且指出，富尔茨虽然对一般高潮线之上的干沙滩拥有产权，但是公众已经基于默示奉献原则和长期休闲性使用获得了对这块沙滩的公共时效地役权。随后他又进一步解释说，《海滩法》并不是要改变有关不动产权属的实体法，它只是授权州政府行使早已存在的涉及海滩使用的公共权利。在上述分析的基础上，博汉农法官判定《海滩法》是有效的。

　　在富尔茨案审理的过程中，"俄勒冈州政府根据桑顿告发诉海"案也逐渐进入司法程序。本来，海夫妇汽车旅馆前圈占沙滩的篱笆已经在 1967 年 12 月被风暴摧毁，但他们无视已经生效的《海滩法》，不经批准就重修了篱笆。1968 年 3 月 21 日，俄勒冈州公路委员会要求海夫妇移除他们设置的障碍物。但海夫妇不仅不接受这个要求，而且还提出要将篱笆再向外延伸的申请。双方互不相让，最后都诉诸公堂。海夫妇先到联邦地区法院起诉，他们请求法院依据联邦宪法修正案第 5 条和第 14 条判定俄勒冈州的《海滩法》违宪，他们同时要求法院禁止州政府提起要求他们移除障碍物的诉讼。联邦地区法院应俄勒冈州政府请求将此诉讼的审理时间推迟到 1972 年，俄勒冈州检察总长桑顿等人随即到克拉特索普县（Clatsop County）巡回法院起诉海夫妇。该案 1968 年 12 月开始审理，1969 年 1 月 3 日即做出判决，主审法官也是博汉农。海夫妇在辩护意见中表达了三方面的观点：（1）俄勒冈州《海滩法》违宪；（2）他们的篱笆是该法生效之前树立的，所以即使该法不违反宪法它也不能溯及既往；（3）他们合法地拥有直至一般高潮线的干沙滩，所以他有权在上面树立篱笆。博汉农法官没有接受海夫妇的观点，他在判决中指出，公众对涉案土地的使用已经超过 60 多年，他们已经依据默示奉献原则获得对此土地的使用权；《海滩法》不属于可适用"祖父"理论的区划法，公众在该法生效之前就已经获得了在此地的休闲权，该法只是将本来就已存在的权利法典化而已；《海滩法》有效且合乎宪法。

海夫妇不服判决，他们又上诉到俄勒冈州最高法院。1969 年 12 月 19 日俄勒冈州最高法院对此案做出判决。该法院不仅肯定了初审法院的判决，而且主张依据习惯权利原则将此判决结果适用于俄勒冈州的全部海滩，以避免陷入公众在每块私有海滩上的休闲权都要通过诉讼才能够取得的境地。富尔茨一方也上诉到俄勒冈州最高法院，该法院 1971 年 12 月 22 日给出的意见同样是依据习惯权利原则肯定下级法院的判决。①

在俄勒冈州最高法院败诉后，海夫妇又想重新启动曾被搁置的他们最初在联邦地区法院提起的诉讼。这次，他们不仅挑战俄勒冈州《海滩法》的合宪性，而且指责俄勒冈州最高法院不应该用习惯权利这种美国人早已抛弃的英国古老原则给俄勒冈州财产法造成出乎意料

---

① State of Oregon, by and through its State Highway Commission v. Fultz and L-E-W Engineering, Inc., 261 Or. 289 (1971).

的改变。联邦地区法院认为俄勒冈州《海滩法》合乎宪法，该州最高法院的判决也没有给该州财产法造成出乎意料的改变，所以它驳回了海夫妇的诉讼请求。

上述两起诉讼审理期间，俄勒冈州其他一些滨海地产业主也跃跃欲试，想要通过司法途径争取自己的权益。但这两起诉讼的判决结果出来之后，他们感到自己的主张也难以得到法院支持，于是便都偃旗息鼓，打消了继续诉讼的念头。至此，俄勒冈州私有干沙滩上的公众休闲权基本上得到确认，该州《海滩法》引起的争执暂告一段落。

五　《俄勒冈州海岸管理规划》的制定

继 1967 年出台《海滩法》之后，俄勒冈州又着手制定综合性的海岸管理和开发规划。为此，该州在 1971 年成立 "俄勒冈海岸保护和开发委员会"（Oregon Coastal Conservation and Development Commission）。该委员会成员共 30 人，他们包括来自沿海各地的 8 名市议会议员、8 名县委员会委员和 8 名港口委员会委员，以及后来增加的 6 名市民代表。该委员会的任务是开展一项为期 4 年的调研，并在此基础上为俄勒冈海岸综合保护与开发规划的制定提出建议。1975 年，该委员会完成调研，将调研报告和政策建议提交给州议会审议。俄勒冈州议会决定由依据 1973 年出台之《俄勒冈州土地利用法》（Oregon Land Use Act）成立的 "土地保护和开发委员会"（Land Conservation and Development Commission）具体负责海岸带保护与开发规划的制定。1976 年，俄勒冈州土地保护和开发委员会根据海岸保护和开发委员会的建议并经过进一步听证后制定出该州的海岸带保护与开发规划，并将其纳入该州整体的土地规划目标之中，[①] 此即该规划目标的第 16—19 项。目标 16 是关于河口资源（Estuarine Resources）。该目标要求，应维持河流入海口的水质和生物繁育及栖息条件，同时要确保其具有经济、休闲和审美等多种用途。目标 17 是关于海岸。该目标对海岸范围界定如下：（1）受到海潮影响的区域；（2）距离海滩 100 英尺之内或距离河口及滨海湖泊 50 英尺之内的区域；（3）自然或人造滨水资源，特别是对保持海岸稳定和保持鱼类栖息与繁殖所必须之

---

① Edward J. Sullivan, "The Quiet Revolution Goes West: The Oregon Planning Program 1961 – 2011", *John Marshall Law Review*, Vol. 45, No. 2, Winter 2012, p. 365.

水质和温度都至关重要的植被；（4）与近海水域关系密切的重要海岸和湿地生物栖息地；（5）依赖海水或与海水相关之活动必须使用到的区域，包括滨海休闲活动所依赖的区域、适合于建造航运和港口设施的区域、疏浚材料放置和处理地点，以及适合于水产养殖的区域；（6）与近海水域相关之具有独特审美和景观价值的区域；（7）海岬。该目标对各类海岸地区的使用原则做了具体规定。对于适合滨海休闲之区域的规划，它特别指出要紧密结合关于"开敞空间、景观和历史遗存之地以及自然资源"的目标5（Open Spaces, Scenic and Historic Areas, and Natural Resources）和关于"休闲需要"的目标8（Recreational Needs），在征得业主同意或者已经合法获得以及已取得公共地役权的情况下为公众提供适当的亲海休闲通道和滨海休闲区域。该目标下的规划范围界定得比较宽泛，除特殊规定者外，俄勒冈州滨海公路（101号公路）西侧的所有区域以及距离河口1000英尺和距离滨海湖泊500英尺之内的海滨地区皆属于此目标下的规划范围。目标18是关于海滩与沙丘（Beaches and Dunes）。该目标在强调为滨海和迁移物种提供栖息环境的同时，也如目标17一样强调应紧密结合目标5和目标8，为公众提供亲海休闲通道，并保持沙丘的稳定性和景观价值。目标19是关于海洋资源（Ocean Resources）。该目标也强调，在满足生产生活需要的同时，也要满足人们休闲和审美的需要。1977年，基于上述法律和政策制定出的《俄勒冈州海岸管理规划》（Oregon's Coastal Management Program）正式得到联邦政府批准。

俄勒冈州海岸管理规划的制定以及后续的修订为公众亲海权的发展提供了更加坚实的保障。首先，这可以使该州对公众亲海权的保护落实到具体的地方规划方案和政策措施上，使之更便于操作；其次，它对俄勒冈州整个海岸地区提出的规划和治理目标为公众的滨海休闲提供了更为良好的自然条件和更为有利的周边环境；另外，各地方政府的土地规划和建设审批都要遵循同样的目标，而且都要接受州土地保护和开发委员会的审核与监督，这就使俄勒冈州各地的公众亲海权都能得到更为稳定、一致的保护。

总体来看，俄勒冈州的海滩法保障公众亲海权的目标很明确，给出的措施具体、到位，该州法院对此法的支持也很坚决。后续制定的综合性海岸管理规划对公众亲海权同样给予了特别的强调。这一切有利条件使得俄勒冈州的海滩向公众开放的程度比较高，以致该州的海滩可以号称"人民的海滩"（People's Coast）。

第三节　加利福尼亚州维护公众亲海权的立法

加利福尼亚州西濒太平洋，南北狭长的形状使其拥有绵延1000余英里的海岸线。① 滨海地区始终是加利福尼亚州经济社会生活的中心。到20世纪70年代时，该州约85％的人口居住在距离太平洋沿岸30英里之内的地方。② 最难能可贵的是，加利福尼亚州滨海地区冬无严寒，夏无酷暑，非常适合居住。而且，该州滨海地区的景色也是美不胜收。"近4个世纪以来，作家们不断地用英语、西班牙语和俄语狂热地赞美加利福尼亚的海岸风光。"③比如，英国著名的游记作家罗伯特·L. 史蒂文森（Robert Lewis Stevenson）在19世纪后期经历了穿越美洲大陆的旅行见到加利福尼亚州海岸的美景后就禁不住发出由衷的赞叹："就我所知，在其他任何海滩上你都难以在平静和煦的阳光里感受如此壮阔的海洋风貌，欣赏这般色彩变幻的绮丽景色，聆听此种雷鸣般的滚滚波涛声。"④ 迷人的美景自然会吸引大批游人流连驻足。1969年时，加利福尼亚海岸的游人已近8200万人次，仅仅奥兰治县海滩当年的游人就有2200万人次——这是加利福尼亚州全部420万英亩国家公园旅游总人次的2.5倍。⑤

1972年，基于创制提案的《加利福尼亚州海岸带保护法》（The California Coastal Zone Conservation Act of 1972）经全民公投生效。在此基础上，该州随后又于1975年通过了以促进公众亲海权为其核心目标之一的《加利福尼亚州海岸规划》（California Coastal Plan）和以

---

① 不同测量方式得出的数值略有差异。Dion G. Dyer, "California Beach Access: The Mexican Law and the Public Trust", *Ecology Law Quarterly*, Vol. 2, No. 1, Winter1972, p. 572, note 6.

② Stanley Scott, *Governing California's Coast*, Institute of Governmental Studies, University of California, Berkeley, 1975, p. 5.

③ Janet Adams, "Proposition 20——A Citizen's Campaign", *Syracuse Law Review*, Vol. 24, No. 3, Summer 1973, p. 1019.

④ Robert L. Stevenson, *Across the Plains with Other Memories and Essays*, London, UK: Chatto & Windus, 1909, p. 52.

⑤ "Ocean Thought of as Dump: It's Time to Stop Drilling off the Coast", *Los Angeles Times*, February 1, 1970, p. K1.

此规划为蓝本制定的《加利福尼亚州 1976 年海岸法》（California Coastal Act of 1976）。相对于俄勒冈州和得克萨斯州来说，加利福尼亚州此类法律和规划的制定经历了更多波折。不过，该州维护公众亲海权的法律和规划制定过程虽然很曲折，但是它们出台以后的实施效果却很明显。这使得加利福尼亚州公众亲海权的发展在此后一直都是全美国瞩目的焦点。

一　1972 年之前加利福尼亚州海岸带管理状况

加利福尼亚起初是西班牙的殖民地，后来又归属获得独立地位的墨西哥。直到 1848 年美墨战争结束后，战败的墨西哥才根据《瓜达卢佩伊达尔戈条约》（Treaty of Guadalupe Hidalgo）正式将加利福尼亚割让给美国。所以，加利福尼亚州初入美国之时的法律体系并非源于英国普通法，而是脱胎于西班牙—墨西哥法。西班牙深受罗马法影响，很早就承认海洋、海滩及其通航水域的公共属性。① 这种法律观念由西班牙人带到他们的美洲殖民地，也植入墨西哥法律体系之中。承袭自西班牙—墨西哥法的加利福尼亚州法律也包含了这种观念，因此该州也如那些继承了英国普通法传统、秉承公共信托原则的州一样，认为海滩应该公有，并供公众自由使用。在 1878 年修订其宪法时，加利福尼亚州就把这种观念直接纳入新的州宪法之中。1879 年生效的这部加利福尼亚州新宪法之第 15 条就专门做了如下规定：

（1）兹宣布，州政府对本州通航水域沿岸的所有土地拥有征用权。

（2）本州内任何声称拥有或实际拥有港口、海湾、海汊、河口或其它通航水域之沿岸或潮间地的个人、合伙企业或公司，任何时候都不得拒绝为公共目的提出的到达此类水域的通行权，也不得破坏或阻止在这些水域的自由航行。立法机构应当制定法律对此条款给予最宽泛的解释，以确保在本州内人民可以随时到达通航水域。

（3）本州距离任何建制市或建制镇两英里范围内且位于一切

---

① Jan S. Stevens, "The Public Trust: A Sovereign's Ancient Prerogative Becomes the People's Environmental Right", *U. C. Davis Law Review*, Vol. 14, No. 2, Winter 1980, p. 197.

港口、河口、海湾或海汊之水畔的所有潮间地都应当被禁止转让或出售给个人、合伙企业或公司。①

在加利福尼亚州的这次修宪会议上，来自旧金山地区的代表克利图斯·巴伯（Clitus Barbour）这样表述增加此条款的目的：

> 这是为了保持加利福尼亚州海岸继续可以为商业目的而自由进出的状态，以及避免出现任何人以任何形式独占海岸并向来自世界各地的商业活动收费的现象。我认为，我们从中采纳了关于海滩所有权之观点的民法体系是对普通法体系或者说英国法体系的改进，而现在的趋向是保持州政府对这种财产的控制。我主张，这种财产永远也不应该与州政府分离。过去这样做是错误的，现在这种做法应该被停止。②

由此可见，在宪法中增加这一条款的目的就是为了压制当时正在疯狂进行的土地投机活动，避免土地投机者通过勾结地方政府官员而随心所欲地蚕食关乎公共利益的滨海土地。③ 1879 年就在宪法中做出此类规定，单从这一点看加利福尼亚州在维护滨海土地公益性方面绝对是走在美国各州前列的。可惜，加利福尼亚州宪法中的这一条款执行得并不严格。这主要还是因为在此后很长一段时期中经济发展仍然是加利福尼亚州各级政府所追求的首要目标。④ 为达此目标，他们势必会选择向各种利益集团妥协，而不会坚定地依据此条款维护公众对海滩的使用权。事实上，该州早期很多有关公共海滩使用权的判例都没有提及该条款，有的即使提到也不以其作为主要依据。比如，在1913 年对"加利福尼亚州人民诉加利福尼亚渔业公司"案的判决中，加利福尼亚州最高法院虽然提到该条款，但它更多的是依据普通法中

---

① Edward F. Treadwell ed. , *The Constitution of the State of California*, 4th ed. , pp. 569 - 570。1976 年修订后此部分内容成为加利福尼亚州宪法第 10 条第 4 款。

② Dion G. Dyer, "California Beach Access: The Mexican Law and the Public Trust", p. 579.

③ 加利福尼亚建州伊始就出现了地方政府纵容土地投机者大量吞并公共土地（分配给印第安人的土地）的情况，并由此引发了加利福尼亚州最高法院早期在此领域的重要判例"哈特诉伯内特"（Hart v. Burnett）。

④ Stanley Scott, *Governing California's Coast*, pp. 302 - 304.

的公共信托原则，而且它考虑的主要是航运问题，并不强调要禁止出售海滩给私人。在此判例中，加利福尼亚州最高法院还专门强调，如果州政府为促进贸易和航运之目的将部分海滩与公共航道隔开，使之对航运没有用处，那么州政府就可以将其处置或出售给私人，并且灭失上面的公共权利。① 这一时期，加利福尼亚州宪法中维护公众海滩使用权的这一条款不仅不被重视，② 而且其有效性乃至合宪性（是否合乎联邦宪法）也一直被质疑。直到 1968 年，加利福尼亚州众议院海岸保护委员会主席在涉及索诺玛（Sonoma）县一处滨海地产的听证会上还说："（加利福尼亚州）宪法的表述非常宽泛。随后的判例和立法给本条款留下了一些疑问……我们今天为什么到这里的原因之一就是看看我们能不能更清楚地界定……宪法到底说了什么。"③ 甚至在 1970 年"吉翁—迪茨案"这个以维护公众亲海权著称的判例中，加利福尼亚州最高法院仍然认为，该州宪法第 15 条第 2 款在一定程度上是受联邦宪法制约的。④ 基于以上原因，加利福尼亚州 1879 年宪法第 15 条在它出台后的很长一段时期中并没有真正发挥作用，没能阻止土地投机者对公共海滩的蚕食，所以这一时期该州仍然有大量公共海滩相继流入私人之手。加利福尼亚州参议院 1951 年的一份报告显示，该州 15 个县的 1130 英里海岸中，只有 152 英里属于市、县和州政府，另有 116 英里由联邦政府机构控制，其余的 861 英里，即加利福尼亚州全部海岸的 75.3%，被私人占有。⑤

第二次世界大战结束后，随着移民大量流入，加利福尼亚州人口急剧增加。到 1964 年，该州人口已经比 1931 年增长两倍多，从 5677251 人增至 17734800 人。⑥ 人口的急剧增加导致了加利福尼亚州历史上的第二次土地大开发，使该州滨海地区原有的大量湿地、河口被毁。加利福尼亚州渔猎委员会（California Fish and Game Commis-

---

① People v. California Fish Co. , 138 P. 79（Cal. 1913）.

② 加利福尼亚州议会曾在 1931 年授权该州自然资源局调研海岸资源保护与公众亲海环境改进问题，但没能产生实际效果。

③ Dion G. Dyer, "California Beach Access: The Mexican Law and the Public Trust", p. 580.

④ Gion v. City of Santa Cruz, 2 Cal. 3d 29, 43（1970）.

⑤ Ben Hulse, et al. , *Report of the Senate Interim Committee on Recreation and Wilf Life Conservation*, Senate of the State of California, 1951, p. 4.

⑥ Stanley Scott, *Governing California's Coast*, p. 8.

sion）在一份报告中断定，到 1966 年该州的滨海湿地只剩下不足原初的 15%；美国联邦众议院海运和渔业委员会下属的鱼类和野生动植物保护委员会（Subcommission on Fisheries and Wildlife Conservation）1967 年的一份听证记录指出，仅在 1947—1967 年的 20 年间，加利福尼亚州就失去了其河口生态栖息地的 67%。[1]同一时期，随着加利福尼亚州城市化和工业化的不断深入，拥有充足水源、便利交通和排放条件的滨海地区吸引来众多工商企业。这些工商企业不仅占据大量滨海土地，而且对海岸造成严重破坏和污染。另外，大规模的开发在侵蚀公共活动空间的同时，也导致加利福尼亚州海岸地产价值飞涨。在此情况下，滨海土地所有权人开始更加精打细算地利用他们的土地，致使很多地方的滨海建筑物连成一片，公众因此失去到达海滩的通道。不仅如此，有些滨海地产主在阻止公众使用自己海滩的同时，甚至还会想方设法地霸占公共海滩。这一切都使得传统上公众对滨海土地的自由使用权遭到越来越沉重的打击。

　　上述问题之所以出现，根本原因之一是历史上加利福尼亚州政府没有对海岸开发实施有效的统一管理。该州海岸地区的开发实际上是由市、县、镇、专区和军事部门等各种类型的约 200 个地方政府或单位分别掌控，[2] 而这些地方政府和单位通常情况下都被利益集团把持，他们只为自身利益和税收收入考虑，根本不去关心随意开发对海岸环境和审美价值造成的不利影响，更不会关心如何维护公众亲海权。在控制地方政府的利益集团中，房地产开发企业最具代表性。加利福尼亚城市联盟的一位前负责人就曾说过："在加利福尼亚州开发商和建筑行业最具破坏性……（过去几年）地方政府中已经有几十个人被这些开发商拉下水。"[3] 在此类利益集团的强力影响下，当时加利福尼亚州破坏海岸环境和公众亲海权的无序商业开发不仅没有得到有力制止，反而在一定程度上得到地方政府的纵容甚至鼓励。所以，要切实维护海岸环境并增进公众亲海权，就必须制定全州统一的规划，改变

[1]　Peter C. Davos, "California's Tideland Trust: Shoring it Up", *Hastings Law Journal*, Vol. 22, February 1971, p. 759, note 9.

[2]　Janet Adams, "Proposition 20——A Citizen's Campaign", pp. 1027 – 1028; Peter M. Douglas, "Coastal Zone Management—A New Approach in California", *Coastal Zone Management Journal*, Vol. 1, No. 1, September 1973, pp. 1 – 2.

[3]　Stanley Scott, *Governing California's Coast*, p. 121.

各个地方政府自行其是的局面。

当时，加利福尼亚州也有一些人——特别是那些热诚的环保主义者——对无序开发给海岸环境和公众亲海权造成的危害很不满，他们强烈要求改变这种局面。为此，他们在 20 世纪 50—60 年代发起了"拯救海岸"（Save the Coast）运动。1968 年，北加利福尼亚州圣罗莎（Santa Rosa）附近的居民还专门组建以争取公众亲海权为目标的组织，致力于推进维护公众亲海权的立法。① 不过，尽管有广泛的群众基础，但是要制定出全州范围的海岸带管理规划却非易事，因为那时加利福尼亚州议会同地方政府一样也充斥着房地产开发商和石油公司等各种利益集团的代理人，他们掌控下的议会不可能会积极地对待来自民间的限制海岸无序开发的呼吁。20 世纪 60 年代，加利福尼亚州行政和立法机构组织了几次针对海岸环境的调查，但受命调查者往往只是局限于收集资料，并没有提出解决问题的具体方案。② 在这种背景下，加利福尼亚州政府对利益集团侵占公共海滩的行为也是容忍甚至是纵容的。更有甚者，这种倾向还体现在该州 1962 年对本州宪法 15 条第 3 款的修订上。此条款的原意是要限制将海滩转让或出售给私人，以便为公众自由使用海滩提供保障，然而 1962 年的这次修订却增加了在特定条件下允许出售或转让此类土地的规定。该条款修订后的内容为：

> 本州距离任何建制市、都市县或镇两英里范围内的位于一切港口、河口、海湾或海汊之水畔的所有潮间地应被禁止转让或出售给个人、合伙企业或公司。然而，假如任何此类潮间地只是为了提供街道的目的而由州政府保有，州立法机关发现并宣布它不再用于航运之目的，而且也不再是实现此类目的所必须的，那么此块潮间地就可以被出售给镇、市、县、都市县、市政公司、个人、合伙企业或公司，只是要满足立法部门为保护公共利益而确

---

① Tomoko Kodama, *Creating Public Access to the Shoreline: The California Coast and Boston's Waterfront*, Master's Degree thesis, Massachusetts Institute of Technology, 1996, pp. 15 – 16.

② Jared Orsi, "Restoring the Common to the Goose: Citizen Activism and the Protection of the California Coastline, 1969 – 1982", *Southern California Quarterly*, Vol. 78, No. 3, Fall 1996, p. 259.

定必须对任何此类出售所施加的条件。①

　　总之，尽管加利福尼亚州很早就在宪法中加入了维护海滩公益性的条款，但这并没能阻止该州海滩的无序开发。直到 20 世纪中期，当其他一些州已经在改善海岸环境和维护公众亲海权方面取得重大进展之时，加利福尼亚州的各级政府还在利益集团的操纵下放宽对私营机构和个人蚕食公共海滩的限制。结果该州的公众亲海休闲环境在这一时期不仅未见好转反而不断恶化。② 当时，加利福尼亚州公众亲海休闲环境的糟糕状况甚至被临近之俄勒冈州的一些人当作反面教材，他们主张必须尽快制定出本州《海滩法》的理由之一就是避免陷入加利福尼亚州那种公众不得到海滩休闲或到海滩休闲还需要付费的状况。③

二　"旧金山湾保护和开发委员会"与《旧金山湾规划》

　　由于种种原因，加利福尼亚州在制定全州性海岸带管理规划方面阻力重重，短期内难以取得实质性进展。在此情况下，旧金山湾区打破僵局，率先出台了区域性的海岸治理规划，起到了很好的示范带头作用。

　　其实，早在 20 世纪20—30 年代，加利福尼亚州洛杉矶地区就做出过改善公众亲海休闲环境的努力。当时，洛杉矶地区商会发起成立了"公园、活动场所和海滩市民委员会"（Citizens' Committee on Parks，Playgrounds，and Beaches），目的是调查洛杉矶地区公共休闲场所状况并采取改进措施。为实现此目标，他们重金聘请了马萨诸塞州布鲁克林市的奥姆斯特德兄弟公司（Olmsted Brothers）和密苏里州圣路易斯的巴塞罗缪事务所（Bartholomew offices）的景观设计专家。1930 年 3 月中旬，费时 3 年耗资 8 万美元制定出的规划报告《洛杉矶地区之公园、活动场所和海滩》（Parks，playgrounds and beaches for

---

① Constitution of the State of California as Last Amended November 5，1974（California Legislature Assembly，1975），p. 373.

② Dion G. Dyer，"California Beach Access：The Mexican Law and the Public Trust"，pp. 573 – 574.

③ Derek R. Larson，*Keeping Oregon Green：Livability，Stewardship，and the Challenges of Growth 1960 – 1980*，pp. 125 – 126.

the Los Angeles Region） 正式发布。该规划报告开宗明义地指出：

> 虽然以前公园被轻易地忽略掉，但（洛杉矶的）持续繁荣将
> 会依赖于提供必要的公园，因为，随着此地大都市区的发展，公
> 园的缺乏将使生活环境越来越不能吸引人，也越来越不利于身心健
> 康。因此，如果到现在这种程度人们还不能对此危机表现出必要的
> 理解、勇气和组织能力，那么该地区的发展将会把它自己扼杀。①

基于此理念，该规划报告对洛杉矶地区大西洋沿岸北起安蒂洛普谷（Antelope Valley）南至长滩（Long Beach）港、西起马利布（Malibu）海滩东至里弗赛德县（Riverside County）方圆 1500 多平方英里的区域做了整体规划。② 应当说，这份规划的理念很先进，如果能够付诸实施，将使洛杉矶成为世界上最漂亮最适宜居住的地区之一。可惜，在经济大危机的阴霾下，这份规划没能引起任何反响。当地市、县政府机构，包括地区规划委员会、洛杉矶公园局等与此规划密切相关之部门，都对它不置一词，作为规划发起方的洛杉矶地区商会也因为资金问题放弃对它的支持。结果，这份宏伟的区域性规划被束之高阁，没能施行。

洛杉矶地区以改善公众生活和休闲环境为目标的综合规划可谓生不逢时，而旧金山湾区的规划却可以说是恰逢其时。在环保主义运动和公众亲海权运动都正高涨之际出台的这份区域性规划得到了很好的贯彻实施。

旧金山湾区规划肇始于 1961 年，完成于 1969 年。这是加利福尼亚州历史上第一个成功的区域性海岸保护与开发规划，由此成立的"旧金山湾保护和开发委员会"（San Francisco Bay Conservation and Development Commission）也是整个美国历史上第一个区域性海岸管理机构。③

---

① Greg Hise and William Deverell, *Eden by Design: The 1930 Olmsted-Bartholomew Plan for the Los Angeles Region*, Berkeley, CA: University of California Press, 2000, p. 83.

② Greg Hise and William Deverell, *Eden by Design: The 1930 Olmsted-Bartholomew Plan for the Los Angeles Region*, p. 1.

③ Earl H. Bradley and John M. Armstrong, *A Description and Analysis of Coastal and Shoreline Management Programs in the United States*, Sea Grant Technical Report No. 20, MICHU-SG-72-204, March 1972, p. 190.

令人难以置信的是，这一影响深远的规划项目最初的发起人却非高瞻远瞩的政治精英，而只是以时任加州大学总校校长克拉克·克尔（Clark Kerr）的夫人凯瑟琳·克尔（Catherine Kerr）为首的几位家庭妇女。

克尔夫妇住在伯克利的山丘上，旧金山湾的美景尽收眼底。外地到访的客人领略到这迷人的风光后皆赞不绝口。克尔夫人为此感到很自豪，但同时她也对旧金山湾的未来感到担忧。最让她担忧的是当时正在轰轰烈烈开展的填海造地计划，因为这些计划不仅对当地生态甚至对海湾本身的存在都构成了严重威胁。

在加利福尼亚州早期历史上，旧金山湾的一部分滩涂和潮间地被州政府以极低的价格出售给私人。1879 年新宪法的颁布并没有彻底阻止这种行为，之后仍有大量湾区土地陆续转入私人或地方政府手中。到 20 世纪中期，州政府掌握的旧金山湾地区只剩下 50%，另有 5% 由联邦政府机构控制，其余的则都已经在私人和地方政府手中——22% 被私人占有、23% 被包括 9 个县和 30 多个市在内的地方政府占有。① 控制权的分散导致湾区开发的政策和目标难以统一。美国内政部 1969 年的一份研究报告指出："加利福尼亚州实质上已经放弃了控制权；那里没有全区性的政治权威主导旧金山湾的命运。"② 在没有统一规划和管理的情况下，私人和地方政府利用自己掌握的海湾资源时通常只会考虑自身利益，尤其是自身经济利益，而不会刻意考虑环境保护或公共活动空间等问题。这导致旧金山湾区的公共休闲场地日渐减少。到 1963 年时，整个湾区沿岸建成公园的部分仅有区区 4 英里，③ 而湾区全部 276 英里海岸中向公众开放的总共也不过 10 英里。④ 另外，为了最大限度地满足自身需要，一些地方政府和私营开发商有时还会填海造地，使旧金山湾的面积不断缩小。据统计，到

---

① Rice Odell, *The Saving of San Francisco Bay*: *A Report on Citizen Action and Regional Planning*, Washington, D. C.: The Conservation Foundation, 1972, p. 8.

② Rice Odell, *The Saving of San Francisco Bay*: *A Report on Citizen Action and Regional Planning*, p. 8.

③ San Francisco Bay Conservation and Development Commission, *San Francisco Bay Plan*, January 1969, p. 21.

④ Rice Odell, *The Saving of San Francisco Bay*: *A Report on Citizen Action and Regional Planning*, p. 10.

1958 年时，旧金山湾的水域面积已经从加利福尼亚州建州之初的 680 平方英里减少至 437 平方英里。①

1959 年 12 月，美国商务部企业和国防勤务署（Business and Defense Services Administration, U. S. Department of Commerce）为旧金山湾区的美国陆军工程兵部队（U. S. Army Engineer District, San Francisco Corps of Engineers）准备了一份题为《旧金山湾区的未来发展——1960—2020 年》的报告。该报告回顾了之前旧金山湾被填埋的情况，并且推断，如果按当时的填埋速度持续下去，到 1975 年时湾区所有的沼泽地都将被填完，即使由于成本原因填埋速度放缓，这些沼泽地也难以留存到 1990 年以后。② 克尔夫人从媒体上看到报道内容后震惊不已。更让她忧心的是，她居住的伯克利地区也在酝酿一个宏大的计划，准备填埋 2000 英亩潮间地来扩大城区面积。克尔夫人忍不住与其他几位教授夫人谈及此事，结果发现她们也有同感。③ 于是，她们决定采取实际行动，阻止填埋海湾的计划。很快，她们便聚集起一批志同道合者，于 1961 年成立了"拯救旧金山湾协会"（Save San Francisco Bay Association）。④ 通过成员们积极主动的宣传，该协会在湾区产生巨大影响，并且得到"塞拉俱乐部"等美国著名环保组织的大力支持。在内外各方面的共同努力下，该协会很快便发展壮大，鼎盛时期其成员达到 18000 人。⑤

克尔夫人他们的目标最初主要集中在阻止伯克利市实施其填海计划上。到 1963 年，这一目标基本达到，伯克利市最终放弃原来拟大规模填海造地的"宏伟计划"，代之以一个尽可能不破坏海湾的过渡性计划。在此基础上，已经积聚起足够力量的"拯救旧金山湾协会"决定调整目标，把关注点投向整个湾区。为顺利实现此转变，他们委

---

① Earl H. Bradley and John M. Armstrong, *A Description and Analysis of Coastal and Shoreline Management Programs in the United States*, p. 190.

② Office of Area Development, Business and Defense Services Administration, U. S. Department of Commerce, *Future Development of the San Francisco Bay Area*, 1960 – 2020, Prepared for U. S. Army Engineer District, San Francisco Corps of Engineers, December 1959, p. 88.

③ Rice Odell, *The Saving of San Francisco Bay*: A Report on Citizen Action and Regional Planning, pp. 12 – 13.

④ 该组织当前还在发挥作用。参见其网站 https://savesfbay.org/。

⑤ Jared Orsi, "Restoring the Common to the Goose: Citizen Activism and the Protection of the California Coastline, 1969 – 1982", p. 259.

托加州大学伯克利分校政府研究所（The Institute of Governmental Stud-ies）对旧金山湾区及其面临的问题做一综合研究。1963 年 10 月，此项研究的成果《旧金山湾的未来》（*The Future of San Francisco Bay*）完稿。该报告详细分析了旧金山湾的社会经济价值和承受的压力，同时探讨了湾区未来各种可能的土地利用方式和政策选择。

拯救旧金山湾协会决定依据这份研究报告推进整个旧金山湾区的综合治理，阻止进一步填海造地的行为。起初，他们曾寄希望于刚刚成立不久的"湾区政府协会"（Association of Bay Area Governments），但很快便发现这种松散的政府间协作组织只是徒有其表，根本没有任何执行力，所以他们最终决定还是要从州议会入手，争取由州议会通过立法的方式解决此问题。经过几次不成功的尝试之后，他们改变策略，设法说服当时对拯救海湾还不太热心但政治影响力很大的州参议员尤金·麦卡蒂尔（Eugene McAteer）出面促成此事。麦卡蒂尔是旧金山市选派的代表，而且他还有意竞选下一任旧金山市市长，希望借此事提高自己的声望，因此他应承下这个差事。

1964 年 2 月 4 日，麦卡蒂尔提交一份议案，要求州政府拨款 7.5 万美元，成立临时性的"旧金山湾保护研究委员会"（San Francisco Bay Conservation Study Commission），由该委员会研究旧金山湾地区当时面临的填海造地与公共利益的冲突问题和可能的解决之策，并在次年议会召开前准备好相关立法建议。该议案很快就获得通过，于 5 月 19 日由州长埃德蒙·G. 布朗（Edmund G. Brown）签署实施。麦卡蒂尔领衔的 9 人委员会随即紧锣密鼓地展开调研工作。仅用 4 个月，花费不到 4.5 万美元，该委员会就拿出了内容翔实的研究报告。该报告指出，"当前缺乏协调的随意填埋海湾的行为威胁到海湾本身，也因此威胁到现在和将来海湾地区居民的福祉"[①]。它认为，问题的症结在于缺乏统筹规划和有效的监管机制，所以，为公共利益计，应将整个海湾作为一个整体进行规划管理，并创设一个能够协调海湾使用中的利益冲突和指导海湾及其沿岸地区开发与保护的政府机构。为实现此目标，该报告建议成立"旧金山湾保护和开发委员会"（San Francisco Bay Conservation and Development Commission），对海湾地区的自然经济

---

① Rice Odell, *The Saving of San Francisco Bay: A Report on Citizen Action and Regional Planning*, p. 23.

状况进行更详尽的研究，并针对湾区保护与开发提出可行性综合规划。另外，该报告还建议，在规划制定期间，此委员会还应当对任何要求填埋海湾或挖取湾底泥沙的申请行使审批权。

1965 年新会期开始后，加利福尼亚州议会便针对"旧金山湾保护研究委员会"的报告展开了激烈争论。通过麦卡蒂尔等人的细致工作和民众的积极参与，以此报告为基础的《麦卡蒂尔—佩特里斯法》（McActeer-Petris Act）终于在当年 6 月获得通过。9 月 17 日，"旧金山湾保护和开发委员会"正式成立。该委员会规模很大，共有代表广泛的 27 名成员。除此之外，该委员会还根据授权组建了一个成员为 19 人的"市民咨询委员会"（citizens' advisory committee）配合它开展工作。根据规定，该委员会应在 1969 年会期开始时向州议会提交最终版本的研究报告和规划方案。在此期间，为使海湾免遭不合理的破坏，它还要负责审批一切要求填埋海湾或挖取湾底泥沙的申请。

旧金山湾保护和开发委员会在成立之初就制定了严格的工作时间表。在随后 3 年多的时间中，委员们按照计划有条不紊地进行调研、听证、咨询和沟通活动，终于如期完成任务。他们提交的这份《旧金山湾规划》开篇就振聋发聩地指出："旧金山湾是一份无可替代的自然礼物，人类可以滥用并最终彻底毁掉它，也可以为子孙后代改进和保护它。"随后它又指出："此海湾是一个单一的水体，对某一部分产生影响的改变也会影响到其他部分，所以，只有全区域统筹规划此海湾才能得以保护和改进"；"此海湾不应再被当作可以用砂石和泥土填埋来创造新土地的普通不动产，而应当被看作整个湾区最有价值的自然资产，被看作不仅能够造福湾区居民而且能够造福所有加利福尼亚人乃至所有美国人的水体"。它预计该规划的实施可以达到如下目标："支撑美国西部经济发展，提供惬意的休闲场所，调节气候，抑制空气污染，滋养鱼类和野生动植物，满足欣赏美景的需要，以及以数不清的其他方式丰富人们的生活"①。它为改善公众亲海休闲环境提出的具体建议包括以下几个方面：

1. 提供必要的公众亲水休闲场所和设施。鉴于海湾地区人口持续增长，越来越多的人会利用闲暇时间参加亲水休闲活动，所以应当为公众提供海滩、滨海公园、垂钓码头和小艇船坞等必要的亲水休闲场

---

① San Francisco Bay Conservation and Development Commission, *San Francisco Bay Plan*, p. 1.

地和设施。

2. 提供足够的公众亲海休闲通道。除了公园、海滩等到达海湾的公共通道外，还应当最大可能地为公众提供其他到达海边的通道和沿水边行走的通道；任何获得许可的填海项目，无论是用于建造住房、工厂、码头、机场、公共设施还是用于别的目的，都应当提供公共亲海通道，除非项目所处地域不利于公众安全或项目性质与公共通行有明显的冲突；如果遇到项目本身不适合提供公共亲海通道的情况，则应尽快在附近开辟替代通道。

3. 重视海湾开发的视觉效果。海湾开发应当最大限度地结合自然风光，不仅要充分保证公共亲海通道，还要尽可能地满足人们从各个角度欣赏迷人海景的需要；为实现这个目标，沿岸开发规划应由了解此意的景观设计师、城市规划师和建筑工程师以及其他相关领域专家联合制定。①

1969 年 1 月 6 日，这份《旧金山湾规划》被提交给加利福尼亚州议会。该规划在州议会的命运将决定旧金山湾区以后的发展方向，所以环保主义者和房地产开发商等利益集团都很重视，他们纷纷发动起来对议会施加各自的影响。就环保主义者这一方来说，他们的声势不断壮大。1969 年 2 月，又有克莱尔·戴德里克（Claire Dedrick）和珍妮特·亚当斯（Janet Adams）这两位女性在圣马特奥县（San Mateo County）组建了"拯救我们的海湾行动委员会"（Save Our Bay Action Committee），抵制填海造地行为。经过多方努力，略作修改后的《旧金山湾规划》最终在加利福尼亚州议会获得通过。为督促时任州长里根尽快签署，该规划的支持者们向他递交了 20 万人签名的请愿书。② 作为保守的共和党人，里根对环保以及海岸带规划等问题总体上不甚热心，但这一次他却出乎很多人意料地对改善公众亲海休闲环境的观念表示认同，并敦促旧金山湾规划尽快实施。他曾经说过，"从项目选择的角度说，加利福尼亚州的海滩是本州追求休闲的公众要求最多的单一资源，因此，它们被给予首要的考虑"③。在 1969 年 1 月 7 日，

---

① San Francisco Bay Conservation and Development Commission, *San Francisco Bay Plan*, pp. 21, 27, 29.

② Jared Orsi, "Restoring the Common to the Goose: Citizen Activism and the Protection of the California Coastline, 1969 – 1982", p. 259.

③ Elizabeth Campbell, "Whose Beaches?", *Los Angeles Times*, August 8, 1971, pp. 14, 18.

即《旧金山湾规划》被递交议会的第二天，里根又在讲话中对旧金山湾保护和开发委员会表示支持，同时他还强调了实施湾区规划的紧迫性："在保护这无价的自然资源方面，我们不能再允许有任何拖延，不管拖延的时间多么短暂。"① 所以，尽管有来自房地产开发商等利益集团的强大压力，里根州长还是在当年 8 月 7 日签署了该法案。在签署之时，他讲到："这个法案将挽救海湾。"②

在通过《旧金山湾规划》的同时，加利福尼亚州议会又修订《麦卡蒂尔—佩特里斯法》，将旧金山湾保护和开发委员会由临时性调研机构转为常设性执行机构，并指令它负责该规划的具体实施。该委员会成员还是 27 名，2 名来自联邦政府机构，5 名来自州政府机构，13 名来自旧金山湾区各县、市政府，另有 7 名为湾区的民众代表。此外，加利福尼亚州参、众两院各指派一名成员负责与委员会沟通，并参与其活动。③ 该委员会主要被赋予三项职责：

1. 依据法律和湾区规划管制一切针对旧金山湾的填埋、挖掘或改变其原有用途的行为。

2. 对距离海湾 100 英尺内土地的开发行使适当管辖权。对此区域委员会主要行使两方面的职权：（a）根据实际情况要求新开发项目最大限度地提供公众亲海通道；（b）确保现存海岸地产资源能够满足港口、海水依赖型工业企业和休闲活动等需要优先考虑之项目的需要，以便尽量减少对海湾的填埋。

3. 对海湾周边湿地中盐池的填埋行使适当管辖权。如果有填埋盐池的申请，委员会应当通过鼓励奉献或征购的方式保留住水域面积。如果决定授权开发，委员会要确保开发项目为公众提供到达海湾的通道，并尽最大可能地保持水域面积。④

修订后的《麦卡蒂尔—佩特里斯法》还授权旧金山湾保护和开发

---

① Rice Odell, *The Saving of San Francisco Bay: A Report on Citizen Action and Regional Planning*, p. 74.

② Rice Odell, *The Saving of San Francisco Bay: A Report on Citizen Action and Regional Planning*, p. 84.

③ Earl H. Bradley and John M. Armstrong, *A Description and Analysis of Coastal and Shoreline Management Programs in the United States*, pp. 191–192.

④ San Francisco Bay Conservation and Development Commission, *1976 Annual Report*, 1976, p. 2.

委员会定期审查与更新海湾规划，以适应不断变化的形势。至此，旧
金山湾地区的开发进入周密规划和严格监管的时期，湾区自然环境和
公众亲海休闲环境都趋于改善。

三　1972 年第 20 号创制提案与 1975 年《加利福尼亚州海岸规划》

《旧金山湾规划》的通过及永久性旧金山湾保护和开发委员会的
设立为旧金山湾区的保护性利用提供了保障，同时也令整个加利福尼
亚州的环保主义者们欢欣鼓舞，因为这让他们看到了制定全州性海岸
管理规划的希望。时任加利福尼亚州众议院海岸带资源特别委员会
（Select Committee on Coastal Zone Resources）顾问的彼得·道格拉斯
（Peter Douglas）就曾这样评价："（旧金山湾）保护和开发委员会的
成立与有效运作激发并推动了针对整个海岸的更大规模的行动。"[1]

同一时期，加利福尼亚州又发生了一件促使人们正视海岸环境问
题的事件——圣巴巴拉（Santa Barbara）近海钻井平台井喷事故。
1969 年 1 月 28 日，圣巴巴拉海峡离岸 6 英里处的海上钻井平台发生
井喷事故。井喷持续了好几个月，210 万加仑的原油流入海中，给沿
岸地区造成灾难性后果，"闻名全国的度假海滩受到严重污染"[2]。当
地人愤怒地游行抗议，其他人从各大报纸杂志上看到沾满油污的小鸟
和黑乎乎的海滩后也是义愤填膺。受到刺激的各界人士迅速采取行
动。当地学者和知名人士联合发表了《圣巴巴拉环境权利宣言》
（Santa Barbara Declaration of Environmental Rights），加利福尼亚州议会
中的环保主义者们则将 1970 年命名为"环境年"，他们提出了大约
1100 个涉及环境的议案，其中的 4 个直接针对海岸保护问题。[3] 不
过，正因为相关议案太多，环保主义者们的力量被分散，难以形成合
力，另外再加上党派斗争和利益集团的阻挠，他们提出的实质性措施
一条也没能通过。

鉴于这次教训，以加利福尼亚州参议院自然资源委员会（Natural
Resources Committee）顾问 O. 詹姆斯·帕尔多（O. James Pardau）为
核心的一批人决定加强环保主义者之间的协调统一，他们于 1970 年

---

① Stanley Scott, *Governing California's Coast*, p. 9.
② 徐再荣等：《20 世纪美国环保运动与环境政策研究》，第 144 页。
③ Stanley Scott, *Governing California's Coast*, p. 13.

底到 1971 年初组织成立"加利福尼亚州海岸联盟"（California Coastal
Alliance），推进"拯救我们的海岸"（Save Our Coast）运动。到 1971
年 3 月，已经有 34 个组织加入该联盟。① 4 月 1 日，联盟议案的主要
起草人——州众议员艾伦·希尔若提（Alan Sieroty）与州众议院议长
莫雷蒂（Moretti）等几位联署人共同召开新闻发布会，宣传他们的主
张。这标志着加利福尼亚州海岸联盟倡导的"拯救我们的海岸"运动
正式启动。他们提交的议案（AB 1471）指出，加利福尼亚州海岸带
是"属于全体人民的独特且极具价值的自然资源，也是一个处于微妙
平衡的生态系统；持久保护海岸带现存的自然和景观资源是现在及未
来本州乃至全国居民的最大关切"②。他们认为，应当成立"加利福
尼亚州海岸带保护委员会"（California Coastal Zone Conservation Commis-
sions）以及 6 个地区性委员会，由他们对整个加利福尼州的海岸带进
行调查研究，并提出综合性保护与管理规划。他们提出的议案还要
求，在调查研究期间也要确保规划范围内的任何开发建设都要与此议
案的目标一致。

此议案虽然是以加利福尼亚州众议院中的民主党议员为主导提
出，但后来它也得到该州众议院中共和党议员的大力支持，成为两党
议员共同倡导的议案。同时，"拯救我们的海岸"运动也得到越来越
广泛的支持，100 多个组织连同他们的 1400 多个地方分会都不同程度
地参加进来，这使得该运动也具有了明显的跨党派性质。由于此议案
涉及的资金超过 500 万美元，所以根据加利福尼亚州宪法它需要获得
三分之二以上的多数票才能通过。结果，在该州众议院它以 56 : 17
的绝对多数顺利通过，但在该州参议院它却遭遇了滑铁卢。在参议院
它被分配到自然资源委员会审议，但此委员会对环保问题很不热心，
所以直到 1971 年会期结束这份议案在参议院也没能通过委员会这一
关，根本就没有得到大会表决的机会。③

到 1972 年，加利福尼亚州海岸联盟改变策略，他们倾尽全力做
最后一搏。希尔若提重新在众议院提交议案（AB 200），同时由共和
党参议员唐纳德·格伦斯基（Donald Grunsky）在参议院也提交一份

---

① Janet Adams, "Proposition 20——A Citizen's Campaign", p. 1027.
② Janet Adams, "Proposition 20——A Citizen's Campaign", p. 1028.
③ Janet Adams, "Proposition 20——A Citizen's Campaign", pp. 1031 – 1032.

内容一致的议案（SB 100）。另外他们也开始着手准备，如果议会这条路实在走不通就干脆行使创制权，直接诉诸选民表决。①

到1972年5月15日，感觉在参议院通过他们的议案已经无任何希望，加利福尼亚州海岸联盟便彻底放弃了议会立法的念头，正式启动公投计划。他们提出的公投议案《加利福尼亚州海岸保护法》的内容与希尔若提之前提交给议会的议案基本一样，也是先强调海岸带对人们的重要性和对其加以保护的必要性，然后提出它要实现的目标和采取的措施。该提案主张成立加利福尼亚州海岸带保护委员会及其6个地区委员会，由他们通过调查研究于1975年12月1日之前制定出既能保护自然生态又能保持和增强审美价值的海岸带保护与修复长远规划并提交州议会审议。该提案还主张将州属海域和平均高潮线向陆地延伸1000码的范围划定为"建设审批区"，并主张规划制定期间任何在此范围内的开发建设（除特别规定者外）都必须预先得到该委员会或其地方委员会的批准，以便阻止破坏海岸自然环境和公众亲海通道的开发建设行为。此提案的发起人很慎重，他们只希望通过选民公投的方式实现制定加利福尼亚州海岸带保护综合规划的目标，并在此之前对破坏性开发行为施加限制，所以，他们在提案中特别注明，等综合规划制定出来之后，该法即在1976年底失效，而海岸带保护委员会也在完成其使命后自动解散。为了使该目标能够顺利实施，他们还要求给加利福尼亚州海岸带保护委员会拨款500万美元以保证其正常运转。

根据当时加利福尼亚州宪法和选举法的规定，创制提案必须在大选开始之前131天得到5%选民的签名支持才可以正式提交。也就是说，加利福尼亚州海岸联盟必须在1972年8月初之前征集到至少325 804位选民的签名才有机会使他们的提案在当年11月7日的大选日付诸全民公决。创制提案起草出来以后，还需要先经过州务卿、州检察总长、立法分析师和财务总监等相关负责人逐级审查，这又会耽误很长一段时间，所以留给加利福尼亚州海岸联盟征集签名的时间很紧张。尽管如此，联盟的领导者们仍然很自信，他们拒绝雇用专业签名公司，决定完全由志愿者来完成这个任务。正如他们所料，志愿者们表现出超乎寻常的热情和主动性，很快便征集到超过所需数量的签

---

① 加利福尼亚州选民在1911年获得创制权。

名，使他们的创制提案得以正式列入加利福尼亚州 1972 年的公投计
划，编号为 20（Proposition 20）。

加利福尼亚州 1972 年第 20 号创制提案的反对派用极具煽动性的
语言对它进行抨击。他们自称是公共利益的代言人，指责该提案的支
持者们是那些要攫取海岸土地用于自己特殊目的的精英人士。他们宣
称，此提案将导致加利福尼亚州沿海 15 个县经济衰退、失业人数增
加、土地价值降低和地方税收减少。反对派的背后是财大气粗的石油
公司和房地产开发商等特殊利益集团，他们凭借自己的垄断地位和雄
厚财力对公众施加影响。比如，南加利福尼亚州爱迪生公司（The
Southern California Edison Company）在给客户寄账单时附上一封信，
声称该创制提案会导致电力短缺和电厂建设延缓，因此产生的费用一
定"不可避免地会由消费者承担"①。为了扩大己方影响力，反对派还
不惜重金购买了大量广播和电视上的广告时间，搞轰炸式宣传。加利
福尼亚州海岸联盟的法务人员依据"公平原则"（Fairness Doctrine）
向联邦通信委员会（Federal Communications Commission）申诉。在该
委员会的干预下，广播电台和电视台才适当增加了对第 20 号创制提
案的宣传。即使这样，反对派出现在广播和电视上的机会仍然是加利
福尼亚州海岸联盟的 20 多倍。②

加利福尼亚州海岸联盟没有反对派那样雄厚的资金，但他们有更
广泛、更真诚的支持者。到 11 月份投票前，支持该联盟的组织已经
增至 700 多个。③ 这些组织涉及众多行业，他们的分会更是遍布各地。
有些组织看似与海岸无关，但也加入进来。比如，"加利福尼亚州医
疗协会"（California Medical Association）就是如此。该协会本与海岸
无关，但其负责人认为联盟的创制提案有益于所有加利福尼亚人的健
康，所以他们也坚定地支持。像塞拉俱乐部这种历史悠久、影响巨大
的环保组织在此过程中更是发挥了重大作用。还有无数个人也志愿地
为此提案的通过贡献力量。比如，奥兰治县的一位妇女在自己家里组
织实施了电话宣传活动，用电话给本县 200 万选民每人至少联系两

---

① Jared Orsi, "Restoring the Common to the Goose: Citizen Activism and the Protection of the California Coastline, 1969 – 1982", p. 264.

② Janet Adams, "Proposition 20——A Citizen's Campaign", pp. 1039 – 1040.

③ Jared Orsi, "Restoring the Common to the Goose: Citizen Activism and the Protection of the California Coastline, 1969 – 1982", p. 263.

次，动员他们支持该提案；一位广告代理人则自制电视短片，提醒选民不要相信反对派的误导性广告。① 最令人惊奇的是众多加利福尼亚州的州议会议员也站出来公开支持该创制提案。本来，该提案正是因为不能在议会获得通过才走上公投这条路的，但后来在该州众议员希尔若提、参议员格伦斯基和众议院议长莫雷蒂、参议院临时议长詹姆斯·米尔斯（James Mills）等人的带动下，加利福尼亚州议会有 60 位议员表示赞同 20 号创制提案，他们占到了两院议员的半数。② 其中最有代表性的是米尔斯。作为该州参议院临时议长的他坦承，在此问题上议会立法失灵，"只有公众自己起来要求保护他们无可替代的海岸，公共利益才能得以实现"③。他自己确实也身体力行。在意识到不能以立法者的身份保护海岸的情况下，他便决定以普通公民的身份参与到宣传 20 号创制提案的行列中。在此过程中，他所做的最引人注目的一件事情是通过领导"旧金山至圣迭戈沿海自行车骑行"活动（San Francisco-San Diego Coastal Bike Ride）扩大对 20 号创制提案的宣传。9 月 14 日清晨，他率队从旧金山金门大桥附近出发，历时 12 天，骑行 578 英里，最终到达圣迭戈的拉霍亚（La Jolla）。沿途有众多媒体人士追随，取得了很好的宣传效果。

　　经过多方的共同努力，第 20 号创制提案在 1972 年 11 月 7 日的公投中获得超过 55% 的支持率，顺利通过。④ 一家反对该提案的报纸报道此结果时用了酸溜溜的标题："尼克松总统在加利福尼亚州获得 55% 的压倒性胜利，海岸创制提案侥幸获得 55.1% 的选票。"⑤

　　第 20 号创制提案获得通过后成为《加利福尼亚州 1972 年海岸带保护法》（The California Coastal Zone Conservation Act of 1972），纳入加利福尼亚州《公共资源法》（California Public Resources Code）中。⑥

---

　　① Jared Orsi, "Restoring the Common to the Goose: Citizen Activism and the Protection of the California Coastline, 1969 – 1982", p. 262.

　　② Stanley Scott, *Governing California's Coast*, p. 16.

　　③ Jared Orsi, "Restoring the Common to the Goose: Citizen Activism and the Protection of the California Coastline, 1969 – 1982", p. 263.

　　④ Deborah A. Sivas, "California Coastal Democracy at Forty: Time for a Tune-up", *Stanford Environmental Law Journal*, Vol. 36, No. 1, December 2016, p. 119.

　　⑤ Janet Adams, "Proposition 20——A Citizen's Campaign", p. 1042.

　　⑥ Deering's California Codes, Public Resources Code Annotated, Division 18, San Francisco: Bancroft-Whitney Company, 1976.

加利福尼亚州众议院海岸带资源特别委员会顾问彼得·道格拉斯评论说，该法的通过"标志着公众接受了对私有财产权之行使范围施加严格限制的做法，至少对滨海资产来说是如此……20 号创制提案的产生很大程度上是因为公众认识到，私人利益的实现……私有财产的无限制使用实际上是以牺牲公共利益为代价的"①。

《加利福尼亚州 1972 年海岸带保护法》生效后不久，加利福尼亚州海岸带保护委员会便按照它的规定成立起来。该委员会成员共 12 人，其中 6 人是 6 个地区委员会各自选派的 1 位代表，另外 6 位是公众代表。② 6 个地区委员会人数不等，总共是 84 位。③

加利福尼亚州海岸带保护委员会的职责之一是按照规定审批海岸地区所有的开发建设申请。该委员会审批建设项目时施加了一些限制条件，很多业主不愿意接受，他们以自己受宪法保护的财产权受到侵犯为由到法院起诉。在受理此类案件时，加利福尼亚州法院总是强调该委员会的审批限制只有很短的有效期，不会对业主的财产权产生太大影响，所以不支持他们的诉讼请求。所以说，正是委员会的临时过渡性质使他们得以较为顺利地行使审批权力。该委员另一项更主要的职责是通过调查研究编制出加利福尼亚州海岸保护规划。经过广泛听证和详细调查研究，该委员会终于在 1975 年 12 月 1 日按时拿出了洋洋洒洒长达 443 页包含 162 条政策建议的《加利福尼亚州海岸规划》（California Coastal Plan），提交给州长和州议会审议。有人评价它是"公众参与海岸保护的巅峰之作"④。

《加利福尼亚州海岸规划》开篇这样给海岸下定义："海岸是千百万加利福尼亚人在炎热的夏天躲避酷暑的地方……是冲浪、钓鱼、游泳、泛舟、日光浴、野餐、骑行、研究潮间生物、搜寻奇石和贝壳、打排球、散步、闲坐、凝视的地方——简言之，是娱乐以及间或

---

① Stanley Scott, *Governing California's Coast*, p. 311.

② Deering's California Codes, Public Resources Code Annotated, Division 18, Section 27200 – 27203.

③ Deering's California Codes, Public Resources Code Annotated, Division 18, Section 27200 – 27203; M. B. Lane, "To Governor Edmund G. Brown, Jr., the Members of the California Legislature, and the People of California", in California Coastal Zone Conservation Commissions, *California Coastal Plan* (December 1975), p. iii.

④ Deborah A. Sivas, "California Coastal Democracy at Forty: Time for a Tune-up", p. 122.

仅仅是享受海岸提供的灵感和宁静的地方。"① 很显然，此定义突出强调了海岸的公众休闲功能。随后，该规划又对如何实现海岸的公众休闲娱乐功能提出了很多建议，比如它要求海岸地区的任何新建项目都必须提供公众亲海通道、改进通达海岸的公共交通体系、增加海岸的休闲娱乐设施和修建滨海休闲游径等等。同时，该规划还特别指出，其基本目标之一就是要确保各收入阶层的人都能最大化地享受到亲海休闲的权利。为此，它建议在滨海地区提供低价格的旅游设施，不减少并适当增加中低收入者可以买得起的房屋等等。另外，该规划也提到尊重私有产权的问题，它主张在必要的情况下可以通过政府征购的方式解决私有产权与海岸保护及公众亲海权之间的冲突。总体来看，保障公众亲海权是这份规划设定的"主要目标之一"②。

四　《加利福尼亚州 1976 年海岸法》的颁布与实施

根据 1972 年第 20 号创制提案以及由其转化而来的《加利福尼亚州 1972 年海岸带保护法》的规定，加利福尼亚州海岸带保护委员会只是一个临时性的过渡机构，它制定的海岸带规划也只是一个立法建议，并不具有任何法律效力。只有先得到州议会认可，并据其颁布新的法律之后，该规划方案才能发挥实际作用。到 1977 年 1 月 1 日，《加利福尼亚州 1972 年海岸带保护法》自动废止，③ 加利福尼亚州海岸带保护委员会也要随之解散。如果在此之前该规划方案不能被州议会接受，该委员会成员和加利福尼亚州海岸联盟以及所有相关人员这几年的努力又将付诸东流。所以，争取州议会尽快接受此方案便成为刻不容缓之事。

加利福尼亚州议会长期被利益集团控制，之前众多主张维护海岸的提案都在其中夭折，这也是 1972 年第 20 号公民创制提案出现的根源。因此，要使该州议会接受这份以维护海岸资源和促进公众亲海权为导向的海岸带规划绝非易事。不过，到 1970 年代中期，保护海岸及公众亲海权已经是众望所归，而且，加利福尼亚州海岸联盟早已做

---

① California Coastal Zone Conservation Commissions, *California Coastal Plan*, December 1975, pp. 3 – 4.

② Tomoko Kodama, *Creating Public Access to the Shoreline: The California Coast and Boston's Waterfront*, p. 8.

③ Deering's California Codes, Public Resources Code Annotated, Division 18, Section 27650.

好准备，在 1972 年时他们就已经开始谋划如何改变立法机构的成员及其内部权力分配的问题。在 1974 年加利福尼亚州议员选举中，海岸联盟和其他相关组织纷纷出钱出力，支持赞成海岸保护的候选人当选；选举结果出来后，塞拉俱乐部的成员则逐个拜访新当选的议员，动员他们支持海岸保护立法。为避免重蹈立法提案在专门委员会审议阶段即被否决的覆辙，海岸联盟的领导鼓动州参议院临时议长米尔斯将支持海岸保护的参议员艾伯特·罗达（Albert Rodda）调整到此前一直对海岸保护法充满敌意的自然资源委员会，以便他在关键时刻能够投上决定性一票。与此同时，地产和能源利益集团也放松了对该法的抵制，因为他们担心如果议会不能及时通过该法律，新的公民创制提案可能会导致更严格的监管。所以，尽管也经历了一些波折，但基于《加利福尼亚州海岸规划》拟制的立法提案最终还是赶在《加利福尼亚州 1972 年海岸带保护法》自动废止前于 1976 年 8 月底获得通过。①

新通过的法律被定名为《加利福尼亚州 1976 年海岸法》（California Coastal Act of 1976），它也被纳入加利福尼亚州《公共资源法》中。② 该法虽然不是照搬《加利福尼亚州海岸规划》，但基本上是以之为蓝本拟制，吸纳了其中的很多建议。该法显然并无意于平衡与海岸相关的各种利益诉求和关切，而是强烈地倾向于保护海岸自然资源和公众亲海权。③

《加利福尼亚州 1976 年海岸法》的基本目标之一就是在贯彻资源保护原则和保障私有财产宪法权利的同时"最大限度地增加到达海岸和沿海岸行走的公共通道并尽可能地增加公众在海岸休闲的机会"④。其第二条特别强调，"开发不能妨碍公众行使他们通过使用或立法授权而获得的到达海洋的权利，这包括但不限于使用第一条陆生植被边

---

① Gilbert L. Finnell, Jr., "Coastal Land Management in California", *American Bar Foundation Research Journal*, Vol. 1978, No. 4, Fall 1978, p. 721.

② Deering's California Codes, Public Resources Code Annotated, Division 20, San Francisco: Bancroft-Whitney Company, 1996.

③ Deborah A. Sivas, "California Coastal Democracy at Forty: Time for a Tune-up", pp. 123 - 124.

④ Deering's California Codes, Public Resources Code Annotated, Division 20, Section 30001.5 (c).

缘线之下的干沙滩和石质海滩的权利"①。它还规定，除本法列明的特殊情况（不利于公众或军事安全、不利于保护脆弱海岸资源、会对周边农作物造成不利影响或者附近通道充足）外，任何新开发项目都应当提供从最近的公共道路到达和顺沿海岸的公共通道。② 该法意在促进公众亲海权的规定还包括以下几条：要求在一切适宜的地方尽可能地提供公共休闲设施；鼓励提供低价格的旅行和休闲设施以满足不同人群的需要；要求保护海边特有的休闲场所；要求将海边适于休闲之地尽可能划作休闲之用；要求将那些对亲海休闲具有重要支撑作用的陆上土地也尽可能地划作休闲之用。

《加利福尼亚州 1976 年海岸法》只是提出了改善海岸环境和促进公众亲海权的基本政策，但它并没有针对海岸带土地资源的利用做出多少具体规定。根据该法，除了少数关键地区外，加利福尼亚州绝大多数海岸的规划都要由相应的地方政府制定和实施。该法要求沿海地区各个地方政府都要依据它制定出本地的海岸带规划，并且特别要求每份规划都要包含尽可能确保公众亲海通道和最大限度提供休闲娱乐区域的内容。③ 各地方的规划必须先经加利福尼亚州海岸委员会（State Coastal Commission）批准方可实施。

加利福尼亚州海岸委员会是依据《加利福尼亚州 1976 年海岸法》设置的一个永久性海岸带管理机构，由它继承之前海岸带保护委员会及其 6 个地区委员会留存的所有权益和责任。该委员会附设在加利福尼亚州自然资源管理局，其 15 名成员中有州自然资源管理局局长、州商务和交通局局长、州土地委员会主席和六个滨海地区的各一名代表，另外 6 位成员是一般公众代表，由州长与州议会参、众两院负责人每人各自任命两位。④ 该委员会负责审批地方政府的海岸管理规划并监督地方政府实施这些规划和受理由此产生的投诉，它也可以应地方政府书面请求代为制定其全部或部分地方规划。另外，该委员会还负责根据本法制定公众海岸通行规划，并将其纳入地方政府的规划之中。《加利福尼亚州 1976 年海岸法》还规定，州政府应当将依据联邦

---

① Deering's California Codes, Public Resources Code Annotated, Division 20, Section 30211.

② Deering's California Codes, Public Resources Code Annotated, Division 20, Section 30212.

③ Deering's California Codes, Public Resources Code Annotated, Division 20, Section 30500.

④ 欲了解此委员会的具体情况可访问其网站：https：//www. coastal. ca. gov。

《海岸带管理法》所获得的资金中不低于50%的部分用于地方海岸带规划的制定、审批和实施。

为了确保维护海岸和促进公众亲海权的目标能够实现,《加利福尼亚州1976年海岸法》还要求,除特殊规定的情况外,海岸带内的任何开发建设都必须先经海岸委员会和地方政府审批。该法定义的海岸带范围是除旧金山湾区之外的加利福尼亚州所有滨海地区,包括全部州属海域和近海岛屿,以及平均高潮线向陆一侧1000码之内的陆地(在河口、生态栖息地和休闲场所等特殊地区可以延伸到第一条山脊线或平均高潮线向内陆5英里处)。①

依据《加利福尼亚州1976年海岸法》成立的加利福尼亚州海岸委员会只是个管理机构,它可以行使规划、审批与监督等职能,但它不能承担海岸维护和公众亲海休闲设施建设等具体工作。针对这种情况,加利福尼亚州议会随即又通过了与1976年海岸法配套的《海岸保护法》(Coastal Conservancy Act),② 并据此在自然资源局下新设了具有执行功能的"海岸保护处"(State Coastal Conservancy)。③ 海岸保护处有一个7人组成的理事会,其成员包括州自然资源局局长、财政总监和海岸委员会主席,其余4位由州长任命两位,参、众两院议长各任命一位。该处还拥有约70名专业知识多元化的工作人员,他们可以具体实施维护海岸和促进公众亲海权的项目。该处负责协调那些可能会对海岸产生影响的州政府部门和联邦政府部门,以便提高效率和避免工作的交叉重叠,同时它还配合海岸委员会推进海岸规划的实施,比如它可以负责接收海岸委员会要求开发者奉献的公众亲海通道等等。具体来说,该处的工作主要集中在以下几个方面:为促进自然资源保护和公众亲海休闲之目的而征购土地;设计和实施改善公众亲海休闲环境的项目;修复与改进湿地、沙丘和海洋栖息地等滨海资源;改善和保护海洋与海岸水质;修复和改进城区海岸环境,为海岸依赖型企业提供支持;支持环境教育项目,帮助建设教育中心和提供相关设施。该处开展这些工作所需要的资金主要通过政府发行债券的

---

① Deering's California Codes, Public Resources Code Annotated, Division 20, Section 30103 (a).

② Deering's California Codes, Public Resources Code Annotated, Division 21, San Francisco: Bancroft-Whitney Company, 1996.

③ 欲了解此机构的具体情况可访问其网站 https://scc.ca.gov。

方式筹集，另外它还可以使用联邦补助金以及通过其他各种途径获得的资金。为方便其工作，该处被赋予很大的"灵活性"[①]，它可以自行获取土地从事建设和维护，也可以拨付资金给地方政府、其他公共机构或非盈利组织，由他们代行其责。

与其他州相比，加利福尼亚州在海岸带治理方面的一大特色是它同时设置了两个专门的机构，一个是负责规划和管理的海岸委员会，另一个是负责实施的海岸保护处。二者相辅相成，共同促进加利福尼亚州海岸环境保护和公众亲海权的发展。

到 1979 年，加利福尼亚州议会又修订其海岸法，推出"联合海岸通达项目"（Joint Coastal Access Program），授权海岸委员会和海岸保护处这两个机构协同其他部门于 1980 年 6 月 1 日前拟定出指导州和地方政府部门建设、管理公众亲海通道的方案，并指令海岸委员会在与海岸保护处等部门协商后于 1981 年 1 月 1 日前确定负责管理各公众亲海通道的最合适的机构，同时要求它估算管理和维护这些通道的费用并向州长和议会提出筹措资金的途径。这两个机构每年都要向州长和州议会汇报项目执行情况。此联合项目的实施更有力地推进了加利福尼亚州公众亲海权的发展。

第四节 北卡罗来纳州《滨海地区管理法》及其修订

相比较来说，北卡罗来纳州旨在维护公众亲海权的法律出台较晚。该州 1974 年才正式颁布了综合性的《滨海地区管理法》（Coastal Area Management Act），而且该法也没有把维护公众亲海权作为主要目标。直到 1981 年，北卡罗来纳州的公众亲海休闲环境在美国滨海各州中仍然属于最差的一批。[②] 不过，经过之后的不断修订，特别是经过 1981 年和 1983 年的两次修订，北卡罗来纳州《滨海地区管理法》维护公众亲海权的倾向越来越明显，而且该州后续采取的维护公

---

① Peter Grenell, "The Coastal Conservancy: The First Decade", *California Waterfront Age*, Vol. 2, No. 4, Fall 1986, p. 4.

② Division of Coastal Management of North Carolina Department of Natural Resources and Community Development, *Getting to the Beach: A Report on the North Carolina Public Beach Access Program 1981 – 88*, 1989, p. 2.

众亲海权的措施相较于其他州来说也更为直接。

一 北卡罗来纳州《滨海地区管理法》的出台

北卡罗来纳州海岸线总共有 4700 多英里，但其中真正的"海滩"却只有大约 320 英里，① 其余的则多以河流入海口或堰洲岛的形式呈现。由于河道纵横，再加上地势平缓，所以北卡罗来纳州滨海地区沼泽湿地广布，形成多达 220 多万英亩的河口湿地生态系统。② 这使得河口湿地一直是该州滨海资源使用和管理的中心。

遍布沼泽湿地的特殊地貌使得北卡罗来纳州沿海地区早年的居民人数较少，开发也比较晚，能够带动经济发展的工业企业基本上没有。因此，在很长的历史时期中，开发湿地、改善民生一直是当地政府的主要目标。③ 为实现此目标，很多滨海湿地都被出售给私人。④

20 世纪中期滨海自然资源保护运动兴起之后，北卡罗来纳州的关注点依然是河口湿地，只不过政策导向开始发生变化。1959 年，该州颁布《土地法》，对转让州属湿地给私人的行为施加限制。此法还宣布，该州将把为民众保存水底土地作为其基本政策。1965 年，该州议会又颁布法律，要求滨海土地所有权人进行登记备案，以便理清水底土地的权属关系。⑤ 1969 年，北卡罗来纳州又出台法律，加强对疏浚和填塞河口行为的管理。这是该州第一部以保护滨海自然资源为目标的重要法律。当然，该法还是只针对河口湿地。不过，该州议会随即又指示贸易和游钓渔业部门负责人主持实施一项长期的调研计划，为以后制定更为全面的海岸带综合治理规划做准备。⑥

---

① James H. Herstine, *The North Carolina Public Beach and Coastal Waterfront Access Program under the* 1974 *Coastal Area Management Act: An Investigation and Examination of the Program's Creation and Implementation*, Ph. D. Degree dissertation, North Caroline State University, 2000, p. 2.

② David Owen, "Land Acquisition and Coastal Resource Management: A Pragmatic Perspective", *William and Mary Law Review*, Vol. 24, No. 4, Summer 1983, p. 645.

③ Department of Natural and Economic Resources, *Draft of the North Carolina Coastal Plan*, April 1977, p. 1 - 1.

④ Office of Coastal Zone Management of National Oceanic and Atmospheric Administration, *State of North Carolina Coastal Management Program and Final Environmental Impact*, 1978, pp. 64 - 65.

⑤ Thomas J. Schoenbaum, "Management of Land and Water Use in the Coastal Zone: A New Law is Enacted in North Carolina", *North Carolina Law Review*, Vol. 53, No. 2, December 1974, p. 280.

⑥ Milton S. Heath, Jr., "A Legislative History of the Coastal Area Management Act", *North Carolina Law Review*, Vol. 53, No. 2, December 1974, p. 345.

在完成几份阶段性咨询报告之后，北卡罗来纳州的贸易和游钓渔业部门负责人于 1971 年 12 月遵照议会指示组建"河口综合规划蓝带委员会"（Comprehensive Estuarine Plan Blue Ribbon Committee），正式启动滨海资源综合利用规划的起草工作。该委员会成员包括律师、学者、政府官员、环境科学家和工程师以及工业界代表在内的各界人士 25 人。后来，该委员会又进一步扩大，增加"跨部门环境委员会"（Inter-agency Committee on the Environment）和海洋科学理事会（Marine Sciences Council）这两个与海岸带管理相关之组织的成员。

河口综合规划蓝带委员会的调研活动得到北卡罗来纳大学海洋基金办公室（The Office of Sea Grant）的资助。同时期发生的两件大事也为该委员会的工作提供了动力。一件大事是北卡罗来纳州在 1972 年 11 月修订本州宪法，将《环境权利法案》（Environmental Bill of Rights）纳入其中，宣布"为维护本州公民之利益而保存和保护州内土地与水体将成为本州的政策"①；另一件大事是美国联邦政府于 1972 年颁布《海岸带管理法》，鼓励各州按照其要求制定海岸带管理规划，并承诺为满足其要求的规划提供资助。

良好的外部环境为委员会的工作创造了便利条件，他们的目标也不再局限于制定河口管理规划，而是要直接准备一份滨海地区综合治理法案。但是他们起草法案的过程却一波三折。在 1973 年 3 月 27 日正式提交给州议会之前，他们准备的《滨海地区管理法》至少五易其稿。② 即使提交议会之后，围绕此法案的争论仍然很激烈。反对的声音主要来自开发商和地方政府，其中尤以地方政府反对的力度最大。地方政府的官员们认为他们没能参与法案的制定，而委员会提交给议会的法案中也没有在滨海资源的开发和管理方面给予他们应有的地位。

鉴于地方政府官员的不满情绪过于强烈，北卡罗来纳州议会没有立即讨论委员会提交的议案，而是就此展开进一步调查听证。在随后的几个月中，议员们在滨海县和其他地方至少组织举行了 5 次听证活动，并到佛罗里达、缅因和佛蒙特等其他沿海州去学习经验。③ 在听

---

① North Carolina Constitution Art. XIV，§ 5.

② Robert V. Bode and William P. Farthing, Jr., *Coastal Area Management in North Carolina: Problems and Alternative*, North Carolina Institute of Civic Education, 1974, p. 33.

③ Office of Coastal Zone Management of National Oceanic and Atmospheric Administration, *State of North Carolina Coastal Management Program and Final Environmental Impact*, p. 66.

证活动中，地方政府官员们表达了参与滨海地区规划制定和执行的强烈愿望，原有的议案据此做了大幅度修订。修订后的议案于 1974 年 1 月 17 日再度提交议会。又经过一番听证和激烈的辩论，该法案在同年 4 月 12 日——当次会期结束前一天——获得通过。

最终颁布的北卡罗来纳州《滨海地区管理法》确实体现了地方政府官员们的诉求，其第一条就强调这是一个地方政府和州政府合作的项目。它规定，地方政府应当有制定规划的首创权，州政府则负责划定"环境关切"区域的范围。它还规定，在规划制定方面州政府主要承担支持性的标准设定和审查的角色，只有当地方政府放弃首创权的时候州政府才可以承担制定规划的任务。对于规划的执行，它规定这是州政府和地方政府共同的职责。①

尽管相关议案经过了反复争议和修订，但最终通过的法律对立法缘由和立法目标的表述与最初的版本并无显著差别，只做了一些修饰性的改变。这说明在此问题上大家已有共识。对于立法缘由，该法给出如下表述：本州立法机构发现，滨海土地和水域属于北卡罗来纳州最有价值的资源，滨海地区不仅生物资源丰富，休闲与审美价值也很高；最近一段时期，由于工业发展、人口增长和公众休闲意愿增加等原因，滨海地区各种使用需求引发的冲突愈演愈烈；在此情况下，除非采取协同管理措施，否则滨海地区丰富的经济、审美和生态资源将遭毁灭；针对当前情况，本州议会感到有紧迫的需要来制订综合规划，以使北卡罗来纳滨海地区能够得到保护和保存，并得到有序开发和管理。该法就此提出的立法目标有 4 点：一是提供一套能够保护与治理河口系统、沙丘系统和海滩自然生态环境的管理体系；二是确保滨海土地和水资源的开发或保护必须在其生态承载力范围之内进行；三是确保为本州和全国人民的利益而平衡滨海资源的有序开发与保护之间的关系；四是为滨海资源保护、滨海地区经济发展、休闲和交通设施建设、历史文化遗址保护以及保障公众在滨海地区当前享有的普通法与制定法下之权利而制定政策、指导方针和标准。②

对于"滨海地区"所包含的范围，北卡罗来纳州 1974 年《滨海地区管理法》规定，其向海一侧的边界就是州属海域的边界，其向陆

---

① North Carolina General Statutes §113A – 101 (1974).

② North Carolina general statutes § 113A – 102. (b) (1974).

一侧的边界则由州长在当年 5 月 1 日之前划定。这种规定与北卡罗来纳州极为不规则的滨海地貌有关。4 月 29 日，该州州长詹姆斯·E.霍尔斯豪泽（James E. Holshouser）将 20 个县划为滨海县，①它们的西部边界即成为该州"滨海地区"的陆地边界。该法还授权在"自然和经济资源局"（Department of Natural and Economic Resources）内设置"滨海资源委员会"（Coastal Resources Commission），由其制定滨海资源利用规划的指导方针，划定州政府"环境关切"的范围，并由其负责审定各县呈报的滨海地区土地利用规划，监督这些规划的执行。滨海资源委员会有 15 位成员，分别为商业捕捞、运动垂钓、海洋生态、滨海农业、沿海土地开发、环保组织和地方政府等各种部门或利益群体的代表。另外，该法还授权成立"滨海资源咨询委员会"（Coastal Resources Advisory Council），为相关政府官员提供咨询服务，其成员由滨海资源委员会根据地方政府及其他机构推荐的名单指派。

根据北卡罗来纳州 1974 年的《滨海地区管理法》，该州地方政府应于 1975 年 11 月 23 日之前提交各自的滨海地区发展和保护规划，1975 年对该法的修订又将最后期限后延至 1976 年 5 月 21 日。修订后的法律还是要求地方政府 1975 年 11 月 23 日提交规划，只是它又进一步要求地方政府在其规划初稿经滨海资源委员会初步审核后再做修改完善，至 1976 年 5 月 21 日再提交用于公开听证的最终版本。根据该法，自然和经济资源局负责人可以向地方政府提供资金支持，帮助他们依据此法制定当地的滨海资源开发与管理规划。

为实现与联邦规划的一致性，北卡罗来纳州在制定滨海地区管理规划的过程中也注重与联邦政府相关部门的沟通。1975 年 11 月 21日，包括美国"国家海洋和大气管理局"在内的许多联邦政府机构的代表受邀到北卡罗来纳州首府罗利（Raleigh）参加会议，与该州相关机构工作人员共同研讨其《滨海地区管理法》和滨海地区管理规划。部分联邦政府机构的代表还参与了对该州地方政府提交的规划初稿的审议工作。

1976 年 5 月 21 日，北卡罗来纳州滨海地区 52 个县市政府中的 50个提交了最终的规划草案。另外的一个县和一个市没能按时制订出他

---

① Department of Natural and Economic Resources, *Draft of the North Carolina Coastal Plan*, pp. 3 – 8.

们的规划。根据法律规定，滨海资源委员会将负责代为拟定。随后的两个月中，北卡罗来纳州政府相关部门工作人员组成的审查组和部分联邦政府机构代表共同对这 50 个规划又进行了详细审议。随后，滨海资源委员会在研究过审查组的意见并参照《滨海地区管理法》和州政府颁布的指导方针做进一步评估之后认定，这 50 个地方政府规划大部分都可以完全接受，只有少部分还要做些微调。那些需要调整的规划经相关地方政府按照要求修改后也很快被委员会接受。

在北卡罗来纳州滨海地区管理规划制定过程中，预感到自己的利益可能会受到损害的一些滨海地产主迫不及待地对该州《滨海地区管理法》的合宪性发起挑战，力图阻止相关规划的制定和执行。第一个典型案例是 "亚当斯诉自然和经济资源局"（Adams v. Department of Natural & Economic Resources）。该起诉讼于 1977 年由卡特雷特（Carteret）县的几位地产主提起。他们提起诉讼的理由主要有三点：第一，《滨海地区管理法》只是个 "地方性立法"，它武断地将滨海地区和其他地区区分开来，而这种做法是北卡罗来纳州宪法第二条所明文禁止的；第二，《滨海地区管理法》赋予滨海资源委员会制定相关实施规则和指导方针的权力就等于是赋予其立法权，而同时却没有对此权力的行使施加控制的规定，这种做法是北卡罗来纳州宪法第一条所明文禁止的；第三，《滨海地区管理法》的实施会构成对私有财产的管制性征收。初审法院驳回了原告的所有诉讼请求。为尽早解决此问题，北卡罗来纳州最高法院批准原告越过上诉法院直接向其上诉。①

在 1978 年对 "亚当斯诉自然和经济资源局" 案进行判决时，北卡罗来纳州最高法院认为原告所提的第三点理由尚不成熟，所以拒绝对此发表意见。对于前两点理由，它则明确表示不予支持。在否定《滨海地区管理法》为地方性立法的指控时，北卡罗来纳州最高法院解释说，该法合理地满足了滨海地区的特殊需要，与解决滨海地区 "特殊且急迫的问题" 这一目标密切相关，而且它没有将任何应包含在内的地区排除在外，所以该法不能被归入不合宪法的 "地方性立法" 之类。针对本起诉讼中的第二点指控，北卡罗来纳州最高法院指出，滨海资源委员会的权力至少会受到来自四个方面的制约：（1）

---

① Milton S. Heath, Jr. and David W. Owens, "Coastal Management Law in North Carolina: 1974–1994", *North Carolina Law Review*, Vol. 72, No. 6, September 1994, pp. 1421–1422.

《滨海地区管理法》本身的限制性条款；（2）北卡罗来纳州之行政程序法；（3）行政规章审查委员会；（4）日落法（除非立法机构再次确认，否则《滨海地区管理法》将于1981年7月1日自动废止）。据此，它判定，滨海资源委员会受到了足够的制约，对它的授权没有超出本州宪法的规定。①

通过1978年对"亚当斯诉自然和经济资源局"案的判决，北卡罗来纳州最高法院肯定了该州1974年《滨海地区管理法》的合宪性，该法因此得以顺利实施。之后它在执行过程中虽然仍不断受到挑战，但是迄今为止执行该法之州政府机构的合法地位一直都得到该州最高法院的肯定。

就在北卡罗来纳州最高法院对"亚当斯诉自然和经济资源局"案做出判决的同一年，即1978年，该州综合性的滨海地区管理规划正式得到联邦政府批准。这意味着该州的《滨海地区管理法》以及据此制定的发展规划不仅可以继续执行，而且可以在之后执行规划的过程中接受联邦政府资助，另外还可以得到联邦政府相关机构的大力支持。

二 北卡罗来纳州《滨海地区管理法》以推进公众亲海权为目标的修订

北卡罗来纳州1974年的《滨海地区管理法》虽然在其立法目标中强调了维护滨海地区之审美和休闲价值的重要性，并且包含有提高公众亲海便利性的主张，但其核心内容主要还是针对如何平衡环境与资源保护和开发利用之间的关系这一问题以及与之密切相关的综合管理规划的制定与执行问题，并没有对如何提高公众亲海便利性提供任何具体措施。所以此法生效后的十几年中北卡罗来纳州在这方面都没有明显改进。

北卡罗来纳州1974年的《滨海地区管理法》之所以没有特别关注公众亲海权问题，大概是因为该法制定之时北卡罗来纳州由公众亲海需求引发的冲突尚不像其他州那样激烈。这一方面是因为该州滨海地区开发较晚，当地人口本来就不如其他州滨海地区那样稠密；另一方面，该州滨海地区遍布沼泽湿地，通行不便，所以当时到海边休闲

---

① Adams v. Department of Natural & Economic Resources, 295 N.C. 683（1978）.

的人还不太多，所以也很少见到由此引发的冲突。然而，就在北卡罗来纳《滨海地区管理法》开始制订后的十几年中，该州滨海地区的情况发生了巨大变化，突出表现之一是当地居民人数和旅游者人数出现爆发式增长。就居民人数来说，北卡罗来纳州滨海各县常住人口在这一时期出现了异乎寻常的迅猛增长。比如，在1970—1980年这短短的十年间，柯里塔克（Currituck）县的常驻人口增长了59%，而戴尔（Dare）县的常住人口更是令人难以置信地增长了91.2%。就旅游人数来说，同期的增长也令人震惊，这可以从当地旅游总收入的提高幅度反映出来。比如，在1970至1982年间，卡特雷特（Carteret）县的旅游总收入增长了1025.5%，而戴尔县的旅游总收入则增长了2778%。[1]与此同时，北卡罗来纳州滨海地区的开发速度也在明显加快。这种局面导致北卡罗来纳州的公众亲海权面临越来越严峻的挑战——公众亲海需求越来越大，但是供公众亲海休闲的资源却在逐渐减少。当大批公众为休闲之目的涌向海滩之时，他们不仅会遭遇私有海滩向他们关闭的情况，而且还会陷入公有海滩无路可达的窘境。

北卡罗来纳州公众亲海权面临的挑战很快便引起该州滨海资源委员会的注意。在1977年9月28—29日的会议上，该委员会第一次正式讨论此问题，而且它还专门成立了"海滩使用和滨海休闲特别工作委员会"（Beach Access and Coastal Recreation Task Force Committee）来研究应对之策。该州其他部门也意识到这个问题，并且也做出了积极反应。比如，自1977年秋季开始，北卡罗来纳州"海岸管理办公室"（North Carolina Office of Coastal Management）即着手组织调查该州海滩公众使用便利性的具体情况，为后续的改进做准备。另外，该办公室协助自然和经济资源局之"公园和休闲处"（Division of Parks and Recreation）推出的北卡罗来纳州1978年新版《户外休闲综合规划》（Statewide Comprehensive Outdoor Recreation Plan）也将促进公众对海滩的使用权纳入其首要目标之中。[2] 该规划首先指出北卡罗来纳

---

① James H. Herstine, *The North Carolina Public Beach and Coastal Waterfront Access Program under the 1974 Coastal Area Management Act: An Investigation and Examination of the Program's Creation and Implementation*, p. 50.

② Office of Coastal Zone Management of National Oceanic and Atmospheric, *Draft Environmental Impact Statement Prepared on Amendments to the North Carolina Coastal Management Program*, January 1979, p. 15.

州公众亲海休闲活动日渐受限的严峻形势，然后提出几项应对措施。它主张，要根据人口增长趋势判断较长一段时期内公众对海滩的需求情况，滨海资源委员会要协同其他部门据此制订出推进公众亲海权的政策。它还主张设立专门基金，以之获取用于公众亲海休闲的土地和提供必要的休闲设施。

在相关部门的协同配合下，滨海资源委员会下设的以增进公众亲海权为目标的特别工作委员会工作进展很顺利。1978 年 8 月 10 日，它将拟制好的"海滨使用政策"提交滨海资源委员会研究讨论。在滨海资源委员会就此政策建议调查听证的过程中，北卡罗来纳州议会又于 1979 年授命海洋科学理事会就该州海岸侵蚀问题以及海滩开发和公众通行问题进行研究。滨海资源委员会在其 1980 年 8 月 28—29 日的会议上讨论了海洋科学理事会向州议会提交的临时报告，采纳了其中的征购新的公众亲海通道的计划；在当年 10 月份的会议上，它又审议了北卡罗来纳州海岸管理办公室提出的建议；在 1981 年 3 月份的会议上，它又讨论了州议会中正在酝酿的相关议案，并审议了各地方政府已有的公众亲海规划。

通过广泛调查研究和充分借鉴其他机构的成果，北卡罗来纳州滨海资源委员会历经 4 年终于在 1981 年 6 月拿出了针对公众亲海权问题的立法建议的最终稿，并由作为其执行机构的海岸管理处（Division of Coastal Management）的工作人员协同州议会议员准备相关议案（House Bill 1173）。当年 7 月 10 日，以其建议为基础的议案获得通过。至此北卡罗来纳州的《滨海地区管理法》完成了一次重要修订。

北卡罗来纳州《滨海地区管理法》1981 年修订的根本目标就是扩大公众亲海权，这既是为了解决该州当时正在面临的迫切问题，也是为了满足 1976 年修订后的联邦《海岸带管理法》的要求。此番修订新增加的条款被称为"公共海滩和海滨通行计划"（Public Beach and Coastal Waterfront Access Program）[1]。

北卡罗来纳州《滨海地区管理法》1981 年修订新增加的这一条款首先指出其产生的背景：（1）受风暴和海水侵蚀等不利因素影响，北卡罗来纳州大西洋沿岸的许多私人地产上不适合营造永久建筑物，因为这种建筑会增加导致生命和财产损失的危险，也会增加公共开

---

[1]　North Carolina General Statutes §§ 113A – 134. 1 to – 134. 3（Supp. 1981）.

支，还可能最终侵占海滩；（2）海滩和近岸水域是北卡罗来纳州的最重要的休闲资源，传统上公众可以自由地享用它们，它们也给该州带来巨大的经济收益，但是，近期公众对海滩和沿岸水域的使用权受到严重限制，而且在一些地区，由于缺少公共停车场，原有的公共海滩也难以使用，因此，北卡罗来纳州迫切需要制定综合规划来识别、获取、改进和维护公众到达海滩及近岸水域的通道。①

基于此背景，该修订指示，由滨海资源委员会在"自然资源和社区发展局"（Department of Natural Resources and Community Development）协助下制订和实施一项具体计划，通过征购土地、改进和维护必要的辅助设施等举措，确保在资源许可的范围内公众可以自由使用北卡罗来纳州的一切海滩和公共信托水域。② 它为该计划的实施设定的标准是：只能征购有益于公众的土地；应优先征购那些由于自然原因而不适合营造永久建筑物的土地；应当最大限度地与州政府和地方政府的滨海地区管理规划相协调而且执行的时候应当尽可能地与地方政府合作，等等。③ 对于实施该计划的资金来源，它规定可以在满足要求的前提下使用联邦补助金或其他基金，它还要求自然资源和社区发展局应当尽其所能地拓展资金来源渠道。

为了切实推进公众亲海权计划的实施，北卡罗来纳州议会在《滨海地区管理法》1981 年的修订刚一通过后就决定，在 1981—1983 年间直接拨款 100 万美元，作为制订和实施该计划的启动资金。④ 滨海资源委员会则按照指示立即采取行动，准备详细计划。在随后近一年的时间中，该委员会做了大量工作，其中包括调查北卡罗来纳州原有的一切公共亲海通道和分析将来公共亲海通道的需求情况、研究其他州的公众亲海规划和筹措资金的渠道、探索获取公众亲海休闲所需土地的不同形式、检视地方政府土地使用规划中设置的公共海滩使用权标准并有针对性地开展实验性项目，等等。1982 年 4 月 1 日，它组织制订的北卡罗来纳州海滩公众使用计划草稿终于完成。

这份计划草案也是首先声明，海滩是北卡罗来纳州重要的公共休

---

① North Carolina General Statutes § 113A - 134.1.
② North Carolina General Statutes § 113A - 134.2.
③ North Carolina General Statutes § 113A - 134.3.
④ David Owen, "Land Acquisition and Coastal Resource Management: A Pragmatic Perspective", pp. 653 - 654.

闲资源，而且公众传统上和习惯上一直在自由地使用它们，所以州政府有责任使公众能够继续合理地使用它们。随后该计划又指出，正因为如此，所以北卡罗来纳州要制订海滩公众使用计划，以便能够通过征购、改进和维护等措施在大西洋沿岸为公众提供合理的休闲区域和必要的配套设施。

对于"海滩"这个概念，该计划草案的定义是：从平均低潮线到平均高潮线之间的区域，以及越过平均高潮线直到有植物生长、地势明显抬高或滨海地产主明确或合法限制公众使用之地的区域。它又特别强调，此定义意在将公众习惯上自由使用的区域都包括在内，但它却无意要求滨海地产所有权人提供海滩给公众使用。该计划草案将实现公众"海滩使用权"归结为两方面：一方面要通过征购、改进和维护等方式为公众驾车或步行到达海边提供便利；另一方面还要为公众提供停车区、卫生间、淋浴及更衣室、野餐区、零售摊点、垃圾箱、饮水器等相关场所和设施。另外，它还对地方性公共亲海通道、社区公共亲海通道、地区性公共亲海通道和跨区性公共亲海通道等各类公共亲海通道的建设标准做了具体规定。

该计划草案提出的具体政策建议包括以下几个方面：（a）任何开发都不得妨碍公众到达他们已通过政府征购、私人奉献或习惯使用等途径已经取得使用权之海滩的权利；（b）除非能够充分满足公众的使用权，否则由州政府和联邦政府资助的公共海滩开发项目将不能得到初始和后续资金；（c）计划供公众使用之州和联邦的滨海财产必须以鼓励、允许公众使用并提供公共通道和足够停车场地为其规划方针，以便公众能够在现有法律允许的范围内最大程度上享用它们；（d）用于促进公共海滩使用权之州和联邦资金只能提供给对沙丘也予以保护的地方；（e）州政府应当继续努力在滨海地区20个县内参照地方土地利用规划增加和改进公路、桥梁和渡口，还应当在修建新桥或改造旧桥时尽可能地留出垂钓通道；（f）所有新增公共滨海休闲区域的土地利用规划和州政府措施都必须面向各类社会—经济群体；（g）滨海资源委员会应当鼓励在整个海岸所有可行的地方提供公共滨海休闲区域，同时也要承认最合适的公众亲海休闲形式在各地是不同的；（h）总体目标是使每个海滨岛屿都至少有一条地区性公共亲海通道；（i）要鼓励地方政府最大程度地自愿参加公众亲海计划，以期州—地合作能给公众带来最大的利益；（j）公众亲海项目应当尽可能地与获批的地方土地规划、海岸利用规划和户外休闲规划相协调，而且要设计得让残障人士使用海滩不受妨碍；（k）在提供地方性和社区性公众亲海通道方面，地方政府应当承担主要责任，州政府则要提供全力支持和帮助；在提供地区性亲海通道方面，州政府应承担主要责任；（l）尽管提供跨区性公共亲海通道花费巨大，现有专项资金不敷使用，但公共海滩使用计划还是要充分与这种项目配合，尽可能地在原有及新获得之联邦、州和地方的地产之内支持这种项目的实施。另外，该计划草案还对地方政府参与公众亲海计划的相关事项做了专门规定。①

经过专门委员会和滨海资源委员会全体会议审议后，上述计划草案中有关地方政府参与的规定又略有改动。1982 年 5 月 20 日，修订后的计划正式得到滨海资源委员会批准，并定于当年 7 月 1 日生效。

北卡罗来纳州《滨海地区管理法》1981 年修订时所提出之"公共海滩和海滨通行计划"的贯彻落实极大地改善了该州公众亲海权发展的法制环境。不过，有一个问题很快便引起广泛关注，即最后通过的具体实施计划中没有关于河口地区的规定。由于北卡罗来纳州沿海地区遍布河流入海口，所以如果不能将此部分包括进去公众的亲海休闲权将会大打折扣。在 1982 年 5 月 20 日的专门委员会会议上此问题便被提了出来。专门委员会深入讨论后决定向滨海资源委员会提议在海滩通行计划之外再制定一个河口通行计划。滨海资源委员会接受此建议并认真准备议案。1983 年 3 月，他们精心准备的要求在《滨海地区管理法》中增加"河口海滩通行计划"（Estuarine Beach Access Program）的议案被提交给北卡罗来纳州议会相关委员会审议。当年 7 月该议案在州议会获得通过。这标志着北卡罗来纳州公众亲海休闲规划的制定阶段已经完成。

由上可知，北卡罗来纳州扩大公众亲海休闲机会的基本措施是利用公共资金直接征购相关土地，而不是侧重于依赖治安权（police power）或公众普通法下的权利。这在美国滨海各州之中是独具特色的。这种措施有三大优势：第一，它能够避免滨海地产主们依据联邦宪法修正案第 5 条和第 14 条提起的诉讼挑战；第二，它可以在普通

---

① James H. Herstine, *The North Carolina Public Beach and Coastal Waterfront Access Program under the 1974 Coastal Area Management Act: An Investigation and Examination of the Program's Creation and Implementation*, pp. 71 - 73.

法原则适用条件无法满足的情况下确保公众获得纵向到达海滩的通道；第三，它使得公众可以不必通过诉讼争取对海滩的使用权。① 应当说，北卡罗来纳州的这种方式对促进公众亲海权最有效，特别是在保障公众对干沙滩的使用权方面，不过，它也有一个明显的弊端，那就是所需费用太高。后来，北卡罗来纳滨海地区人口持续高速增长，②滨海地产价格也随之飙升，单纯靠征购滨海土地的方式扩大公众亲海权的做法就愈发显得力不从心。鉴于这种情况，北卡罗来纳州在 20世纪 80 年代中期后也开始尝试通过强化公共信托等普通法原则的作用来达到目的。该州最高法院 1991 年对"不伦瑞克县纳税人协会相关公民诉霍尔登海滩公司"案的判决即体现了司法机构的这种倾向，它极大地提高了公众依据公共时效地役权原则争取干沙滩使用权的便利性。③北卡罗来纳州立法机构欲借助普通法原则维护公众亲海权的倾向也很明显。其立法研究会 1984 年提交的立法建议中就指出，公众在公共信托原则下的权利应当包括"到达海滩"这一项，④ 该州议会随后于 1985 年通过的相关立法中确实纳入这一条。同年，该州议会通过的另一条法律规定，由公共资金资助的项目培植出的平均高潮线以上的土地归州政府所有，那些土地适用公共信托原则，应当开放给公众自由享用。⑤ 即使以这种方式新增的土地所处的位置原来属于私人所有，它们也应当依据公共信托原则向公众开放。⑥ 这也算是间接地扩大了公众在公共信托原则下的权利。1998 年，北卡罗来纳州议会针对"鲸头"案又专门修订本州法律，强调它将公共信托原则适用上界划定在平均高潮线的要求并不妨碍公众行使他们依据普通法原则在干沙滩上取得的权利。⑦ 由此可见，北卡罗来纳州议会希望依据普

---

① Alice G. Carmichael, "Sunbathers Versus Property Owners: Public Access to North Carolina Beaches", p. 200.

② Anthony Snider, et al., "Perceptions of Availability of Beach Parking and Access as Predictors of Coastal Tourism", *Ocean and Coastal Management*, Vol. 105, March 2015, p. 48.

③ Concerned Citizens of Brunswick County Taxpayers Association v. Holden Beach Enterprises, 329 N. C. 37 (N. C. 1991).

④ Legislative Research Commission, *Coastal Submerged Lands*, Appendix H – II.

⑤ Alice G. Carmichael, "Sunbathers Versus Property Owners: Public Access to North Carolina Beaches", p. 184.

⑥ Christopher City, *Private Title, Public Use: Property Rights in North Carolina's Dry-Sand Beach*, p. 37.

⑦ North Carolina General Statutes § 77 – 20 (d).

通法原则维护公众亲海权的意愿是很明显的，但它的相关立法都只是间接地表达这种意愿，并没有像得克萨斯和俄勒冈等州的法律那样直接确认公众依据普通法原则在干沙滩上取得的休闲权。

第五节　佛罗里达州改善公众亲海环境的法律措施

　　佛罗里达州东临大西洋，西靠墨西哥湾，南接佛罗里达海峡，是一个三面临海的狭长半岛。在该州，几乎任何地方距离海洋都不超过70英里。[①] 佛罗里达州不仅海岸线漫长，而且具有成为滨海旅游休闲胜地的得天独厚的自然条件。一方面，该州约40%的海岸是亲海休闲人士所热衷的沙质海滩，总长度差不多有1000英里，[②] 这在其他地方是很少见的；另一方面，靠近热带的地理位置使该州滨海地区拥有明媚的阳光和颇具景观价值的高大棕榈树。《今日美国》2013年组织评选出的全美国10大最美海滩中，佛罗里达州就占到3个，而且名列第一的是位于该州萨拉索塔（Sarasota）县的西耶斯塔岛（Siesta Key）海滩。在历年其他各种类型的评选活动中，佛罗里达州的海滩表现也都很抢眼。[③] 一位非著名作家乔治·麦考尔（George McCall）的话也许能够代表多数人的心声："对于那些喜爱生活在开敞空间的人来说，这里就是天堂。"[④] 佛罗里达州海滩旖旎的风光不仅打动了无数的文人墨客，也让众多当地居民和游客流连忘返。20世纪80年代初的一项调查显示，无论是佛罗里达州本地居民还是外来游客都把海滩作为他

---

　　① Office of Coastal Zone Management of National Oceanic and Atmospheric Administration and Florida Office of Coastal Management, *Final Environmental Impact Statement of the Proposed Coastal Management Program for the State of Florida*, August 1981, p. II – 10.

　　② Stephen Holland, et al, *Public Access to the Florida Coast*, Gainesville：University of Florida, September 1995, p. 1；Donna R. Christie, *Florida's Ocean Future：Toward a State Ocean Policy*, Prepared for the Governor's Office of Planning and Budgeting, March 1989, p. 177；Rosemary J. Zyne, "Open Beaches in Florida：Right or Rhetoric?", p. 983. 不同测量方式得出的数据会有差异，所以各种文献中的相关数据有所不同。

　　③ James R. Houston, "The Value of Florida Beaches", *Shore and Beach*, Vol. 81, No. 4, Fall 2013, p. 4.

　　④ Gregory Jaynes, "As Florida Grows, So Does Concern About Saving Sun-and-Sand Good Life", *New York Times*, July 7, 1982, p. A17.

们首选之休闲目的地。① 2011 年进行的另一项调查也显示，佛罗里达州居民在选择户外休闲场所时，选择海滩的人数还是最多，外来游客的选择同样也是如此。② 事实上，自 20 世纪中期以来，被优美的海景吸引到佛罗里达州的游人数量一直都在不断攀升。1975 年时，到佛罗里达州的游客已有 2500 万；③ 1985 年时，此数字则超过了 3200万。④ 进入 21 世纪后，到佛罗里达州的游人数量更是大幅上涨。据统计，2012 年时，佛罗里达州的游客人数已达到 8900 多万。蜂拥而至的游客为佛罗里达州带来了可观的收入和大量工作岗位。还是以 2012年为例，当年游客在佛罗里达州的消费金额达到 718 亿美元，而旅游业直接为该州提供的工作岗位超过 100 万个。如果再将间接相关的企业以及供应旅游消费品的企业也计算在内，佛罗里达州旅游相关行业所提供的总的工作岗位数则达到 250 万个，超过当年该州全部工作岗位数（870 万）的 1/4。⑤ 所以，无论是地理上还是经济上，佛罗里达都是典型的沿海州。

很显然，佛罗里达州的滨海休闲资源对该州政府、该州居民乃至世界各地游客的重要性都是不言而喻的。按说，该州应该有比较完备的海岸带综合管理规划和较为自由的公众亲海权立法，然而，事实却非如此。佛罗里达州的海岸带管理规划是既凌乱又无新意，以致联邦政府迟迟不愿批准它们。经该州时任州长丹尼尔·B. 格雷厄姆（Daniel B. Graham）多方协调并且做出改进的努力和承诺后，联邦政府才于 1981 年勉强批准了它们。佛罗里达州获得批准的海岸带管理规划在维护公众亲海权方面与其他州的相关法律法规相比仍有很大差距。所以，之后该州的一些机构和个人仍然在为制定更为自由的公众

---

① Office of Coastal Zone Management of National Oceanic and Atmospheric Administration and Florida Office of Coastal Management, *Final Environmental Impact Statement of the Proposed Coastal Management Program for the State of Florida*, p. II – 4.

② Responsive Management National Office, *Outdoor Recreation in Florida: Survey for the State Comprehensive Outdoor Recreation Plan*, Conducted for the Florida Department of Environmental Protection, 2011, p. iii.

③ Department of Environmental Regulation of State of Florida, *The Florida Coastal Management Program Legislative Draft*, Prepared for Submission to the 1978 Florida Legislature, March 1, 1978, p. 14.

④ Susan P. Stephens, "Access to the Shore: A Coast to Coast Problem", p. 95, note 1.

⑤ James R. Houston, "The Value of Florida Beaches", *Shore and Beach*, p. 5.

亲海法而持续不断地努力。

一 1981 年之前佛罗里达州海岸带状况

现在的佛罗里达州一片繁华，但建州之初那里却比较荒凉。对于那时的人们来说，天气炎热、遍布沼泽而又缺乏淡水资源的佛罗里达并非宜居之地。有位政治人物（来自缅因州的联邦参议员 John Holmes）甚至认为它毫无价值，他断言"整个佛罗里达半岛沉入墨西哥湾对美国也没有多大损失"[1]。总之，20 世纪之前，存在于佛罗里达州的主要是一些军事设施，普通居民人数并不算多。那时的人们也不愿住在海边，因为建在海边的房子很可能会被风浪摧毁。所以，那时佛罗里达滨海地区的土地比内陆的土地要便宜。[2] 20 世纪 20 年代，随着铁路的修通和汽车的普及，佛罗里达州出现了一次人口快速增长的过程。不过，这次增长过程没能延续多长时间，很快便在土地投机丑闻、全国性经济大危机和第二次世界大战爆发等不利因素的影响下衰落下去。因此，在 20 世纪中期之前，佛罗里达州人口并不密集。加之该州很早就承认公众在公共信托原则下的休闲权利，而且早期的城镇规划图都显示有充足的通往海滩的公共通道，[3] 所以，那时该州很少出现因公众滨海休闲需求引发的争端。

佛罗里达州居民数量真正持续性快速增长是在 20 世纪 50 年代之后。这一方面得益于家用空调和汽车空调的广泛应用，另一方面也受到肯尼迪航天中心等各类大型科研机构和工商企业的带动。当然，佛罗里达州优美的自然环境也是吸引外来人口的主要因素。在 1950—1960 年间，佛罗里达州的人口数量从 270 万增至 490 万，增幅超过 80%。[4] 进入 1970 年代后，佛罗里达州的人口流入数量依然有增无减，新迁入者平均每周能超过 6000 人。[5] 到 1981 年 7 月 1 日，佛罗

---

① Gregory Jaynes, "As Florida Grows, So Does Concern About Saving Sun-and-Sand Good Life".
② Gary R. Mormino, *Land of Sunshine*, *State of Dreams*: *A Social History of Modern Florida*, Gainesville, FL: University Press of Florida, 2005, p. 303.
③ Stephen Holland, et al, *Public Access to the Florida Coast*, p. 1.
④ Gregory Jaynes, "As Florida Grows, So Does Concern About Saving Sun-and-Sand Good Life".
⑤ Department of Environmental Regulation of State of Florida, *The Florida Coastal Management Program Legislative Draft*, p. 13.

里达州的居民已增至 10183000 人，比 1960 年翻了一番还多。① 这些新迁入的人口大都集中到了滨海地区。② 因为佛罗里达州早年人口较少，滨海资源不被重视，所以该州之前对私人占有和开发滨海土地的行为并无严格限制。当人口大量迁入并定居海边时该州的土地政策也没有及时调整，结果大量滨海土地都落入私人之手。③ 据佛罗里达州自然资源局估计，到 1976 年时该州 77% 的海岸都已被私人占有。④ 这些私人土地上很快便建起众多住宅、酒店以及包括休闲、医疗和餐饮等多种功能的大型公寓综合体。此时的私人地产主们越来越珍惜他们的地产，不再像过去那样主动奉献公共通道。结果，在佛罗里达州沿海的很多地方，各种建筑连绵不绝，形成无法穿越的屏障，将公众阻挡在海滩之外。所以，很多到佛罗里达旅游的外地人都很恼火，因为他们发现实在难以穿越到达海滩的那最后 50 米。⑤

二　佛罗里达州制订海岸带综合管理规划的努力

面对日渐紧张的海岸使用权冲突，佛罗里达州政府当然也不会全然无动于衷，只是它早期采取的措施力度不够，不能解决根本问题。1961 年，该州颁布《海滩与海岸保护法》（The Beach and Shore Preservation Act），表示政府要承担起被侵蚀海岸的修复和维护责任。⑥ 1963 年，该州通过《户外休闲和资源保护法》（Outdoor Recreation and Conservation Act），责成自然资源局制定和实施全州性户外休闲和资源保护综合规划。鉴于佛罗里达州的特殊情况，户外休闲活动大都与海洋相关，所以该规划重点也集中在滨海休闲活动上，包括提供更多滨海休闲场所和设施等。⑦ 1964 年，该州又设立"土地征购信托基

---

① Gregory Jaynes, "As Florida Grows, So Does Concern About Saving Sun-and-Sand Good Life".

② Florida Center for Public Management, *Florida Assessment of Coastal Trends-Fact*, Submitted to Florida Coastal Management Program, Florida Department of Community Affairs, June 1997, p. A – 3.

③ C. E. Wright, "Beach Problem in Florida", *New York Times*, October 1, 1961, p. XX7.

④ Paolo Fabbri, *Recreational Use of Coastal Areas: A Research Project of the Commission on the Coastal Environment*, International Geographical Union, Dordrecht, Netherlands: Kluwer Academic Publishers, 1990, p. 11.

⑤ Paolo Fabbri, *Recreational Use of Coastal Areas*, pp. 10 – 11.

⑥ Florida Statutes § 161. 088.

⑦ Office of Coastal Zone Management of National Oceanic and Atmospheric Administration and Florida Office of Coastal Management, *Final Environmental Impact Statement of the Proposed Coastal Management Program for the State of Florida*, pp. II – 347 – 348.

金"（Land Acquisition Trust Fund），用以征购土地，以便实现保护重要资源和为公众休闲提供必要场所等目的。依托该基金和地方政府税收以及私营机构的捐款，外加联邦政府 1965 年设立的水土保持基金（Land and Water Conservation Fund）的配套支持，佛罗里达州陆续征购了一些土地并相继建成 "海湾岛国家海岸公园"（Gulf Islands National Seashore，1971 年）、"卡纳维拉尔国家海岸公园"（Canaveral National Seashore，1975 年）等国家级滨海公园和一批州及地方性滨海公园，① 从而在一定程度上缓解了公众亲海休闲需求的压力。1970 年，佛罗里达州在加强海岸治理方面又采取了两个重要步骤。第一是将公共信托原则纳入本州宪法之中；② 第二个是在自然资源局内成立 "海岸管理协调委员会"（Coastal Coordinating Council）。前者明确了佛罗里达州通航水域平均高潮线以下土地的公共属性，严格限制将它们出售给私人的行为；后者受命组织开展佛罗里达州海岸带保护与开发总体规划的制订工作。在随后 5 年左右的时间里，海岸管理协调委员会开展了一些工作，但没能拿出成型的综合性规划。1975 年，该委员会被州议会撤销，其职权被转交给自然资源局。1977 年，佛罗里达州政府机构职能调整，制订海岸带综合管理规划的任务又转由环境管理局承担。由于佛罗里达州对海岸带管理的重视程度不够，负责编制海岸带规划的部门换来换去，他们都没能真正采取实质性行动，所以，直到 20 世纪 70 年代末，该州仍然没能出台综合性的海岸带管理规划，成为在海岸带管理方面 "零碎化" 立法的典型代表。③

　　缺乏综合性海岸带管理规划的状况既不利于佛罗里达州海岸的修复与保护，也不利于该州公众亲海权的发展，而且还使得该州无法从联邦政府获得实施海岸带治理所需的配套资金。佛罗里达州当时也在实施滨海土地征购计划，但是由于滨海土地价格高昂，其征购计划实施起来困难重重。所以，对于佛罗里达州政府相关部门的工作人员来说，当务之急是赶紧制定出能够得到联邦政府批准的海岸带管理综合规划，以便得到联邦《海岸带管理法》下的配套资金。

---

① Stephen Holland, et al, *Public Access to the Florida*, pp. 1 – 2.

② The Constitution of the State of Florida as Revised in 1968 and Subsequently Amended（Florida Department of State, November 2016）, Article 10, Section 11.

③ Frank E. Maloney, et al. , "Public Beach Access: A Guaranteed Place to Spread Your Towel", *University of Florida Law Review*, Vol. 29, No. 5, Fall 1977, p. 865.

　　佛罗里达州议会1977年7月1日将制订海岸带管理规划的任务授予环境管理局时便做出指示，要求它在1978年3月3日之前拿出能够获得联邦政府批准的规划并提交相关立法草案。该局按时提交了立法草案，但该草案的重点只是介绍该州海岸带的状况、要达到的规划目标和原有的相关法规政策，并没有提出保护和利用海岸带资源的系统方案。该草案的执行摘要中虽然特别指出，其第二章中的一部分就是专门为了满足联邦政府《海岸带管理法》的要求而写的，但那其实只是指出了佛罗里达州海岸带管理中存在的问题，并未提供具有针对性的解决之策。在给审阅人的备忘录中，该规划的起草者解释说，佛罗里达州已有的环境和规划法稍做调整就能满足需要，所以该州无需再为此制订新的法律。[①] 为了证明这一点，他们还罗列出了自认为能够满足联邦政府要求的佛罗里达州原有的相关法律条款。[②] 佛罗里达州议会依照该草案于1978年制订的《佛罗里达海岸管理法》（Florida Coastal Management Act）完全是对该州原有相关法律法规的汇编，没有增加任何新的授权，所以它获得了"全无新内容法案"（"No New Nothing" bill）的绰号。[③] 由此产生的规划所涉及的众多法律法规来源不一，执行权也分散在不同的部门之中。

　　佛罗里达州拿出的这种全无新内容的规划令负责审批的联邦政府部门工作人员很不满。联邦政府海岸带管理办公室的负责人就曾经很直白地表示，自己"不能径直地到管理和预算办公室或国会承认，一个州由于正在做它以前一直在做的事情而接受资助，不管它做得多么好"[④]。不过，联邦政府海岸带管理办公室1979年审核佛罗里达州的规划时并没有断然将其否决，而是做出了适当的妥协，表示如果该州能够出台合适的行政规章并创设有效的执行机制，它就可以考虑批准其基于原有法律的规划。

---

　　① Department of Environmental Regulation of State of Florida, "Memorandum to Reviewers of the Florida Coastal Management Program", in *The Florida Coastal Management Program Legislative Draft*, Page one.

　　② "Guide to Coastal Zone Management 306 Program Requirements", in Department of Environmental Regulation of State of Florida, *The Florida Coastal Management Program Legislative Draft*, pp. xv – xvi.

　　③ James R. Brindell, "Florida Coastal Management Moves to Local Government", *Journal of Coastal Research*, Vol. 6, No. 3, Summer 1990, p. 728.

　　④ Daniel W. O'Connell, "Florida's Struggle for Approval under the Coastal Zone Management Act", *Natural Resources Journal*, Vol. 25, No. 1, January 1985, p. 67, note 44.

佛罗里达州 1979 年新上任的州长丹尼尔·B. 格雷厄姆很重视争取联邦政府批准该州海岸带管理规划这项工作。他声明："制订出佛罗里达州的能够满足联邦政府《海岸带管理法》批准要求的海岸管理规划是我最优先考虑的事项。"为了强调这一点，他主张将 1980 年定为佛罗里达州的"海岸年"（the year of the coast）[1]。联邦政府海岸带管理办公室的指示让他看到了机会，于是他很快便在 1979 年 10 月组建起以加强海岸带管理为目标的"跨部门管理委员会"（Interagency Management Committee）。该委员会成员包括佛罗里达州环境管理局、贸易局、交通局、社区事务局、健康和康复服务局、渔猎和淡水鱼类委员会、自然资源局以及计划和预算办公室等部门的负责人，他们的职责是识别和确认该州海岸带管理规划中与本部门有关的法律，并在可能的情况下协调各项法律法规执行过程中出现的冲突，或者设法弥补其不足。之后，佛罗里达州的相关部门与联邦海岸带管理办公室又进行了长达一年多的反复沟通协商。期间，佛罗里达州又采取了一些保护海岸和促进公众亲海权的措施。到 1981 年 9 月，该州的海岸带管理规划才最终正式获得联邦政府批准。在已提交审批的所有海岸带规划中，佛罗里达州的规划是最后获得批准的。对于负责审批的联邦政府官员来说，这也是他们感到"最不满意"的一次审批经历。[2]

获得批准的佛罗里达州海岸带管理规划依然芜杂，相关内容分散在该州法令汇编的 26 个并不连贯的章节之中，涉及的执行机构多达 16 个,[3] 其中最主要的是环境管理局。在相关法律中，与海岸保护和公众亲海权直接相关的内容在该州法令汇编第 161 章，即《海滩与海岸保护法》（Beach and Shore Preservation Act）。该法规定，任何机构、公司或个人在平均高潮线下的任何新建或改建项目都必须先征得环境保护局的批准；除建设过程中外，任何开发建设都不得妨碍公众对平均高潮线下之海滩的使用，如因客观原因导致此种妨碍不可避免，环

---

① Office of Coastal Zone Management of National Oceanic and Atmospheric Administration and Florida Office of Coastal Management, *Final Environmental Impact Statement of the Proposed Coastal Management Program for the State of Florida*, p. Ⅱ - 2.

② Daniel W. O'Connell, "Florida's Struggle for Approval under the Coastal Zone Management Act", p. 62.

③ Donna R. Christie, *Florida's Ocean Future: Toward a State Ocean Policy*, p. 49.

境保护局有权要求建设方为公众提供替代通道。① 另外，该州法令汇编第375章第65节授权环境保护局利用该州的"土地征购信托基金"和联邦政府的"水土保持基金"，为满足公众亲海休闲之目的而资助地方政府征购海滩。②

三 1981年后佛罗里达州改善公众亲海环境的举措

佛罗里达州的海岸带管理规划虽然在1981年终于得到联邦政府批准，但是该州的规划既不成体系而且在维护海岸带资源环境和公众亲海权方面的力度也明显不足。该州很多人不满意这种状况，他们决定进一步努力，力求实现新的突破。"拯救我们的海岸"（Save Our Coast）运动和"资源保护与休闲用地"（Conservation and Recreational Lands）征购计划就是后续努力的两个代表性事件。"拯救我们的海岸"运动由时任州长格雷厄姆及其僚属们共同发起，目标是保护该州尚未开发之具有样本价值的海滩，以备公众休闲之用。作为此运动的补充，他们后来又增设"亲海通道创新项目"（Beach Access Initiative），该项目专注于获取位于城区的面积较小的海滩。"资源保护与休闲用地"征购计划的目标更明确，它就是要推进政府征购对资源保护和公众休闲极具价值的土地。这些努力取得了明显的成效。到1992年12月，佛罗里达州已经通过"拯救我们的海岸"运动花费2.56亿美元获取了74英里长共约73384英亩的滨海土地；"亲海通道创新项目"下的46个项目也使该州用680万美元获取了5171英尺滨海通道；"资源保护与休闲用地"征购计划面向全州各地，这一时期获取的土地中有8块是位于滨海地区。③ 这些努力导致的另一个结果是佛罗里达州滨海公园的数量明显增加。到1989年时，该州已有6个国家级滨海公园，24个州立滨海公园。这些公园虽然都收门票，但它们可以满足公众的多种亲海休闲需求。④

在加强征购滨海土地力度的同时，佛罗里达州议会也随着形势发展逐渐改变过去那种不愿在海岸带管理方面制定新法和给予新授权的

---

① Florida Statutes § 161. 041.
② Florida Statutes § 375. 065.
③ Stephen Holland, et al, *Public Access to the Florida Coast*, p. 2.
④ Paolo Fabbri, *Recreational Use of Coastal Areas*, p. 11.

消极态度。关键性转折出现在 1985 年。在这一年，佛罗里达州议会通过了《地方政府综合规划和土地开发管理法》（Local Government Comprehensive Planning and Land Development Regulation Act）等几部对环境保护与海岸带管理来说关系重大的法律，并对原《海滩与海岸保护法》做了重大修订。

其实，早在 1975 年佛罗里达州就已经通过了《地方政府综合规划法》（Local Government Comprehensive Planning Act），要求地方政府制订各自的综合规划，但是，该法并不要求地方规划必须与州政府的规划保持一致。直到 1978 年，佛罗里达州议会仍然不愿承认该州的综合规划是官方政策，而是坚持认为那只具有咨询性作用。这使得那时该州的综合规划缺乏约束力，实际上是形同虚设。[1] 同年出台的海岸管理法本来就无新意，在这样的背景下更是效力大减。该州 1985 年的《地方政府综合规划和土地开发管理法》则要求各县、市等地方政府按要求制订各自的海岸带及其他类型土地的开发管理综合规划，并由州社区事务局（Department of Community Affairs）负责监督规划的制订和实施；[2] 它还要求地方规划要与州和地区综合规划保持一致，并授权州社区事务局进行审核。[3] 此法的通过才使佛罗里达州真正地拥有了整体性规划，也使该州政府针对土地开发利用设定的指导原则终于能够落到实处。此法里面既有专门针对海岸管理的规定，也有专门保障公众海滩使用权的规定，所以，它不仅为佛罗里达州的海岸带管理提供了更有力的保障，而且直接推动了该州公众亲海权的发展。

佛罗里达州议会 1985 年对该州之《海滩与海岸保护法》所做的另一重大修订是增加了设置"海岸建设控制带"（coastal building zone）的条款。[4] 之前，该州在 1971 年修订《海滩与海岸保护法》时

---

① Thomas G. Pelham, "Managing Florida's Growth: Toward an Integrated State, Regional and Local Comprehensive Planning Process", *Florida State University Law Review*, Vol. 13, No. 3, Fall 1985, p. 518.

② James R. Brindell, "Florida Coastal Management Moves to Local Government", p. 728.

③ Kevin Markey, "State and Local Government Legislation and Its Effect on Public Access to Florida Beaches", *Journal of Land Use & Environmental Law*, Vol. 3, No. 1, Spring 1987, p. 122.

④ 新增加的部分可称为《1985 年海岸带保护法》（Coastal Zone Protection Act of 1985, Florida Statutes Title XI § § 161.52 – 161.58）.

即设定了海岸建设控制线。① 当时的规定是要求该州环境保护局根据各地情况按照百年一遇的风浪级别划定建设控制线，并严格监管控制线下建设房屋或挖取沙土的行为。该州环境保护局之后在各地划定的建设控制线一般是在平均高潮线向陆一侧 500 英尺左右。② 1985 年的新修订所设定的"海岸建设控制带"比之前的控制线覆盖范围更广。它规定，"建设控制带"在陆地上向陆一侧的界限是原定控制线再向外 1500 英尺，③ 在堰洲岛上则是从控制线再向外 5000 英尺，或者在岛屿宽度不足 5000 英尺的情况下包括整个海岛。④ 除了对控制范围内的建筑做出限定外，新修订还特别指出，在公众已经通过惯例以及公共时效地役权等普通法原则或者其他法律途径于私人土地上形成了通达平均高潮线之通行权的地方，任何开发或建设都不得妨碍公众的这种通行权利，除非建设方能够为公众提供相应的替换通道。开发者可以整修或迁移这种公共通道，但要满足以下条件：（a）新通道在质量和公众使用便利性方面必须与原通道基本相同；（b）要得到地方政府批准；（c）如果整修范围处于海岸建设控制线之下需要得到环境保护局的批准；（d）与地方综合规划中涉及海岸带管理的要求一致。⑤ 之前佛罗里达州的《海滩与海岸保护法》虽然也有关于开发建设不得妨碍公众海滩使用权的规定，⑥ 但那时的规定只适用于平均高潮线之下的湿沙滩上，而 1985 年的这次修订则将其适用范围扩展至平均高潮线之上的干沙滩乃至滨海陆地之上，明确维护公众依据普通法原则取得的对这些区域的使用权。这标志着佛罗里达州的公众亲海权又获得了更进一步的发展。

1986 年后，公众亲海权问题在佛罗里达州继续受到关注。⑦ 该州最近采取的能够影响到公众亲海权的重要措施之一是 2012 年对其宪法的修订。这次通过全民公投产生的宪法修订要求该州在之后的

---

① Kenneth E. Spahn, "The Beach and Shore Preservation Act: Regulating Coastal Construction in Florida", *Stetson Law Review*, Vol. 24, No. 2, Spring 1995, p. 362.

② Stephen Holland, et al, *Public Access to the Florida Coast*, p. 35.

③ Florida Statutes § 161.54.

④ Florida Statutes § 161.55.

⑤ Florida Statutes § 161.55 (5).

⑥ Florida Statutes § 161.041.

⑦ Donna R. Christie, *Florida's Ocean Future: Toward a State Ocean Policy*, pp. 185 – 186.

20 年中应当将不低于印花税总额 33% 的收入用于"土地征购信托基金"①。这意味着佛罗里达州征购供公众休闲之滨海土地时将有更稳定的资金来源。

① The Constitution of the State of Florida as Revised in 1968 and Subsequently Amended, Article 10, Section 28.

第四章　当代美国的平等亲海权之争

20 世纪中期之后，越来越多的美国人——特别是城区中产阶层的美国人——热衷于到海边居住，或者是在海边置办度假房。尽管在同一时期维护海滨公共利益的呼声一直很高，但是这并没能阻挡滨海土地私有化的进程。① 随着开发热潮的兴起，美国滨海地产的价格飞速上涨，日益超出一般人的承受能力。不仅如此，那些有钱有势的上层白人还充分利用"势利分区制"（Snob Zoning，或称"排他性分区制"，Exclusionary Zoning）故意排斥少数族裔以及下层白人。② 所以，很多地方的滨海地区逐渐都变成了富有白人的聚居地。当前这种情况也没有改变。比如，佛罗里达州迈阿密市 2010 年的人口统计数据显示，富有的非拉美裔白人的居住地更容易到达海边。以居住区域统计，非拉美裔白人的人口每增加 1%，到达公共海滩的人口加权距离（Population-weighted distance，PWD）就会降低 7%；以经济状况统计，经济安全性每降低 1%，到达海滩的公里数就会增加 6%。③ 另如，加利福尼亚州 2010 年的人口统计数据也显示出类似的结果。在该州距海 1 千米的区域内，非拉美裔白人的数量超出他们应占比例的约 25%，而拉美裔白人和其他少数族裔的数量都不同程度地低于应占

---

① Andrew W. Kahrl, *The Land Was Ours*: *How Black Beaches Became White Wealth in the Coastal South*, p. 213; Andrew W. Kahrl, "Fear of an Open Beach: Public Rights and Private Interests in 1970s Coastal Connecticut", p. 461.

② "Exclusionary Zoning and Equal Protection", *Harvard Law Review*, Vol. 84, No. 7, May 1971, pp. 1645 – 1646; David R. Papke, "Keeping the Underclass in Its Place: Zoning, the Poor, and Residential Segregation", *The Urban Lawyer*, Vol. 41, No. 4, Fall 2009, pp. 792 – 793; 孙群郎、郑殿娟：《美国地方土地利用分区制与大都市区的低密度蔓延》，《郑州大学学报》（哲学社会科学版）2015 年第 6 期，第 159—165 页。

③ Marilyn C. Montgomery, et al., "An Environmental Justice Assessment of Public Beach Access in Miami, Florida", *Applied Geography*, Volume 62, August 2015, p. 153.

份额；在经济状况方面，也是越靠近海边的家庭收入越高。① 在有些风景宜人的滨海小镇，当地居民的家庭收入会远高于全州平均水平。例如，2000 年时加利福尼亚州家庭年均收入的中位数是 47493 美元，年收入超多 15 万美元的家庭占 7%，但是在洛杉矶县西部以阳光和沙滩而举世闻名的滨海小城马利布市，家庭年均收入的中位数则达到 102031 美元，年收入超多 15 万美元的家庭占到 36%。②

这些富有的白人之所以不惜重金购买滨海地产很大程度上就是为了避开城区嘈杂混乱的环境，所以他们很珍视自己房前难得的清净海滩，不能容忍外人踏入一步。那些不是富豪但倾其所有勉强买下滨海地产的人更是如此。为了能够更好地维护自己的利益，不少地方的滨海房主还自发地组织起只限当地居民或纳税人才可以参加的封闭式自治协会（如新泽西州的贝海德改善协会）或俱乐部，加强对海滩使用的管理。③

不仅私人地产主欲独享海滩，有些地方政府也极力排斥外地人使用他们所拥有的海滩。④ 这种现象也是 20 世纪中期随着美国公众亲海热潮的兴起而开始出现的。在随后的几十年中，"地方政府限制公众使用他们海滩的努力逐渐由涓涓细水变成滚滚洪流"⑤。到 1970 年代，这已经成为一个广受关注并频繁引发诉讼的法律问题。⑥ 地方政府通过歧视性收费或者故意不提供交通与卫生设施等手段间接排斥外地人的情况很普遍，而直接排斥外地人的现象则在新英格兰地区及其附近各州表现更为突出。其中最典型的又数康涅狄格州。在马萨诸塞州这种现象也不少见，直到 1980 年代该州 50 个滨海镇仍然只有 10 个是对外地人使用本地海滩没有任何限制的。⑦ 临近的纽约和新泽西等州在公众亲海权运动兴起后也出现了地方政府向外地人关闭海滩的倾

---

① Dan R. Reineman, et al., "Coastal Access Equity and the Implementation of the California Coastal Act", *Stanford Environmental Law Journal*, Vol. 36, No. 1, December 2016, pp. 96 – 98.

② Robert García and Erica Flores Baltodano, "Free the Beach! Public Access, Equal Justice, and the California Coast", *Stanford Journal of Civil Rights & Civil Liberties*, Vol. 2, November 2005, p. 194.

③ Mark H. Robinson, *Beach Ownership and Public Access in Massachusetts*, pp. 52 – 53.

④ 有些地方政府为满足当地居民的亲海休闲需求而出资购买了部分海滩。

⑤ Andrew W. Kahrl, "Fear of an Open Beach: Public Rights and Private Interests in 1970s Coastal Connecticut", p. 438.

⑥ Thomas J. Agnello, "Non-resident Restrictions in Municipally Owned Beaches: Approaches to the Problem", pp. 177 – 178.

⑦ Mark H. Robinson, *Beach Ownership and Public Access in Massachusetts*, p. 47.

向。比如，纽约长岛上的长滩（Long Beach）自 1935 年以后便向公众开放，但是 1970 年 6 月当地政府却通过决议，规定其海滩只限当地居民使用。① 第二年，拿骚县（Nassau County）官员也宣布，该县所有海滩都向外地人关闭，当地人到海滩或其他公园须持有向政府部门申请的带照片的通行证。②萨福克（Suffolk）县也有同样的情况，该县 10 个镇中有 5 个完全禁止外地人（被邀请的客人除外）使用其海滩。③ 新泽西州以歧视性收费的方式排斥外地人的情况居多，但也有地方政府直接禁止外地人使用其海滩的现象，比如迪尔镇就曾严禁外地人使用其一处海滩。④ 其他地区也有类似的现象，比如佛罗里达州在这一时期也出现了滨海地方政府向非本地居民关闭海滩的倾向。⑤

图 4 - 1　讽刺滨海地区排外现象的漫画

图片来源：John Darnton，"Suburbia's Exclusive Beaches：The 'Keep-Out' Syndrome is under Legal Assault"，*New York Times*，June 2，1974.

---

① "Beach Ban Is Debated in Long Beach"，*New York Times*，July 25，1971，p. BQ70；Roy R. Silver，"More Towns Are Closing Beach Areas to Outsiders"，*New York Times*，July 4，1970，p. 23.

② Andrew W. Kahrl，*Free the Beaches*：*The Story of Ned Coll and the Battle for America's Most Exclusive Shoreline*，p. 179.

③ John Darnton，"Suburbs Stiffening Beach Curbs：Suburbs Are Stiffening Restrictions".

④ Van Ness v. Borough of Deal，78 N. J. 174（1978）.

⑤ Lynn Curtis-Koehnemann，"Public Access to Florida's Beaches"，p. 27.

到公众亲海权运动兴起之时，美国大多数海岸都已经被私人或地方政府控制。后来美国社会各界虽然为促进公众亲海休闲权做出了不少努力，但是私人大量占有滨海土地的状况并没有得到实质性改变。比如，到 20 世纪 70 年代，新泽西州全部 123.8 英里海岸中，属于私人和地方政府的有 95.7 英里，占到总数的 77.3%；① 另如，直到最近，康涅狄格州全部 88 英里沙质海滩中，由州政府和联邦政府掌握的只有 9.8 英里，其余的全部都在私人或地方政府手中；② 再如，到 2000 年时，北卡罗来纳州 4700 英里海岸中属于私人的仍然有 3995 英里，占到总量的 85%，其 320 英里海滩中倒是有一半（160 英里）公有，但这其中的大部分（126 英里）都处于卢考特角国家海滨公园（Cape Lookout National Seashore）和哈特勒斯角国家海滨公园（Cape Hatteras National Seashore）之中，其他地方可供公众休闲的海滩则仅有 34 英里。③ 在不少地区，那些排外的私人和地方政府的地产和干沙滩占据整个海岸，将公共道路和海洋完全隔离开来。如果这些私人和地方政府可以随意阻止外地人，那么公众就不仅不能在那些干沙滩上休闲，而且他们也难以穿越这些私人地产到达公共信托原则保护下的湿沙滩。有些情况下，即使干沙滩是公有的，但因为别人不知情，临近居民也会明目张胆地在那里自行插上"私人地产，禁止通行"的牌子，还有的甚至会直接圈占或拦住其入口。如此一来，这些滨海居民就能独享该州的大部分海滩——既包括附属于他们地产的干沙滩和被他们非法霸占的公共干沙滩，也包括被他们成片的地产阻隔的依据公共信托原则本应由公众享用的湿沙滩，而其他人则只能望洋兴叹，事实上被剥夺了在这些地方亲海休闲的权利。

除了普遍地排斥非本地居民外，很多滨海地区的房主和地方政府对有色人种等少数族裔怀有更强烈的排斥情绪。相对于其他场所来说，海滩上的种族隔离更严格。因为在海滩上大家衣着都比较暴露，

---

① Luise Welby, "Public Access to Private Beaches: A Tidal Necessity", *UCLA Journal of Environmental Law and Policy*, Vol. 6, No. 1, 1986, p. 70.

② Mary-Beth G. Hart, "It's a Wonderful Coast or, Every Time a Bell Rings, Long Island Sound is Protected", *Coastal Management*, Vol. 41, No. 3 (May/Jun2013), pp. 283 – 284.

③ James H. Herstine, *The North Carolina Public Beach and Coastal Waterfront Access Program under the 1974 Coastal Area Management Act: An Investigation and Examination of the Program's Creation and Implementation*, p. 2.

而且还会浸泡在同一片海水中，很多白人实在不能容忍与他们认为既肮脏又不讲文明的黑人共用同一片海滩休闲，尤其不能容忍白人女性与黑人男性同时出现在这种场合中。1919 年芝加哥爆发的种族大骚乱就是因为几位非裔青少年到白人欲独享的密歇根湖玩耍引起的；① 1975 年波士顿也爆发了因非裔美国人试图到海滩休闲而引起的大规模种族冲突。② 非裔美国人不仅不能到白人独占的海滩，他们想购买滨海地产很多情况下也难以遂愿。③ 在南部各州，非裔美国人在海滩上被排斥的情况显然会更为严重。

由于以上种种原因，当代美国公众亲海权存在严重的不平等。那些以合法或非法手段霸占自然资源者可以悠然自得地享用清净整洁的海滩，而广大的城区低收入人群却通常只能长途跋涉去拥挤不堪且环境不佳的公共海滩。黑人等少数族裔的状况更糟，他们在很多地方想使用公共海滩也不可得。为了改变这种极端不平等的状况，一些民权组织和个人做出了不少努力。他们的努力取得了一些成效，但还没有从根本上扭转这种局面，相关斗争还在继续。

美国各州公众平等亲海权之争的背景与形式各有不同。面面俱到地考察每一个州的情况显然不现实。为了能够比较全面地反映当代美国公众平等亲海权之争的整体状况，此处选择几个代表性州的典型事例加以论述。

第一节　美国南方黑人争取平等亲海权的涉水示威运动

20 世纪中期之前，在联邦最高法院的纵容下，④ 种族隔离政策在美国大行其道。在这种背景下，滨海地区出现排斥非裔美国人的现象倒也不奇怪。不过，那时非裔美国人虽然不能与白人共用公共海滩，但他们确实还有一些专用的休闲海滩。这种状况的出现得益于以下两

---

① Victoria W. Wolcott, *Race, Riots, and Roller Coasters: The Struggle over Segregated Recreation in America*, Philadelphia, PA: University of Pennsylvania Press, 2012, p. 27.

② John Kifner, "Blacks and Whites are Kept Apart on Boston Beach".

③ "Greenwich Tests Show Color Bias: Negro Couples Say Housing Brokers Limited Choices", *New York Times*, July 21, 1964, p. 25.

④ Plessy v. Ferguson, 163 U. S. 537 (1896).

个原因。一是因为那时在美国南部地区黑人还掌握着不少滨海土地。美国内战结束后，随着铁路和工厂的兴建，南部的经济和政治重心转向内陆，白人精英也随之向内陆迁移，滨海地价因此大幅下跌，有些土地甚至被抛荒。这使得解放后的黑奴获得了拥有滨海土地的机会。进入 20 世纪，大西洋和墨西哥湾沿岸仍有大量的黑人地主和黑人社区。① 到 1910 年，非裔美国人在南方还拥有超过 1500 万英亩的土地，在一些滨海县黑人拥有土地的比例最高。② 二是因为那时各方人士都乐于为黑人提供专用的滨海休闲场所。为解决 W. E. B. 杜波伊斯所说的 "夏季的有色人种问题"（The Color Problem of Summer），相关组织和个人开始兴建专门供有色人种使用的滨海度假村。看到其中的商机后，一些黑人和白人投资者也加入这个行列中来。另外，为了避免种族冲突，也为了避免被黑人打扰，有些地方政府也专门划出专供有色人种使用的海滩。总之，在 20 世纪中期之前，独立的黑人滨海休闲场所确实有一些，它们分布在美国沿海各地，其中比较著名的有以下几个：马里兰州切萨皮克湾畔的 "高地海滩"（Highland Beach），这是美国 "第一个……由有色人种拥有和控制的海滨度假地"③，于 1893 年由美国著名的黑人废奴主义者和社会活动家弗里德里克·道格拉斯（Frederick Douglass）的儿子查尔斯·道格拉斯（Charles Douglass）创建；加利福尼亚州洛杉矶县曼哈顿比奇（Manhattan Beach）市的 "布鲁斯的海滩"（Bruces' Beach），这是在 1912 年曼哈顿比奇建市时专门留给少数族裔的一块海滩上建起的；④弗吉尼亚州诺福克（Norfolk）的 "小湾海滩"（Little Bay Beach），它于 1915 年由非裔商人莱姆·布赖特（Lem Bright）开办；⑤ 北卡罗来纳州新汉诺威县（New Hanover County）的 "锡布瑞兹"（Seabreeze）和 "弗里曼"

---

① Andrew W. Kahrl, "A History of African Americans on the Water and by the Shore: White-washed and Recovered", *Journal of American Ethnic History*, Vol. 35, No. 2, Winter 2016, p. 64.

② Andrew W. Kahrl, *The Land Was Ours: How Black Beaches Became White Wealth in the Coastal South*, p. 7.

③ Andrew W. Kahrl, *The Land Was Ours: How Black Beaches Became White Wealth in the Coastal South*, p. 89.

④ Cecilia Rasmussen, "Resort Was an Oasis for Blacks Until Racism Drove Them Out", *Los Angeles Times*, July 21, 2002, p. B4.

⑤ Andrew W. Kahrl, *The Land Was Ours: How Black Beaches Became White Wealth in the Coastal South*, pp. 132 – 133.

（Freeman）海滩，它们是弗里曼家族自 1922 年开始在其自有土地上
开发的；① 密西西比州汉考克县（Hancock County）韦夫兰（Waveland）
镇的"格尔夫塞德"（Gulfside），它由卫理会牧师罗伯特·E. 琼斯
（Robert E. Jones）于 1923 年开始兴建；②佛罗里达州比斯坎湾（Biscayne
Bay）上的"弗吉尼亚岛海滩"（Virginia Key Beach），它于 1945 年建成，
是迈阿密市政府为将黑人从白人海滩隔离出去而专门划定的区域。③

　　黑人专用海滩虽然偏僻而且环境普遍不好，但它们毕竟还是为非
裔中产人群提供了较为惬意的休闲和社交空间。然而，到 20 世纪中
期之时，这种专门的黑人滨海休闲场所已经为数不多，之后更是急剧
减少，很快就几近于无。此结果的出现主要源于两个方面的原因。一
是黑人逐渐失去滨海土地。一战开始后，南部黑人开始大规模地向城
市和北方迁徙，他们的滨海土地随之被出售；而同一时期，白人精英
却恰好看中滨海土地的价值，他们纷纷到海边置办地产，并极尽所能
地采取各种合法或非法手段将黑人排挤出滨海土地。结果黑人失去了
维持和扩大专用滨海休闲场所的物质基础。二是原有的黑人专用滨海
休闲区域逐渐消失或衰落。这部分是由于白人种族主义者的破坏，比
如加利福尼亚州洛杉矶县曼哈顿比奇市的"布鲁斯的海滩"就在当地
官员和白人暴徒的双重夹击下不得不以极低的价格被当地政府征购。④
还有一部分则是在废除种族隔离的大背景下相继被废弃或陷入衰败
状态。在废除种族隔离的呼声中，白人人道主义者不再热衷于支持
建设黑人独立的滨海休闲区，黑人自身也不再满足于此，年轻的黑
人更是将"黑人海滩"看成"悲伤过往的遗迹"，是"需要去除和
忘记的污点"⑤。他们对这些地方不再感兴趣，而是要争取与白人共同

---

① Crystal R. Sanders, "Blue Water, Black Beach: The North Carolina Teachers Association and
Hammocks Beach in the Age of Jim Crow", *North Carolina Historical Review*, Vol. 92, No. 2, April
2015, p. 152.

② Andrew W. Kahrl, *The Land Was Ours: How Black Beaches Became White Wealth in the Coastal
South*, pp. 68 – 70.

③ Gregory W. Bush, *White Sand Black Beach: Civil Rights, Public Space, and Miami's Virginia
Key*, Gainesville, FL: University Press of Florida, 2016, pp. 5 – 6.

④ Jacey Fortin, "A Fight for Justice on the Sands of a California Beach", *New York Times*,
March 13, 2021, p. A14。2022 年 6 月当地政府又将此处海滩的产权归还给布鲁斯的后人。

⑤ Gregory W. Bush, *White Sand Black Beach: Civil Rights, Public Space, and Miami's Virginia
Key*, p. 173.

享用那些环境更好的海滩。结果，原有的黑人独立的滨海休闲区相继被关闭。到 20 世纪 70 年代，美国黑人独立的滨海休闲场所已寥寥无几，残存的少部分也因为疏于管理或客源不足而难以为继。这也算是"为进步而付出的代价"①。

总之，20 世纪中期以后，建设和维护专用海滩已经不再是美国南部黑人所追求的主要目标。在新的形势下，他们力图借助全国性废除种族隔离运动的东风争取和白人平等地使用公共海滩的权利。在此过程中他们采取了很多措施，其中最具轰动效应的是"涉水示威"（wade-in）。

一 黑人及民权人士在佛罗里达州的涉水示威活动

美国南部地区的黑人为争取平等亲海权而进行的涉水示威活动首先出现在佛罗里达州的迈阿密地区。二战期间，作为重要的军事基地，迈阿密经济迅速发展，人口数量也急剧增加。新增人员中包括许多来自北方的黑人士兵。战争的特殊经历对传统的种族关系造成冲击，黑人们对平等地位有了更高的追求。这种对平等的追求也表现在亲海权方面。1945 年 5 月 9 日（即德国宣布无条件投降后的第一天）下午，在迈阿密东北 14 英里的"可乐华"（Haulover）海滩州立公园，两名黑人妇女和 4 名黑人男子换上泳衣，游入大西洋湛蓝的海水中。这是一次有组织的行动，组织者是"迈阿密有色人种牧师联盟"（Miami's Colored Ministerial Alliance），参与者多数是"全美有色人种协进会"（National Association for the Advancement of Colored People，NAACP）的成员。他们故意违反当地公共海滩只保留给白人使用的规定去涉水示威，就是希望通过自己的被捕引起社会各界对此问题的关注，以期当地政府能够正视并设法解决黑人群体的亲海权问题。黑人律师劳森·E. 托马斯（Lawson E. Thomas）带着 500 美元站在岸边，随时准备在他那几个涉水示威的同伴被捕后拿这些钱去保释他们；"黑人市民服务团"（Negro Citizens' Service League）主席亨德森（Henderson）法官则专门给治安官办公室打电话，告诉他们有黑人在可乐华海滩游泳。

警察赶到事发地点后，托马斯极力鼓动他们逮捕自己那些涉水示

---

① Andrew W. Kahrl, *The Land Was Ours: How Black Beaches Became White Wealth in the Coastal South*, p. 210.

威的同伴。但是，警察们只是命令涉水示威者上岸，等候处理。治安官科尔曼（D. C. Coleman）担心逮捕他们会激起黑人更激烈的抗议，所以他斟酌再三，在与县政府负责人查尔斯·克兰登（Charles Crandon）沟通后还是决定放了他们。随后，经过与托马斯等黑人领袖协商，当地政府决定将"弗吉尼亚岛海滩"正式辟为黑人专用海滩。1945 年 8 月 8 日，弗吉尼亚岛海滩正式开放。当地黑人欢欣鼓舞，两周内就有 4000 多人去那里游泳。①

弗吉尼亚岛海滩当时虽然地处偏僻，环境也不好，但是迈阿密地区的黑人毕竟有了自己的亲海休闲去处，而且那时他们对这种隔离的海滩并不排斥，② 所以，这次涉水示威也算达到了目的。然而，到 20 世纪 50 年代，除了弗吉尼亚岛和其他几处黑人专用海滩外，佛罗里达州的绝大多数公共海滩仍然都禁止黑人休闲。

美国联邦最高法院 1954 年在"布朗诉托皮卡教育委员会"（Brown v. Board of Education of Topeka）案判决中宣布废除公立学校中的种族隔离；③ 1955 年联邦第四巡回上诉法院在"道森诉巴尔的摩市市长和市议会"（Dawson v. Mayor and City Council of Baltimore City）案判决中又将此原则推及海滩等公共休闲领域。④ 联邦法院的这种态度使佛罗里达州黑人废除海滩种族隔离的意愿和信心都更加高涨。1956 年，该州民权组织决定于 7 月 4 日美国独立日这天挑战当地关于白人专享公共海滩的规定。为了避免出现激烈冲突，佛罗里达州有几个地方又多划出几块黑人海滩。

不过，此时佛罗里达州的黑人已经不满足于此，他们要彻底打破海滩上的种族隔离。为此，"全美有色人种协进会"决定在迈阿密的"克兰登海滩"（Crandon Beach）再次组织涉水示威。此次行动的参加者加斯·里夫斯（Garth Reeves）后来回忆说："我们穿上泳裤，外面再套上衣服，然后走向海滩"，"警察没有阻拦我们……我们踢掉凉

---

① Gregory W. Bush, *White Sand Black Beach*: *Civil Rights*, *Public Space*, *and Miami's Virginia Key*, p. 18.

② Gary R. Mormino, *Land of Sunshine*, *State of Dreams*: *A Social History of Modern Florida*, p. 312.

③ Brown v. Board of Education of Topeka, 347 U. S. 483 (1954).

④ Dawson v. Mayor and City Council of Baltimore City, 220 F. 2d 386 (4th Cir. 1955). 联邦最高法院拒绝受理巴尔的摩市的上诉，所以联邦第四巡回上诉法院的这个判决是终审判决。

鞋，褪下便裤，进入水中。没有人说一句话。没有警官过来……从那一天开始（1957年11月7日），本县的海滩就实现了种族融合"①。1959年11月25日，又有20位黑人男女到克兰登海滩休闲。这次他们不仅下海游泳，还破天荒地头一次租用了更衣室。②1960年8月，一名当地警察明确地向询问者表示，他们掌握的政策是：如果黑人要到海滩游泳，那就"随他们的便"③。这说明，至少从那时起，迈阿密地区的海滩已经正式废除种族隔离，黑人可以自由地到公共海滩休闲。

除了迈阿密地区外，佛罗里达州的其他地区也出现了通过涉水示威打破海滩种族隔离的行动。这些行动有的进展比较顺利，有的则遭遇强烈抵制，经历了更多波折。在白人抵制比较强烈的地方中，萨拉索塔市就比较有代表性。该市向来以崇尚"进步"自诩，但却有浓重的白人种族主义气息。该市不仅不允许黑人使用公共海滩，而且也没有给黑人划出隔离的海滩。1955年，全美有色人种协进会在当地的分支机构决定举行涉水示威，推进海滩上的种族融合。他们选定的目标是"利多海滩"（Lido Beach）。听到风声后，当地官员赶紧将此海滩关闭，致使这次行动没能进行。不过，萨拉索塔的黑人民权组织没有就此罢休。第二年（1956年）独立日，他们终于组织4名黑人"侵入"了当地西耶斯塔岛海滩。萨拉索塔的白人也不甘示弱，他们控制的市政府于8月颁布紧急法令，授权警察将非裔美国人赶出海滩。同时的一个法令还禁止载有黑人的船只离岸太近，防止他们从海上到达海滩。此做法尽管招致很多批评，但该市依然我行我素。它不仅没有向黑人开放公共海滩，而且建立黑人专用海滩的提议也未能实施，因为每指定一处黑人海滩周围的居民和商户便会强烈抗议。此种状况一直持续了好几年才有所改变。

在佛罗里达州的布劳沃德县（Broward County），黑人的涉水示威行动同样遭到白人的强烈抵制。全美有色人种协进会在当地的分支机构于1961年7月4日组织领导了在该县劳德代尔堡（Fort Lauderdale）

---

① Gary R. Mormino, *Land of Sunshine*, *State of Dreams*: *A Social History of Modern Florida*, p. 312.

② "Negroes Act to End Miami Segregation", *New York Times*, November 26, 1959, p. 24.

③ Gregory W. Bush, *White Sand Black Beach*: *Civil Rights*, *Public Space*, *and Miami's Virginia Key*, p. 131.

海滩的涉水示威。当他们下水之后，所有的白人游泳者全部都厌恶地离开，有人还向此次行动的领导者约翰逊（Johnson）夫人吐口水。当地广播发布公告，警示白人们"黑人正在市属海滩休闲"。当地报纸发行人则拿钱贿赂黑人领袖，想让他们取消涉水示威行动。当地官员更是气急败坏，他们称约翰逊夫人是"妨害公共安全者"，并以"煽动暴乱"罪将她告到法院。不过，法官判约翰逊夫人无罪，并就此否定了当地支持海滩种族隔离的法律。①

总体来看，到 20 世纪 60 年代初，佛罗里达州绝大多数地方都通过涉水示威等途径废除了公共海滩的种族隔离。像劳德代尔堡和萨拉索塔这种地方，在 1956 年时废除种族隔离都"被认为是不可想象的"，但到 1961 年，他们的海滩也都实现了种族融合。② 然而，佛罗里达州仍然还有少数地方白人种族主义势力特别顽固，他们迟迟不愿废除海滩上的种族隔离。这方面最典型的是圣奥古斯丁（St. Augustine）市。

佛罗里达州的圣奥古斯丁市是民权运动期间种族冲突最尖锐的地区之一。1964 年 3 月，马丁·路德·金领导的南方基督教领袖联合会（The Southern Christian Leadership Conference，简称 SCLC）开始在圣奥古斯丁发起废除种族隔离的示威游行。当年 5 月 26 日，马丁·路德·金本人亲自到圣奥古斯丁指导抗议活动。面对黑人民权组织的活动，圣奥古斯丁的白人寸步不让，坚决予以还击。表现之一是反民权运动的急先锋 L. O. 戴维斯（L. O. Davis）再次以超过 70% 的高票当选为治安官；③ 表现之二是他们屡次暴力冲击黑人的示威活动，④ 有些极端分子还开枪刺杀马丁·路德·金及其助手，并打砸他租住的房屋。⑤ 遭遇暴力抵制甚至生命威胁的马丁·路德·金与其他黑人民权领袖也没有退缩。马丁·路德·金一方面反复向约翰逊总统及相关部门呼

---

① Gary R. Mormino, *Land of Sunshine, State of Dreams：A Social History of Modern Florida*, pp. 313 – 314.

② Gary R. Mormino, *Land of Sunshine, State of Dreams：A Social History of Modern Florida*, p. 315.

③ David R. Colburn, *Racial Change and Community Crisis：St. Augustine, Florida, 1877 – 1980*, New York：Columbia University Press, 1985, p. 71.

④ "New Racial Clash Halted in Florida：Police Guard Integrationists at Beach and on March", *New York Times*, June 24, 1964, p. 19.

⑤ David R. Colburn, *Racial Change and Community Crisis：St. Augustine, Florida, 1877 – 1980*, p. 83；"Dr. King's Beach Cottage Is Ransacked by Vandals", *New York Times*, June 9, 1964, p. 17.

呀，要求联邦政府派军队干预圣奥古斯丁的种族冲突，① 另一方面继续领导黑人的抗议示威活动。

民权组织在圣奥古斯丁发起的抗议活动中，争取黑人的平等亲海权是一个重要目标，而他们采取的措施也是涉水示威。1964 年 6 月 17 日，他们第一次到圣奥古斯丁海滩示威。这次虽然有白人谩骂围观，但未有大的冲突。随后，他们又数次涉水示威，而在后来的这几次行动中，他们每次都遭到白人种族主义者的暴力冲击。这些事件在全美乃至全世界都引起了巨大关注。

圣奥古斯丁第一次引起广泛关注的种族冲突发生在 1964 年 6 月 18 日。这次行动也跟亲水休闲有关，不过不是在海滩，而是在游泳池。当天中午，一伙抗议种族隔离的黑人和白人强行跳进"孟松汽车旅馆"（Monson's Motor Lodge）的游泳池。旅馆老板立即搬来一桶他称作是盐酸的液体倒进水里，迅速围拢过来的上百名白人种族主义者则大喊"逮捕他们！放狗过来！"随即赶到的警察命令示威者离开游泳池，并宣布逮捕他们，其中一个警察还下水拖拽示威者。示威者出水后，警察又对他们拳打脚踢。南方基督教领袖联合会组织了这次示威行动，并且提前通知了记者，所以警察的行为被记者拍摄下来。当天晚上，相关报道出现在全国性电视新闻里和各大报纸的头版上，有些国外媒体，如苏联的报纸，也在头版刊登了相关照片。② 这让美国在国际上颜面尽失，约翰逊总统更是气急败坏。③

6 月 22 日，民权组织的成员两次到圣奥古斯丁公共海滩涉水示威，他们两次都遭到白人种族主义者的攻击。暴怒的白人用拳头和棍棒殴打示威者。冲突最终被警察阻止，但有几人受伤。④ 这次冲突的场面也被美联社记者拍下，这些照片第二天刊登到几百家报纸的头版。⑤

---

① Homer Bigart，"Dr. King Requests U. S. Aid in Florida：Asks White House to Send Mediator to St. Augustine"，*New York Times*，June 25，1964，p. 19.

② David R. Colburn，*Racial Change and Community Crisis：St. Augustine，Florida，1877 - 1980*，pp. 99 - 100.

③ Niraj Chokshi，"Racism at American Pools Isn't New：A Look at a Long History"，*New York Times*（Online），August 1，2018.

④ The Associated Press，"Racists Break up Florida Wade-ins"，*New York Times*，June 23，1964，p. 1.

⑤ Gary R. Mormino，*Land of Sunshine，State of Dreams：A Social History of Modern Florida*，p. 314.

6 月 23 日，民权组织在圣奥古斯丁又组织了几场游行示威，其中的一场是在海滩。由于当天那里预先布置了大量国民警卫队士兵和警察，所以白人种族主义者的攻击被及时制止。

6 月 25 日，南方基督教领袖联合会在圣奥古斯丁精心组织了那年夏天最大规模的一次涉水示威。① 这次示威又遭到白人种族主义者的强硬阻拦和猛烈攻击。行动领导人之一伊丽莎白·米勒（Elizabeth Miller）牧师的鼻子被一名三 K 党成员打破，差点溺亡。冲突现场也有不少警察，但阻止不力。而且，在混乱中还闹出了州警察逮捕地方警察的乌龙事件。②

6 月 29 日，圣奥古斯丁海滩又出现了黑人涉水示威者和白人种族主义者的对峙。因为有大批州警察阻隔，这次双方没有发生直接冲突。7 月 1 日，南方基督教领袖联合会停止了在圣奥古斯丁的涉水示威和其他游行活动。7 月 2 日，约翰逊总统正式签署民权法案。

南方基督教领袖联合会在圣奥古斯丁领导的涉水示威和其他游行活动虽然没能彻底打破当地的种族隔离局面，但这些活动造成的影响一定程度上推动了 1964 年民权法的出台。③

二　密西西比州比洛克西市黑人争取平等亲海权的斗争

密西西比州哈里森（Harrison）县有 26 英里的人造海滩。除特定的几处偏僻狭小的区域外，绝大部分海滩原来都禁止黑人使用。比洛克西是该县的一个小城市，该市的黑人自 1959 年开始积极争取海滩使用权。通过涉水示威，再加上法律诉讼，他们经过多年努力终于争取到亲海休闲的权利，成为二战后美国南方黑人民权运动的一个典型事例。

比洛克西市黑人争取平等亲海权斗争的主要领导者是当地非裔医生吉尔伯特·R. 梅森（Gilbert Rutledge Mason）。梅森 1928 年 10 月 7 日出生于密西西比州杰克逊市，1949 年从位于纳什维尔（Nashville）

---

① Victoria W. Wolcott, *Race, Riots, and Roller Coasters: The Struggle over Segregated Recreation in America*, p. 168, note 39（p. 278）.

② David R. Colburn, *Racial Change and Community Crisis: St. Augustine, Florida, 1877 - 1980*, pp. 4, 106 - 107.

③ Victoria W. Wolcott, *Race, Riots, and Roller Coasters: The Struggle over Segregated Recreation in America*, p. 168.

的田纳西州立大学毕业，1954 年从位于首都华盛顿特区的霍华德（Howard）大学医学院毕业。在圣路易斯见习一年后，梅森正式到比洛克西市开诊所行医。自小生活在种族隔离环境中的梅森对此深恶痛绝，立志要改变这种状况。他是全美有色人种协进会比洛克西分会的创始人和主席，并担任全美有色人种协进会密西西比州分会副会长达 33 年。①

梅森自己喜好游泳，他不能忍受当地不允许黑人平等使用海滩休闲的规定。他认为，既然当地海滩的建造和维护都使用公共资金，那么当地居民不论黑人还是白人都应该有权利自由使用。到比洛克西后，梅森就不断地在各种场合宣讲他的观点。鼓动了 4 年后，他感觉时机成熟，可以采取实际行动了，而他决定采取的行动就是涉水示威。

梅森发动的第一次涉水示威发生在 1959 年 5 月 14 日。当天下午 2 点，梅森与另外 8 位黑人进入比洛克西海滩，并到海中戏水玩耍。由于那天是周二，海滩上没有什么人，所以一开始他们的行动并未遭遇任何阻拦。后来一位在附近公路上开车的女士发生事故，去处理事故的警察发现了梅森等人。警察要驱赶他们，称海滩是私人财产。梅森据理力争，于是警察把他带回警察局询问。在警察局，负责询问的警察不能回答梅森一直追问的 "海滩为什么是私人财产" 这个问题，只好赶紧把他打发走。第二天，梅森又去找市长理论，市长也拿不出任何不允许黑人使用海滩的证据，只好一味搪塞，并威胁梅森说："如果你再回到那里我们就逮捕你。要说的就是这些。"②

比洛克西的第一次涉水示威表面上较为平和地结束了，但问题没有解决，双方都在准备后续的行动。在黑人方面，随后一段时期主要是加强组织和宣传工作，积蓄力量。在组织方面，梅森等人加入 "哈里森县公民行动委员会"（Harrison County Civic Action Committee），并将争取黑人亲海权确定为该委员会的首要任务；同时，他们还重组 "比洛克西公民联盟"（Biloxi Civic League），由梅森出任主席。紧接

① Gilbert R. Mason and James P. Smith, *Beaches, Blood, and Ballots: A Black Doctor's Civil Rights Struggle*, Jackson, MS: University Press of Mississippi, 2000, Foreword x.

② J. Michael Butler, "The Mississippi State Sovereignty Commission and Beach Integration, 1959 – 1963: A Cotton-Patch Gestapo?" *The Journal of Southern History*, Vol. 68, No. 1, February 2002, p. 114.

着，他们便四处宣讲，引起大家对黑人亲海权的关注。

　　经过一段时间的组织宣传工作，梅森感觉可以采取下一步行动了。1959 年 10 月 5 日，他和约瑟夫·N. 奥斯汀（Joseph N. Austin）以及尤里斯·怀特（Eulice White）三人向比洛克西市政委员会递交请愿书，要求让黑人不受限制地使用所有海滩。梅森指出，当地海滩的治理和维护用的都是全县居民的纳税钱，现存的法律中也没有明文规定黑人不能使用海滩，所以，不向黑人开放海滩是没有道理的，而且他们也不能接受在偏远的地方专划一块黑人海滩的建议。市政委员会讨论 30 分钟后驳回了他们的请愿。委员会主席杜威·劳伦斯（Dewey Lawrence）还威胁他们说：“如果你们想在海滩上搞种族融合，那你们就是在找麻烦……那会有暴乱，有人会被杀死。”①

　　请愿的消息被媒体报道之后，奥斯丁家便接到了威胁电话，扬言要绑架他，而且晚上还有人向他家房前草坪上扔燃烧的十字架。不仅如此，比洛克西市政府还求助“密西西比州主权委员会”（Mississippi State Sovereignty Commission）向梅森等人施加政治压力，② 同时借助白人的社会地位向黑人领袖施加经济压力。请愿活动发生后不久，奥斯丁就被解除公职，怀特夫妇也被他们的白人雇主解雇。梅森自己开诊所，所以在这方面白人暂时还拿他没办法，但他们也没有轻易放过他。不管白天黑夜，梅森在家或在诊所都会接到匿名电话，对他侮辱谩骂和威胁，传递诸如“黑鬼，你最好离开本镇，因为我们要杀了你”这样的信息。③ 据悉梅森确实已经上了三 K 党的暗杀名单。为了保护他的安全，黑人青年组成名为“愤怒的黑人”（Black Angry Men）的团队，全天候为他提供贴身保护。这种状况一直持续了 4 年。

　　尽管压力重重，梅森等人并没有放弃为黑人争取平等亲海权的努力。他们决定采取两个措施：一是提起法律诉讼，二是再次进行涉水示威。

　　为了能够通过司法途径解决比洛克西的黑人亲海权问题，梅森聘

---

　　① J. Michael Butler, "The Mississippi State Sovereignty Commission and Beach Integration, 1959 – 1963: A Cotton-Patch Gestapo?", p. 116.

　　② “密西西比州主权委员会”是 1956 年由密西西比州议会授权成立的一个致力于维护种族隔离制度的机构。

　　③ Gilbert R. Mason and James P. Smith, *Beaches, Blood, and Ballots: A Black Doctor's Civil Rights Struggle*, p. 58.

请当地白人律师诺克斯·沃克（Knox Walker）研究案情，并向他的好朋友、曾参与"布朗诉托皮卡教育委员会"案诉讼的霍华德大学法学院院长詹姆斯·奈布瑞特（James Nabrit）征求意见。沃克的研究提供了一些有利的信息。一方面，几十年来哈里森县政府一直用公共资金整修海滩；另一方面，1947 年飓风后，为获得联邦政府资助以整治海滩，哈里森县政府曾与联邦机构签署协议，承诺经过整治后的海滩将永久向公众开放。不过，尽管掌握着有利的证据，但打官司不是一朝一夕就能完成的，而且，要将官司打到联邦最高法院，至少需要 1 万美元经费。所以，通过司法途径解决比洛克西的黑人亲海权问题需要时间，而且梅森等人必须先筹措到足够的资金。

在请愿无果而诉讼难以短期内见效的情况下，梅森等人于 1959 年 10 月 22 日决定，来年再搞一次全县规模的涉水示威。最初约定的时间是 1960 年 4 月 17 日，但那天在比洛克西海滩只有梅森自己一个人去了。虽然有点失望，梅森还是决定自己一个人也要进行涉水示威。10 分钟后，一个警察发现他，叫他自己到警察局接受询问。梅森已经预感到要被捕，所以他已经安排好其妻子娜塔莉·梅森（Natalie Mason）和朋友威尔默·麦克丹尼尔（Wilmer McDaniel）去保释他。随后，"哈里森县公民行动委员会"在比洛克西召开紧急会议，总结上次的教训，计划在 4 月 24 日（周日）再搞一次涉水示威。

1960 年 4 月 24 日中午，125 名示威者到梅森的办公室前集合，然后分三路向海滩进发。之前，他们已被反复告诫，这是非暴力示威，绝对不可以携带任何可用作武器或会被认为是武器的东西，包括随身小折刀、梳子、发夹和大头针等。然而，他们到达海滩后却遭到了数百名白人暴徒的袭击。那些白人拿着砖头、棒球棍、铁管、木棍和铁链等凶器追打手无寸铁的示威者。旁边虽有警察，但他们却袖手旁观。结果，骚乱蔓延到整个比洛克西半岛，一直持续到深夜，致使两人死亡，几十人受伤。当地报纸和《纽约时报》都把这次事件称为"密西西比历史上最严重的种族骚乱"①。

比洛克西 1960 年 4 月 24 日的这次涉水示威引起了广泛的关注，

---

① Gilbert R. Mason and James P. Smith, *Beaches, Blood, and Ballots: A Black Doctor's Civil Rights Struggle*, p. 70; "N. A. A. C. P. Denies Biloxi Riot Role: Replies to Charge by City Leader——Toll is 10 Shot, Many Hurt in Fights", *New York Times*, April 26, 1960, p. 30.

而且导致美国司法部直接介入。5 月 17 日，美国司法部民权局在联邦地区法院起诉哈里森县和比洛克西市的相关部门与负责人，要求他们向黑人开放海滩。美国司法部的起诉理由正如此前沃克律师所提出的一样，即哈里森县当年为获取联邦补助曾经许诺向公众开放其海滩，而且它后来确实得到了用于整治海岸的 113.3 万美元的联邦补助金。司法部表示，当地政府不允许黑人使用海滩就是违反了当年的协议。据称，"这是司法部提起的第一个此类诉讼"①。

1960 年 6 月 6 日，联邦地区法院的悉尼·C. 迈兹（Sidney C. Mize）法官第一次听审此案。6 月 9 日，司法部向法院寻求临时禁令，要求禁止哈里森县和比洛克西市执行阻碍黑人到海滩的规定，但未获批准。之后，案件审理便陷入停滞状态，迈兹法官迟迟不做判决。

联邦地区法院一直拖延了 3 年也没有做出判决，梅森他们等得没了耐心，于是他们决定再搞一次涉水示威。在 1960 年的那次示威后，密西西比州议会抓紧通过一个特别法案，要对在海滩引起骚乱者进行严惩。② 梅森等人对此并不介意，因为他们就是想着要通过组织新的涉水示威活动被捕，然后通过密西西比州最高法院直接上诉到联邦巡回上诉法院乃至联邦最高法院，从而绕过故意拖延的联邦地区法院。1963 年 6 月 23 日，梅森又带领 68 名黑人和 3 名白人（牧师）组成的队伍到海滩涉水示威。此次行动已经公开策划几周，而且行动开始之前 5 周的时候梅森就已经将行动计划通报给了比洛克西市长丹尼尔·盖斯（Daniel Guice），所以，当地白人早已知晓此次行动并且做好了攻击的准备，而州、县、市警察和 150 多名联邦调查局警员也已严阵以待。警方虽然做了充分准备，但白人还是实施了一些攻击行为。结果，参加示威的 71 人全部被捕，同时被捕的还有一位手持转轮枪冲向黑人的白人男子。第二天，一名当地法官判决参加示威的 43 名成年人中的 29 人犯有非法闯入私人地产罪，并判梅森等 8 人监禁 30 天，罚款 100 美元。其他人被判罚款 50 美元。③ 梅森等人于是按计划

---

① "U. S. Sues to Open Biloxi Beach to All", *New York Times*, May 18, 1960, p. 1.

② Gilbert R. Mason and James P. Smith, *Beaches, Blood, and Ballots: A Black Doctor's Civil Rights Struggle*, p. 80. 这条法律显然是专门针对梅森领导的那次涉水示威，所以促成此法的议案被民权组织称为"梅森法案"（Mason Bill）。

③ J. Michael Butler, "The Mississippi State Sovereignty Commission and Beach Integration, 1959 – 1963: A Cotton-Patch Gestapo?", pp. 140 – 141.

从哈里森县法院、巡回法院、密西西比州最高法院一路上诉到联邦最高法院。

在梅森他们的案件上诉期间，美国司法部的诉讼也在进行。1964年12月14日，迁延了超过4年半后，迈兹法官才正式审理此案。然而，还未及判决，他就去世了。继任法官哈罗德·考克斯（Harold Cox）在1967年3月认定比洛克西市整治出的人工海滩属于私有，因此它不支持司法部提出的向黑人开放此海滩的诉求。司法部又上诉到联邦第五巡回上诉法院。

1968年8月15日，联邦第五巡回上诉法院推翻联邦地区法院的判决。该院认为，既然联邦政府为整治此海滩所提供的补助是以密西西比州以及哈里森县允诺并以协议方式确认将此海滩公有为前提的，那么该县就应当履行这项承诺，确保此海滩的公众使用权。① 具有讽刺意味的是，做出此判决的法官正是当年极力抵制民权运动并力促成立密西西比州主权委员会的密西西比州前州长詹姆斯·P.科尔曼（James P. Coleman）。

由于联邦最高法院拒绝受理针对此判决的上诉，所以联邦第五巡回上诉法院主张向黑人开放比洛克西海滩的判决成为终审判决。另外，在1963年涉水示威后引发的诉讼中，梅森等人最终也获得了联邦最高法院的支持。② 这样，经过长达近十年的努力，通过涉水示威和法律诉讼等多种手段，比洛克西市的黑人终于争取到自由去海滩休闲的权利。1998年2月11日，哈里森县监事会宣布，在比洛克西海滩树立一座纪念碑，向那些1960年4月24日涉水示威的参加者致敬，以使他们的牺牲、勇气和成就不被忘记。③

第二节　康涅狄格州的平等亲海权之争

在限制非本地居民使用海滩方面，新英格兰各州的情况更为严

① United States v. Harrison County, 399 F. 2d 485 (1968).
② Mason v. City of Biloxi, 385 U. S. 370 (1966); "High Court Upsets Trespass Arrests", *New York Times*, December 13, 1966, p. 39.
③ J. Michael Butler, "The Mississippi State Sovereignty Commission and Beach Integration, 1959 – 1963: A Cotton-Patch Gestapo?", p. 143.

重。其中，康涅狄格州在这方面的表现又尤为突出。一般认为，以下两点是造成康涅狄格州滨海居民强烈排外的客观原因：（1）该州位于纽约大都会区，有亲海休闲需求的人口众多；① （2）该州 200 多英里海岸中适于休闲的沙滩只有 80 多英里。②

可供休闲的沙滩资源有限，潜在的外来游人数量又很庞大，在此情况下，康涅狄格州内那些有幸居住在滨海地区的人们对他们房前难得的沙滩看护得更紧。早在 20 世纪初，康涅狄格州滨海地区就显示出强烈的排外倾向。从那时起，该州的滨海地产主就纷纷组建起只限本地居民参加的封闭式海滩协会或海滩俱乐部，以便更好地保护本地居民的利益，排斥不受欢迎的外来者；③ 该州的地方政府也推波助澜，相继推出限制外地人的政策。④ 20 世纪中期以后，随着公众亲海休闲热潮的不断高涨，康涅狄格州滨海地区的排外情绪也愈加强烈。为避免失去对自己海滩的控制权，康涅狄格州的很多滨海地方政府甚至宁愿自己出钱维护海滩也坚决不接受联邦和州政府提供的资助。比如，1981 年麦迪逊（Madison）镇就拒绝了联邦政府提供的海岸带管理资助，尽管联邦政府相关部分负责人一再向他们保证，此资助并不附带要求他们开放海滩的条件。该镇首席政务委员（First Selectman）约翰·菲利普斯（John Phillips）评论说，多大数额的资助也抵不上失去对本地海滩控制权所造成的损失。⑤ 另如，1992 年冬季的风暴使康涅狄格州海滩遭到严重破坏，联邦政府部门欲为海岸修复提供补助金，并保证不会附带要求他们开放海滩的条件，但该州滨海地方政府还是

① Adam Keul, "The Fantasy of Access: Neoliberal Ordering of a Public Beach", *Political Geography*, p. 54.

② 各种统计数据略有出入。Christine Woodside, "The Water Is Fine. The Sand Is Pristine. Stay Out", *New York Times*, August 22, 1999, pp. CT1, 8; Lawrence Fellows, "Access of Minority Outsiders to Madison Beach is Disputed: A Head-on Approach is Tried by Activist Group Seeking Easing of Restrictions", *New York Times*, July 5, 1973, p. 32; Mary-Beth G. Hart, "It's a Wonderful Coast or, Every Time a Bell Rings, Long Island Sound is Protected", pp. 282 – 283.

③ Andrew W. Kahrl, "Fear of an Open Beach: Public Rights and Private Interests in 1970s Coastal Connecticut", pp. 436 – 438.

④ Kara M. Schlichting, "'They Shall Not Pass': Opposition to Public Leisure and State Park Planning in Connecticut and on Long Island", *Journal of Urban History*, Vol. 41, 2015, pp. 116 – 142.

⑤ Andrew W. Kahrl, *Free the Beaches: The Story of Ned Coll and the Battle for America's Most Exclusive Shoreline*, p. 240.

不愿接受，其中格林威治（Greenwich）镇的态度最坚决。该镇首席政务委员小约翰·B. 马格诺（John B. Margenot, Jr. ）说："我们要看那些保证是如何表达的。我们保持这种态度已经差不多有 80 年了，只要有任何妨碍我们独立性的可能，我们就会避免申请联邦资金。"①康涅狄格州政府对滨海地方政府排外的做法采取妥协甚至纵容的态度。比如，1975 年夏，康涅狄格州时任州长埃拉·格拉索（Ella Grasso）就明确表态说，"镇属海滩是各镇的财产"，"私属海滩是私人的财产"，在康涅狄格州，"私人财产是不可侵犯的"②。由于滨海地区的强烈抵制，康涅狄格州海岸带管理法的制定也是困难重重。在最后勉强通过的版本中，原有的普遍促进公众亲海权的内容被去除，改为只在保护自然资源和私人财产权的前提下通过扩充、开发和有效利用"州属"休闲资源的方式促进公众亲海权。③

可以说，在排斥外地人的警觉性和执行排外政策的严格性方面，康涅狄格州的确可以称得上是"首屈一指"④，这使得该州的海滩基本上都被私人或地方政府封闭起来。直到 20 世纪末，该州可用于休闲的约 85 英里沙滩中，向公众开放的仍然只有 13 英里，而其中的大部分又是位于 4 个州立公园之中。⑤对滨海各州情况颇为了解的杜克大学地理学专家奥林·H. 皮尔基（Orrin H. Pilkey）就曾感叹说，⑥在他所见过的各州与公众亲海权相关的问题中，康涅狄格州的问题是"最糟糕的"⑦。

在普遍地限制外地人使用其海滩的同时，康涅狄格州滨海地区的居民还一直格外地排斥黑人等少数族裔。从小在康涅狄格州滨海小镇"旧塞布鲁克"（Old Saybrook）长大的非裔小说家安·佩特里（Ann

---

① James Bennet, "Keeping Its Shores to Itself: Greenwich Eschews Federal Aid to Repair Recreational Sites".

② Andrew W. Kahrl, *Free the Beaches: The Story of Ned Coll and the Battle for America's Most Exclusive Shoreline*, p. 2.

③ Marc R. Poirie, "Environmental Justice and the Beach Access Movements of the 1970s in Connecticut and New Jersey: Stories of Property and Civil Rights", p. 769.

④ Andrew W. Kahrl, "Fear of an Open Beach: Public Rights and Private Interests in 1970s Coastal Connecticut", p. 441.

⑤ Christine Woodside, "The Water Is Fine. The Sand Is Pristine. Stay Out".

⑥ 皮尔基联合编辑了 23 卷介绍滨海（包括五大湖）各州情况的著作。

⑦ James Brooke, "When the Coast Isn't Clear to the Coast", *New York Times*, August 11, 1985, p. E6.

Petry）就曾说过，她不是在亚拉巴马、佐治亚或密西西比州了解到的吉姆·克劳（Jim Crow），①她是 1915 年第一次到康涅狄格州私人海滩上参加主日学校野餐时感受到它。与佩特里一样，20 世纪 30 年代生活在纽黑文（New Haven）的民权活动家康斯坦丝·B. 莫特利（Constance Baker Motley）也是到康涅狄格州海边游玩时才"第一次体会到了吉姆·克劳"②。这种倾向在该州一直延续，直到近期，该州某些滨海地区仍然对黑人使用本地海滩施以更为严格的限制。

康涅狄格州在"限制非本地居民使用海滩"和"排斥黑人等少数族裔"这两方面都很有代表性，该州围绕这两方面的冲突也很典型。其中，"振兴队"组织领导的为城区少数族裔儿童争取亲海权的活动和法学院学生布伦登·P. 莱顿（Brenden P. Leydon）依据联邦宪法第一条修正案挑战格林威治镇政府限制外地人使用其海滩政策的诉讼最引人注目。

一　振兴队领导的为城区少数族裔儿童争取亲海权的活动

振兴队的创始人和核心领导者是爱德华·T. "内德"科尔（Edward T. "Ned" Coll）。③内德 1941 年出生于康涅狄格州的首府哈特福德（Hartford）。他是爱尔兰移民的后代，是家中五个孩子中唯一的男孩。内德小时候患过癫痫，所以他母亲一直对他倍加呵护，千方百计地要确保他能够进入那时当地白领人士从事的主要职业——保险行业，过上压力不大又很体面的中产阶级生活。1958 年，内德进入耶稣会办的费尔菲尔德大学（Fairfield University）。大学期间，内德和他的同学曾在一位少数族裔教师沃特·佩蒂（Walter Petty）带领下到纽约黑人聚居区感受种族隔离的氛围。内德后来说，是佩蒂"打开了我的眼睛，让我看到美国黑人的真实生活"④。1962 年毕业后，内德如他母亲所愿进入保险公司工作。1963 年，同为爱尔兰裔天主教徒的肯尼迪总统遇刺，内德受到很大震动。之后，他不再将追求舒适生活作

① "吉姆·克劳法"是美国种族隔离法的泛称。

② Andrew W. Kahrl, *Free the Beaches: The Story of Ned Coll and the Battle for America's Most Exclusive Shoreline*, pp. 14 – 15.

③ 通常简称 Ned Coll。

④ Andrew W. Kahrl, *Free the Beaches: The Story of Ned Coll and the Battle for America's Most Exclusive Shoreline*, p. 41.

为人生目标，而是决定要承担更多社会责任。为此，内德开始参加民权组织的活动。

1964 年秋，内德·科尔毅然决然地辞去工作，决定要全身心地投入社会活动中，继续他所崇敬的肯尼迪总统所倡导的事业。他取出自己的 1200 美元积蓄，在当地两份报纸上刊登广告，征召志愿者提供公共服务。模仿肯尼迪总统发起成立的和平队（Peace Corps），内德给自己创办的组织取名为"振兴队"（Revitalization Corps）。内德的举动令他母亲悲痛欲绝。她对别人说，自己的这个儿子精神不正常，并叫警察到家中将内德拷走，去做医学鉴定。但内德不为所动，仍然坚持要做自己认定的事业。

内德·科尔领导的振兴队主要致力于改善城区少数族裔的生存状况，特别重视消除白人中产阶级对种族问题的漠不关心。为此，他积极吸收白人志愿者参加到他的事业中来。在他的宣传鼓动下，志愿者人数逐渐增加。振兴队成立后的第一年年末，志愿者就达到 500 人。之后，该组织迅速壮大，在全美多地，包括耶鲁大学等众多高校，都有了分支机构，志愿者人数很快便达到数千人。①

当时，居住于哈特福特中心城区的贫困少数族裔面临的一个主要问题是缺乏户外休闲场所，特别是在夏季缺乏亲水休闲之地。他们（特别是他们中的青少年）有时会冒险在肮脏危险的水域游泳，结果每年夏天都有溺亡事件。有鉴于此，内德逐渐将振兴队在夏季的工作重心转移到为城区少数族裔儿童寻求亲海玩耍的机会上。他最初的计划是动员滨海地区白人家庭邀请城区儿童到他们那里做客，这样既可以使城区少数族裔儿童获得亲海玩耍的机会，而且也可以增进他们与白人儿童的互动，融洽种族关系。他的计划在其他民权组织和慈善组织的配合下一开始实施得还比较顺利，有些白人家庭积极参加这项活动。但是，他们的做法很快便遭到滨海地区其他大部分白人的强烈抵制，那些原本愿意接纳城区儿童的白人因招致邻居们的白眼而逐渐失去积极性。

这种状况使内德·科尔改变看法。他认为，在白人至上主义甚嚣尘上的地方，单单寄希望于白人的良心显然是不够的。他决定不再等

---

① Andrew W. Kahrl, *Free the Beaches: The Story of Ned Coll and the Battle for America's Most Exclusive Shoreline*, p. 4.

待白人邀请，转而采取更为主动的方式，在事先不打招呼的情况下带领城区儿童直接闯入白人占据的海滩。他还主张要大力宣传，形成舆论压力，让那些白人感到羞愧，从而促使他们改变态度，不再排斥城区儿童。

1971 年 7 月上旬，振兴队第一次组织城区儿童实施强闯白人海滩的行动。他们用一辆校车载着一批城区非裔儿童以及他们的部分家长径自驶向旧塞布鲁克海滩。出乎他们意料，这次行动异常顺利，并未受到阻拦。这可能是因为那天天气阴沉，又不是周末（当天是周五），海滩上人不多。那些在海滩上休闲之人虽然对这些不速之客感到奇怪，但表现得还算友好。

几周之后，内德·科尔又针对韦斯特波特（Westport）的"孔波海滩"（Compo Beach）组织了一次强闯海滩行动。不过这次行动却极不顺利。当孩子们从大巴上带着大大小小的行李下来后，志愿者们便沿着海滩挨家挨户询问是否有人愿意接纳那些儿童中的一位到他们家中度周末。然而，愿意接纳的家庭很少。多数情况下，志愿者们都会吃闭门羹，这让他们感觉很难堪。

下一个周末，内德·科尔等人又带一批城区儿童乘车去克林顿（Clinton）镇。这次经历还是很不愉快。一开始，海滩管理人员就极力阻止振兴队的车辆进入停车场。他们宣称，只有当地居民和受他们邀请的客人才可以使用公共海滩。内德好说歹说，终于被获准将车停下。考虑到成年人可能会引起戒心，所以内德告诉志愿者们只在远处看着，让儿童们分散开自己去敲门，寻求收留他们度周末的家庭。但是这种做法仍然没有效果。当地人毫不客气地表达他们的愤怒，他们痛恨振兴队给他们带来的麻烦。而且，他们毫不掩饰地公开表达对黑人的厌恶情绪。

尽管屡遭挫折，但内德·科尔仍不放弃。当年 8 月 3 日，内德又带 48 名城区儿童到麦迪逊镇的一处海滩。当地官员事先得到消息，极力劝说内德推迟行动，给他们留出时间寻找愿意接收城区儿童的家庭。但是内德不买账，他明确表示不希望通过官方途径达到目的，坚持要直接与当地居民沟通。无奈之下，当地首席政务委员霍普金斯（Hopkins）勉强同意这批孩子到访。这使当地居民很气愤。他们指责霍普金斯不应该屈从于一个外地组织，使本地居民受到"贫民窟年轻人"的打扰。① 结果，当年秋季举行的地方官员选举中，霍普金斯落选，更为排斥外地人的维拉·达拉斯（Vera Dallas）当选。

8月中旬，振兴队在"旧莱姆"（Old Lyme）海滩遭到更强烈的抵制。旧莱姆是哈特福德郊区那些向往中产阶级生活方式的爱尔兰裔家庭的天堂。对他们来说，拥有滨海度假屋是身份的象征，所以他们对能体现自己身份的海滩格外珍视，不容他人染指。这就难怪内德等人一到旧莱姆就感受到强烈的敌意。当他们从大巴车上下来时，一位中年白人妇女就从度假屋中对他们怒目而视。当来自城区的少数族裔儿童走到海滩上玩耍时，当地的白人家长们迅速将自己的孩子叫回家，然后大声呵斥、奚落外来者，让他们赶紧滚开。旧莱姆的首席政务委员默尔·S. 伯格比（Merle S. Bugbee）则直接叫来警察驱赶他们。内德费尽口舌也未能说服警察和围观者允许他们留下。正当他们无奈地准备返程时，一位在当地度假的妇女福尔利·劳克斯（Forry Laucks）站出来对警察说，那些儿童和振兴队志愿者都是她邀请的客人，所以他们都可以继续待在那儿。根据规定，当地居民的客人也被允许使用海滩。警察只好作罢。劳克斯的邻居们虽然对她的话将信将疑，并纷纷指责她，但也无法再驱赶内德他们。通过劳克斯的带动和志愿者们的努力，到当晚11点，有40名儿童被安置到当地居民家中。还有20位实在安置不下，只好被带到附近的宾馆中。②

内德·科尔虽然勉强将带去的儿童安顿下来，但旧莱姆大多数居民的愤怒却没有平息。他们对收留外来儿童的家庭冷眼相加，对内德他们则强烈批评，指责他们不打招呼就贸然造访的做法会形成很危险的先例，使业主的财产权受到侵害，并会使那些儿童养成漠视法律的不良习惯。第二天，当地首席政务委员伯格比就紧急召集特别会议，讨论如何加强海滩使用管理的问题。该镇政务委员会最后通过的决议是，任何外来组织未经许可不得将儿童带到镇属海滩。一周之后，旧莱姆海滩协会也举行紧急会议，并决定修改协会章程，进一步阻止不是协会成员的人进入海滩。

----

① Andrew W. Kahrl, *Free the Beaches: The Story of Ned Coll and the Battle for America's Most Exclusive Shoreline*, p. 161.

② Joseph B. Treaster, "Bus Outings for Blacks Test Connecticut's Beach Rules", *New York Times*, August 31, 1971, pp. 35, 41.

在整个 1971 年夏季，振兴队共带领 15 批超过 1000 名城区儿童到达海滩。中间虽然经历了一些不愉快的事情，但是也很有收获，他们使不少城区少数族裔儿童平生第一次见到了大海。内德对这种不事先通知直接造访的做法很满意，称这"可能是我们采用过的最有效的策略"①。另外内德想要的宣传效果也达到了。在 1965—1971 年间，他的名字出现在《哈特福德报》（Hartford Courant）的 150 篇文章中，振兴队也得到了《纽约时报》《华盛顿邮报》和《时代》周刊等众多美国主流媒体的报道。②

康涅狄格州滨海地区居民对内德·科尔这种做法的感受却正相反。他们感到自己受到了冒犯，因此千方百计地要避免这种事情再次发生。当年 11 月份，该州滨海地区的地方政府和海滩协会等社区组织就聚在一起讨论应对振兴队行动的措施。第二年夏季到来之前，麦迪逊镇新当选的首席政务委员达拉斯公开表示，她不会像她的前任那样软弱，任期内她绝对不会容许外地组织进入本地海滩。7 月 5 日，她亲自给内德·科尔写了一封公开信，提醒他镇属海滩是"麦迪逊居民的私有财产"，同时警告内德她已经指示当地警察严格执行海滩法规，要像对待其他非法闯入者一样对待振兴队。③ 达拉斯的公开信被广泛散发给当地各种媒体。此事成为热点新闻，达拉斯也因此树立起了滨海城镇私权捍卫者的形象，得到当地大多数居民的拥护。受达拉斯鼓舞，康涅狄格州其余滨海城镇的官员也开始效仿她，公开谴责内德·科尔和振兴队，并誓言要阻止他们进入本地海滩。1971 年振兴队曾经顺利到达的旧塞布鲁克的首席政务委员雷蒙德·柯托斯基（Raymond Kotowski）此刻也站出来支持达拉斯的观点，声明如果内德·科尔他们再次试图"入侵"的话，他也会坚决予以阻止。这使得振兴队后续的行动更加困难。不过，这一切都没能阻挡住内德的热情，他在 1972 年甚至还参加了总统竞选。虽然竞选总统失利，内德倒是利用旧莱姆海滩使用管理的漏洞给城区儿童创造了亲海玩耍的机

---

① Andrew W. Kahrl, *Free the Beaches：The Story of Ned Coll and the Battle for America's Exclusive Shoreline*, p. 109.

② Andrew W. Kahrl, "Fear of an Open Beach：Public Rights and Private Interests in 1970s Coastal Connecticut", p. 450.

③ Andrew W. Kahrl, *Free the Beaches：The Story of Ned Coll and the Battle for America's Exclusive Shoreline*, p. 162.

会。按照规定，旧莱姆居民和他们的客人可以自由使用海滩，于是内德便在那里租了一幢小屋，然后以当地居民的身份每个周末从哈特福德带一批儿童到那里玩耍。这个做法当然让旧莱姆居民愤怒不已。到8月下旬，那幢小屋便遭到破坏。11月12日，那幢小屋又突发大火。当地消防站与那幢小屋相隔虽然只有75英尺远，但消防员却没有及时扑救，致使大火烧了将近一个小时，将那幢房屋基本焚毁。①

1973年夏，振兴队又在麦迪逊镇租下一个有12个单元能同时容纳60人的汽车旅馆。旅馆的主人海勒姆·伯恩鲍姆（Hiram Birn-baum）对当地的建筑规划和税收政策不满，打算通过振兴队报复一下，所以他只象征性地收了一点租金。根据麦迪逊镇的规定，旅馆客人可以获得使用当地海滩的通行证，内德等人于是打算故技重施。他们把租来的旅馆称作"和平城"（Peace City），并在门前大路旁竖起巨大的宣传标语。振兴队的这番操作让麦迪逊镇的官员始料未及。他们赶紧召开闭门会议，研究对策。他们最后想出的办法是设法拖延，不给振兴队的旅馆办理营业手续，使他们不能及时领到通行证。麦迪逊镇敌视振兴队的一般民众则对志愿者们恶语相加，甚至施以暴力。6月1日，振兴队的两位女性志愿者就在"和平城"遭到两名当地白人男子的袭击，其中一位被玻璃划伤脸部。她们虽然及时报了警，但警察调查半天却认为没有发生过袭击事件，周围居民也作证说什么也没看到。结果这事只好不了了之。

面对麦迪逊镇的各种刁难，内德决定还是采取直接行动。7月1日，他带人到达拉斯家门前抗议示威，并到海滩发放传单。7月4日美国独立日这一天，他又用大巴将40名非裔和波多黎各裔城区儿童载到麦迪逊镇的海滩边。这些儿童虽然被挡在海滩入口处，但他们的出现完全破坏了当地的节日气氛，很多当地居民宁愿待在家里也不愿到海滩上去活动。最后，经过软磨硬泡，内德他们终于得到部分居民的同情，允许他们以客人身份进入一处海滩。独立日假期过后，麦迪逊镇的海滩与休闲委员会召开紧急会议，商讨如何给振兴队的旅馆发放海滩通行证事宜。内德也参加。由于双方意见难以达成一致，最后会议不欢而散。

① Andrew W. Kahrl, *Free the Beaches: The Story of Ned Coll and the Battle for America's Most Exclusive Shoreline*, p. 118.

1974 年，内德计划在独立日搞一次影响更大的示威活动。他的计划得到麦迪逊镇一位富有的女士康斯坦丝·皮尼亚泰利（Constance Pignatelli）的支持。独立日那天，振兴队以皮尼亚泰利的房产为基地，用摩托艇将志愿者和他们带去的城区儿童及家长共 65 人从海上运到麦迪逊海滩俱乐部的沙滩上。他们在沙滩上插上美国国旗，小心地保持在高潮线以下的湿沙滩上。随行的家长们打出写着"上帝的海滩属于所有人"等标语的横幅，内德则挑衅性地问那些聚集在房前的俱乐部成员是想"像国王一样站在那里，还是下来过个积极的周末和充满友爱的下午"①。与此同时，内德事先安排的飞机也飞临海滩，悬挂着写有"开放美国海滩"字样的条幅在天空盘旋。

眼睁睁地看着振兴队大搞海陆空一体的示威活动，麦迪逊海滩俱乐部的成员们却不知如何是好。警察们也未出面干预，因为在康涅狄格州高潮线下的湿沙滩属公共资源，内德他们完全有权利在上面活动。活动结束后，内德请求麦迪逊海滩俱乐部的秘书詹姆斯·胡珀（James Hooper）允许他们穿过俱乐部的地产到大路边的停车处，但被拒绝，所以他们只好又乘船经皮尼亚泰利的地产返回。

此次活动开始前，内德就已经通知了新闻机构，所以他们的行动都被记录下来并呈现到各种媒体上。内德很满意，因为这次活动不仅让部分城区儿童获得了亲海玩耍的机会，而且还将麦迪逊海滩俱乐部成员的怯懦和他所崇尚的"行动"的力量展现在世人面前。

1975 年，内德又计划利用格林威治镇海滩使用政策的漏洞实现他带领城区儿童到海边戏水的目的。根据格林威治镇当时的规定，当地居民每个夏季带客人使用 4 个镇属海滩的时间被限定为 8 天，每人每天所带客人的数量一般不得超过 25 人。这给振兴队留下了机会，只要有几位居民愿意提供帮助就能满足他们的需要。6 月 24 日这天，格林威治镇居民苏珊·赖斯（Susan Rice）到当地一处海滩入口出示证件，身后则跟着被她称为客人的 60 位振兴队带去的儿童及其监护人，她申请特别许可把他们全部都领进去。随后两周，赖斯和另一位支持者又分别将振兴队带去的 20 位和 37 位儿童领进海滩。格林威治镇官员被振兴队的这种做法搞得目瞪口呆，不过他们很快做出反应，于 7

---

① Andrew W. Kahrl, *Free the Beaches: The Story of Ned Coll and the Battle for America's Exclusive Shoreline*, p. 189.

月 11 日出台更为严格的海滩使用规定。新规定不仅将每位居民每天带至海滩的客人数量降至 8 位以下，而且特别规定，每个家庭也至多只能带 8 位；假如某个家庭需要带的客人超过 8 位，则须提前 5 天申请；如获批准，公园和休闲专员还可以随意决定是否要交 250 美元保证金，并且可以要求提供客人的姓名和年龄。① 新规定显然是针对振兴队，格林威治镇的官员对此也不予否认。

除了在格林威治镇外，振兴队 1975 年夏季在其他地方也是充分利用他们法规的漏洞达到目的。比如，在麦迪逊镇，他们还是如去年那样设法带城区儿童乘船到达海滩，然后在高潮线下的湿沙滩上尽情玩闹、野餐；在旧塞布鲁克，他们则是联系到一个淘气小子答应邀请他们去做客，从而得以进入该地的海滩，等等。② 另外，内德还设法说服罗伯特·F. 肯尼迪（Robert F. Kennedy）的遗孀埃塞尔·肯尼迪（Ethel Kennedy）收留他从哈特福德带去的几位儿童在她家位于马萨诸塞州科德角的滨海庄园度过周末。③

总起来看，内德·科尔领导的振兴队大张旗鼓地带领城区儿童强闯封闭海滩的做法虽然得到了一些人的同情和支持（洛克菲勒基金会还给他们提供了 5 万美元资助），④ 但事实上，他们的行动不仅无助于实现内德高调提出的要打破白人和少数族裔之间隔膜和为城区儿童争取亲海权的愿望，反而产生了完全相反的作用。他们的行动引起滨海地区大部分白人居民的强烈反感，并且促使康涅狄格州滨海各地制定了更为严格的排斥外地人使用其海滩的规定。到 20 世纪 70 年代中期，在该州不少地方欲竞选政务委员者都要特别声名自己将会在海滩使用管理方面采取更加强硬的措施，而且他们还会攻击竞争对手在这方面太软弱。⑤

---

① "New Beach Restrictions Imposed by Greenwich", *New York Times*, July 12, 1975, p. 29.

② Roy Bongartz, "Freedom of Beach: Asserting That There is No Such Thing as A Private Beach, Ned Coll and His Followers Scale Walls, Land in Small Craft and Drop from the Sky to Swim at Exclusive Seashore Properties", *New York Times*, July 13, 1975.

③ "Poor of Hartford Invited to Share Kennedys' Beach", *New York Times*, July 19, 1975.

④ Roy Bongartz, "Freedom of Beach: Asserting That There is No Such Thing as A Private Beach, Ned Coll and His Followers Scale Walls, Land in Small Craft and Drop from the Sky to Swim at Exclusive Seashore Properties".

⑤ Andrew W. Kahrl, "Fear of an Open Beach: Public Rights and Private Interests in 1970s Coastal Connecticut", p. 455.

图 4 - 2　振兴队在康涅狄格旧塞布鲁克海滩组织的争取平等亲海权的游行

图片来源：Andrew W. Kahrl，"Fear of an Open Beach：Public Rights and Private Interests in 1970s Coastal Connecticut"，*Journal of American History*，Vol. 102，Issue 2，September 2015，p. 449.

　　随后几年，内德继续为开放海滩而鼓与呼，但声势却日渐减弱。这一方面与滨海地区居民的抵制与批评有关，另一方面也与内德和振兴队自身有关。由于 1970 年代经济危机的爆发，哈特福德的白人中产阶级自顾不暇，他们对内德所宣扬的事业已经没有了往日的热情。1974 年夏，振兴队原本打算在西哈特福德征召 5000 名志愿者，但到6 月末，报名的只有 50 个左右。① 另外，内德本来就有癫痫的老毛病，连续的演讲和操劳使他的身体状况越来越差，而他在工作中又过于颐指气使、刚愎自用，许多原来的追随者不堪忍受，最后都选择与他分道扬镳。各种因素导致振兴队的势力急剧下降，各地分会相继解散。内德自己坚持几年后也逐渐消沉，转而从事宗教活动，他所创办的振兴队最后也改名为"上帝行动"（God Activism）②。

————————

　　① Andrew W. Kahrl，*Free the Beaches：The Story of Ned Coll and the Battle for America's Exclusive Shoreline*，p. 186.

　　② Andrew W. Kahrl，*Free the Beaches：The Story of Ned Coll and the Battle for America's Exclusive Shoreline*，p. 276.

二 布伦登·P. 莱顿挑战格林威治镇海滩使用政策的诉讼

爱德华·T. "内德"科尔领导的振兴队 20 世纪 70 年代组织实施的带领城区少数族裔儿童不宣而至地强闯海滩的活动虽然搞得轰轰烈烈，但完全没有改变康涅狄格州滨海地区的排外局面。同一时期，康涅狄格民权联盟（Connecticut Civil Liberties Union）曾决定通过法律诉讼的方式消除滨海地方政府的排外政策，① 但是迟迟没有进展，最后也只得作罢。因此，直到 20 世纪 90 年代，康涅狄格州的滨海地区仍然存在着明显的排外现象。进入 21 世纪后，康涅狄格州滨海地区的排外坚冰才最终被打破，而此结果之所以能够出现，直接原因是时为法学院学生的布伦登·P. 莱顿被拒绝进入格林威治镇的一个滨海公园。

格林威治镇的"伯因特公园"（Greenwich Point Park，俗称"托德的伯因特"，Tod's Point）占地 147 英亩，包括海滩和游径等休闲场所，是欣赏纽约天际线的绝佳地点。格林威治镇于 1945 年以 55 万美元的价格从临近的海滩协会手中购得此地，之后就一直只限本地人及其客人使用。1994 年 8 月 15 日，身为康涅狄格州斯坦福德（Stamford）居民的布伦登·P. 莱顿及其伙伴想进入该公园，但是因没有通行证被挡在门外。他去申请通行证时又因不是当地居民而被拒绝。

布伦登当时是新泽西州罗格斯（Rutgers）大学法学院三年级的学生，他当时正选修宪法学课程，在法律诊所课堂上他接触到新泽西州一个有关地方政府禁止外地人使用其公园的案件。布伦登感觉自己的经历与这个案件涉及的情形极为相似，所以他认为自己也可以为此发起一个诉讼。而且，虽然这不是正式的课程作业，但是他如果发起这项诉讼也可能获得学分。② 基于这些考虑，布伦登于次年（1995 年）春天正式到位于斯坦福德的高等法院（Stamford Superior Court）起诉格林威治镇，要求禁止该镇继续执行限制外地人使用伯因特公园的政策。他的诉讼理由有两个：（1）地方公园是公众发表意见的场所，格林威治镇禁止外地人入内的政策违反了美国联邦宪法第一条修正案和

---

① "Suit Is Filed Against a Town in Connecticut on Beach Curbs", *New York Times*, October 24, 1973, p. 50.

② George Judson, "Law Student Is Taking on Greenwich Over Its Restricted Beaches", *New York Times*, April 19, 1995, p. B1, 6.

康涅狄格州宪法第一条中有关言论自由的条款；（2）根据普通法下的公共信托原则，市政公园应当向公众开放，格林威治镇的政策与此原则相悖。①

当时来看，布伦登提出的这两条诉讼理由都是比较激进的。第一，公共信托原则一般情况下只适用于平均高潮线下的湿沙滩，但布伦登却提出，公园——就如同街道一样——也应当供所有公众使用，而不能仅供特定人员使用。这种观点当时虽然也存在，比如他在法律诊所课堂上接触到的新泽西州的那个案件中原告方就提出了这种观点，不过，那个案件还在审理过程中，尚无定论。第二，对于海滩是否属于公共论坛这个问题，虽然美国联邦第11巡回上诉法院和纽约州东区联邦地区法院分别在1992年和1993年的判例中给出了肯定的回答，但是他们针对的只是裸体主义者和宗教组织是否可以在海滩上散发传单的争议，②并没有论及外地人是否有权为发表言论而进入只限本地人使用的镇属海滩这一事项。

面对布伦登的挑战，一向以独享优美海滩为傲的格林威治镇居民自然也不甘示弱，他们很快便筹集了一大笔钱作为应诉基金。当地官员态度也很强硬，他们聘请了由"康涅狄格州最好的一些法律天才"组成的豪华律师团队，其中包括曾在1970年代对抗康涅狄格民权联盟提起的诉讼中发挥重要作用的该镇前检察官拉尔夫·G. 埃利奥特（Ralph G. Elliot）。所以，在这起诉讼的庭审现场，控辩双方的力量显得极不平衡。辩方有5位律师，他们挤在两张桌子上，周围摆满了各种文件夹和公文包，而且他们请来的证人都是各路官员和专家；控方则显得势单力薄，只有布伦登一个人，而他请到的证人多是社会活动家，其中还包括已经比较消沉的内德·科尔。③

诉讼过程中，格林威治镇那一方的辩护重点放在环境关切上。他们声称，涉案滨海公园一旦放开，将会涌入数百万人和超过百万辆汽车，公园质量将会严重变差，周边环境也将遭到毁灭性破坏。对于违反公共信托原则这方面的指控，格林威治镇官员则表示，他们只承认

---

①　Leydon v. Town of Greenwich, 777 A. 2d 552（Conn. 2001）.

②　Robert Thompson, "Local Government and the Closing of the Coast: Parking Bans and the Beach as a Traditional Public Forum", pp. 471 – 473.

③　James Schembari, "Greenwich Fights Beach Lawsuit with Army of Experts", *New York Times*, February 22, 1998, pp. 29, 34.

公共信托原则适用于高潮线下的湿沙滩，他们不阻止外地人从海上乘船到达湿沙滩就不算违反此原则。另外，格林威治镇的官员还特别强调，争议中的海滩是他们出钱购买的，而且他们一直是用自己的钱来维护此处海滩，没有接受过任何联邦政府和州政府的资助。

1998 年 7 月 8 日，初审法院做出判决，他们驳回布伦登的诉讼请求。主审法官小爱德华·R. 卡拉津（Edward R. Karazin, Jr. ）认为，原告布伦登不能提供证据证明他进入涉案公园就是为了以任何形式发表自己的意见，而且，格林威治镇政府并不禁止外地人作为本地居民的客人进入公园，如果布伦登确实需要进入公园发表其观点，他完全可以在当地居民的陪伴下进入。基于以上分析，卡拉津认定布伦登对格林威治镇违反联邦宪法第一条修正案和康涅狄格州宪法第一条中有关言论自由条款的指控不成立。对于布伦登提出的格林威治镇违反了公共信托原则的指控，卡拉津也不支持，因为他发现虽然该院一些判例的法官附带意见中提到市政公园应当依据普通法公共信托原则向公众开放的主张，但原告不能证明这种观点已经得到确立。

布伦登不愿接受此判决结果。而就在他的诉讼请求被康涅狄格州高等法院驳回前不久（即 1998 年 6 月），他在法律诊所课堂上接触到并直接导致他提起诉讼的新泽西州的那个案件也有了结果，不过与他的案件结果正相反。在那起诉讼中，位于佩特森（Paterson）市的新泽西州高等法院判定地方政府限制外地人使用其公园的法令违反了宪法第一条和第四条修正案，并且判定警察无权确定谁是当地居民。① 新泽西州的这个判决使布伦登更加坚定了继续上诉的决心。那时他已经毕业，在斯坦福德的一家律师事务所工作。这家单位很支持布伦登的想法，使他的上诉活动能够继续下去。

2000 年 5 月 16 日，康涅狄格州上诉法院以全体一致的意见推翻初审法院的判决。该院认为，格林威治镇长久以来施行的限制外地人使用市政公园的法令违反了公共信托原则，判定该镇"应当赋予州内其他居民与本地居民同样的使用其公共海滩和公园的权利"②。格林威

---

① James Schembari, "Court Invalidates Borough Law Restricting Park to Its Residents", *New York Times*, June 12, 1998, p. B9.

② Brenden P. Leydon, "A Nation of Liberty, Justice and Free Beaches for All", *New York Times*, June 4, 2000, p. CT12.

治镇人对此判决很不满，因为他们一直认为涉案公园完全是他们自己出资购买和维护的，所以他们有权禁止外地人使用它。作为代理律师的该镇前检察官拉尔夫·G. 埃利奥特也抱怨说，该镇居民用自己的钱购买了此处公园，并在长达 50 多年的时间里用自己的钱来维护它，就是为了使该公园只供本地居民使用。① 另外，埃利奥特还指责布伦登是想把新泽西州的那一套做法搬到康涅狄格州来，使康涅狄格州的海滩"新泽西化"②。结果，满心委屈的格林威治镇人又上诉到康涅狄格州最高法院。

2001 年 7 月 26 日，康涅狄格州最高法院针对此案做出判决。它肯定上诉法院的判决结果，但是不同意其判决理由。康涅狄格州最高法院认为，公共信托原则的效力还没有扩展到那种程度，所以，它不主张依据公共信托原则判决此案，而是主张依据美国联邦宪法第一条修正案和康涅狄格州宪法第一条中的相关规定。它判定，格林威治镇的伯因特公园属于公共论坛，该镇仅限本地人使用此公园的法令违反了联邦宪法和州宪法中的言论自由和结社自由条款，所以应当废止。③

这个判决结果让布伦登欣喜万分。"这是个伟大的胜利"，他说道，"无论是从专业上还是理性上，我都一直期望能够依据言论自由的诉求获得胜利"④。然而，格林威治镇人听到这个判决结果后则感到备受打击。他们认为公园是自己掏钱购买和维护的，而且他们打官司也是竭尽全力，光律师费就花了 11 万美元，⑤ 但结果还是输了。61 岁的加斯帕里诺（Gasparino）夫人一直住在格林威治镇，她听到这个消息后就气得胃疼。她愤愤不平地说："我就是认为与别人分享我们为之纳税的海滩对我们本镇居民不公平"，"为什么从拉伊（Rye）市来的某个人可以与我享有完全一样的权利?"⑥另一位当地居民温迪·

① Matthew Purdy, "Our Towns: Challenging the Kingdom of Greenwich", *New York Times*, May 17, 2000, p. B1.

② David M. Herszenhorn, "Greenwich Cites Fears of 'Jerseyfication' in Beach Dispute".

③ Leydon v. Town of Greenwich, 777 A. 2d 552（Conn. 2001）.

④ David M. Herszenhorn, "Connecticut Court Overturns Residents-Only Beach Policy", *New York Times*, July 27, 2001, p. B5.

⑤ Andrew W. Kahrl, *Free the Beaches: The Story of Ned Coll and the Battle for America's Most Exclusive Shoreline*, p. 281.

⑥ David M. Herszenhor, "After a Court Ruling, Clouds at the Beaches: Court Ruling on Sharing Creates Clouds at Beaches", *New York Times*, July 28, 2001, p. B1.

斯佩扎诺（Wendy Spezzano）则称这个判决是"打在我们社区居民脸上的一记耳光"，并表示这不仅是"格林威治镇和康涅狄格州历史上的伤心时刻，而且是美国历史上一个特别令人伤心的时刻"；还有一位当地居民甚至鼓动暴力对抗，声称是时候为维护本地利益而组建新的"茶党"（tea party）了。①

　　格林威治镇政府官员表示对此判决"很失望"②，他们本打算再上诉到联邦最高法院，但是其代理律师们认为，联邦最高法院不太可能受理此案，而且即使受理他们也很难得到想要的结果。因为康涅狄格州最高法院判决此案时不仅依据联邦宪法，而且还依据本州宪法，所以，即便联邦最高法院推翻了该州最高法院依据联邦宪法所做的判决，也不会推翻它依据康涅狄格州宪法所做的判决。最后，格林威治镇的政府官员们接受了律师们的建议，决定不再上诉，并且同意按照法院要求自当年 9 月 13 日开始向非本地居民开放其海滩。③ 不过，他们在那以后还是想方设法地以高收费等方式排斥外地人，④ 并且对黑人等有色人种施加更多限制。⑤

　　不管怎样，格林威治镇政府最终还是被迫开放了他们的海滩。因为这是康涅狄格州最高法院的判决，所以，该判决在康涅狄格全州都有效力，该州其他那些原来只允许当地人使用的海滩也要依据此判决向公众开放。那些地方的人对此判决当然也有怨言。比如，麦迪逊镇的一位居民艾迪·博瑞特（Addie Paretta）就说，"我认为这不公平"，"我们为维护这些海滩而纳税。我们有为非本地居民提供的公共海滩。让他们去开放的公园好了"⑥。不过，抱怨归抱怨，在没有新的与之相反的判决出现之前，他们还是要遵守此判决的意见。就这样，经过几

---

　　① Andrew W. Kahrl, *Free the Beaches: The Story of Ned Coll and the Battle for America's Most Exclusive Shoreline*, p. 281.

　　② David M. Herszenhorn, "Connecticut Court Overturns Residents-Only Beach Policy".

　　③ "Greenwich Ends a Battle to Bar Its Beaches", *New York Times*, August 31, 2001, p. B2.

　　④ Andrew W. Kahrl, "Fear of an Open Beach: Public Rights and Private Interests in 1970s Coastal Connecticut", p. 461.

　　⑤ Alison Cowan, "Bias Seen in Expulsion at Greenwich Beach", *New York Times*, December 15, 2005, p. B4; Alison Cowan, "On the Beaches in Greenwich, Group Hugs Are Few", *New York Times*, December 23, 2005, p. B3; Alison Cowan, "Crossing a Line Drawn in Greenwich's Fine Sand", *New York Times*, February 9, 2006, pp. B1, 5.

　　⑥ David M. Herszenhor, "After a Court Ruling, Clouds at the Beaches: Court Ruling on Sharing Creates Clouds at Beaches".

十年的争执之后，开放康涅狄格州镇属海滩的诉求终于得到满足，但令人啼笑皆非的是，此目标竟然是借助保障言论自由这个与公众亲海需求似乎毫不相干的宪法条款实现的。

第三节　加利福尼亚州的平等亲海权之争

相比较来说，加利福尼亚州在促进公众平等亲海权方面还算是比较积极的。该州不仅比较早地通过了海岸带管理法，而且该法的基本目标之一就是在不破坏自然资源并且不侵犯宪法保护的私人财产权的前提下"最大程度地提高公众在海岸带休闲的机会"①。然而，这并没能消除该州的平等亲海权之争。加利福尼亚州此领域争端的典型案例涉及的多数都是财大气粗的富豪，他们有足够的财力与敦促他们开放海滩的相关机构打拉锯战。所以，加利福尼亚州几场著名的平等亲海权之争拖延的时间都很长，而且影响巨大。

一　加利福尼亚州平等亲海权之争产生的背景

导致加利福尼亚州平等亲海权之争的既有官方因素，也有私人因素。从官方来说，这主要是因为州政府制定的维护公众亲海权的法律法规落实不到位；从私人一方来说，这主要是因为该州的滨海地产所有权人对独享海滩和维护私人财产权有强烈的愿望。

（一）导致加利福尼亚州平等亲海权之争的官方因素

应当讲，在法律层面加利福尼亚州对公众平等亲海权还是比较重视的。该州海岸法的基本目标之一就是最大限度地增进公众亲海休闲的机会。为实现这一目标，该州海岸法还专门规定：海岸带内的任何开发建设都不得损害公众的亲海权；② 除专门列明的特殊情况外，任何新的开发项目都应当提供从最近的公共道路纵向到达和顺沿海岸的公共通道；③ 海岸带内的任何开发建设都必须先得到相关部门批准

---

① Deering's California Codes, Public Resources Code Annotated, Division 20, Section 30001. 5 (c).

② Deering's California Codes, Public Resources Code Annotated, Division 20, Section 30211.

③ Deering's California Codes, Public Resources Code Annotated, Division 20, Section 30212.

才可以实施。根据这些规定，加利福尼亚州海岸委员会审批开发建设项目时可以要求业主"主动奉献"（Offer to Dedicate，简称 OTD）出部分土地作为公众亲海通道，并以此作为批准开发建设申请的条件。

加利福尼亚州海岸委员会将公众亲海权视为该州海岸法中"最优先"考虑的事项，① 他们从一开始就对这项政策执行得很严格，甚至严格到被人指责"超出所有合理性标准"②。奉献公共通道的土地所有权人需要正式签署表达奉献意愿的法律文件以便留存备案。"通常情况下，在将财产权转移给公众的法律手续没有完备之前，加利福尼亚州的海岸开发审批部门不会允许任何建设项目开工。"③ 被要求奉献的土地主当然不会高兴。他们可以通过司法手段进行抵制，但是一般情况下他们的抵制都难以奏效。这是因为，他们的诉讼时效只有短短的 60 天，④ 难以从容应对，而且该州法院对本州的公众亲海政策总体上是赞同的，对奉献公共亲海通道的要求也是一贯都予以支持的。⑤ 比如，在 1982 年的一个判例中，加利福尼亚州最高法院就判定这种奉献要求不属于违宪征收。它认为，奉献公众亲海通道的要求与实现该州海岸带管理法之最大化地扩大公众亲海权这一主要目标之间"合理相关"，而且"作为土地开发许可的条件，管理部门可以合宪地要求个人为整体利益而奉献自己的财产"⑥。所以，在加利福尼亚州海岸法通过后的最初十年中，该州海岸委员会对私有地产主提出

---

① Kevin A. Johnson, "Public access and the California Coastal Commission: A Question of Over-reaching", *Santa Clara Law Review*, Vol. 21, No. 2, Spring, 1981, p. 396.

② Ward Tabor, "The California Coastal Commission and Regulatory Takings", *Pacific Law Journal*, Vol. 17, No. 3, April 1986, pp. 863 – 864.

③ *Public Access to the Shore: Hearing before the Subcommittee on Oversight and Investigations of the Committee on Merchant Marine and Fisheries, House of Representatives, One Hundredth Congress, First Session, on the Public's Rights to the Visual and Physical Aspects of the Shoreline of Lakes and Oceans, June 29, 1987, Warwick, RI.*, p. 105.

④ James D. Donahue, "Public Access vs. Private Property: The Struggle of Coastal Landowners to Keep the Public off Their Land", *Loyola of Los Angeles Law Review*, Vol. 49, No. 1, 2016, p. 221.

⑤ Lee A. Kaplan, "Whose Coast is it Anyway? Climate Change, Shoreline Armoring, and the Public's Right to Access the California Coast", *Environmental Law Reporter*, Vol. 46, No. 11, November 2016, p. 10979.

⑥ Alice G. Carmichael, "Sunbathers Versus Property Owners: Public Access to North Carolina Beaches", p. 198.

的"主动奉献"公共通道的要求虽然遭遇了一些抵制，但总体上看施行得还是比较顺利，他们提出的奉献要求基本上都能得以实现。至1985年，该委员会已向滨海地产主提出了1800多项奉献要求。①

按理说，有了这么多奉献通道，由公众亲海需求引发的冲突应当会有所缓和。然而，实际情况却并非如此。这是因为，根据加利福尼亚州海岸法，这些被奉献的通道并不能立即被公众使用，只有当某个公共机构或非营利组织正式接收并承担起建设和维护的责任后，那些被奉献出的通道才可以向公众开放，而接收奉献通道却非易事。接收者要负责整修通道并安装辅助设施，以后还要负责通道的运营及维护；通道使用过程中如果出现安全事故，接收者还要对由此造成的人身伤害或财产损失承担赔偿责任。面对这种种责任，如果没有足够的资金支持和有效的法律保障，很少有机构愿意积极主动地去接收那些奉献通道。②

在20世纪90年代中期之前，加利福尼亚州政府对海岸带管理的投入严重不足，而且呈逐渐下降的趋势。③ 作为"主动奉献"重要接收者的该州海岸保护处的可用资金也是不断减少。1988年后，原来通过发行政府债券来筹集资金的途径又一度被取消，加利福尼亚州海岸保护处可用资金的减少速度变得更快：1992—1993财年是12701553美元；1993—1994财年是6040553美元；1994—1995财年是1191994美元。④ 由于缺乏足够的资金，海岸保护处无法及时接收奉献通道。该州公园和休闲局（Department of Parks and Recreation）等其他可以接收奉献通道的州政府机构也面临同样的问题。在这种情况下，政府机构都不能充分承担起接收奉献的责任，非营利组织也不会发挥太大作用。所以，在加利福尼亚州海岸法生效后20年左右的时间中，虽然相关机构使海岸带内的开发建设者"主动奉献"出了很多

---

① Mitchell F. Disney, "Fear and Loathing on the California coastline: are Coastal Commission property exactions constitutional?", *Pepperdine Law Review*, Vol. 14, No. 2, January 1987, pp. 357 – 358.

② Richard O'Reilly, "Access to Beaches: A Long, Slow Walk", *Los Angeles Times*, September 19, 1983, pp. OC3, 17.

③ California State Senate Advisory Commission on Cost Control in State Government, *Report on the California Coastal Commission*, Submitted to the Senate Rules Committee, April 1989, p. 45.

④ California State Coastal Conservancy, *Annual Report* 1991 – 92, November 1992, p. 10.

公众亲海通道，但是接收状况却很不理想。到 1995 年时，已经备案的 1269 处奉献通道中被正式接收的不到五分之一。①

因此，加利福尼亚州在很长一段时期中虽然名义上有许多奉献通道，但是公众却不能使用它们。根据该州海岸法的规定，正式接收手续完成之前，那些被奉献土地的权益仍然属于其原主人，而且，正式接收手续必须于"奉献"记录在案后 21 年内完成，如不能在此期限内完成，则"奉献"失效。另外，有些奉献通道尚未被接收之前其附属的地产就已经变换了主人，而新主人很可能不愿意承认原主人的奉献。这势必会引发更多争端，使公众的亲海权不能顺利实现。

(二) 导致加利福尼亚州平等亲海权之争的私人因素

加利福尼亚州既有闻名遐迩的电影中心好莱坞又有世界顶尖的高科技产业区硅谷，是影视明星、娱乐圈大亨和科技界精英云集之地。这些腰缠万贯的成功人士几乎毫无例外地都会将家安在风景宜人的海边。比如，著名大导演史蒂文·斯皮尔伯格 (Steven Spielberg)、与斯皮尔伯格同为好莱坞电影梦工厂 (DreamWorks SKG) 联合创始人的娱乐圈名流大卫·格芬 (David Geffen) 和杰弗瑞·卡森伯格 (Jeffrey Katzenberg)、华特迪士尼公司前 CEO 迈克尔·艾斯纳 (Michael D. Eisner)、007 系列电影中主角邦德的扮演者之一皮尔斯·布鲁斯南 (Pierce Brosnan) 和美国著名电视情景剧《老友记》中莫妮卡·盖勒 (Monica Geller) 的扮演者柯特妮·考克斯 (Courteney Cox) 等一众影视明星，以及太阳微系统 (Sun Microsystem) 联合创始人和风险投资巨头维诺德·科斯拉 (Vinod Khosla)、甲骨文公司的创办者拉里·埃里森 (Larry Ellison) 等等，都在此列。② 富豪们之所以热衷于购买滨海豪宅，除了可以领略优美的海景之外还有另一个重要目的，即追求

---

① Philip J. Hess, "A Line in the Sand: Oceanfront Landowners and the California Coastal Commission have been Battling over Easements Allowing Public Access to Beaches", *Los Angeles Lawyer*, Vol. 27, No. 10, January 2005, p. 26; Office of Ocean and Coastal Resource Management of National Oceanic and Atmospheric Administration, *Final Evaluation Findings for the California Coastal Management Program*, *December* 1996 *through May* 2001, 2001, p. 12.

② Mireya Navarro, "In Malibu, the Water's Fine (So Don't Come In!)", *New York Times*, June 5, 2005, pp. H1, 6; Martha Groves, "A Path of Lost Resistance: The Public Wins Access to a Malibu Beach after Deal with Homeowner"; Jessica A. Duncan, "Coastal Justice: The Case for Public Access", *Hastings West-Northwest Journal of Environmental Law and Policy*, Vol. 11, No. 1, Fall 2004, p. 63.

生活的安静和"私密性"①。所以，那些滨海豪宅一般都是向海一侧有开放透明的落地玻璃墙和露天平台或庭院，而靠路一侧则封闭起来，避免别人窥探。这些豪宅的主人把处于他们豪宅与海洋之间的空间视为自家后院，不能容忍别人进入。比如，马利布市的一位居民温迪·W. 莱德纳（Wendy W. Ledner）2015 年接受采访时就曾公开说："这是我们的后院。其他人有几个需要向公众开放他们的后院?"② 另一位居民则曾叫来警察驱赶在他房前海水中的游泳者，理由是"他不喜欢向窗外眺望时看到有人在游泳，因为那会阻挡他的视线"③。

正常情况下，加利福尼亚州的富豪们欲独享海滩的愿望并不容易实现，因为他们至少面临两个障碍：一个是公共信托原则，根据该原则他们的地产只能到平均高潮线，而平均高潮线下的湿沙滩则属于公共资源，所有人都可以自由使用；另一个是加利福尼亚州的海岸带管理规划，它要求沿海地产开发都必须奉献出合适的公众亲海通道。如果此两条都能得到遵循，这些富豪们就不仅要允许公众从他们的豪宅旁通过，还要允许公众在他们豪宅前的海滩上活动。

为了满足自己独享海滩的愿望，有些滨海住户不择手段地要摆脱这些限制。他们为达此目的可谓软硬兼施，简直无所不用其极。比如，马利布市的两位富人——米高梅公司前总裁弗兰克·曼库索（Frank Mancuso）和他的邻居多纳休·威尔德曼（Donahue Wildman）为阻止开通他们两家之间的公共通道曾自愿出资雇用大巴将附近的年轻人送到别的海滩。④ 他们虽然独占海滩心切，但还算是明理守法的。另有一些人则公然漠视相关法规，或者设法打擦边球。比如，他们会故意破坏指引公共亲海通道的交通标志，遮蔽和伪装公共亲海通道入口，或者非法树立误导性路牌。更有甚者，有些滨海地区的住户还会在公共亲海通道入口处私自安装大门，他们暗中配有钥匙，可以自由进出，而其他人则被挡在门外。结果，难以找到亲海通道入口的游人只能沿着由一排排豪宅构成的"长城"辛辛苦苦地走很远才能最终到

---

① Mireya Navarro, "In Malibu, the Water's Fine (So Don't Come In!)".

② Barry Yeoman, "Beach Wars", p. 56.

③ Timothy Egan, "Owners of Malibu Mansions Cry, 'This Sand Is My Sand'", *New York Times*, August 25, 2002, p. 1.

④ "California Fighting to Save Public's Access to Beaches", *New York Times*, January 7, 2002, p. A17.

达海滩。另外，由于公共信托原则的适用上界是平均高潮线，而此线
是动态变化的，一般人很难确切知道它到底在哪里；① 再者，哪块海
滩已经被奉献给公众使用，一般人亦不清楚。这就让那些欲独霸海滩
者有机可乘。他们往往在公共海滩处也插上"私人海滩，禁止通行"
的牌子。为了达到唬人之目的，他们还会安装监控摄像头，甚至雇用
私人保安巡视。面对这种阵仗，不明就里的游人一般都不敢硬闯，结
果就使一些公共海滩也变成了私人专享海滩。以马利布市的布罗德海
滩（Broad Beach）为例，当地 108 幢房屋中有 43 幢面向大海一侧的
干沙滩上有奉献给公众使用的通道。它们一般是从平均高潮线向上 25
英尺宽的区域，还有的则包括全部干沙滩，直到房基。然而，哪家房
前的干沙滩有公共通道，哪家房前没有，普通游客是分不清的，结
果，很多已经奉献出公共通道的家庭也故作不知，仍把它们作为自己
的私有海滩看待。所以，这里的一些干沙滩虽然早在 20 世纪 80 年代
初就已经被奉献为公共通道，但是直到进入 21 世纪后它们还是被私
人控制，公众无法使用。为了给当地人"上一课"，同时引起公众对
此问题的关注，时任加利福尼亚州海岸委员会委员萨拉·万（Sara
Wan）于 2003 年 8 月的一天带着相关文件和地图，并叫上《洛杉矶
时报》的记者以及其他媒体的成员，故意闯进一块已经奉献为公共通
道但仍被私人控制的海滩。不久，私人保安便开着全地形沙滩车来驱
赶她，后来又有 5 名全副武装的当地警察也乘着全地形沙滩车赶去质
问她。她拿出准备好的文件给警察看，说明那块海滩 22 年前就已经
奉献给公众使用，所以她是站在公共海滩上。然而，那几位警察根本
就不把她的解释当回事。②

滨海地产主们的故意阻挠，再加上地方政府对他们行为的纵容，
致使加利福尼亚州的很多公共海滩并没能真正向公众开放。这也是导
致该州平等亲海权冲突的重要根源。

二 加利福尼亚州平等亲海权之争的体现

加利福尼亚州的平等亲海权之争在进入 21 世纪的这一段时期中

---

① Josh Eagle, "Taking the Oceanfront Lot", *Indiana Law Journal*, Vol. 91, No. 3, Spring
2016, p. 851; Elizabeth Campbell, "Whose Beaches?".

② Kenneth R. Weiss, "A Malibu Civics Lesson: Beach Is Open", *Los Angeles Times*, August
25, 2003, p. B1.

显得愈发激烈。这一方面是因为自 1994 年后该州相关部门开始加大对奉献通道的接收力度，这直接触动了一些滨海地产主的利益；另一方面是因为联邦最高法院 1987 年对"诺兰诉加利福尼亚州海岸委员会"（Nollan v. California Coastal Commission）案的判决强化了滨海地产主们要维护自己私有财产权的决心。

为切实保障公众亲海权，加利福尼亚州相关部门自 1994 年开始加大对奉献通道的接收力度。自此以后，该州海岸委员会和海岸保护处都将此项工作列为他们最首要的任务，他们采取多种措施加强沟通与合作，协力解决遇到的各种问题。同一时期，他们获得的拨款数量也开始大幅提高，[①] 这使得他们有更多的资金推动奉献通道的接收工作。除此之外，两机构还各自或协力资助乃至直接帮助地方政府接收奉献通道，以及采取措施激发非营利组织在这方面的积极性。比如：2000 年加利福尼亚州海岸委员会和海岸保护处就一同与门多西诺县、州公园管理局以及其他相关机构组成工作组，联合推进门多西诺县接收私人献地的工作，结果促成 59 项奉献通道接收计划；[②] 1997 年他们联合出版《你的快乐游径：怎样接收和管理主动奉献通道》（Happy Trails to You: How to Accept and Manage Offers to Dedicate Access Easements）和《非营利组织土地管理责任限制》（Limitations on Liability for Nonprofit Land Managers）两本小册子，[③] 鼓励和引导非营利组织积极参与到这一行动中来。这一时期，加利福尼亚州议会也更加重视奉献通道的接收问题。除了通过增加相关拨款的法案外，它还采取了其他一些促进奉献通道接收力度的直接措施。比如，1996 年该州议会通过新法案，承诺提供一定数额的诉讼费用补偿。此法案意在打消地方政府和非营利组织的顾虑，他们之前因为担心引发诉讼而不愿接收奉献通道。[④] 这些努力确实取得了明显的成效。美国海洋和大气管理局

① Office of Ocean and Coastal Resource Management of National Oceanic and Atmospheric Administration, *Final Evaluation Findings for the California Coastal Management Program*, *December* 1996 *through May* 2001, pp. 11 – 12, 16 – 17.

② Office of Ocean and Coastal Resource Management of National Oceanic and Atmospheric Administration, *Final Evaluation Findings for the California Coastal Management Program*, *December* 1996 *through May* 2001, p. 12.

③ California Coastal Commission, *Public Access Action Plan*, 1999, pp. 10 – 11.

④ Devyani Kar, "Public Access and Importance of Offers to Dedicate on California's Coastline", *Journal of Coastal Research*, Vol. 23, No. 2, March 2007, p. 474.

下属的"海洋与海岸资源管理办公室"（Office of Ocean and Coastal Resource Management）依据海岸带管理法对加利福尼亚州进行的例行评估显示，1996 年 12 月至 2001 年 5 月的评估周期中，该州主动奉献通道的接收率由原来的 19% 变为 42% ，增长了一倍多。①

随着奉献通道接收速度的加快，相关冲突也日渐尖锐起来。此番冲突的主要表现是已经奉献通道的原主人或购入相关土地的新主人以自己的财产权受到侵犯为由主张州政府部门的奉献要求违宪，而他们之所以原来被迫奉献但现在却敢理直气壮地否认则是因为 1987 年联邦最高法院对"诺兰诉加利福尼亚州海岸委员会"一案的判决。在此判决中，联邦最高法院以加利福尼亚州海岸委员会提出的目标与措施之间缺乏必要"联系"为由，否定了它要求诺兰从自家土地上奉献出一条沿海公共通道的要求。② 由此引发的诉讼首先出现在圣巴巴拉县。当地几位新购买了滨海地产的业主都认为该州的奉献要求是未经公平补偿的违宪征收，所以他们不愿意承认各自地产原主人的奉献，并依据诺兰案判决向法院起诉。加利福尼亚州最高法院不支持他们的诉求，于 2002 年判定新业主要遵守前业主的奉献承诺。他们又上诉到联邦最高法院，但联邦最高法院拒绝受理。③ 法院的态度很明确，被要求奉献通道的业主可以在 60 天内提出异议，但是超过 60 天异议期并已经记录在案的"主动奉献"都不能再撤销，必须如约履行。

此判决结果令加利福尼亚州海岸委员会暂时松了一口气，他们趁机赶紧加快接收已奉献通道的速度。一些非营利组织也积极参与。比如，致力于开放海滩的民间组织"皆可亲海"（Access For All）就获准开放并维护 13 条通道。④ 与此同时，加利福尼亚州议会于 2002 年又通过一项推动奉献通道接收进程的法案，该法案责令海岸保护处接收任何将在 90 天内到期且无任何其他机构愿意接收的奉献，同时要

---

① Office of Ocean and Coastal Resource Management of National Oceanic and Atmospheric Administration, *Final Evaluation Findings for the California Coastal Management Program*, *December* 1996 *through May* 2001, p. 12.

② Nollan v. California Coastal Commission, 483 U. S. 825（1987）.

③ David G. Savage and Kenneth R. Weiss, "Justices Bolster Beach Access", *Los Angeles Times*, October 22, 2002, p. A1.

④ Barbara Whitaker, "Ruling Clears Way to Ease Beach Access in California", *New York Times*, October 23, 2002, p. A15.

求它每年至少开通 3 条公共亲海通道，并且每年都要向议会提交有关公共亲海通道建设情况的报告。为了方便这项工作的开展，该法案还豁免了州总务局（Department of General Services）审查的要求，授权州海岸委员会执行主任自行决定是否可以将奉献为公共亲海通道的不动产移交给非营利组织。① 这些措施使加利福尼亚州接收奉献通道的速度进一步加快。

加利福尼亚州海岸管理部门的工作人员以为，有了上述判例后接收奉献通道时应该不会再遭到抵制了，然而让他们意想不到的是，有些人并不死心，他们仍然想找理由阻挠接收。另外，还有些未被奉献的海滩原来公众也可以使用，但海滩易手后新主人却不再向公众开放。这些情况使得加利福尼亚州的平等亲海权之争还是接连不断。其中影响比较大的几场冲突的当事方都是名动一时的风云人物，他们分别是大卫·格芬、利泽特·艾克伯格（Lisette Ackerberg）和维诺德·科斯拉。

（一）大卫·格芬引发的平等亲海权之争

大卫·格芬是美国娱乐业大亨，梦工厂联合创始人，身家几十亿美元。他在马利布地价最昂贵的卡本海滩（Carbon Beach）拥有一处豪宅。1983 年，格芬打算大规模扩建其府邸。为获得加利福尼亚州海岸委员会的批准，他承诺将其房前平均高潮线至海堤脚的一片干沙滩奉献出来作为公众沿海滩休闲的横向通道，另外奉献一条从他豪宅旁自大路直达海滩的纵向通道。② 不过，由于相关部门没有及时接收，这条纵向通道一直没有开放。2002 年时，非营利组织"皆可亲海"准备接收这条通道，但是格芬却坚决不答应了。他在通道入口处装上两扇木门并锁住，不让公众通行。尽管当时已经有了与他的主张完全相反的判例，然而格芬却不以为意，他仍然坚持自己的观点，而且还到法院寻求支持。格芬的律师团队提出的诉讼理由主要包括三个方面：（1）格芬未获得合理补偿，所以州政府要求他奉献通道属于违宪征收；（2）州政府未对开放通道的后果进行环境影响评测；（3）民间组织"皆可亲海"没有能力维护通道。马利布市政府也站到格芬一

---

① Devyani Kar, "Public Access and Importance of Offers to Dedicate on California's Coastline", *Journal of Coastal Research*, Vol. 23, No. 2, March 2007, pp. 474 – 475.

② Jessica A. Duncan, "Coastal Justice: The Case for Public Access", p. 64.

方参加诉讼。该市市长杰夫·詹宁斯（Jeff Jennings）表示，他担心通道开放后会因为管理不善而带来卫生和安全问题。

大卫·格芬和马利布市的诉讼请求没能得到法院支持，但是格芬仍然不愿放弃。在随后三年中，他又相继 5 次起诉，但每次都被驳回。直到 2005 年，格芬才终于作罢，彻底放弃诉讼。① 他同意赔偿加利福尼亚州海岸委员会和海岸保护处 30 万美元的诉讼费用，并交出了打开其豪宅旁通道入口木门上那把锁的钥匙。②

拿到钥匙后，"皆可亲海"的工作人员便紧锣密鼓地筹备开放通道事宜。他们从州海岸保护处得到 3.5 万美元补助，用于整修道路、安装监控设备和垃圾桶等安全与卫生设施，并且设计安装了一座可于日出和日落时分自动开关的大门。2005 年 5 月的最后一个周一，即阵亡将士纪念日（Memorial Day），这条起自太平洋海岸公路（Pacific Coast Highway，即加州 1 号公路）经格芬宅第旁边直达卡本海滩的通道正式开放。自此，每天从黎明到黄昏的日间任何时候，公众都可以自由使用此通道到海边休闲。

这条道路的开通让附近居民兴奋不已。卡梅伦·韦尔伍德（Cameron Wellwood）是一个乐队的吉他手，他就住在太平洋海岸公路靠内陆一侧，与格芬家隔路相对。虽然与海滩近在咫尺，但他以前到海滩却不得不绕行 2 英里使用另一个入口。现在穿过公路就可以直接走向海滩了，卡梅伦自然高兴万分。他感慨道："这实在让人感觉快乐多了。"③ "皆可亲海"的负责人史蒂夫·霍伊（Steve Hoye）也倍感欣慰地说："我真是太高兴了"，"我认为这开创了一个极好的先例，拥有无限资源和豪华律师团队的人也不能找到规避法律的途径"④。加利福尼亚州海岸委员会对此结果更是欢欣鼓舞。其执行主任彼得·道格拉斯（Peter Douglas）指出，像格芬这样财大气粗的人在侵害公众亲海权时也栽了跟头，这对其他那些"顽固抵制或试图阻止公众行使他

　　① Robert García and Erica Flores Baltodano, "Free the Beach! Public Access, Equal Justice, and the California Coast", pp. 144, 156.

　　② Kenneth R. Weiss, "Geffen to Reimburse $300,000 Payment to State and a Nonprofit Group will Settle Lawsuits over Access to Malibu Beach", *Los Angeles Times*, April 16, 2005, p. B1.

　　③ Mireya Navarro, "In Malibu, the Water's Fine (So Don't Come In!)".

　　④ Chris Dixon, "Public to Get Beach Access by Geffen Home".

们亲海权的人"来说能起到很好的警示作用。① 他信心满满地表示，"打击他们时我们也会斗志昂扬，就如同在格芬案中一样"②。

（二）利泽特·艾克伯格引发的平等亲海权之争

加利福尼亚州海岸委员会在格芬案中的胜利是该州争取公众亲海权的历史上一个重要的"里程碑"③，它坚定了海岸委员会维护公众亲海权的信心。不过，滨海业主们也没有放弃，他们仍然挖空心思地要阻止公众使用海滩。格芬败诉后不久，马利布市布罗德海滩的居民竟然动用大型机械从公共海滩挖掘沙土用来培护他们自己的私人海滩，致使公共海滩满目疮痍，令人望而却步。④ 当然，这种野蛮的做法极为罕见，多数情况下滨海地产主还是希望通过法律途径达到自己的目的。格芬案后马利布市出现的另一起受到广泛关注的此类诉讼案件的当事一方是利泽特·艾克伯格。

利泽特·艾克伯格与其丈夫诺曼·艾克伯格（Norman Ackerberg）都是著名的环保人士。他们夫妇在马利布市的卡本海滩也拥有一处地产。为获得加利福尼亚州海岸委员会对他们在此地产上的建设申请，二人于 20 世纪 80 年代同意奉献一条 10 英尺宽的经他们地产旁到达海滩的纵向公共通道。2003 年，"皆可亲海"决定接收此通道时却发现它被故意放置的各种障碍物堵塞。2004 年艾克伯格先生去世。2005 年政府部门要求已经 78 岁的艾克伯格夫人挪走那些障碍物，但被她拒绝。她希望州海岸委员会能指示洛杉矶县先开通离她家约 600 英尺远的另外一条已经被指定为公用的通道，暂不开通她家奉献的这一条。海岸委员会官员回应说，他们历来的政策是最大化地促进公众亲海权，而不是用一条通道换另一条通道。协商无果后，艾克伯格夫人又决定通过司法途径争取自己的权益。初审法院不支持她的诉讼请求，判定两条通道都要开放给公众使用。她还想继续上诉，但该州最高法院拒绝受理。在不能通过公开途径达到目的情况下，艾克伯格夫

---

① Chris Dixon, "Public to Get Beach Access by Geffen Home".

② Kenneth R. Weiss, "Geffen to Reimburse ＄300,000 Payment to State and a Nonprofit Group will Settle Lawsuits over Access to Malibu Beach".

③ Devyani Kar, "Public Access and Importance of Offers to Dedicate on California's Coastline", pp. 476 –477.

④ Robert García and Erica Flores Baltodano, "Free the Beach! Public Access, Equal Justice, and the California Coast", p. 144.

人于 2009 年私下与"皆可亲海"达成协议。她承诺支付 25 万美元并
承担诉讼费，而作为交换，"皆可亲海"同意先不开通她家旁的公共
通道，而是与她一起鼓动县政府先开通另外那一条。但是这招也没管
用，州海岸委员会不承认这个协议。此后，又经过几番交锋，直到
2013 年，已经老态龙钟的利泽特·艾克伯格才不再坚持。她同意支
付约 110 万美元，并承担移走障碍物和硬化路面的费用。之后，艾克
伯格家宅第旁的那条通道正式开放，开放时间为日出前一小时至日落
后一小时。该通道入口处还专门立了一块牌子，上写"海滩通道开
放"①。至此，加利福尼亚州海岸委员会争取公众平等亲海权的努力又
取得一次胜利。

（三）维诺德·科斯拉引发的平等亲海权之争

最近加利福尼亚州影响较大的另一场平等亲海权之争发生在旧金
山附近半月湾（Half Moon Bay）畔的马丁海滩（Martin's Beach），当
事一方是风险投资巨头和太阳微系统联合创始人维诺德·科斯拉。

科斯拉 2008 年花费 3000 多万美元从第内斯（Deeneys）家族手
中购下马丁海滩一块 89 英亩的地产。② 之前，此海滩维护良好，而且
建有公共浴室、停车场和商店。第内斯家族允许公众使用此海滩休
闲，只象征性地收取 5 美元作为停车费和海滩使用费。买下此海滩
后，科斯拉先是提高使用费，到 2010 年则直接装门上锁，挂上"海
滩关闭，禁止入内"的牌子，不再让公众使用。2013 年，他又雇保安
巡逻，驱逐游客。圣马特奥县（San Mateo County）检察官加里·雷登
贝克（Gary Redenbacher）代表"马丁海滩之友"（Friends of Martin's
Beach）到法院起诉科斯拉。他们起诉的依据是公共信托原则和加利
福尼亚州宪法第 10 条第 4 款。该县高等法院法官杰拉尔德·布赫瓦
尔德（Gerald Buchwald）驳回他们的诉讼请求，理由是马丁海滩乃加
利福尼亚州建州之前受让的，依据 1848 年美国和墨西哥之间签订的
《瓜达卢佩伊杜尔戈条约》，该海滩可以免除该州宪法的此种约束。不
过，布赫瓦尔德法官特别强调，他的判决完全不妨碍加利福尼亚州海

<hr>

① Martha Groves, "A Path of Lost Resistance: The Public Wins Access to a Malibu Beach after Deal with Homeowner".

② Rosanna Xia, "U. S. Supreme Court Declines to Take Martins Beach Case — A Win for California's Landmark Coastal Access Law", *Los Angeles Times* (Online), October 1, 2018.

岸委员会行使其依据该州海岸带管理法而享有的对滨海不动产开发的审批权。

针对马丁海滩使用权的冲突在 2014 年愈加激烈。一方面,加利福尼亚州参议员杰里·希尔(Jerry Hill)提出立法建议,责成该州土地委员会设法解决此问题;另一方面,"冲浪者基金会"(Surfrider Foundation)依据加利福尼亚州海岸带管理法起诉科斯拉,状告他未经海岸委员会许可便建造大门和设置禁止通行的标牌,而且"马丁海滩之友"的上诉同时也在进行。面对来自官方和民间的各种指责,科斯拉坚决不让步。

2014 年 9 月,圣马特奥县高等法院法官巴巴拉·马洛赫(Barbara J. Mallach)在"冲浪者基金会"提起的诉讼中判科斯拉违反了加利福尼亚州海岸带管理法中有关建设许可的规定,命令他开放通道。下一周,加利福尼亚州州长杰里·布朗(Jerry Brown)责成有关部门与科斯拉协商开放通道事宜。布朗还表示,如果协商不成,州政府将通过征收的方式获取公众亲海通道。[①]

科斯拉不服判决,他与民间组织、州海岸委员会、州土地委员会以及圣马特奥县政府之间针对这块沙滩使用权的拉锯战不断持续下去。具体来看,冲浪者基金会对科斯拉违反加利福尼亚州海岸带管理法之建设许可规定的指控得到各级法院支持。联邦最高法院 2018 年驳回科斯拉针对此项指控的上诉,标志着这起诉讼已有定论。现在,海滩入口处的大门白天已经可以打开。然而,马丁海滩之友对科斯拉的诉讼却一直受挫。他们一开始依据公共信托原则和加利福尼亚州宪法第 10 条第 4 款提起的诉讼被法院驳回,后来他们又以海滩的前业主已经授权公众使用此海滩和停车场为由提起的诉讼也被驳回。所以,科斯拉安装在海滩入口处的大门虽然打开,但公众却只能穿过它再经一段蜿蜒的斜坡到达一处孤立的公共海滩和陡崖,却仍然不能使用科斯拉的海滩。[②]马丁海滩之友、冲浪者基金会、加利福尼亚州海岸委员会和土地委员会都不满意这个结果,他们收集更多证据,又协助该州检察总长依据"默示奉献"原则再次起诉。

---

① Barry Yeoman, "Beach Wars", p. 53 – 54.

② Rosanna Xia, "State Sues Billionaire in Battle over Beach Access", *Los Angeles Times*, January 7, 2020, p. B1.

　　科斯拉表示，他根本就不想要那块地产，他只是一时冲动才买下了它，自己从来也没有在那里待过一个晚上。科斯拉还表示，他支持本州的海岸法，不想因为自己赢了官司而使该法的作用被削弱。尽管如此，他还是毫不退让地要把官司打下去。对此他的解释是要坚决维护公民的私有财产权，因为这是原则性问题。科斯拉曾对采访他的记者说："如果没有出现过这件事，我该多幸福啊"，"但是，你一旦涉及原则问题，你就不能放弃原则"①。因此，即使他很后悔自己买了那块地，而且以后还会把它卖掉，但是他还是会不遗余力地要把官司打下去，宁愿在这上面花掉 30 亿美元。

　　面对强硬的科斯拉，希望开放此处海滩者一方面继续起诉他，另一方面也有人主张退一步采取购买的方式达到目的。他们已经为此专门开立了一个用于接受捐款的账户，设法募集所需资金。② 既然双方都互不相让，相关冲突显然还将持续下去。

---

　　① Nellie Bowles, "Every Generation Gets the Beach Villain It Deserves", *New York* Times (Online), August 30, 2018.

　　② Rosanna Xia, "State Sues Billionaire in Battle over Beach Access".

第五章　美国公众亲海权的发展状况和面临的挑战

　　20 世纪中期之前，美国并没有激烈的亲海权冲突，所以那时的法律中也鲜有与之相关的规定。第二次世界大战结束以后，城市郊区化浪潮叠加户外休闲热潮，美国滨海地区的居民人数和休闲人数都骤然增长，相关冲突才随之爆发，公众亲海权问题也开始在美国受到广泛关注。美国联邦政府、各州政府及其地方政府、非营利组织和社会各界人士都积极介入，对此问题的解决施加自己的影响。在各方的共同努力下，美国的公众亲海休闲环境得到了一定程度的改善，但没能从根本上解决问题，特别是没能完全确立公众在干沙滩上的休闲权。当前，美国公众的亲海休闲欲求依然强烈，进一步扩大公众亲海权的呼声依然很高，然而，他们的这一目标却不容易实现，因为当前美国存在着很多不利于公众亲海权进一步发展的因素。

第一节　20 世纪中期以来美国公众亲海权的发展状况

　　美国公众亲海权的发展状况取决于联邦政府、州政府与社会各界的共同作用，但它最终还是要体现在滨海各州法院的相关判例以及这些州的立法和行政机构在联邦政府指导与监管下实施的相关法律和政策上。美国滨海各州法院在这方面取得的主要成就是依据普通法中的公共信托原则确立了公众在公共信托土地上的休闲权（少数州除外），同时借助公共信托、公共时效地役权、默示奉献和习惯权利等普通法原则在一定程度上维护了公众在干沙滩上的休闲权。不过，他们在后一方面取得的成效局限性很大，并且他们这样做时通常也只能维护公众原有的权利，而不能将公众的亲海休闲权扩张到新的区域。滨海各州立法机构可以通过立法在一定程度上弥补此不足，因为这些法律可以在强化公众普通法下之权利的同时通过授权拨款整修海岸、购买滨海土地和修建滨海公园等方式为公众创造更适宜的亲海休闲环境和更多的亲海休闲区域。滨海各州行政机构则可以通过尽可能地使这些法律充分发挥最大效用并在立法机构授权下对海岸带开发实施规划和管制的方式改善公众的亲海休闲环境。当然，征购滨海土地的做法成本很高，不可能大规模开展，而政府的管制也有限度，所以，立法和行政机构的举措只能在部分区域缓解由公众亲海需求带来的压力，并不能彻底解决此类问题。

一　美国联邦政府与各滨海州政府改善公众亲海环境的具体措施和成效

自 20 世纪 50 年代开始，美国联邦政府便对公众亲海权问题给予了极大关注。起初，联邦政府相关部门对海岸带环境和公共亲海休闲资源展开了一系列调研活动，到 1972 年，美国国会在这些调研的基础上出台了联邦政府的《海岸带管理法》。该法随后的修订又专门加入了维护公众亲海权的内容。美国滨海各州也都相继出台了获得联邦政府批准的海岸带管理法和促进公众亲海权发展的具体规定。联邦政府相关部门定期对各州海岸带管理规划的执行情况进行评估。这些法律法规的贯彻实施在一定程度上改善了美国的公众亲海休闲环境。

（一）美国联邦政府和各州政府出资改善公众亲海环境的努力

自 1972 年《海岸带管理法》出台后，美国联邦政府便开始为各州海岸带规划的制定和实施提供资金支持。当前此法下的拨款授权虽然已经过期，但国会仍然会不时地以各种名目为海岸带治理提供拨款。比如，美国国会在 2017 和 2018 财年分别拨款 8500 万美元和 7500 万美元给国家海洋和大气管理局作为海岸带管理基金。截至 2018 年，联邦政府为此提供的拨款总额已经超过 20 亿美元，其中的绝大部分是针对《海岸带管理法》之 306 和 306A 条款的拨款。① 因为各州面积和人口有巨大差异，他们加入联邦海岸带管理规划项目的时间长短也不相同，所以他们各自从相关拨款中获得的补助金数额差

---

① Congressional Research Service, *Coastal Zone Management Act（CZMA）: Overview and Issues for Congress*, R45460, January 15, 2019, p. 6.

别也很大，少的只有1300万美元，多的则有1.06亿美元。[1]

除了基于《海岸带管理法》的拨款外，美国联邦政府还可以从其他一些渠道获取资金用于改善公众的亲海休闲环境，比如联邦水土保持基金、沃洛普—布鲁信托基金（Wallop-Breaux Trust Fund）和皮特曼—罗伯逊信托基金（Pittman-Robertson Trust Fund）等。[2] 美国联邦政府相关机构可以用这些资金给各州和地方政府提供资助，他们也可以直接购买滨海土地，修建滨海公园。到2000年，美国国家公园占地面积已达8300万英亩，其中有一些就在沿海地区。[3] 另外，美国联邦政府有时还会将一些滨海土地直接转让给各州或地方政府用于公众休闲之目的。比如，在1986年，联邦政府将2.4英亩的滨海地产转让给罗得岛州以扩大该州的亚当斯堡州立公园（Fort Adams State Park）；1987年，联邦政府又将5.1英亩滨海土地转让给该州的北金斯顿镇（Town of North Kingstown）。在此之前的30多年中，联邦政府转让给罗得岛州及其地方政府的滨海地产差不多有1500英亩。[4] 当然，其他州也或多或少地都得到过联邦政府转让的土地。

在实施联邦政府的海岸带管理规划项目方面，美国沿海各州总体上看都是很积极的，而且他们也很愿意在力所能及的范围内为此提供资金。比如，联邦《海岸带管理法》最初只要求各州提供三分之一的配套资金，但事实上在1974财年该项目首度实施时各州提供的资金数额就超过了此比例，达到39%。[5] 相对来说，位于西海岸的华盛顿

---

① Congressional Research Service, *Coastal Zone Management Act（CZMA）: Overview and Issues for Congress*, Summary.

② *Public Access to the Shore: Hearing before the Subcommittee on Oversight and Investigations of the Committee on Merchant Marine and Fisheries, House of Representatives, One Hundredth Congress, First Session, on the Public's Rights to the Visual and Physical Aspects of the Shoreline of Lakes and Oceans, June 29, 1987, Warwick, RI.*, p. 2.

③ Timothy Beatley, et al., *An Introduction to Coastal Zone Management*, 2nd ed., Washington, D. C.: Island Press, 2002, p. 128.

④ *Public Access to the Shore: Hearing before the Subcommittee on Oversight and Investigations of the Committee on Merchant Marine and Fisheries, House of Representatives, One Hundredth Congress, First Session, on the Public's Rights to the Visual and Physical Aspects of the Shoreline of Lakes and Oceans, June 29, 1987, Warwick, RI.*, pp. 185, 48.

⑤ Office of Coastal Zone Management of National Oceanic and Atmospheric Administration, *Report to the Congress on Coastal Zone Management July 1973 through June 1974*, Washington, D. C.: United States Government Printing Office, May 1975, p. 2.

州、俄勒冈州和加利福尼亚州表现更为积极，他们最早制定出获得联邦政府批准的海岸带管理规划，因此也最先获得联邦《海岸带管理法》306 条款下的资金补助。其他各州虽然行动较晚，但是他们也都相继制定出符合联邦政府要求的海岸带管理规划，并且也都得到了联邦海岸带管理法下的资助。这些资金中有一部分被直接用于提高公众亲海休闲的便利程度。306A 条款在 1985 年正式发挥效用后各州可用于实现此目标的资金更多。

除了基于海岸带管理规划的拨款和联邦政府提供的各种补助金外，美国滨海各州还通过其他一些方式为改善公众亲海环境争取资金支持。有些州采取的方式是发行专项债券，例如：1987 年马萨诸塞州决定发行 3.2 亿美元的 "开敞空间债券"（open space bond），其中的 2500 万美元将直接用于购买供公众休闲的滨海土地，另有 900 万美元专门用于改善波士顿都市区的滨海环境；① 1988 年缅因州选民批准发行 3500 万美元债券，设立 "缅因未来土地计划"（Land For Maine's Future Program），为进一步推进此项计划的实施，该州后来又专门发行一种信用卡，将持卡人消费额的一定比例纳入此计划基金之中；② 1999 年佛罗里达州立法机构通过发售债券为该州的 "资源保护与休闲用地" 征购计划募集资金 1.05 亿美元，其中的部分将被用于征购滨海公园建设用地；③ 加利福尼亚州选民在 1976 年、1980 年和 1988 年相继批准发售专项债券的提案，为该州公园和休闲局以及海岸保护处征购滨海地产和实施其各自的公众亲海项目提供资金支持；④ 2000 年，加利福尼亚州选民又通过授权募集 21 亿美元的公园债券法，根

① *Public Access to the Shore*: *Hearing before the Subcommittee on Oversight and Investigations of the Committee on Merchant Marine and Fisheries*, *House of Representatives*, *One Hundredth Congress*, *First Session*, *on the Public's Rights to the Visual and Physical Aspects of the Shoreline of Lakes and Oceans*, *June* 29, 1987, *Warwick*, *RI.*, p. 9.

② Pamela Pogue and Virginia Lee, *Effectiveness of State Coastal Management Programs in Providing Public Access to the Shore*: *A National Overview*, pp. 25 – 26.

③ Timothy Beatley, et el., *An Introduction to Coastal Zone Management*, pp. 149 – 150.

④ California Coastal Commission/State Coastal Conservancy, "Annual Progress Report on the Coastal Access Program", *Coastal News*, Vol. 4, No. 1, January 1981, p. 4; *Coastal Access Program Fourth Annual Report*, A Joint Report of the California Coastal Commission and the State Coastal Conservancy, January 1984, p. 4; *Coastal Access Program Tenth Annual Report*, A Joint Report of the California Coastal Commission and the State Coastal Conservancy, January1990, p. 4.

据该法，海岸保护处可以得到其中的 2.5 亿美元。① 有些州是设立专项基金，比如，2007 年北卡罗来纳州议会就专门设立"滨海通道和海洋产业基金"（Waterfront Access and Marine Industry Fund），一次性拨款 2000 万美元用于征购滨海地产，促进海岸的公共和商业化使用。② 还有些州则将不动产交易税或消费税等特定税收项目所得资金的一部分专门用于整修海岸或改善公众亲海休闲条件。除此之外，美国大自然保护协会和奥杜邦协会等非政府组织也会出资购买滨海土地供公众使用，至少有 22 个州将有效利用这些私人基金作为获取滨海土地的重要手段。③

所有这些用于海岸带规划项目的资金都不同程度地有助于改善公众的亲海休闲环境，其中与此关系最密切的用途有三项：一是用于养护海岸；二是用于征购滨海土地和修建滨海公园；三是用于改善公众亲海休闲环境。

1. 美国联邦政府和各州政府通过养护海岸改善公众亲海环境的努力

受风浪冲击和海平面上升的影响，美国海岸侵蚀严重。美国陆军工程兵部队 1971 年提交的报告显示，美国所有岸线（包括五大湖沿岸）中显著侵蚀和严重侵蚀的部分达到 23200 英里，占到总长度的约 28%。④ 之后，美国海岸的侵蚀程度有增无减。大西洋和墨西哥湾沿岸尤其明显，每年侵蚀幅度达到 2—4 英尺。⑤ 以佛罗里达州为例，1993 年的一次调查发现，该州 43% 的沙质海滩都是受到侵蚀的，而且大约 5%—10% 的海滩随时可能会因风浪侵蚀而被关闭。⑥ 到 2010

---

① Atmospheric Administration, *Final Evaluation Findings for the California Coastal Management Program*, *December* 1996 *through May* 2001, p. 36.

② Office of Ocean and Coastal Resource Management of National Oceanic and Atmospheric Administration, *Final Evaluation Findings for North Carolina Coastal Management Program*, *March* 2006 – *September* 2011, October 2012, p. 18.

③ Pamela Pogue and Virginia Lee, *Effectiveness of State Coastal Management Programs in Providing Public Access to the Shore*: *A National Overview*, p. 26.

④ Department of the Army Corps of Engineers, *Report on the National Shoreline Study*, p. 18.

⑤ James G. Titus, "Rising Seas, Coastal Erosion, and the Takings Clause: How to Save Wetlands and Beaches without Hurting Property Owners", *Maryland Law Review*, Vol. 57, No. 4, 1998, p. 1297.

⑥ Stephen Holland, et al, *Public Access to the Florida Coast*, p. 21.

年，佛罗里达州遭受侵蚀的海岸更是达到了 59%。① 情况同样严重的还有北卡罗来纳州，经常性的破坏性飓风使该州境内堰洲岛之海滩大规模退缩。② 太平洋沿岸整体上侵蚀程度较轻，但在部分地区侵蚀却更为严重，每年至少 5 英尺。③ 安全、整洁的海岸是公众亲海休闲的必要条件，所以，养护海岸是维护公众亲海权的重要措施。在养护海岸的各种措施中，人工育滩是增进公众亲海休闲机会的最有效途径。

美国联邦政府机构也会直接承担养护海岸的责任，④ 比如，美国陆军工程兵部队就在海岸修复和维护方面一直发挥着重要作用，⑤ 但是养护海岸的大部分工作还是由相关各州在联邦政府资助下完成。除了宾夕法尼亚和印第安纳州之外，美国其他滨海（包括五大湖）州都实施过人工育滩项目。⑥ 美国海洋和大气管理局 2000 年的调查显示，阿拉斯加、加利福尼亚、康涅狄格、特拉华、佛罗里达、佐治亚、夏威夷、路易斯安那、马萨诸塞、密西西比、新罕布什尔、新泽西、纽约、北卡罗来纳、宾夕法尼亚、罗得岛、南卡罗来纳、得克萨斯和弗吉尼亚等州有正式的人工育滩政策。⑦ 各州用于人工育滩的资金已超过 26 亿美元，其中佛罗里达州在这方面的支出最多，已超过 10 亿美元。排在第二位的是新泽西州，该州在这方面的支出也超过 5 亿美元。如果按每千米海岸的支出计算，新泽西州则排在第一位。另一个在人工育滩方面支出比较多的州是北卡罗来纳，该州也已经为此支出

---

① Michael C. Blumm and Elizabeth B. Dawson, "The Florida Beach Case and the Road to Judicial Takings", *William & Mary Environmental Law & Policy Review*, Vol. 35, No. 3, Spring 2011, pp. 721 – 722.

② Joseph J. Kalo, "The Changing Face of the Shoreline: Public and Private Rights to the Natural and Nourished Dry Sand Beaches of North Carolina", pp. 1887 – 1888.

③ James G. Titus, "Rising Seas, Coastal Erosion, and the Takings Clause: How to Save Wetlands and Beaches without Hurting Property Owners", p. 1297.

④ Nicole Elko, "A Century of U. S. Beach Nourishment", *Ocean and Coastal Management*, Volume 199, January 2021, pp. 3 – 4.

⑤ 参见 Theodore M. Hillyer, *The Corps of Engineers and Shore Protection: History, Projects, Costs*, IWR Report 03 – NSMS – 1, May 2003.

⑥ Nicole Elko, "A Century of U. S. Beach Nourishment", *Ocean and Coastal Management*, p. 5.

⑦ Office of Ocean and Coastal Resource Management of National Oceanic and Atmospheric Administration, *State, Territory, and Commonwealth Beach Nourishment Programs: A National Overview*, OCRM Program Policy Series Technical Document No. 00 – 01, March 2000, p. 5.

约 2 亿美元。① 由于海岸养护不能一劳永逸，所有各州在这方面的支出还会持续增加。

在美国部分州，利用公共资金通过人工育滩增加的新海滩归州政府所有，可以供公众自由地休闲之用。有些州虽然不要求新增海滩归州政府所有，但是他们基本上也都会要求某种形式的公众使用权。② 联邦政府也要求由公共资金资助的人工育滩项目产生的海滩必须平等地向所有公众开放。③ 对于此类要求各州法院总体上也是支持的。④

当前，在这方面表现比较突出的是北卡罗来纳州，该州 1985 年通过的法律对此做了如下规定：

> 无论本部分之其他条款如何规定，大西洋内或其沿岸通过公共资助项目利用吸扬式挖掘或堆积弃土或沙子的方式在平均高潮线之上新培育出之土地的所有权归州政府。通过未利用公共资金的人工育滩项目新增之海滩的所有权归毗邻土地的业主。全部此类新增土地都应当保持开放，供本州人民自由享用，因为海滩上存在着公共信托权利，此种权利是本州人民承受的共同遗产的一部分。⑤

根据此项规定，在北卡罗来纳州，所有通过人工育滩项目新增的海滩都要向公众开放，无论项目资金是公共的还是私人的。

由此可见，由美国各级政府出资实施的大量人工育滩项目不仅可以为公众提供更加安全、适宜的海岸环境，而且还可以在一定程度上增加公众的亲海休闲区域。

---

① Elizabeth Kayatta, "Under the Boardwalk: Defining Meaningful Access to Publicly Funded Beach Replenishment Projects", *Boston College Environmental Affairs Law Review*, Vol. 39, No. 2, 2012, pp. 455 – 456.

② Office of Ocean and Coastal Resource Management of National Oceanic and Atmospheric Administration, *State, Territory, and Commonwealth Beach Nourishment Programs: A National Overview*, pp. 9 – 10.

③ Joseph J. Kalo, "The Changing Face of the Shoreline: Public and Private Rights to the Natural and Nourished Dry Sand Beaches of North Carolina", p. 1889.

④ Elizabeth Kayatta, "Under the Boardwalk: Defining Meaningful Access to Publicly Funded Beach Replenishment Projects", pp. 463, 468.

⑤ North Carolina General Statutes § 146 – 6 (f).

2. 美国各级政府通过征购滨海土地扩大公众亲海权的努力

对于解决公众干沙滩使用权这个问题来说，政府出资购买滨海土地和建设滨海公园是最直接和最有效的解决途径。事实上，美国滨海各州确实都采取了这种措施，[①] 而且有部分州还取得了比较明显的成效。以佛罗里达州为例，该州自 1981 年发起"拯救我们的海岸运动"和实施"资源保护与休闲用地"征购计划后，每年都拿出大笔资金购买公共亲海通道和自然保护区域。十年之后，到 1992 年年底时，该州已在这方面花费 2.5 亿美元，征购了 27 处滨海公共休闲区域，面积达 73384 英亩，囊括 74 英里海岸。1987 年后，该州又增加了"亲海通道创新项目"，致力于购买城市区的小块滨海土地。[②] 到 2010 年时，佛罗里达州分布在其 825 英里沙质海滩上的公共亲海通道已有 1820 处，基本上可以达到每半英里一处。[③] 加利福尼亚州在这方面取得的成就也是比较显著的。到 1989 年，该州公园和休闲局利用发行债券所得资金在海岸带征购和长期租赁的公园用地超过 29000 英亩，由此新增 29 英里公共海岸；[④] 到 2014 年时，该州位于州立公园内的海岸已达到 295 英里，占到该州海岸总里程的四分之一多。[⑤] 如果再加上联邦政府和县、市政府管理的公园，加利福尼亚州公园占据的海岸里程更长。旧金山湾区虽然是一个独立的规划区，但该地区规划的实施也能得到加利福尼亚州海岸委员会掌握的联邦政府及州政府拨款的资助。[⑥] 1997 年后，加利福尼亚州海岸保护处将该地区海岸规划也直接纳入自己的管理和资助范围之内。[⑦] 借助各级政府机构的资助，旧金山湾地区在推进公众亲海权方面取得了明显成效。1965 年旧金

---

① Pamela Pogue and Virginia Lee, *Effectiveness of State Coastal Management Programs in Providing Public Access to the Shore: A National Overview*, p. 23.

② Stephen Holland, et al, *Public Access to the Florida Coast*, p. 2.

③ Florida Coastal Office, *Florida Coastal Management Program Final Assessment and Strategies FY 2016 – FY 2020*, December 2015. p. 33 – 34.

④ *Coastal Access Program Tenth Annual Report*, p. 4.

⑤ State of California, California Coastal Commission, *California Coastal Access Guide*, 7th ed., Oakland, CA: University of California Press, 2014, p. 7.

⑥ Office of Ocean and Coastal Resource Management of National Oceanic and Atmospheric Administration, *Final Evaluation Findings for California Coastal Management Program*, *March 2005 through December 2008*, March 2010, p. 17.

⑦ Bay Area Open Space Council and State Coastal Conservancy, *San Francisco Bay Area Conservancy Program the Seventh Year Report FY 2005 – 2006*, July 1, 2009, p. ii.

山湾保护和开发委员会成立之时，湾区的公共海岸仅有 4 英里；进入21 世纪之后，当地的公共海岸已经超过 200 英里。① 其他一些州在利用各类资金征购滨海公共休闲用地方面也有不俗的表现：仅在 1985—1988 年的三年间，北卡罗来纳州就利用联邦《海岸带管理法》下的资助将其公众亲海项目扩大了一倍多，新增 138 处公共亲海通道；②到 1998 年，即"缅因未来土地计划"实施 10 周年之际，缅因州通过此计划购得的滨海地产就已经达到 3553 英亩，涵盖 16 英里海岸，③ 等等。到 1999 年，美国滨海各州统计的公共滨海休闲场所已达一万多处。④

3. 美国滨海各州改善公众亲海休闲环境的努力

便利的交通、宜人的环境和完善的配套设施是满足公众亲海休闲需求的重要条件，美国滨海各州为此也做出了不少努力。美国联邦政府对此也提供了不少资金支持。比如，新泽西州就充分利用各类联邦资金和州内资金改善本州海岸的休闲环境。该州在这方面的一个重要成就是利用 800 万美元的联邦水土保持基金、1330 万美元的其他各类联邦资金以及 6600 万美元的州内资金将一处废弃的工业区改建成"利伯蒂州立公园"（Liberty State Park）。此公园在 1976 年刚一开放就立即成为该州游人最密集的州立公园，并极大地带动了周边的房地产开发。随后，新泽西州又利用联邦《海岸带管理法》下的资金在1981 年规划沿哈德逊河建造从乔治·华盛顿大桥到贝永（Bayonne）共约 17 英里的滨海步道，将临近各处的休闲点都串通起来。⑤

---

① Office of Ocean and Coastal Resource Management of National Oceanic and Atmospheric Administration, *Final Evaluation Findings for the California Coastal Management Program*, *December* 1996 *through May* 2001, p. iv.

② Center for Urban and Regional Studies of the Department of City and Regional Planning, the University of North Carolina at Chapel Hill, *Evaluation of the National Coastal Zone Management Program*, p. 66.

③ Pamela Pogue and Virginia Lee, *Effectiveness of State Coastal Management Programs in Providing Public Access to the Shore: A National Overview*, pp. 25 – 26.

④ Pamela Pogue and Virginia Lee, "Providing Public Access to the Shore: The Role of Coastal Zone Management Programs", *Coastal Management*, Vol. 27, No. 2 – 3, April-September 1999, p. 226.

⑤ *Public Access to the Shore: Hearing before the Subcommittee on Oversight and Investigations of the Committee on Merchant Marine and Fisheries, House of Representatives, One Hundredth Congress, First Session, on the Public's Rights to the Visual and Physical Aspects of the Shoreline of Lakes and Oceans, June 29, 1987, Warwick, RI.*, pp. 87 – 88.

联邦《海岸带管理法》之 306A 条款生效后，联邦政府又拨出专项资金对各州符合要求的公众亲海项目提供补助。双方在此领域的合作也颇有成效。在该条款具体实施的头四年（1985—1988 年），联邦政府和滨海各州政府（包括五大湖沿岸州和海外领地）就共同实施了455 个公众亲海项目，总投资 3400 多万美元。这些项目涉及整治海滩与建造滨海公园、码头、栈道、停车设施、卫生间和更衣室等诸多方面。① 对于在推进公众亲海权方面起步比较晚的北卡罗来纳等州来说，此条款实施的效果更明显。比如，仅在 1986 年，北卡罗来纳州即利用联邦《海岸带管理法》下的 32.5 万美元资金开发了 15 处公共休闲场所。② 之后，该州又持续在此领域投入。③ 到 2003 年和 2004 年北卡罗来纳州海岸带管理部门组织调查时，该州海岸已经有 550 处公共亲海休闲场所、6256 个停车位以及 43 处盥洗设施。有些地方的成效更突出，比如，在埃默拉尔德岛（Emerald Isle）平均每英里有 17 处亲海休闲场所，在北托普塞尔海滩（North Topsail Beach）有 887 个停车位，在赖茨维尔海滩（Wrightsville Beach）停车位的密度达到每英里150 个。④

建设滨海游径（Coastal Trail）也是改善公众亲海休闲条件的一个重要方面。在这方面位于美国西海岸的加利福尼亚和俄勒冈两州的表现最突出。1974 年，加利福尼亚州议会通过法律，要求在沿海地区建设一条能够将州立公园、联邦休闲区域以及其他具有重要价值的区域联系起来的游径。⑤ 1975 年，沿整个加利福尼亚州海岸修建纵贯南北的适合步行和骑行之游径的内容被正式纳入该州的海岸带规划中。之

---

① Pamela Pogue and Virginia Lee, *Effectiveness of State Coastal Management Programs in Providing Public Access to the Shore: A National Overview*, pp. 53 – 56.

② *Public Access to the Shore: Hearing before the Subcommittee on Oversight and Investigations of the Committee on Merchant Marine and Fisheries, House of Representatives, One Hundredth Congress, First Session, on the Public's Rights to the Visual and Physical Aspects of the Shoreline of Lakes and Oceans*, June 29, 1987, *Warwick, RI.* p. 154.

③ Division of Coastal Management of North Carolina Department of Natural Resources and Community Development, *Getting to the Beach: A Report on the North Carolina Public Beach Access Program 1981 – 88*, pp. 11 – 13.

④ Amy F. Blizzard, *Shoreline Access in Three States: Reciprocal Relationships Between State and Local Government Agencies and the Role of Local Governments in Shoreline Access Program Evaluation*, Ph. D. Degree dissertation, East Carolina University, 2005, pp. 80 – 81.

⑤ *Coastal Access Program Fourth Annual Report*, p. 5.

后，此游径建设计划由各地分段实施。加利福尼亚州滨海游径计划最初由该州的公园和休闲局负责，1979 年后改由海岸委员会和海岸保护处联合实施。经过几十年的努力，加利福尼亚州这条计划中的长度超过 1000 英里的滨海游径已经完成大半。① 俄勒冈州在 1971 年也通过了本州的游径法，② 该法的适用范围虽然是俄勒冈全州，但在具体实施时很多游径都修建在滨海地区，并且其滨海游径早就已经与加利福尼亚州的滨海游径连通起来。③ 2017 年，俄勒冈州又专门通过该州的滨海游径行动计划，④ 加快其滨海游径的建设进程。其他一些州也有建设滨海游径的计划。比如，佛罗里达州就在 1979 年通过了其《休闲游径法》（Florida Recreation Trails Act）。⑤ 对于佛罗里达州来说，休闲游径基本上就相当于是滨海游径。

　　除了近岸通道外，从外地到达海岸的公共交通对于实现公众亲海权来说也很重要。当然，美国人到海边休闲大多倾向于自驾，但是大量汽车的涌入会给海边的交通和停车设施带来很大压力，而且会对海岸的生态环境造成破坏。发展公共交通是在避免这些问题的前提下最大限度地满足公众亲海需求的一种有效途径。新泽西州在这方面做了比较成功的尝试。1977 年夏，该州环境保护局和交通局利用州内资金和联邦海岸带管理办公室提供的 17881 美元补助金联合发起一项试验。他们在节假日和周末开通从汤姆斯里弗（Toms River）到大洋县（Ocean County）岛滩州立公园（Island Beach State Park）的专线公交，测试能吸引多少到海滩的游客放弃自驾。⑥ 该试验效果很不错。之后，此专线公交不仅保留下来，而且能够不需要政府补贴独立运营。⑦ 其他一些州，比如加利福尼亚和罗得岛，也专门为满足公众的亲海休闲需求开设了

---

① 欲了解此游径的具体情况可访问该网站 https：//californiacoastaltrail. org/.

② Oregon Revised Statutes § § 390. 950 – 989.

③ California Coastal Commission, *Public Access Action Plan*, p. 30.

④ Oregon Revised Statutes § 390. 308.

⑤ Paolo Fabbri ed. , *Recreational Uses of Coastal Areas*: *A Research Project of the Commission on the Coastal Environment*, *International Geographical Union*, p. 13.

⑥ Office of Coastal Zone Management of New Jersey Department of Environmental Protection, *New Jersey 1977 Beach Shuttle Toms River to Island Beach State Park*, January 1979, p. 2.

⑦ Coastal States Organization, *America's Coasts*: *Progress &Promise*, 1985, p. 13.

通达海边的公共交通。①

（二）美国滨海各州通过管制开发的方式增进公众亲海权的努力

就增加公众亲海休闲机会来说，由联邦政府和各州政府直接出资购买滨海土地和改善亲海休闲环境的做法无疑最直接也最有效，然而这样做的成本太高，特别是在滨海土地价格不断飙升的情况下。所以，这种办法只能针对那些特别关键的地区作为应急之策，而不能被普遍使用。在此情况下，为了能够更广泛地满足公众的亲海需求，美国各州的海岸带管理规划中还提供了其他一些措施，其中最为有力的措施是通过制定土地开发规划的方式对海岸带开发施行严格限制，以便为公众留出适宜的亲海休闲区域和通行道路。

美国各州限制海岸带土地开发的形式有很多种，划定海岸建筑退缩线（Coastal Construction Setback Lines）是其中很常用也是很有效的一种。海岸建设退缩线也被称为海岸建筑后退线或海岸建设控制线，它"是指毗连海岸的陆地建筑物向海侧至海岸线距离的限定线"②，在此线向海一侧的区域内开发建设被完全禁止或者被严格控制。设定海岸建设退缩线有助于保护海岸的生态和景观、避免人员和财产损失，也能够为公众的亲海休闲提供更适宜的环境。美国沿海和五大湖沿岸各州中，大约有三分之二设定了海岸建筑后退线。③ 不过各州设定的标准不尽相同，而且他们各自也在根据形势变化而不断调整。以较早设定海岸建筑退缩线的佛罗里达州为例，该州议会在 1970 年和 1971 年就接连通过了相关法律，以后又不断修订。④ 该州起初设定的海岸建筑退缩线是自高水位线向陆一侧 25—50 英尺的地方；当前该州确定海岸建筑退缩线时则更加注重因地制宜，在有些地方该线可能

---

① Hal Hughes, "Beach Shuttle Update: An Alternative to Driving to the Beach ", *California Coast & Ocean*, Vol. 11, No. 2, Summer 1995, pp. 21 –23; *Public Access to the Shore: Hearing before the Subcommittee on Oversight and Investigations of the Committee on Merchant Marine and Fisheries*, *House of Representatives*, *One Hundredth Congress*, *First Session*, *on the Public's Rights to the Visual and Physical Aspects of the Shoreline of Lakes and Oceans*, June 29, 1987, *Warwick*, *RI.*, p. 5.

② 王鹏等：《基于海域使用功能的海岸建筑后退线确定研究》，《海洋开发与管理》2009 年第 11 期，第 17 页。

③ 涂振顺等：《海岸建筑后退线设置方法与实践研究》，《海洋环境科学》2018 年第 3 期，第 432 页。

④ Frank E. Maloney and Anthony J. O'Donnell, Jr., "Drawing the Line at the Oceanfront: The Role of Coastal Construction Setback Lines in Regulating Development of the Coastal Zone", *University of Florida Law Review*, Vol. 30, No. 2, Winter 1978, pp. 384 –385.

会被划到深入内陆 100 米甚至更远的地方。① 其他各州的标准也是各有侧重。比如，南卡罗来纳州在海岸侵蚀严重地区以过去 40 年海岸侵蚀情况为基准计算海岸建筑退缩线的位置，在侵蚀不太严重的地区则将退缩距离设定为 20 英尺，相关数据每 10 年更新一次；北卡罗来纳州 1974 年规定的海岸建筑退缩距离主要依据建筑物的面积推算，该州 2000 年出台的新规定又在此基础上增加了对海岸侵蚀速率的考虑；夏威夷州则在考虑建筑物面积和海岸侵蚀速率的同时还考虑海水的深度，② 等等。

美国各州限制海岸带开发的另一种方式是专门针对滨海地区制定分区规划。至 20 世纪末，美国有 13 个州通过实施分区规划的方式保护或促进公众的亲海权。比如，缅因州就通过修订其海岸分区规划增进公众的亲海休闲机会，该州约有 100 个镇的分区规划专门将滨海区纳入其中。③

相对来说，美国滨海各州采用最广泛和使用最频繁的通过限制海岸带土地开发来促进公众亲海权的措施还是开发建设审批要求，即他们要求海岸带内所有的开发建设项目都必须先申报并经相关政府部门批准后才可以实施。各州相关部门在审批此类建设项目时一般都会以增进公众的亲海休闲机会作为重要的前提条件。以罗得岛州为例，该州规定，沿海 200 英尺内的所有开发建设项目都要经过该州海岸资源管理委员会的评估和审批，④ 该委员会将根据所申报之建设项目对公众亲海环境的影响提出可行的弥补方案。比如，该委员会在 1992 年审批纳拉甘塞特电力公司（Narragansett Electric Company）曼彻斯特街变电站项目时就要求该公司拿出约 2000 万美元修建滨海公园等公众亲海休闲设施。到 1996 年，该公司按要求建成面积约 3 英亩且附带多种休闲设施的科利尔公园（Collier Park），使当地公众的滨海休闲

① Paolo Fabbri, *Recreational Use of Coastal Areas*, p. 10.

② 贾俊艳等:《海岸建设退缩线距离确定研究综述》,《海洋环境科学》2013 年第 3 期,第 472—473 页。

③ Pamela Pogue and Virginia Lee, *Effectiveness of State Coastal Management Programs in Providing Public Access to the Shore: A National Overview*, p. 32.

④ Center for Urban and Regional Studies of the Department of City and Regional Planning, the University of North Carolina at Chapel Hill, *Evaluation of the National Coastal Zone Management Program*, p. 149.

条件大为改观。① 康涅狄格州的海岸带管理法也要求海岸带内的所有开发项目都要经过审批，而且审批机构一般也会要求项目开发者提供公共亲海通道和休闲设施。比如，有名的神秘河酒馆（Mystic River Tavern）修建时开发者就被要求提供长度超过 2.5 英里的将附近几处观光点串联起来的滨海步道。② 在康涅狄格州，即使是政府机构开发的市政工程也要经过海岸带管理部门审批并提供必要的公共休闲设施。比如，在 20世纪 90 年代初，康涅狄格州交通局计划在昆尼皮亚克河（Quinnipiac River）上修建一座跨度更大的桥以取代原来的旧桥，该州海岸带管理部门在审批时要求在大桥附近增建游钓码头和停车场等便于公众亲海休闲的设施，交通局只得按照要求修改了规划。③ 纽约州没有全州统一的海岸带开发审批要求，但该州各地方政府也会因地制宜地制定保护公众亲海权的政策，要求滨海土地开发者提供合适的公共亲海休闲设施和公共休闲空间。④ 比如，在 1981—1991 年的十年间，纽约市就依据其海岸复兴计划通过开发审批要求获得大约 30 英里的可供公众休闲的海岸。⑤

在通过对海岸带内建设项目进行审批的方式维护和增加公共亲海休闲通道方面，加利福尼亚州最具代表性，该州推行的要求建设申请方"主动奉献"公共亲海通道的政策实施效果也最明显。该措施推行过程中虽然遇到过一些困难，比如奉献通道不能及时接收等，但是自 1995 年后，该州相关机构对奉献通道的接收速度明显加快，到 2008年经备案的奉献通道的接收率已经达到 82%,⑥ 圣马特奥、圣路易

---

① National Oceanic and Atmospheric Administration, 1992 – 1993 *Biannual Report to Congress on the Administration of the Coastal Zone Management Act*, Vol II, April 1994, p. 191; Pamela Pogue and Virginia Lee, *Effectiveness of State Coastal Management Programs in Providing Public Access to the Shore: A National Overview*, p. 85.

② Pamela Pogue and Virginia Lee, *Effectiveness of State Coastal Management Programs in Providing Public Access to the Shore: A National Overview*, p. 31.

③ National Oceanic and Atmospheric Administration, 1992 – 1993 *Biannual Report to Congress on the Administration of the Coastal Zone Management Act*, Vol II, p. 71.

④ David J. Brower, et al., *Public Access to the New York Shoreline*, pp. 277 –278.

⑤ Center for Urban and Regional Studies of the Department of City and Regional Planning, the University of North Carolina at Chapel Hill, *Evaluation of the National Coastal Zone Management Program*, p. 131.

⑥ Office of Ocean and Coastal Resource Management of National Oceanic and Atmospheric Administration, *Final Evaluation Findings for California Coastal Management Program*, March 2005 *through December* 2008, p. 19.

斯—奥比斯波（San Luis Obispo）和圣巴巴拉等地的接收率则达到了百分之百。①

通过对海岸带内建设项目进行审批和施加限制条件的方式，美国滨海各州在不增加财政支出的情况下争取到不少公共亲海通道和休闲设施，一定程度上促进了公众亲海权的发展。就加利福尼亚州来说，该州在这方面比较成功的一个例子是对"锡兰茨"（Sea Ranch）地产项目的审批和建设限制。锡兰茨是旧金山以北 110 英里处的一个度假村性质的高档地产项目，该项目最初规划建设 5200 套住房，但是经过民众和加利福尼亚州海岸委员会的不懈干预，最后只建了 2700 套，腾出了大片公共用地。到 1987 年，此处的 5 条近海通道、山顶小路、卫生间和停车场等公用设施全部建好，民众可以尽情享受当地的海岸美景。②

（三）美国滨海各州通过提供指南和树立标志的方式维护公众亲海权的努力

除了设法增加新的公共亲海区域外，如何使已有的公共亲海区域和设施能够得到充分有效的利用也是美国滨海各州需要认真解决的问题。因为，有些海滩虽然是公有的，但是一般人可能不知道，所以存在着公共海滩不能被公众使用的情况。在公共亲海休闲资源本就极为有限的局面下，为避免出现公共海滩不能得到有效利用的问题，美国滨海各州政府采取了多种应对措施，其中包括查明本州全部公共海滩的详细信息并以适当方式告知公众，以及设置州内通用标志指引公众到达等等。

在这方面采取行动比较早的是罗得岛州。1958 年，罗得岛就成立了"公共路权发现和利用委员会"（Commission on Discovery and Utilization of Public Rights-of-Way）。该委员会包括 7 位不领薪酬的成员，他们分别是一位参议员、两位众议员、公共工程部门负责人、自然资源管理部门负责人、发展委员会执行主任和检察总长。该委员会主要行使两项职能：一项是查明该州的亲海休闲通道，第二项是界定公共通道和设置标志，并且开通他们认为合适的公共通道。在随后的十几年中该委员会围绕这两项职能时断时续地开展工作。总起来看，他们

---

① California Coastal Commission, *Public Access Action Plan*, p. 14.

② Tomoko Kodama, *Creating Public Access to the Shoreline: The California Coast and Boston's Waterfront*, pp. 34 – 44.

的工作成效不太理想。一方面，他们提供的描述本州公共亲海通道的地图和报告被认为不准确，遭到很多批评；另一方面，他们设置的公共亲海通道标志总是被附近地产所有权人和故意搞破坏的人拆除。1977 年，该委员会解散，其职能被转移给海岸资源管理委员会等其他机构。① 这些机构继续清查公共海滩，并且取得了不少成果。比如，北金斯敦镇原来标注的公共海滩只有 3 处，但是相关机构 1988 年却通过查阅文献和历史地图找出 90 处原有的和潜在的公共海滩，② 极大地扩充了当地的公众亲海休闲资源。另外，他们还根据清查结果出版公众亲海指南，树立更为坚固的公众亲海通道指示标志，并将相关信息纳入本州的地理信息系统之中。

其他一些州也相继对本州的公共亲海资源进行调查并编制公众亲海指南。到 20 世纪末，美国已有 23 个州提供了公众亲海指南。③ 各州提供的公众亲海指南包括地图、清单和简要说明等，它们对各州公共亲海休闲区域的数量、面积、位置、设施以及海岸特点等信息进行了较为详尽的描述。现在，这些信息一般都会被纳入各州的地理信息系统之中或者专门创建的网站中，以便于公众查看。

在清查公共海滩并提供公众亲海指南方面，表现最突出并且能够起到示范带头作用的还是加利福尼亚州。④ 《加利福尼亚州海岸法》1979 年修订时新增加的条款要求海岸委员会于 1981 年 1 月 1 日之前准备好公共亲海休闲区域的详细清单，以及对清单中每一处公共休闲区域的简要描述，诸如使用权类型、是否有使用上的限制以及相关设施的权属等等。该修订还特别提出要载明已知的按要求主动奉献的通道和奉献通道的接收情况。同时它还要求海岸委员会以后要持续更新清单。⑤ 1980 年 6 月 30 日加利福尼亚州海岸委员会就编制出了第一版

---

① Michael Rubin and Dennis Nixon, "Shoreline Access in Rhode Island: A Case Study of Black Point", *Maine Law Review*, Vol. 42, No. 1, 1990, pp. 97 – 98.

② Pamela Pogue and Virginia Lee, *Effectiveness of State Coastal Management Programs in Providing Public Access to the Shore: A National Overview*, p. 40.

③ Pamela Pogue and Virginia Lee, *Effectiveness of State Coastal Management Programs in Providing Public Access to the Shore: A National Overview*, p. 50.

④ 比如，佛罗里达州 1985 年完成的公共亲海休闲资源调查就是在加利福尼亚州的启发和指导下实施的。见 Board of Regents of the State of Florida, *Florida's Sandy Beaches: An Access Guide*, Pensacola, FL: University of West Florida Press, 1985, Acknowledgements。

⑤ Deering's California Codes, Public Resources Code Annotated, Section 30531.

《滨海通道清单和地图》（*The Coastal Access Inventory and Maps*）；当年
8 月 15 日它又推出了更新后的版本。① 1981 年再版时，此出版物被正
式定名为《加利福尼亚州亲海指南》（*California Coastal Access Guide*）。
该指南以后又陆续更新，到 2014 年已经出了 7 版。

　　除了纸质版的公众亲海指南外，加利福尼亚州近期又开发出相关
的手机应用程序。该州最初的一款此类手机应用程序是由电台节目制
作人本·阿代尔（Ben Adair）和作家珍妮·普莱斯（Jenny Price）于
2013 年共同开发的。他们发现，马利布的部分公共海滩位置隐蔽，而
周边居民又常常以隔断通道或私自树立禁停标志等方式故意阻止或误
导公众，致使这些公共海滩不能有效地被公众使用。针对这种情况，
他们开发了上述程序，并将其命名为"我们的马利布"（Our Mali-
bu）。此手机应用程序很受欢迎，到 2015 年时已有 42000 人下载使
用。受此启发，加利福尼亚州海岸委员会发布了一款能够应用于全州
海滩的手机程序。该程序由脸书（Facebook）前总裁肖恩·帕克
（Sean Parker）负责开发。不过，这并不是帕克主动所为。帕克因为
未经许可在大苏尔（Big Sur）举办奢华婚礼而受到处罚，这款手机
应用程序是他所付赔偿的一部分。②

　　对于设置公众亲海通道标志这件事，加利福尼亚州也很重视。
1980 年，加利福尼亚州海岸委员会和海岸保护处共同采纳了全州统
一的由"脚印和海浪"图案构成的公众亲海通道标志。他们会同交通
局和环境保护组织将这些容易辨识的标志安装到全州沿海各处。

　　在设置公共亲海通道标志方面表现比较突出的另一个州是华盛顿。
该州 1983 年开展的一次调研发现，影响公众亲海权的主要问题之一是
缺乏适当的标志。随后，华盛顿州生态局在全州范围内组织了一次由大
中学校学生参加的公共亲海通道标志设计大赛。结果，西雅图的一名高
中生获胜，他所设计的标志不仅能够体现海滩的公共性质，而且易于复
制。1984 年 8 月 23 日，华盛顿州生态局正式采用了这个标志。③

---

　　①　California Coastal Commission/State Coastal Conservancy，"Annual Progress Report on the
Coastal Access Program"，p. 2.

　　②　Barry Yeoman，"Beach Wars"，pp. 52 – 53.

　　③　James W. Scott，*Shoreline Public Access Sign Manual*，Washington Department of Ecology Sho-
relands Division，April 19，1985，p. 1.

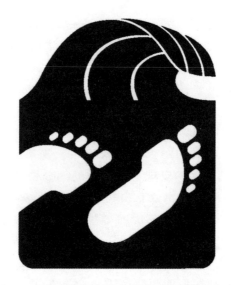

图 5 - 3　加利福尼亚州公共亲海通道指示标志

图片来源：California Coastal Commission，*Public Access Action Plan*，p. 35.

图 5 - 4　华盛顿州公共亲海通道指示标志

图片来源：James W. Scott，*Shoreline Public Access Sign Manual*.

二　美国维护公众亲海权之法律法规实施中的问题

　　毫无疑问，自 20 世纪中期以来，美国联邦政府和滨海各州政府都出台了一些维护公众亲海权的法律法规，这些法律法规的实施在一定程度上促进了公众亲海权的发展。然而，由于各种主客观因素的影响，它们的作用并没有能够得到充分发挥，以致美国公众亲海权的发展也没能真正达到预期的目标。

制约美国维护公众亲海权之法律法规发挥作用的主要因素之一是"新自由主义"思潮的盛行。美国这些维护公众亲海权之法律法规的目标就是要通过政府干预的方式为公众的亲海休闲活动提供更充足和更适宜的环境。为实现此目标，美国各级政府需要提供一定的资金支持，并且要适当地限制私人对其地产的利用。与此正相反，新自由主义却极力反对国家干预，同时强调私人财产权。很显然，如果这种新自由主义思想在美国占据主导地位，那么公众亲海权立法的实施势必会遇到阻碍。事实上，这种事情真的发生了。1981 年后，随着里根政府的上台，新自由主义在美国"得以从理论走向实践"①，美国公众亲海权立法的实施也确实因此而受到了严重妨碍。这种结果最直接的表现是联邦政府对各州海岸带管理规划的资助额度和资助比例在这一时期双双下降。② 不仅如此，里根政府还极力阻挠相关的州政府部门审查其海岸带内的联邦项目是否符合该州已经获得批准的海岸带管理规划。③ 另外，1978 年后的几年中美国大部分州都以全民公投的方式通过了限制财产税（主要是房产税）税率的法律，④ 这严重侵蚀了各州和地方政府的税收基础，使他们也难以拿出更多资金用来改善公众的亲海休闲环境。美国大多数滨海州的海岸带管理规划都是 1972 年以后在联邦政府的引导和资助下制定的，而正当这些规划付诸实施的关键时期却遇到了一个极不友好的联邦政府和财力紧张的州和地方政府，这对它们来说无异于当头一棒，它们实施的效果自然会大打折扣。

---

① 沙烨：《撕裂的美国：新自由主义政策如何加剧贫富分化》，《东方学刊》2021 年冬季刊，第 11 页。

② Consolidated Omnibus Budget Reconciliation Act of 1985（Public Law 99 – 272），Section 6043，6046.

③ Jared Orsi，"Restoring the Common to the Goose：Citizen Activism and the Protection of the California Coastline，1969 – 1982"，p. 279；Secretary of the Interior v. California，464 U. S. 312（1984）.

④ 参见王旭《加州宪法第 13 条修正案与美国财产税改革》，《史学集刊》2014 年第 2 期，第 3—11 页。

　　影响美国公众亲海权立法发挥作用的因素之二是环保观念在美国的弱化。美国维护公众亲海权之法律法规的发展与整个社会环保意识的强弱紧密相关，因为很多此类法律都是以环保立法的形式出现的。所以，如果整个社会的环保意识强，维护公众亲海权的法律就会制定得更为完善，而且执行起来会更加顺利；反之，此类法律则不仅难以出台，而且执行起来也会困难重重。就美国社会各界对环境保护的关注程度来说，无论是全国性调查还是各州的统计都显示，"1970 年的指数皆处于最高点"①。相应地，1970 年前后也是联邦政府和各州海岸带管理立法最活跃的时期。然而，自此以后却出现了所谓的"绿色反弹"（Green Backlash）②，美国社会整体上对环境保护的重视程度持续下降，他们转而更加关注环境管制的经济成本以及平衡环境管制与维护私人产权之间的关系。③ 在里根总统当政的 20 世纪 80 年代，美国联邦政府"出台了许多放松环境管制的措施"④；到 20 世纪 90 年代，美国各地以私人财产权对抗政府环境管制的运动更加风起云涌。⑤ 有一个例子能够很好地说明这一时期美国社会整体上趋向于强调经济利益和私人权利而不再将环保作为首要考虑的事项，这个例子就是加利福尼亚州近岸海域的油气开发。1969 年圣巴巴拉近海钻井平台井喷事故之后，加利福尼亚州中止在近岸 3 海里范围内钻探石油，联邦政府 1984 年后也暂停批准该地新的联邦海域石油钻探租赁项目。⑥ 然而，后来随着油价上涨，联邦政府对海上石油钻探的管控措施逐渐放

　　① 刘向阳：《环境管制与公共舆论——20 世纪 70—90 年代美国环境政治考察》，《东方论坛》2021 年第 1 期，第 135 页。

　　② 韩铁：《环境保护在美国法院所遭遇的挑战——"绿色反弹"中的法律之争》，《美国研究》2005 年第 3 期，第 61—62 页。

　　③ 刘向阳：《环境管制与公共舆论——20 世纪 70—90 年代美国环境政治考察》，第 136 页；刘向阳：《环境史视野下的 20 世纪 70 年代美国"滞涨危机"新解——兼论环境史的经济转向及其创新》，《北京师范大学学报》（社会科学版）2021 年第 6 期，第 104—116 页；R. Kevin Sharbaugh，"Take me to the Water: Florida's Shrinking Public Access to the Waterfront and the Steps to Preserve it"，*Sea Grant Law and Policy Journal*，Vol. 4，No. 1，Summer 2011，p. 10.

　　④ 高国荣：《美国环境史学研究》，中国社会科学出版社 2014 年版，第 191 页。

　　⑤ William L. Inden，"Compensation Legislation: Private Property Rights vs. Public Benefits"，*Dickinson Journal of Environmental Law & Policy*，Vol. 5，No. 1，Winter 1996，p. 119；Roy Hunt，"Property Rights and Wrongs: Historic Preservation and Florida's 1995 Private Property Rights Protection Act"，*Florida Law Review*，Vol. 48，No. 4，September 1996，pp. 712 – 713.

　　⑥ Thomas J. Osborne，"Saving the Golden Shore: Peter Douglas and the California Coastal Commission，1972 – 2011"，*Southern California Quarterly*，Vol. 96，No. 4，Winter 2014，p. 448.

松，而且联邦政府相关部门还不断向加利福尼亚州施压，逼迫该州放松对联邦石油钻探租赁项目的抵制。① 到 2008 年，联邦政府最终正式取消了上述禁令。民调显示，那时在加利福尼亚州内支持近海油气开发的人也占到了多数。② 这一时期，联邦最高法院也助推了美国在环保方面的反弹。该法院在此期间做出的一系列涉及环保政策的重大判决（特别是进入 20 世纪 90 年代后的判决）表现出强烈的保守倾向，以至于有学者从这些判决中看到"环境保护主义在美国法律中的死亡"③。此种局面的出现显然不利于美国环保运动的进一步发展，也不利于各州海岸带规划的制定和实施。

不仅环保观念的弱化不利于公众亲海权的发展，其相反的一面——对生态环境的关注——有时也会对此造成不利影响。生态保护主义者们认为，海滩的休闲性使用和亲海设施建设与人工育滩等相关保障措施会在一定程度上改变海滩生态系统的结构和功能，所以他们反对人类过多地在海滩上活动，也反对为方便人类在海滩上活动而实施的建设项目。生态保护主义者们的主张在一些州的海岸带管理法中得到体现。比如，华盛顿州在 2003 年修订本州的海岸带管理法时就将"不造成海岸生态功能的净衰减"确定为其首要的指导原则。④ 另外，一些并不真正关心生态环境问题的滨海住户为了阻止公众亲海设施建设也会祭起生态保护这面大旗予以抵制。例如，以前洛杉矶海滩管理部门为开放杜梅岬州立海滩（Point Dume State Beach）而修建停车场和卫生间时，当地居民就以"生态！"作为抵制活动的口号；⑤当前，加利福尼亚州那些不愿意按要求"主动奉献"公共通道的滨海地产主也会借助该州的《环境质量法》（California Environmental Quali-

---

① Jared Orsi, "Restoring the Common to the Goose: Citizen Activism and the Protection of the California Coastline, 1969 – 1982", pp. 279 – 280.

② Thomas J. Osborne, "Saving the Golden Shore: Peter Douglas and the California Coastal Commission, 1972 – 2011", p. 449.

③ 韩铁：《环境保护在美国法院所遭遇的挑战——"绿色反弹"中的法律之争》，第 63 页。

④ Office of Ocean and Coastal Resource Management of National Oceanic and Atmospheric Administration, *Amendment No. 4*, *Incorporation of the Revised Washington Shoreline Management Act Guidelines into the Federally Approved Washington Coastal Management Program: Environmental Impact Statement*, November 2010, pp. 11 – 12.

⑤ Elizabeth Campbell, "Whose Beaches?".

ty Act）进行对抗。①

在这样的大背景下，20 世纪 80 年代以后美国海岸带规划和公众亲海权问题受到的关注和公众参与相关活动的热情相比 70 年代都明显下降。1970 年代中期那种激发起海岸保护与公众亲海权运动的"理想主义"到 1980 年代则退变为"玩世不恭"②。许多人不再像以前那样热衷于维护公众亲海权，而是开始梦想自己能拥有一块海滩。③随着形势的改变，各州海岸带管理机构的地位也大不如前。

以比较有代表性的加利福尼亚州为例，该州的海岸带保护法是在该州选民的大力支持下于 1972 年通过的，"公众参与"之类的表述在当时的各种报告中随处可见。然而，到 1978 年该州海岸委员会发布其第一个双年度报告时，"公众"之类字眼已经很少出现，而且即使出现也只是"通知"公众，并非公众主动"参与"。更令人不可思议的是，1980 年 9 月的一次民调结果显示，竟然只有 50% 的加利福尼亚人听说过有海岸委员会这个机构。④ 在关注度明显降低的同时，加利福尼亚州海岸委员会在人们眼中的形象也逐渐变差。曾任该委员会委员后又担任海岸保护处执行主任的迈克尔·费舍尔（Michael Fischer）在 1985 年的一篇文章中写道："海岸委员会很少能得到直接的和正面的反馈。我们现在听到的几乎都是抱怨。"⑤ 不仅如此，一些原来致力于促成海岸带规划的人后来也站到了其对立面。比如，《日落》（Sunset Magazine）杂志发行人梅尔文·莱恩（Melvin Lane）早年是海岸带管理规划的坚定支持者，他还担任过根据 1972 年第 20 号创制提案成立的过渡性的加利福尼亚州海岸带保护委员会的主席，并在任内主持制定了以促进公众亲海权为核心目标的《加利福尼亚州海岸规划》，但是，到 1980 年代早期，他却成了"海岸管理联盟"（Alliance

---

① Philip J. Hess, "A Line in the Sand: Oceanfront Landowners and the California Coastal Commission have been Battling over Easements Allowing Public Access to Beaches", p. 27.

② Jared Orsi, "Restoring the Common to the Goose: Citizen Activism and the Protection of the California Coastline, 1969 – 1982", p. 258.

③ Andrew W. Kahrl, Free the Beaches: The Story of Ned Coll and the Battle for America's Most Exclusive Shoreline, p. 263.

④ Jared Orsi, "Restoring the Common to the Goose: Citizen Activism and the Protection of the California Coastline, 1969 – 1982", pp. 274 – 275.

⑤ Tomoko Kodama, Creating Public Access to the Shoreline: The California Coast and Boston's Waterfront, p. 33.

of Coastal Management) 这一与海岸委员会对立的滨海地产主之组织的支持者；无独有偶，原来也致力于海岸保护的塞拉俱乐部前成员诺伯特·达尔（Norbert Dall）也转而支持海岸管理联盟并成为其代言人。① 原来的支持者尚且如此，其他人的态度就更可想而知了。1983 年，曾经公开反对 1972 年第 20 号创制提案的乔治·多克梅吉安（George Deukmejian）就任加利福尼亚州州长，该州的海岸委员会面临更大的挑战。② 多克梅吉安竞选时曾许诺要撤销该委员会，他这个许诺虽然没有完全兑现，但是在其 8 年任期内他确实一直对委员会进行打压，使其 "不那么爱管闲事了"③。在他任期的头 5 年多克梅吉安就使加利福尼亚州海岸委员会的预算被削减三分之一以上，使其工作人员被削减 40%，致使该委员会关闭了几个地区办公室，并停办了其出版物《海岸新闻》（*Coastal News*）。与此同时，多克梅吉安还设法将热心海岸保护的成员排挤出海岸委员会，另外将一些支持海岸开发者安插进去。比如，他任命的头 5 位海岸委员会成员中竟然有两位就是房地产开发商。④ 这一时期，攻击海岸委员会的议案也充斥着加利福尼亚州议会。1977—1981 年间，该州议会剥夺了海岸委员会的几项职权，使其管制海岸带开发的能力受到限制。加利福尼亚州政府的这些做法还使得该州的一些地方政府推迟了本地海岸带管理规划的制定，因为他们认为该州的海岸委员会有可能会被彻底取消。另外，在这种不利的局面下加利福尼亚州海岸委员会自身竟然也出现了问题。1992 年，美国司法部调查发现，该委员会成员马克·内桑森（Mark Nathanson）从寻求建设审批者那里非法收取了 25 万美元，内桑森因此辞职并被起诉。⑤ 这一系列的打击使得加利福尼亚州海岸委员会几乎难以为继。

20 世纪 80 年代以后，加利福尼亚州海岸保护处以及该州的公园

---

① Jared Orsi, "Restoring the Common to the Goose: Citizen Activism and the Protection of the California Coastline, 1969 – 1982", p. 276.

② Deborah A. Sivas, "California Coastal Democracy at Forty: Time for a Tune-up", p. 130.

③ Jared Orsi, "Restoring the Common to the Goose: Citizen Activism and the Protection of the California Coastline, 1969 – 1982", p. 279.

④ Jared Orsi, "Restoring the Common to the Goose: Citizen Activism and the Protection of the California Coastline, 1969 – 1982", p. 279; California State Senate Advisory Commission on Cost Control in State Government, *Report on the California Coastal Commission*, pp. 44 – 46.

⑤ Jared Orsi, "Restoring the Common to the Goose: Citizen Activism and the Protection of the California Coastline, 1969 – 1982", p. 280.

和休闲局等其他一些与公众亲海休闲相关的机构同样也都受到忽视并且陷入资金不足的困境。海岸保护处的经费在 1984 年达到最高值，以后便持续下降；1988 年后下降速度更快，因为通过发行政府债券筹集资金的途径也一度被取消。① 公园和休闲局的经费也是不断减少。1986 年时他们获得的一般资金支持还能达到运营成本的 62%，到 1995 年时则已降至 24%。因为入不敷出该局的工作人员甚至开始考虑是否卖掉一些尚未开放的公园土地。该局北方分局主任卡尔·查维斯（Carl Chavez）曾无奈地表示，"我们不能再进一步使用我们的资源了；橡皮筋就要扯断"②。资金的严重匮乏使得加利福尼亚州的这些机构维护原有的公共亲海通道和休闲设施就已经困难重重，再扩展新的公共亲海休闲区域就更显捉襟见肘了。所以，这一时期加利福尼亚州的滨海业主虽然被要求"主动奉献"出不少公众亲海通道，但是海岸保护处与公园和休闲局等本来应当承担起接收任务的机构对此却无能为力，致使"主动奉献"通道的接收情况很不理想。1994 年以后，公众亲海权问题在加利福尼亚州再度受到重视，相关机构不仅得到的财政拨款有所增加，而且他们又可以获得专项债券资金的支持。可惜好景不长。2006 年后加利福尼亚州的财政状况进一步恶化，该州海岸委员会和海岸保护处等机构得到的资金支持再度减少，以致他们不得不再度裁减工作人员和减少业务活动。③ 2009 年，加利福尼亚州海岸保护处不得已而停办了其刊物《加利福尼亚州海岸与海洋》（*California Coast & Ocean*）。④

这一时期，美国维护公众亲海权之法律法规实施中的困境自然不会只出现在加利福尼亚一个州，其他各州也有类似的经历。例如，在维护公众亲海权方面以前同样表现比较突出的俄勒冈州近期也出现了反向发展的趋势。此种趋势在立法方面最直接的反应是该州选民于

① Tomoko Kodama, *Creating Public Access to the Shoreline: The California Coast and Boston's Waterfront*, p. 32; California State Coastal Conservancy, *Annual Report* 1991 – 92, p. 10.

② Joan Cardellino and Rasa Gustaitis, "Delivering on a Pledge: Unfulfilled Promises and New Obstacles", *California Coast & Ocean*, Vol. 11, No. 2, Summer 1995, p. 9.

③ Office of Ocean and Coastal Resource Management of National Oceanic and Atmospheric Administration, *Final Evaluation Findings for California Coastal Management Program*, March 2005 through December 2008, pp. 10 – 11.

④ Sam Schuchat, "The End of a Long Good Run", *California Coast & Ocean*, Vol. 25, No. 2, Autumn 2009, p. 31.

2004 年通过的第 37 号创制提案（Measure 37）。

俄勒冈州 2004 年第 37 号创制提案的正式名称为"当某项土地使用限制政策降低了财产价值时，政府必须补偿其所有权人，或者放弃执行"①。该提案前两条的内容如下：

（1）某公共机构颁布或执行的一项新的土地使用管理政策，或者执行的一项本修正条款生效之前颁布的土地使用管理政策，如果限制了私有不动产的使用或利益，并导致该不动产公允市值或任何利益的降低，那么，该不动产的所有权人就应该得到合理补偿。

（2）合理的补偿数额应当与受到此土地管理政策影响之财产的主人依据该法提出赔偿要求当日其财产公允市值的降低额相等。

其第（8）条规定，负责执行土地管理政策的政府部门可以不支付补偿，但必须代之以修改、删除或不适用此项土地管理政策，以便允许财产主人按照他取得该财产时的许可政策使用他的财产。②

该创制提案显然是针对 1973 年的《俄勒冈州土地利用法》。根据该法成立的土地保护和开发委员会有权指导和监督地方政府按照它所确立的目标制定和执行各自的土地利用规划。这些土地利用规划的执行对某些土地的开发施加限制，使其利用价值降低。受此影响的土地所有权人认为这构成了"管制性征收"（regulatory taking）③，他们应当根据联邦宪法修正案第 5 条和第 14 条得到合理补偿。经过持续不断的努力，这些土地所有权人终于达到目的，促成了 2004 年第 37 号创制提案的通过。

其实，在 2004 年第 37 号创制提案之前，私人地产利益的代表就已经促成了 2000 年的第 7 号创制提案（Measure 7）。2000 年第 7 号创制提案的目标是修订俄勒冈州宪法第一条第 18 款，④其核心内容与2004 年第 37 号创制提案类似，也是规定，如果州或地方政府部门颁布或执行的管制政策导致私人地产价值降低，政府就应当按市场价值

---

①　Sara C. Galvan, "Gone Too Far: Oregon's Measure 37 and the Perils of Over-Regulating Land Use", *Yale Law & Policy Review*, Vol. 23, No. 2, Spring 2005, p. 587.

②　"Ballot Measure 37", Environmental Law, Vol. 36, No. 1, Winter 2006, pp. 3 – 5.

③　关于"管制性征收"，参见姜栋《土地的权利边界：20 世纪美国管制征收土地的司法演进史》，《山东社会科学》2017 年第 6 期。

④　Edward J. Sullivan, "Too Clever for Words: The Demise of Oregon's Measure 7", *Land Use Law & Zoning Digest*, Vol. 54, No. 11, November 2002, pp. 6 – 7.

对土地主人给予合理补偿（除了此创制提案中明确排除者外）。在
2000 年 11 月的全民公投中，第 7 号创制提案以 53% 的票数获得通
过。① 不过，由于制定程序上的瑕疵，该修宪提案在遭到前州长麦考
尔 1975 年创立的"俄勒冈 1000 朋友"（1000 Friends of Oregon）和
"俄勒冈城市联盟"（League of Oregon Cities）这两支力量的共同抵制
和起诉后被法院否决。之后，该创制提案的支持者们改变策略，他们
不再主张修宪，而是把矛头对准了《俄勒冈州土地利用法》，因为修
订一般法律的程序要比修订宪法的程序更为简便。结果，他们重新提
出的 2004 年第 37 号创制提案以更高的支持率（61%）获得通过。②
2006 年，该创制提案的合宪性得到俄勒冈州最高法院的肯定。③

　　在 2000—2004 年这短短的时间之内俄勒冈州选民就通过了两个
维护地产所有权人利益的创制提案，而且它们的实体内容已经得到该
州最高法院的认可。这表明对私人地产利益的诉求在俄勒冈州开始强
势反弹。在此新形势下，俄勒冈州地方政府行使其土地利用管制权时
无疑会遭遇更多阻碍。该州海滩法和海岸管理规划的实施势必会因此
而受到不利影响，它们在促进公众亲海权发展方面的作用自然也会
下降。

　　由于上述种种原因，美国滨海各州的海岸带管理规划执行得都不
是很顺利。当然，它们也都不同程度地得到实施，并且各自取得了一
些成就，只是它们都未能充分地发挥出应有的作用，没能真正达到预
期的目标。这不仅体现在它们都未能切实满足公众的亲海需求方面，
也体现在它们未能真正阻止私人对海岸的过度开发方面。

　　1972 年后，美国海岸的私人开发力度仍然很大。1980 年代是美
国开发建设的一个高潮期，大量滨海土地都被地方政府出售给私人使
用。到 1990 年代，这种趋势仍然没有改变。据美国国家海洋和大气
管理局统计，1990 年代美国 46% 的新建私人住宅和 40% 的新建商业

---

① Edward J. Sullivan, "Measure 7 and the Politics of Land-Use Planning in Oregon", *Land Use
Law & Zoning Digest*, Vol. 53, No. 6, June 2001, p. 3.

② Edward J. Sullivan, "Year Zero: The Aftermath of Measure 37", *The Urban Lawyer*, Vol. 38,
No. 2, Spring 2006, p. 244.

③ Edward J. Sullivan, "Year Zero: The Aftermath of Measure 37", *The Urban Lawyer*, Vol. 38,
No. 2, Spring 2006, p. 237.

和工业建筑仍然是建在海岸带内。① 近期这种状况依然没有改观。美国环境保护署（Environmental Protection Agency）提供的数据显示，在2004—2010 年间，美国滨海各州有 112 处公共海滩被关闭或落入私人之手。种种迹象表明，现在"房地产开发商塑造美国未来海岸的力量前所未有地强大"②。在美国东南部人口增加幅度比较大的地区，这种现象更加明显。比如，在过去的二三十年中，佛罗里达州沿海地区的房地产开发一直热度不减，众多新建的宾馆、度假别墅和分契式公寓矗立到海边，大量侵占公众的亲海休闲区域，并且阻挡住公众的亲海通道。③ 另如，北卡罗来纳州海岸带内的房地产开发也没有因为该州海岸带管理法的出台而有所减缓。④ 其他地区也存在这种情况。比如，罗得岛州也没能阻止滨海地产开发的冲动，获批的滨海地产开发项目数量不断攀升。⑤

最近一段时期美国国家滨海公园的建设力度也明显不足。这不仅因为资金短缺和地价上涨，还因为相关部门在滨海地产主的抵制面前选择退缩。比如，1999 年 11 月，美国国会指示国家公园管理局调研将加利福尼亚州的加维奥塔海岸（Gaviota Coast）纳入国家公园体系的可行性。这处从圣巴巴拉到范登堡空军基地长约 76 英里的海岸很多地方都尚未开发，具有丰富的生物多样性。如果能够纳入国家公园体系此处海岸将得到更为妥善的保护。然而，附近的大型住宅区"霍利斯特兰茨"（Hollister Ranch）的业主们对此却极力反对。他们曾三次到法院起诉，阻止国家公园管理局的调查。三次诉讼均告失败，但

---

① Pamela Pogue and Virginia Lee, *Effectiveness of State Coastal Management Programs in Providing Public Access to the Shore: A National Overview*, p. 14.

② Andrew W. Kahrl, "Fear of an Open Beach: Public Rights and Private Interests in 1970s Coastal Connecticut", p. 461.

③ R. Kevin Sharbaugh, "Take me to the Water: Florida's Shrinking Public Access to the Waterfront and the Steps to Preserve it", p. 6; Maria L. Catala, "Where the sea meets land", *St. Thomas Law Review*, Vol. 27, No. 2, Summer 2015, pp. 239 – 241.

④ Neil A. Armingeon, *An Analysis of Coast Growth and Development in North Carolina Since the Enactment of the Coastal Area Management*, Final Report Submitted to North Carolina Department of Natural Resources and Community Development Division of Coastal Management, May 1989, p. 54.

⑤ *Public Access to the Shore: Hearing before the Subcommittee on Oversight and Investigations of the Committee on Merchant Marine and Fisheries*, House of Representatives, One Hundredth Congress, First Session, on the Public's Rights to the Visual and Physical Aspects of the Shoreline of Lakes and Oceans, June 29, 1987, *Warwick, RI.*, p. 133.

是这些业主们仍不放弃，他们又通过大肆游说的方式抵制调查。最后，国家公园管理局给出的调查结果是：加维奥塔海岸"适合"纳入国家公园体系，但是"不可行"，原因是当地土地所有权人强烈反对。① 也就是说，加维奥塔海岸的地产所有权人迫使联邦政府放弃了将此地变为公共海滩的决定。

当立法和行政机构在促进公众亲海权发展方面的作用日渐下降之时，司法机构在这方面也逐渐表现出退缩的倾向。比如，在 1989 年对"麦克唐纳诉霍尔沃森"（McDonald v. Halvorson）案的判决中，俄勒冈州最高法院否认其 1969 年的"俄勒冈州政府根据桑顿告发诉海"案判决具有要依据习惯权利原则将公众亲海权推及俄勒冈州全部海滩的意图；② 在 2012 年对"塞弗伦斯诉帕特森"案的判决中，得克萨斯州最高法院也不再承认公共权利可以自然地"滚动"到因海岸急剧变动而新形成的干沙滩上；③ 新罕布什尔州最高法院则屡次否决本州议会欲扩大公众亲海权的立法动议，④ 等等。更为重要的是，联邦最高法院这段时期的几个判例对各州海岸带管理规划的实施给予了更为严格的限制，致使它们在促进公众亲海权方面的作用进一步降低。⑤

第二节　近期美国公众亲海权发展面临的司法挑战

自从约翰·马歇尔（John Marshall）通过 1803 年的"马伯里诉麦迪逊"（Marbury v. Madison）案为司法部门争取到司法审查权之后，美国各级法院，特别时联邦最高法院，事实上决定着美国各种社会运动的发展方向。公众亲海权运动亦是如此，它的发展水平很大程度上取决于联邦最高法院的态度。

最近一段时期，美国公众亲海权发展面临的主要问题是各州的海

---

① Robert García and Erica Flores Baltodano, "Free the Beach！ Public Access, Equal Justice, and the California Coast", pp. 167 – 168.

② McDonald v. Halvorson, 308 Or. 340（Or. 1989）.

③ Severance v. Patterson, 370 S. W. 3d 705（Tex. 2012）.

④ William L. Lahey and Cara M. Cheyette, "The Public Trust Doctrine in New England: An Underused Judicial Tool", p. 94.

⑤ 详情见下节。

岸带管制措施与私人财产权之间的冲突，具体表现为滨海地产主人依据美国联邦宪法第 5 条修正案和第 14 条修正案以违宪征收为由挑战这些管制措施的合宪性。美国联邦宪法第 5 条修正案规定："不给予公平赔偿，私有财产不得充作公用。"① 这条修正案起初针对的是联邦政府，它意在避免联邦政府侵犯各州公民的财产权。后来，美国联邦宪法第 14 条修正案又使第 5 条修正案对征收的限制适用于各州政府。自 20 世纪 80 年代中期以来，美国联邦最高法院在审理相关案件时开始倾向于维护私人财产权，对各州立法和司法机构管制私人财产权的行为则严加限制，致使他们在维护海岸环境和推进公众权发展方面举步维艰。

当前，美国各州完全不给予补偿而直接征收私人地产的情形基本上不会出现，但是各州的海岸带管理措施却可能会影响到私人地产的开发，从而降低他们地产的价值。这种情况被称为"管制性征收"。联邦最高法院对管制性征收的干预会影响到各州海岸带管理规划的实施。另外，联邦最高法院这一时期还表现出对"司法征收"（Judicial Taking）的关注。这预示着，各州法院欲通过司法判例扩大公众亲海权的意图也更加难以实现。

一　联邦最高法院以认定管制性征收的方式制约海岸带管理规划的实施

所谓管制性征收，"是指国家运用公权力对私人财产权的限制超过了私人应当承受的限度，构成特别牺牲，因此需要依法予以公正补偿的行为"。管制性征收与传统征收的不同之处在于，"在管制性征收中，政府既未实际占有私有财产，也没有对其造成实际物质侵害，只是限制私有财产的某些用途或者附加一定条件，但这种管制行为或立法对所有权人的财产价值造成不利影响，侵害了其对财产利益的预期"②。美国滨海地产主们经常以此为由到法院起诉，抵制各州采取的海岸带管理措施。自 20 世纪 80 年代中期以来，美国联邦最高法院在

---

① 王希：《原则与妥协：美国宪法的精神与实践》，北京大学出版社 2014 年第 3 版（2015 年 3 月第 2 次印刷），第 812 页。

② 王丽晖：《美国法上管制性征收界定标准的演变》，载刘连泰、刘玉姿等著《美国法上的管制性征收》，第 8—9 页。

审理此类案件时倾向于支持滨海地产主的诉求，屡次将各州的海岸带管理措施认定为"管制性征收"。在此过程中，联邦最高法院确立了几个判断管制性征收的标准，并依据这些标准对各州实施的海岸管理措施予以限制。

（一）联邦最高法院认定管制性征收的"实质性关联"标准

美国联邦最高法院认定各州管制性征收的标准之一是审查相关的管制措施和该措施所要实现的合法公共目标之间是否有"实质性关联"。用以确立此标准的主要判例是 1987 年的"诺兰诉加利福尼亚州海岸委员会"案。另外，1994 年的"多兰诉泰格德市"（Dolan v. City of Tigard）案使此标准更加明确和具体。

"诺兰诉加利福尼亚州海岸委员会"案的背景如下：詹姆斯·诺兰（James Nollan）和玛里琳·诺兰（Marilyn Nollan）夫妇在加利福尼亚州文图拉县（Ventura County）海边拥有一片地产。此地向北 1/4 英里有一个滨海公园，向南 1800 英尺是一处公共海滩。一道约 8 英尺高的混凝土海堤把他家土地的海滩部分与其余部分分隔开来。这片土地上原来有个年久失修的小平房，诺兰一家打算把它改建成一个拥有三间卧室的大房屋。根据加利福尼亚州海岸法的规定，诺兰夫妇需要先得到加利福尼亚州海岸委员会的批准才可以改建他们那个位于海岸带的房屋。1982 年 2 月 25 日，诺兰夫妇按照规定提交了改建申请。加利福尼亚州海岸委员会批准了他们的改建申请，但是附加了一个限制条件，即要求他们允许公众通过其土地平均高潮线和海堤之间的干沙滩，以便于公众在该土地南北两侧的公共海滩之间往来。

诺兰夫妇不愿意接受加利福尼亚州海岸委员会提出的条件，他们于当年 6 月 3 日告到文图拉县高等法院（Ventura County Superior Court），要求撤销此附加条件，理由是海岸委员会没有给出证据证明他们计划中的改建项目会对公众亲海权造成直接的不良影响。该法院同意他们的观点，要求海岸委员会就此问题召开听证会。加利福尼亚州海岸委员会按照指令召开了听证会，并有以下几点发现：诺兰家改建后的新房子会增加由沿海住宅组成的"墙"，阻挡公众从大路看向海边的视线，从而妨碍公众从"心理上"意识到附近有他们可以自由使用的海滩；改建后的房屋会增加私人对海岸的使用；此改建项目与周边其他开发项目所造成的影响累积起来会给公众的亲海休闲活动造成负担；同一地段其他建设项目的审批也都附带了同样的限制条件

（未附带条件的是海岸委员会有此权限之前就已建成的，或者是不涉及海岸带内的地产）。基于以上发现，加利福尼亚州海岸委员会认为，作为弥补措施他们可以要求诺兰家在其土地上为公众提供新的通道，所以该委员们会又重申了之前提出的审批条件。

诺兰夫妇再次到文图拉县高等法院起诉。这次他们的理由是海岸委员会施加的条件违反了联邦宪法中的征收条款。文图拉县高等法院支持他们的观点，要求海岸委员会取消限制条件。海岸委员会于是上诉到加利福尼亚州上诉法院。在此诉讼进行期间，诺兰夫妇在未告知海岸委员会的情况下便拆掉旧屋，建起新房。

加利福尼亚州上诉法院推翻文图拉县高等法院的判决。该法院认为，根据加利福尼亚州海岸法，只要改建后的新建筑在面积、高度或主体方面比原建筑大 10% 以上，海岸委员会审批时就可以要求房主提供新的公共通道。随后该院又依据之前的判例判定海岸委员会的要求不违反宪法。另外，该法院还认为，海岸委员会提出的条件虽然会降低诺兰家地产的价值，但是并没有完全剥夺他们使用自己地产的权利。诺兰夫妇不服此判决，他们又上诉到联邦最高法院，诉讼理由集中在海岸委员会所提条件的合宪性上。

联邦最高法院以 5∶4 的多数推翻加利福尼亚州上诉法院的判决，支持诺兰家的上诉请求。联邦最高法院对此判决的多数意见由安东尼亚·斯卡利亚（Antonia Scalia）大法官负责撰写。斯卡利亚大法官指出，如果各州的土地利用管理"实质性地促进州的合法利益"并且不会"妨碍地产所有权人对其土地进行经济上可行的利用"，则不构成违宪征收，但是此案中加利福尼亚州海岸委员会批准诺兰家改建房屋时所附加的条件和它要达到的目标之间没有"实质性关联"（essential nexus）。对此斯卡利亚大法官是这样分析的：加利福尼亚州海岸委员会要求诺兰家为改建其房屋而向公众开放他家干沙滩的主要理由是担心改建后的房屋会阻挡公众从大路看向海滩的视线，这会对公众到海滩休闲造成"心理上的障碍"；为避免此问题，加利福尼亚州海岸委员会可以拒绝颁发改建许可，或者在行使其治安权的范围内可以对改建后房屋的高度和宽度提出限制条件，甚至可以要求诺兰家在其地产上为那些被改建后房屋挡住欣赏海景视线的行人提供观光窗口；很难理解加利福尼亚州海岸委员会提出的允许那些已经在公共海滩上的游人通过诺兰家干沙滩的要求如何能够降低他家改建后房屋所造成的视觉障碍，同样难以理解这种要求如何能够降低公众使用海滩的"心理障碍"，以及这种要求如何能够缓解因诺兰家改建房屋而增加的海岸拥挤程度。另外，斯卡利亚大法官还针对加利福尼亚州海岸委员会主张的为公众提供连续的沿海通道的观点发表了意见。他认为，该委员会的设想是好的，但是这并不意味他们可以强迫诺兰夫妇为此目标的实现做出奉献；为实现这个"公共目标"，加利福尼亚州政府可以通过行使征收权的方式推行其"综合规划"，但是该州政府想要征收通过诺兰家地产的公共通道就必须支付公平补偿。①

简而言之，斯卡利亚大法官认为，各州政府对私人地产所实施的管制措施必须与此措施所要达到的合法的公共目标之间存在"实质性关联"，否则便违反宪法中的征收条款。在此案中，由于加利福尼亚州海岸委员会针对诺兰家房屋改建申请所提出的限制条件与其要达到的公共目标之间缺乏"实质性关联"，所以斯卡利亚大法官判定该委员会不是在合理地进行土地利用管理，而是在搞违宪征收。

在 1994 年对"多兰诉泰格德市"（Dolan v. City of Tigard）案的判决中，美国联邦最高法院不仅再次重申了它在"诺兰诉加利福尼亚州海岸委员会"案判决中所提出的"实质性关联"标准，而且它又进一步强调，即便"合法的州政府利益"与相关机构对私人开发建设所施加的限制条件之间有"实质性关联"，该限制条件也应当和计划中的建设项目可能会对公共利益造成的影响在性质和程度上"大致相称"（rough proportionality），而不能超出合理范围和必要限度，否则也属于违宪征收。根据该原则，联邦最高法院在此判例中否决了俄勒冈州泰格德市在批准一个五金电器商店扩建项目时向业主提出的奉献公共泄洪绿廊和非机动车道的要求。② 此判例虽然不是直接涉及公众亲海权，但是它对征收条款的严格解释显然也会影响到各州海岸带管理规划的实施。

（二）联邦最高法院将剥夺私人土地全部经济用途的措施认定为管制性征收

美国联邦最高法院禁止各州实施剥夺私人土地全部经济用途的管制措施，这是该法院近期确立的识别管制性征收的另一条标准。用以

---

① Nollan v. California Coastal Commission, 483 U. S. 825（1987）.

② Dolan v. City of Tigard, 512 U. S. 374（1994）.

确立此标准的判例是 1992 年的"卢卡斯诉南卡罗来纳州海岸委员会"（Lucas v. South Carolina Coastal Council）案。该案源于南卡罗来纳州 1988 年 7 月对其海岸带管理规划的修订。

南卡罗来纳州的海岸带管理规划是 1977 年在联邦政府的海岸带管理法指引下制订的。根据该规划，海滩和临近的沙丘等海岸带内"关键区域"（critical areas）的土地如果要改变用途，其所有权人必须先征得该州海岸委员会的批准。但是，起初此规定执行得很不严格。"1988 年之前，南卡罗来纳州对滨海开发建设事实上没有进行任何控制。"①

从 20 世纪 70 年代后期开始，戴维·卢卡斯（David Lucas）就伙同其他人对查尔斯顿（Charleston）东面的一个堰洲岛——棕榈岛（Isle of Palms）——进行大规模开发，建了很多住宅。1986 年，在该岛之"东比奇伍德"（Beachwood East）地段的开发接近尾声之际卢卡斯本人在那里购入两个地块（分别花费 47.5 万美元和 50 万美元），他打算建两栋独户住宅，一栋自住，一栋出售。这两个地块距离海滩约 300 英尺，都不属于 1977 年法律规定的需要开发管制的"关键区域"，所以根据当时的法律卢卡斯在那里建造房屋并不需要经过海岸委员会审批。然而，在他开建之前情况就起了变化。1988 年，针对飓风肆虐和海岸侵蚀严重的情况，南卡罗来纳州议会在海岸委员会的建议下对该州的海岸带管理规划做出了重大修订。新规划要求该州海岸委员会根据过去 40 年的海岸侵蚀情况划定"基线"，并根据此基线划定各地的海岸建筑退缩线。一般情况下海岸建筑退缩线要位于基线向陆一侧至少 20 英尺的地方，有些地方还要更远。南卡罗来纳州海岸委员会在棕榈岛上将"基线"划在了卢卡斯所购土地的向陆一侧。也就是说，根据新规定，卢卡斯的土地现在位于禁止开发的区域之内，他不能再在那两个地块上建造房屋了。这样一来，卢卡斯花费 90 多万美元购买而且原本极具升值潜力的那两块地产也就几乎没有任何实际经济价值了。卢卡斯当然不愿意接受这个结果，所以他当即到法院起诉该州的海岸委员会。卢卡斯并不质疑该州海岸带管理法的有效性，他承认那是该州政府在合法地行使治安权，但是该州海岸委员会

---

① Misty B. Soles, *Against the Wind: Coastal Zone Management in South Carolina*, 1972 - 1993, pp. 72 - 73.

依据该法禁止他在所购土地上建造房屋等于是完全剥夺了他对自己财产的"经济上可行的使用",因此这属于征收,按照联邦宪法第 5 条和第 14 条修正案他应当获得合理的补偿。初审法院支持卢卡斯的诉求,判定他应当获得 1232387. 50 美元补偿,同时他要将其土地转让给州政府。① 不过,此判决被南卡罗来纳州最高法院推翻,该法院给出的理由是:卢卡斯也承认,本州的海岸带管理法是为了保护海滩而采取的适当且有效的措施;卢卡斯所主张的海岸带内的新建筑会对海岸公共资源造成威胁;如果一项对财产使用的管制是为了"避免严重的公共危害",那就无需按照宪法中的征收条款给予补偿,无论此管制措施是否会对财产价值造成影响。② 卢卡斯又上诉到联邦最高法院。

联邦最高法院对此案判决的多数意见也是由斯卡利亚大法官负责撰写。斯卡利亚大法官从以下几个方面进行分析:(1) 早年宪法中的征收条款一般只涉及对财产的"直接占有",或者"实际上剥夺业主的所有权",但是在 1922 年的"宾夕法尼亚铁路公司诉马洪"(Penn-sylvania Coal Co. v. Mahon)案中霍姆斯(Holmes)大法官给出了新的解释并形成一条常被引用的信条:"虽然财产可以在一定程度上被管制,但是,如果管制超过限度就会被认为是征收。"在随后 70 多年的司法实践中,联邦最高法院虽然一直回避正面回答管制到何种程度才算征收这个问题,但是有两种情况是确定无疑需要补偿的,一种是业主的地产遭到直接的物理"侵占",第二种是业主的地产因政府管制而失去"所有经济上有益的用途或生产性用途"(economically benefi-cial or productive use)。本案中卢卡斯的遭遇就属于这第二种情况。(2) 政府可以管制业主对其财产"有害的或不正当的使用"(harmful or noxious uses)而不用给予补偿,但是南卡罗来纳州最高法院依据该原则判决此案却是太过草率。要更好地理解过去的判例,首先要清楚它们并不是着眼于被禁止之利用的"有害"性,而是重在考虑一项政策带来的限制是否能产生广泛的公共利益,以及此限制是否对相似坐落的财产都适用。很显然,本案情况与此不符。卢卡斯所购土地周边基本上都已经开发完毕,与其土地相似坐落的地方已经建成很多住房

---

① Misty B. Soles, *Against the Wind*: *Coastal Zone Management in South Carolina*, 1972 – 1993, p. 82.

② Lucas v. South Carolina Coastal Council, 505 U. S. 1003, 1009 – 1010 (1992).

并且还可以继续使用。（3）州政府在一种情况下可以维持剥夺土地所有经济上有益之用途的管制而又不用提供补偿，即通过前情调查发现被宣布禁止的用途从一开始就不在地产主人的权限之内。不过，本案也不存在这种情况。卢卡斯的土地在他购买时是可以在其上建造房屋的，只是后来才被南卡罗来纳州新修订的海岸带管理法禁止。基于上述分析，斯卡利亚大法官推翻南卡罗来纳州最高法院的判决。他判定，南卡罗来纳州海岸委员会依据该州新的海岸带管理法剥夺卢卡斯地产全部经济价值的做法属于征收，应当向卢卡斯提供公平补偿。[①]最终，卢卡斯于 1993 年 7 月如愿拿到了南卡罗来纳州政府支付给他的 157.5 万美元的补偿，[②] 其中的 85 万美元是对那两块地的补偿，另外的 72.5 万美元是补偿他的利息、律师费和其他各种费用。[③]

二　联邦最高法院对司法征收的关注

美国联邦最高法院近期特别重视维护私人财产权的倾向还体现在它开始关注"司法征收"方面。司法征收可以这样定义："法院通过做出新的判决，就先前基于普通法、制定法或宪法作出的先例予以撤销或变更，从而致使财产权人因法律改变而发生财产损失，由此而导致的征收问题即为司法征收。"简单来说，司法征收就是"法院通过作出新的司法判决，重新定义财产权利，由此所造成的对所有人财产的剥夺"[④]。体现美国联邦最高法院对司法征收问题关注的典型判例是 2010 年的"阻止人工育滩协会诉佛罗里达州环境保护局"（Stop the Beach Renourishment, INC. v. Florida Department of Environmental Protection）。

佛罗里达州受飓风影响非常强烈，所以该州海岸侵蚀比较严重。1961 年，佛罗里达州议会通过《海滩与海岸保护法》（Beach and Shore Preservation Act），提出"海滩修复和人工育滩计划"（Beach Restoration and Nourishment Projects）。它要求州政府相关部门制订出全

---

① Lucas v. South Carolina Coastal Council, 505 U. S. 1003 (1992).

② Misty B. Soles, *Against the Wind: Coastal Zone Management in South Carolina*, 1972 – 1993, p. 88.

③ Victoria Sutton, "Constitutional Taking Doctrine-Did Lucas Really Make a Difference?", *Pace Environmental Law Review*, Vol. 18, No. 2, Summer 2001, p. 515.

④ 李欣欣：《美国法上司法征收的演变》，载刘连泰、刘玉姿等著《美国法上的管制性征收》，第 260 页。

州统一的海滩修复长远规划，同时它也鼓励地方政府积极参与并承担部分费用。另外它还规定，当海滩修复项目涉及州属土地时必须先得到"内部改进信托基金理事会"（Board of Trustees of the Internal Improvement Trust Fund）的批准。一旦批准某海滩修复项目，该理事会就要划定此地区的"海岸侵蚀控制线"（erosion control line）并通知附近的土地所有权人。这条"海岸侵蚀控制线"将取代变动不定的平均高潮线作为公共和私人土地的分界线，此线向海一侧全部土地的所有权都归州政府，向陆侧的所有土地归周边业主所有。以后普通法将不再对相关土地公私属性的变化发生作用。也就是说，如果通过人工育滩项目使平均高潮线的位置向海洋方向退缩，那么新的高潮线和海岸侵蚀控制线之间新增的干沙滩将属于州政府，周边地产的主人无权问津。①

佛罗里达州 1961 年《海滩与海岸保护法》虽然规定海滩修复项目增加的干沙滩属于州政府，但是这些项目的实施对周边地产所有权人也是有利的，因为海岸修复对他们的地产也能起到保护作用。所以，早年滨海地产所有权人对该法都是很支持的，自 1961 年到 2003 年的 40 多年间没有人对此提出过异议。② 然而，进入 21 世纪以后，相关冲突却逐渐尖锐并引发了一系列诉讼案件，其中影响最大的是"阻止人工育滩协会诉佛罗里达州环境保护局"案。此案的起因是该州德斯廷市和临近的沃尔顿县（Walton County）联合申请的海滩修复项目。

德斯廷市在 20 世纪 70 年代还只是一个仅有 2000 名左右常住居民的小城镇，但随后该地便迎来开发热潮。这些新建的住宅大都靠近海边，有些甚至就建在刚刚堆积而成的海滩上，很容易受到海岸侵蚀的威胁。1995 年的飓风"奥珀尔"（Hurricane Opal）给德斯廷海岸造成严重破坏，随后十几年中此地海岸的侵蚀不断加剧。面对这种情况，德斯廷市决定尽快对海岸进行修复。2003 年 7 月 30 日，德斯廷市与临近的沃尔顿县联合提出海岸修复申请。2004 年 7 月 15 日，佛罗里达州环境保护局批准了他们的海滩修复项目，并示意将

---

① Florida Statutes § 161.

② Michael C. Blumm and Elizabeth B. Dawson, "The Florida Beach Case and the Road to Judicial Takings", pp. 723 – 724.

原平均高潮线划定为海岸侵蚀控制线。内部改进信托基金理事会批准了该建议。

德斯廷市和沃尔顿县申请的这个项目计划修复 6.9 英里受飓风侵蚀严重的海岸，预计可以在原平均高潮线之下增加约 75 英尺宽的干沙滩。根据佛罗里达州的《海滩与海岸保护法》，新增的干沙滩将属于州政府。当地居民强烈反对这种做法，因为这些居民与游人之间本来就冲突不断，他们不想再增加会吸引更多游人的新的公共海滩。为此，这些居民迅速行动起来，形成"拯救我们的海滩"（Save Our Beaches）和"阻止人工育滩协会"（Stop the Beach Renourishment, Inc.）等组织，并以这些组织的名义将批准此次海滩修复项目的佛罗里达州环境保护局告到法院，力图阻止该项目的实施。他们的主张得到佛罗里达州第一区上诉法院的支持。该法院认为这个海滩修复项目将剥夺这些滨海地产主们的两项滨岸权，所以构成了违宪征收。不过这个判决被佛罗里达州最高法院推翻。"阻止人工育滩协会"又上诉到联邦最高法院。

"阻止人工育滩协会诉佛罗里达州环境保护局"案原本是针对管制性征收问题提起的，但是到了联邦最高法院，该案的争议焦点却转变为司法征收问题。①

关于佛罗里达州最高法院的判决是否构成了违宪征收这一问题，联邦最高法院参与判决的 8 位大法官很容易便达成一致意见，② 明确地给出了否定的答案。因为上诉方"阻止人工育滩协会"的成员原本就不拥有他们在此诉讼中所主张的那些权利，所以被征收之说也就无从谈起。然而，在如何确定司法征收的标准以及"征收条款是否应当适用于规制司法行为"这些问题上参与此案审理的大法官们的意见却分歧很大。

斯卡利亚大法官明确主张征收条款完全可以适用于规制司法行为。他认为，征收条款严格禁止各州不经公平补偿就征收私人财产的行为，同时该条款并没有将征收行为限定于州政府的某个或某些特定

---

① Josh Eagle, "Taking the Oceanfront Lot", p. 859.

② 约翰·史蒂文斯（John Stevens）大法官在佛罗里达海滩附近拥有一处地产，而且该地产也受到人工育滩项目影响，所以他算是利益相关者，故而选择回避，没有参加此案的后期审理。

分支。或者说，该条款只关注征收行为本身，并不关注征收的实施者具体是政府的哪个分支。因此无论征收行为的实施者是州的立法机构、行政机构还是司法机构都应当受此条款限制。基于上述分析，斯卡利亚大法官判定，如果州的司法机构宣布既有的私人财产权不复存在，那么它的行为就构成征收，就如同州立法或行政机构通过管制措施直接侵占此财产或消灭它的价值一样。联邦最高法院首席大法官约翰·罗伯茨（John Roberts）以及另外两位大法官克拉伦斯·托马斯（Clarence Thomas）和塞缪尔·阿利托（Samuel Alito）赞同斯卡利亚大法官的观点。

安东尼·肯尼迪（Anthony M. Kennedy）和索尼娅·索托马约尔（Sonia Sotomayor）两位大法官认为佛罗里达州最高法院没有未经公平补偿就征收私人财产，但是他们推断本案并不要求联邦最高法院裁定一项确定财产所有人权利的司法判决是否或者在何种情况下会违反征收条款。他们的推理是：征收条款是否可以适用于规制司法行为目前尚无定论；无论是在习惯上还是在现实中征收都属于立法和行政机构的事务，如果没有行政或立法机构的指示，法院可能并不具有通过司法判决剥夺既有财产权的权力；即使司法判决能够改变财产权，联邦宪法第 14 条修正案中的正当程序条款完全可以约束法院的这种行为，而征收条款并非最合适的制约措施；如果以后真的出现类似正当程序这种通常法则不足以保护财产所有权人的情况，那时候才适合提出司法判决是否会导致违宪征收这个问题。

斯蒂芬·布雷耶（Stephen Breyer）和露丝·金斯伯格（Ruth Ginsburg）两位大法官同样认为佛罗里达州最高法院没有未经公平补偿就征收私人财产，但是他们也不主张在此判决中再讨论有关司法征收的其它任何问题。他们认为，联邦最高法院一旦对司法征收问题明确表明观点，将会引来成千上万涉及各州财产法的案件，因为这些案件的败诉方可能都会倾向于认为自己的财产权被错误的司法判决给剥夺了。这些案件会涉及各州复杂的财产法，熟悉这些法律的不是联邦最高法院的法官们，而是各州的法官们。如果对此不加限制，这就很可能会造成联邦法官在塑造关系重大的各州财产法方面扮演重要角色的结果。基于上述认识，这两位大法官认为，面对棘手的宪法问题时，最好还是如前人警告的那样只考虑判决当前案件所必须面对的事项。

关于"征收条款是否应当适用于规制司法行为"这一问题，联邦最高法院的大法官们在审理"阻止人工育滩协会诉佛罗里达州环境保护局"案时虽然意见分歧很大，但是这一问题之所以被提出并成为争议的焦点，就说明它已经引起了强烈的关注。而且，在对此案的判决中，联邦最高法院参与审判的8位大法官中有6位（基于不同理论）赞同司法机构也会通过重新界定财产权的方式造成违宪征收结果的观点，① 并且没有任何一位大法官完全否定这一点。② 这就意味着，以后各州法院的此类判决——包括他们支持本州海岸带管制措施的判决，在联邦最高法院中将很可能会受到更严格的审查。

三　联邦最高法院司法理念的转变对美国公众亲海权发展的影响

历史上美国联邦最高法院对于私人财产权以及立法机构之管制性立法的态度经历了几个变化周期。早年，"绝对所有权"观念占据主导地位，私人地产所有权人"行使权利时可以完全置他人与社会利益于不顾，完全依自己的意志行事"③。在此观念指导下，当时各级法院都反对政府"恣意干扰财产权"④，尤其反对政府为了"实现美学方面的目的"而对私人土地行使征用权或治安权。⑤ 到19世纪末期，这种过分强调私人利益而忽视社会整体利益的绝对所有权观念所造成的弊端日渐凸现出来，注重社会效果和社会总体利益的社会法学派随之兴起。与此相应，"所有权绝对的思想逐渐被所有权社会化的思想所取代"⑥。根据所有权社会化的观念，"财产所有者在行使其权利时，不得自由随便使用、收益或处分，必须同时满足维护'社会公益'之要求，履行一定的社会职责。凡违反社会利

---

① Ilya Shapiro and Trevor Burrus, "Judicial Takings and Scalia's Shifting Sands", *Vermont Law Review*, Vol. 35, No. 2, Winter 2010, p. 424.

② Ian Fein, "Why Judicial Takings are Unripe", *Ecology Law Quarterly*, Vol. 38, No. 3, 2011, p. 767.

③ 张卉林：《从所有权绝对到所有权社会化：所有权观念及立法变迁》，《山东社会科学》2013年第5期，第111页。

④ 李累、矫波：《美国联邦最高法院财产权案件裁决意见的历史演变及其启示》，《学术研究》2002年第10期，第79页。

⑤ 伯纳德·施瓦茨：《美国法律史》，第146—147页。

⑥ 张卉林：《从所有权绝对到所有权社会化：所有权观念及立法变迁》，第111页。

益要求者，当受到法律限制"①。不过，相对来说，美国联邦最高法院在这方面的反应是比较迟钝的。直到"1937 年宪法革命"（或称"1937 年司法革命"）后，该法院才真正采取司法克制态度，不再一味地抵制立法机构基于理性判断而制定的经济规制措施。在 1938 年的"合众国诉卡罗琳产品公司"案中，联邦最高法院对其转变后的态度做了集中阐释。② 同一时期，联邦最高法院对联邦宪法征收条款的解释也完成了从狭义到广义的转变。1954 年的"伯曼诉帕克"（Berman v. Parker）案判决后，对于征收条款来说，符合"公共目的"即合宪的广义解释即已经完全确立。③ 根据这种解释，"要认定管制构成征用，成了一件困难的事情"④。正是在这种有利的条件下，美国联邦政府和滨海各州陆续出台了各自的海岸带管理法和相应的管制规划。

20 世纪 70 年代中期之后，"新自由主义"思潮盛行于美国，联邦最高法院也随之右转，开始更加重视私人财产权，力图压制各级政府对私人财产的管制行为。到 1980 年代中期之后，美国联邦最高法院的这种倾向表现得更加明显。在 1986 年之前近 200 年的时间中，美国联邦最高法院判定政府的法律导致了管制性征收的判例总共也不超过 4 个，而在此之后的 10 年内该法院明确得出此结论的判例就已经有了 4 个，⑤ 联邦最高法院欲对政府土地管制政策施加严格限制的趋势清晰可见。而在这 4 个被认定存在管制性征收行为的判例中，有两个与美国滨海州的海岸带管理措施直接相关，它们就是 1987 年的"诺兰诉加利福尼亚州海岸委员会"案和 1992 年的"卢卡斯诉南卡罗来纳州海岸委员会"案。

"诺兰诉加利福尼亚州海岸委员会"案是美国联邦最高法院限制各州海岸带管理权的第一个重要判例。此案对美国滨海各州来说可谓

---

① 汪劲等编译：《环境正义：丧钟为谁而鸣——美国联邦最高法院环境诉讼经典判例选》，北京大学出版社 2006 年版，第 359 页。

② United States v. Carolene Products Company，304 U. S. 144（1938）.

③ 高建伟：《美国土地征收中的"公共利益"》，《美国研究》2011 年第 3 期，第 130—131 页。

④ 李累、矫波：《美国联邦最高法院财产权案件裁决意见的历史演变及其启示》，第 81 页。

⑤ Robert Brauneis，"The Foundation of Our 'Regulatory Takings' Jurisprudence：The Myth and Meaning of Justice Holme's Opinion in Pennsylvania Coal Co. v. Mahon，*Yale Law Journal*，Vol. 106，No. 3，December 1996，p. 615.

意义重大，所以，马萨诸塞、亚拉巴马、康涅狄格、特拉华、佛罗里达、夏威夷、伊利诺伊、路易斯安那、马里兰、明尼苏达、密苏里、新罕布什尔、新泽西、纽约、北卡罗来纳、俄勒冈、罗得岛、得克萨斯、华盛顿、威斯康星等 20 个美国主要滨海州和五大湖沿岸州都派出本州司法部门的负责人以法庭之友的身份提交了支持加利福尼亚州最高法院判决的意见书。因为此案判决也会影响到其他的环境管制措施，所以阿肯色、艾奥瓦、堪萨斯、内布拉斯加、北达科他、田纳西、佛蒙特、西弗吉尼亚等部分内陆州以及作为各州政府协调机构的"州政府理事会"（Council of State Government）也派出代表提交了支持加利福尼亚州最高法院判决的法庭之友意见。① 不过，尽管各州司法部门的负责人做出了不少努力，但是他们最终还是没能阻止联邦最高法院推翻加利福尼亚州最高法院对此案的判决，使该州海岸委员会执行其海岸带规划的权力受到抑制。此判例对于美国的滨海地产所有权人来说绝对是可喜可贺，而对于那些正致力于利用土地开发管制权争取公众亲海通道的各州海岸带管理机构来说这却无异于给他们兜头泼了一盆冷水，使他们的工作更加难以开展。以加利福尼亚州为例，该州的"主动奉献"通道大多数都是在 1980—1986 年之间确定的，② "诺兰诉加利福尼亚州海岸委员会"案判决后的很长一段时期中该州几乎都没能再以此方式获得任何公众亲海通道。③ 针对这一判例，联邦政府也采取了行动。1988 年 3 月 16 日里根总统签署第 12630 号行政命令，指示联邦政府各相关机构一定要注意保护私人财产权，尽量避免出现违宪征收的情况。④

　　"卢卡斯诉南卡罗来纳州海岸委员会"是美国联邦最高法院限制各州海岸带管理权的另一个重要判例，它同样也引起了广泛的关注，超过 60 个"法庭之友"提交了正式的意见书，其中 60% 的意见书要

---

① Nollan v. California Coastal Commission, 483 U. S. 825（1987）.

② Devyani Kar, "Public Access and Importance of Offers to Dedicate on California's Coastline", p. 474.

③ Barbara Whitaker, "Ruling Clears Way to Ease Beach Access in California".

④ Ronald Reagan, "Executive Order 12630—Governmental Actions and Interference with Constitutionally Protected Property Rights" in Office of the Federal Register ed. , *Public Papers of the Presidents of the United States: Ronald Reagan 1988 Book I*, Washington, D. C. : United States Government Printing Office, 1990, pp. 338 – 341.

求维持南卡罗来纳州最高法院的判决。[1] 这些南卡罗来纳州最高法院判决的支持者们包括加利福尼亚、佛罗里达、亚拉巴马、康涅狄格、特拉华、佐治亚、夏威夷、缅因、马里兰、马萨诸塞、密歇根、明尼苏达、新泽西、新罕布什尔、纽约、北卡罗来纳、俄勒冈、宾夕法尼亚、罗得岛、威斯康星州和得克萨斯等美国主要滨海州和五大湖沿岸州司法部门的负责人，以及加利福尼亚和得克萨斯等州部分县市的代表。[2] 当然，他们同样也没能阻止联邦最高法院推翻南卡罗来纳州最高法院的判决。联邦最高法院对"卢卡斯诉南卡罗来纳州海岸委员会"案的判决预示着以后各州海岸带管理法的执行将面临更大的挑战。事实上，在此案审理期间南卡罗来纳州议会就已经开始知难而退，很快便做出了让步。本来，该州议会1988年对其海岸带管理规划的修订在依据新标准划定"基线"的同时还严格禁止在海岸建筑退缩线内再营建住宅，不允许有任何例外，但是1990年它再次修订时却又放宽限制，授权该州海岸委员会可以视情况颁发允许在基线向海侧内建造或重建住宅的"特别许可证"。南卡罗来纳州海岸委员会还以此为由声称卢卡斯的地产是否会被剥夺所有的经济价值尚无定论，因为他还有机会申请特别许可，所以该委员会主张卢卡斯提起的诉讼还"不成熟"，反对联邦最高法院受理。不过联邦最高法院没有认可他们的观点，继续审理此案并做出了不利于南卡罗来纳州政府的判决。[3] 联邦最高法院的这种态度令各州的海岸带管理部门感受到了更大的压力。

通过对"诺兰诉加利福尼亚州海岸委员会"和"卢卡斯诉南卡罗来纳州海岸委员会"两案的判决，联邦最高法院已经很明确地表示，政府管制海岸带地产的行为将会受到严格审查。[4] 该院对"阻止人工育滩协会诉佛罗里达州环境保护局"案的判决则预示着各州法院的相

---

[1] Misty B. Soles, *Against the Wind: Coastal Zone Management in South Carolina*, 1972–1993, p. 84.

[2] 汪劲等编译：《环境正义：丧钟为谁而鸣——美国联邦最高法院环境诉讼经典判例选》，第368页。有几个内陆州和关岛与波多黎各这两个美国海外领地的代表也提交了支持南卡罗来纳州判决的法庭之友意见。

[3] Caitlin S. Dyckman and Ida L. Wood, "Eroding State Mandate Effectiveness in the Land of Lucas", *Coastal Management*, Vol. 41, No. 6, November/December 2013, pp. 507–508.

[4] Jack H. Archer, *The Public Trust Doctrine and the Management of America's Coasts*, p. vii.

关判决也将面临同样的命运。在此判例之前，"司法征收"的概念虽然早已存在，但那基本上只是局限于学术讨论之中，[①] 至多只是存在于个别判例的协同意见或反对意见之中，并没有直接依据它做出判决的案例。在美国建国之初，没有人会考虑司法征收问题；[②] 19 世纪和20 世纪之交，联邦最高法院虽然在两个判例中"间接地表达了对司法征收概念的支持"，但在之后的很长一段时间司法征收都处于"休眠时期"，在此期间联邦最高法院主张"应该允许州法院不受任何干涉地修改州财产法的权力，也就是说，州法院能够通过修改财产法对财产权利重新定义而无须牵涉第五修正案"[③]。到罗斯福新政接近尾声之时，司法征收的概念"似乎已经寿终正寝了"，不过，在 1967 年的"休斯诉华盛顿州"（Hughes v. Washington）案判决中，波特·斯图尔特（Potter Stewart）大法官"凭一己之力又使此观念复活"[④]。斯图尔特大法官在此判决的协同意见中提出的如果州法院不可预期地改变了本州的财产法就应当被判为司法征收的观点在美国法学界引起了一些反响，但是，在随后近 30 年的时间中联邦最高法院还是回避这个问题。[⑤] 直到 1994 年，斯卡利亚大法官和桑德拉·奥康纳（Sandra O'Connor）大法官才在"史蒂文斯诉坎农海滩市"（Stevens v. City of Cannon Beach）案中重提司法征收问题。不过，联邦最高法院并没有受理此案，而是驳回了原告的调卷令申请，斯卡利亚和奥康纳二人只是针对法院拒绝受理的决定发表反对意见时提出了这种观点。[⑥] 所以，2010 年的"阻止人工育滩协会诉佛罗里达州环境保护局"案是美国联邦最高法院第一个以司法征收问题为主要争议事项的判例，而且在此判例中，参与审判的 8 位大法官中有 4 位明确支持征收条款也应当

---

① Michael C. Blumm and Elizabeth B. Dawson, "The Florida Beach Case and the Road to Judicial Takings", p. 716.

② Barton H. Thompson, Jr., "Judicial Takings", *Virginia Law Review*, Vol. 76, No. 8, November 1990, p. 1459.

③ 李欣欣：《美国法上司法征收的演变》，载刘连泰、刘玉姿等著《美国法上的管制性征收》，第 266—267 页。

④ Ian Fein, "Why Judicial Takings are Unripe", p. 756.

⑤ Michael C. Blumm and Elizabeth B. Dawson, "The Florida Beach Case and the Road to Judicial Takings", pp. 737 – 740.

⑥ Irving C. Stevens and Jeanette Stevens v. City of Cannon Beach, et al., 510 U. S. 1207 (1994).

适用于规制司法行为的观点。这种转变明显反映出联邦最高法院要对各州法院涉及私人财产权的判决进行更严格审查的倾向。

综合起来看,美国联邦最高法院在 20 世纪 80 年代中期以后明显加强了对各州海岸带管理措施的审查力度,各州立法、行政和司法机构扩展公众亲海权的努力都将面临更大的挑战;从另一方面说,滨海地产主对抗政府的海岸带管制措施时则能得到联邦最高法院更多的支持。这对美国公众亲海权的发展产生了极为不利的影响。从目前形势判断,此种状况还会延续下去。

参考文献

一　中文部分

（一）中文专著和译著

高国荣：《美国环境史学研究》，中国社会科学出版社 2014 年版。

高鸿钧等主编：《英美法原论》，北京大学出版社 2013 年版。

李冰强：《公共信托理论批判》，法律出版社 2017 年版。

李世安主编：《美国州宪法改革与州和地方政治体制发展》，人民出版社 2009 年版。

刘连泰、刘玉姿等：《美国法上的管制性征收》，清华大学出版社 2017 年版。

汤维建主编：《美国民事诉讼规则》，中国检察出版社 2003 年版。

汪劲等编译：《环境正义：丧钟为谁而鸣——美国联邦最高法院环境诉讼经典判例选》，北京大学出版社 2006 年版。

王希：《原则与妥协：美国宪法的精神与实践》，北京大学出版社 2014 年第 3 版（2015 年 3 月第 2 次印刷）。

王小军：《海岸带综合管理法律制度研究》，海洋出版社 2019 年版。

吴卫星：《环境权研究——公法学的视角》，法律出版社 2007 年版。

肖泽晟：《公物法研究》，法律出版社 2009 年版。

徐再荣等：《20 世纪美国环保运动与环境政策研究》，中国社会科学出版社 2013 年版。

薛波主编：《元照英美法词典》，法律出版社 2003 年版。

周枏：《罗马法原论》，商务印书馆 2014 年版。

［美］斯坦利·L. 恩格尔曼、罗伯特·E. 高尔曼主编：《剑桥美国经济史》（第二卷），王珏、李淑清译，中国人民大学出版社 2008 年版。

［美］克米特·L. 霍尔主编：《牛津联邦最高法院指南》（第二版），许明月等译，北京大学出版社 2009 年版。

[美] 莫顿·霍维茨：《美国法的变迁：1780—1860》，谢鸿飞译，中国政法大学出版社 2005 年版。

[美] 塞缪尔·莫里森等：《美利坚共和国的成长》（上），南开大学历史系美国研究所译，天津人民出版社 1980 年版。

[美] 罗斯科·庞德：《普通法的精神》，唐前宏等译，法律出版社 2018 年版。

[美] 伯纳德·施瓦茨：《美国法律史》，王军等译，中国政法大学出版社 1997 年版。

[美] 小詹姆斯·R. 斯托纳：《普通法与自由主义理论——柯克、霍布斯及美国宪政主义之诸源头》，姚中秋译，北京大学出版社 2005 年版。

[英] 爱德蒙·柏克：《美洲三书》，缪哲选译，商务印书馆 2003 年版（2005 年印刷）。

[英] 威廉·布莱克斯通：《英国法释义》（第一卷），游云庭、缪苗译，上海人民出版社 2006 年版。

[英] 马修·黑尔著，查尔斯·M. 格雷编：《英格兰普通法史》，史大晓译，北京大学出版社 2016 年版。

[英] 詹姆斯·C. 霍尔特：《大宪章》（第二版），毕竟悦等译，北京大学出版社 2010 年版。

（二）中文期刊论文

高建伟：《美国土地征收中的“公共利益”》，《美国研究》2011 年第 3 期。

耿卓：《论美国法上的役权——以〈美国财产法第三次重述：役权〉为中心》，《求是学刊》2013 年第 2 期。

贾俊艳等：《海岸建设退缩线距离确定研究综述》，《海洋环境科学》2013 年第 3 期。

姜栋：《土地的权利边界：20 世纪美国管制性征收土地的司法演进史》，《山东社会科学》2017 年第 6 期。

韩铁：《环境保护在美国法院所遭遇的挑战——“绿色反弹”中的法律之争》，《美国研究》2005 年第 3 期。

何萍等：《借鉴国际经验保护滨水生态空间》，《环境保护》2014 年第 11 期。

卡尔文·伍达德：《威廉·布莱克斯通与英美法理学》，张志铭译，

《南京大学法律评论》1996 年秋季号。

李累、矫波:《美国联邦最高法院财产权案件裁决意见的历史演变及其启示》,《学术研究》2002 年第 10 期。

刘向阳:《环境管制与公共舆论——20 世纪 70—90 年代美国环境政治考察》,《东方论坛》2021 年第 1 期。

刘向阳:《环境史视野下的 20 世纪 70 年代美国"滞涨危机"新解——兼论环境史的经济转向及其创新》,《北京师范大学学报》(社会科学版)2021 年第 6 期。

泮伟江:《英格兰宪政与现代理性官僚制问题——重访韦伯的"英国法问题"》,《天府新论》2013 年第 5 期。

朴勤:《公共信托、国家所有权与自然资源保护》,《科学社会主义》2013 年第 6 期。

沙烨:《撕裂的美国:新自由主义政策如何加剧贫富分化》,《东方学刊》2021 年冬季刊。

孙群郎、郑殿娟:《美国地方土地利用分区制与大都市区的低密度蔓延》,《郑州大学学报》(哲学社会科学版)2015 年第 6 期。

滕海键:《1964 年美国〈荒野法〉立法缘起及历史地位》,《史学集刊》2016 年第 6 期。

涂振顺等:《海岸建筑后退线设置方法与实践研究》,《海洋环境科学》2018 年第 3 期。

王鹏等:《基于海域使用功能的海岸建筑后退线确定研究》,《海洋开发与管理》2009 年第 11 期。

王铁雄:《布莱克斯通与美国财产法的个人绝对财产权观》,《河北法学》2008 年第 10 期。

王旭:《加州宪法第 13 条修正案与美国财产税改革》,《史学集刊》2014 年第 2 期。

肖泽晟:《公物的二元产权结构——公共地役权及其设立的视角》,《浙江学刊》2008 年第 4 期。

徐国栋:《"一切人共有的物"概念的沉浮——"英特纳雄耐尔"一定会实现》,《法商研究》2006 年第 6 期。

赵鹏军:《城市用地功能置换中的公共空间设计——旧金山滨水区公共空间设计的成败分析》,《城市发展研究》2005 年第 2 期。

詹卫华:《水生态文明城市建设的国际经验与借鉴》,《中国水利》

2016 年第 3 期。

张卉林：《从所有权绝对到所有权社会化：所有权观念及立法变迁》，《山东社会科学》2013 年第 5 期。

（三）中文学位论文

郝剑峰：《公共地役权制度研究》，硕士学位论文，内蒙古大学，2017 年。

邓上：《美国〈水下土地法〉研究》，硕士学位论文，大连海事大学，2017 年。

王灵波：《美国自然资源公共信托原则研究》，博士学位论文，苏州大学，2015 年。

王芳：《公共地役权研究》，硕士学位论文，福建师范大学，2012 年。

汪雪峰：《公共地役权制度研究》，硕士学位论文，华中师范大学，2011 年。

吴真：《公共信托原则研究》，博士学位论文，吉林大学，2006 年。

杨蕾：《马修·黑尔与英格兰法的体系化——以〈民事法律分析〉为文本》，硕士学位论文，西南大学，2017 年。

杨雨潇：《公共地役权法律制度研究》，硕士学位论文，山东大学，2017 年。

张文瑜：《公共地役权研究》，硕士学位论文，大连海事大学，2012 年。

二 英文部分

（一）英文调研报告、会议论文、听证记录和其他政府出版物

Neil A. Armingeon, *An Analysis of Coast Growth and Development in North Carolina Since the Enactment of the Coastal Area Management*, Final Report Submitted to North Carolina Department of Natural Resources and Community Development Division of Coastal Management, May 1989.

Robert V. Bode and William P. Farthing, Jr., *Coastal Area Management in North Carolina: Problems and Alternative*, North Carolina Institute of Civic Education, 1974.

Earl H. Bradley and John M. Armstrong, *A Description and Analysis of Coastal and Shoreline Management Programs in the United States*, Sea Grant Technical Report No. 20, MICHU-SG-72-204, March 1972.

David J. Brower, *Access to the Nation's Beaches: Legal and Planning Per-*

spective, Sea Grant Publication, UNC-SG-77-18, 1978.

David J. Brower, et al. , *Public Access to the New York Shoreline*, Report to the New York State Department of State, December 1988.

Donna R. Christie, *Florida's Ocean Future: Toward a State Ocean Policy*, Prepared for the Governor's Office of Planning and Budgeting, March 1989.

Ann Cowey, et al, *Shorefront Access and Island Preservation Study*, Washington, D. C. : National Oceanic and Atmospheric Administration, Office of Coastal Zone Management, 1978.

Robert B. Ditton and Mark Stephens, *Coastal Recreation: A Handbook for Planners and Managers*, Washington, D. C. : Office of Coastal Zone Management, 1976.

Paolo Fabbri, ed. , *Recreational Uses of Coastal Areas: A Research Project of the Commission on the Coastal Environment*, *International Geographical Union*, Dordrecht, Netherlands: Kluwer Academic Publishers, 1990.

Lawrence K. Frank, et al. , *Trends in American Living and Outdoor Recreation: Reports to the Outdoor Recreation Resources Review Commission*, Washington, D. C. : United States Government Printing office, 1962.

Theodore M. Hillyer, *The Corps of Engineers and Shore Protection: History, Projects, Costs*, IWR Report 03-NSMS-1 , May 2003.

Stephen Holland, et al, *Public Access to the Florida Coast*, Gainesville: University of Florida, September 1995.

Ben Hulse, et al. , *Report of the Senate Interim Committee on Recreation and Wilf Life Conservation*, Senate of the State of California, 1951.

Martin R. Lee, ed. , *Legislative History of the Coastal Zone Management Act of 1972, As Amended in 1974 and 1976 with a Section-by-Section Index*, Washington, D. C. : United States Government Printing office, 1976.

Rice Odell, *The Saving of San Francisco Bay: A Report on Citizen Action and Regional Planning*, Washington, D. C. : The Conservation Foundation, 1972.

David W. Owens and David G. Brower, *Public Use of Coastal Beaches*, Sea Grant Publications UNC-SG-76-08 , September 1976.

Pamela Pogue and Virginia Lee, *Effectiveness of State Coastal Management Programs in Providing Public Access to the Shore: A National Overview*,

Narragansett, RI: Rhode Island Sea Grant Publications, 1998.

James W. Scott, *Shoreline Public Access Sign Manual*, Washington Department of Ecology Shorelands Division, April 19, 1985.

Stanley Scott, *Governing California's Coast*, Institute of Governmental Studies, University of California, Berkeley, 1975.

David C. Slade, *Putting the Public Trust Doctrine to Work: The Application of the Public Trust Doctrine to the Management of Lands, Waters and Living Resources of the Coastal States*, Report to Connecticut Department of Environmental Protection, November 1990.

James D. Wood, Jr. ed., *Proceedings of the National Outdoor Recreation Trends Symposium II, Held at the Myrtle Beach Hilton, Myrtle Beach, South Carolina, Februarg 24 – 27, 1985*, Atlanta, GA: National Park Service, 1985.

Bay Area Open Space Council and State Coastal Conservancy, *San Francisco Bay Area Conservancy Program the Seventh Year Report FY* 2005-2006, July 1, 2009.

Board of Regents of the State of Florida, *Florida's Sandy Beaches: An Access Guide*, Pensacola, FL: University of West Florida Press, 1985.

Bureau of Outdoor Recreation, *Outdoor Recreation Action*, Report No. 1, August 1966).

Bureau of Outdoor Recreation, *Islands of America*, Washington, D. C.: United States Government Printing Office, 1970.

California Coastal Commission/State Coastal Conservancy, "Annual Progress Report on the Coastal Access Program", *Coastal News*, Vol. 4, No. 1, January 1981.

California Coastal Commission, *Public Access Action Plan*, 1999.

California Coastal Zone Conservation Commissions, *California Coastal Plan*, December 1975.

California State Senate Advisory Commission on Cost Control in State Government, *Report on the California Coastal Commission*, Submitted to the Senate Rules Committee, April 1989.

California State Coastal Conservancy, *Annual Report* 1991 – 92, November 1992.

Center for Urban and Regional Studies of the Department of City and Regional Planning, the University of North Carolina at Chapel Hill, *Evaluation of the National Coastal Zone Management Program*, NCRI Publication No. NCRI-W-91-003, February 1991.

Coastal States Organization, *America's Coasts: Progress &Promise*, 1985.

Commission on Marine Science, Engineering and Resources, *Our Nation and the Sea: A Plan for National Action*, Washington, D. C. : United States Government Printing Office, 1969.

Congressional Research Service, *Coastal Zone Management Act (CZMA): Overview and Issues for Congress*, R45460, January 15, 2019.

Department of Environmental Regulation of State of Florida, *The Florida Coastal Management Program Legislative Draft*, Prepared for Submission to the 1978 Florida Legislature, March 1, 1978.

Department of Natural and Economic Resources, *Draft of the North Carolina Coastal Plan*, April 1977.

Department of the Army Corps of Engineers, *Report on the National Shoreline Study*, August 1971.

Department of the Interior Fish and Wildlife Service, *National Estuary Study*, Vol. 1, Washington, D. C. : United States Government Printing Office, 1970.

Division of Coastal Management of North Carolina Department of Natural Resources and Community Development, *Getting to the Beach: A Report on the North Carolina Public Beach Access Program 1981 – 88*, 1989.

Environment and Natural Resources Policy Division, Congressional Research Service, Library of Congress, *Past Federal Surveys of Shoreline Recreation Potential*, Washington, D. C. : United States Government Printing Office, 1978.

Environmental Policy Division, Congressional Research Service, Library of Congress, *The Nationwide Outdoor Recreation Plans: Critiques by State Officials*, Washington, D. C. : United States Government Printing Office, 1975.

Florida Center for Public Management, *Florida Assessment of Coastal Trends*, Submitted to Florida Coastal Management Program, Florida Department of Community Affairs, June 1997.

Florida Coastal Office, *Florida Coastal Management Program Final Assessment and Strategies FY* 2016 – *FY* 2020, December 2015.

George Washington University, *Shoreline Recreation Resources of the United States*: *Report to the Outdoor Recreation Resources Review Commission*, Washington, D. C: United States Government Printing Office, 1962.

National Conference on Outdoor Recreation, *Review of Project Studies*: *A Report to Secretary of War*, *Chairman the President's Committee on Outdoor Recreation*, Washington, D. C. : United States Government Printing Office, 1928.

Legislative Research Commission, *Coastal Submerged Lands*, Report to the 1985 General Assembly of North Carolina, December 1984.

National Oceanic and Atmospheric Administration, *The Federal Coastal Programs Review*: *A Report to the President*, January 1981.

National Oceanic and Atmospheric Administration, *National Coastal Population Report*: *Population Trends from* 1970 *to* 2020, March 2013.

National Oceanic and Atmospheric Administration, 1992 – 1993 *Biannual Report to Congress on the Administration of the Coastal Zone Management Act*, *Vol II*, April 1994.

National Park Service, *A Report on the Seashore Recreation Area Survey of the Atlantic and Gulf Coasts*, 1955.

National Park Service, *Pacific Coast Recreation Area Survey*, 1958.

Office of Area Development, Business and Defense Services Administration, U. S. Department of Commerce, *Future Development of the San Francisco Bay Area*, 1960 – 2020, Prepared for U. S. Army Engineer District, San Francisco Corps of Engineers, December 1959.

Office of Coastal Zone Management of National Oceanic and Atmospheric Administration, *Report to the Congress on Coastal Zone Management July* 1973 *through June* 1974, Washington, D. C. : United States Government Printing Office, May 1975.

Office of Coastal Zone Management of National Oceanic and Atmospheric Administration, *Report to the Congress on Coastal Zone Management Fiscal Year* 1976, Washington, D. C. : United States Government Printing Office, April 1977.

Office of Coastal Zone Management of National Oceanic and Atmospheric Administration, *State of North Carolina Coastal Management Program and Final Environmental Impact*, 1978.

Office of Coastal Zone Management of National Oceanic and Atmospheric, *Draft Environmental Impact Statement Prepared on Amendments to the North Carolina Coastal Management Program*, January 1979.

Office of Coastal Zone Management of National Oceanic and Atmospheric Administration and Florida Office of Coastal Management, *Final Environmental Impact Statement of the Proposed Coastal Management Program for the State of Florida*, August 1981.

Office of Coastal Zone Management of New Jersey Department of Environmental Protection, *New Jersey 1977 Beach Shuttle Toms River to Island Beach State Park*, January 1979.

Office of Ocean and Coastal Resource Management of National Oceanic and Atmospheric Administration, *Final Evaluation Findings for the California Coastal Management Program*, December 1996 *through May* 2001, 2001.

Office of Ocean and Coastal Resource Management of National Oceanic and Atmospheric Administration, *Final Evaluation Findings for California Coastal Management Program*, March 2005 *through December* 2008, March 2010.

Office of Ocean and Coastal Resource Management of National Oceanic and Atmospheric Administration, *Final Evaluation Findings for North Carolina Coastal Management Program*, March 2006 – September 2011, October 2012.

Office of Ocean and Coastal Resource Management of National Oceanic and Atmospheric Administration, *State*, *Territory*, *and Commonwealth Beach Nourishment Programs*: *A National Overview*, OCRM Program Policy Series Technical Document No. 00 – 01, March 2000.

Office of Ocean and Coastal Resource Management of National Oceanic and Atmospheric Administration, *Amendment No. 4*, *Incorporation of the Revised Washington Shoreline Management Act Guidelines into the Federally Approved Washington Coastal Management Program*: *Environmental Im-*

pact Statement, November 2010.

Office of the Federal Register ed. , *Public Papers of the Presidents of the U-nited States*: *John F. Kennedy* 1961, Washington, D. C. : United States Government Printing office, 1962.

Office of the Federal Register ed. , *Public Papers of the Presidents of the U-nited States*: *John F. Kennedy* 1962, Washington, D. C. : United States Government Printing Office, 1963.

Office of the Federal Register ed. , *Public Papers of the Presidents of the U-nited States*: *John F. Kennedy* 1963, Washington, D. C. : United States Government Printing Office, 1964.

Office of the Federal Register ed. , *Public Papers of the Presidents of the U-nited States*: *Richard Nixon* 1970, Washington, D. C. : United States Government Printing Office, 1971.

Office of the Federal Register ed. , *Public Papers of the Presidents of the U-nited States*: *Richard Nixon* 1971, Washington, D. C. : United States Government Printing Office, 1972.

Office of the Federal Register ed. , *Public Papers of the Presidents of the U-nited States*: *Jimmy Carter* 1979 *II*, Washington, D. C. : United States Government Printing Office, 1980.

Office of the Federal Register ed. , *Public Papers of the Presidents of the U-nited States*: *Ronald Reagan* 1988 *Book I*, Washington, D. C. : United States Government Printing Office, 1990.

Office for Coastal Management of National Oceanic and Atmospheric Admin-istration, *Final Evaluation Findings for Texas Coastal Management Pro-gram*, *January* 2007 *to June* 2014, March 2015.

Outdoor Recreation Resources Review Commission, *Outdoor Recreation for America*, A Report to the President and to the Congress, January 1962.

Outdoor Recreation Resources Review Commission, *A Progress Report to the President and to the Congress*, January 1961.

President's Council on Recreation and Natural Beauty, *From Sea to Shining Sea*: *A Report on the American Environment—Our Natural Heritage*, Washington, D. C. : United States Government Printing office, 1968.

Responsive Management National Office, *Outdoor Recreation in Florida*:

Survey for the State Comprehensive Outdoor Recreation Plan, Conducted for the Florida Department of Environmental Protection, 2011.

San Francisco Bay Conservation and Development Commission, *San Francisco Bay Plan*, January 1969.

San Francisco Bay Conservation and Development Commission, 1976 *Annual Report*, 1976.

Secretary of the Interior, *The National Estuarine Pollution Study*: *Report of the Secretary of the Interior to the United States Congress*, Washington, D. C. : United States Government Printing Office, 1970.

State of California, California Coastal Commission, *California Coastal Access Guide*, 7th ed. , Oakland, CA: University of California Press, 2014.

Subcommittee on National Parks and Insular Affairs of the Committee on Interior and Insular Affairs of the U. S. House of Representatives, Ninety-Fifth Congress, Second Session, *Legislative History of the National Parks and Recreation Act of* 1978, Washington, D. C. : United States Government Printing Office, 1978.

United States Department of Commerce, *U. S. Ocean Policy in the* 1970*s*: *Status and Issues*, Washington, D. C. : United States Government Printing Office, 1978.

United States Department of Interior, National Park Service, *A report on Our Vanishing Shoreline*, Washington, D. C. , 1955.

Coastal Access Program Fourth Annual Report, A Joint Report of the California Coastal Commission and the State Coastal Conservancy, January 1984.

Coastal Access Program Tenth Annual Report, A Joint Report of the California Coastal Commission and the State Coastal Conservancy, January1990.

Open Beaches: *Hearings Before the Subcommittee on Fisheries and Wildlife Conservation and the Environment of the Committee on Merchant Marine and Fisheries*, *House of Representatives Ninety-Third Congress First Session on Public Access to Beaches*, *H. R.* 10394 *and H. R.* 10395, *October* 25, 26, 1973, Washington, D. C. : United States Government Printing Office, 1974.

Proceedings of the National Conference on Policy Issues in Outdoor Recreation, *Held at Logan*, *Utah*, *September* 6 – 8, 1966, Washington, D. C. : Bureau of Outdoor Recreation, U. S. Department of the Interior, 1966.

Public Access to the Shore: Hearing before the Subcommittee on Oversight and Investigations of the Committee on Merchant Marine and Fisheries, House of Representatives, One Hundredth Congress, First Session, on the Public's Rights to the Visual and Physical Aspects of the Shoreline of Lakes and Oceans, June 29, 1987, *Warwick, RI.*, Washington, D. C.: United States Government Printing Office, 1987.

The Beaches: Public Rights and Private Use, Proceedings of A Conference Sponsored by the Texas Law Institute of Coastal and Marine Resources, College of Law, University of Houston, in cooperation with the Senate Interim Coastal Zone Study Committee, Senator A. R. Schwartz, Chairman, and partially funded by the National Science Foundation Grant GT – 26, January 15, 1972.

Transcript of Hearing of Assembly Interim Committee on Implied Dedication, Sacramento, CA: Interim Committee on Implied Dedication, February 1972.

（二）英文法律法规

An Act to Amend the Land and Water Conservation Fund Act of 1965 (Public Law 91 – 485).

An Act to Establish the Point Reyes National Seashore in the State of California, and for other purposes (Public Law 87 – 657).

An Act to Promote the Coordination and Development of Effective Programs Relating to Outdoor Recreation, and for Other Purposes (Public Law 88 – 29).

An Act to Provide for the Establishment of Cape Cod National Seashore (Public Law 87 – 126).

An Act to Provide for the Establishment of the Padre Island National Seashore (Public Law 87 – 712).

"Ballot Measure 37", Environmental Law, Vol. 36, No. 1, Winter 2006.

Clean Water Restoration Act of 1966 (Public Law 89 – 753).

Coastal Barrier Resources Act of 1982 (Public Law 97 – 348).

Coastal Barrier Improvement Act (Public Law 101 – 591).

Coastal Barrier Resources Reauthorization Act of 2005 (Public Law 109 –

226）．

Coastal Zone Management Act of 1972 （Public Law 92 − 583）．

Coastal Zone Management Improvement Act of 1975 （Public Law 93 − 612）．

Coastal Zone Management Act amendments of 1976 （Public Law 94 − 370）．

Coastal Zone Management Improvement Act of 1980 （Public Law 96 − 464）

Coastal Zone Protection Act of 1996 （Public Law 104 − 150）．

Consolidated Omnibus Budget Reconciliation Act of 1985 （Public Law 99 − 272）．

Constitution of the State of California as Last Amended November 5, 1974 （California Legislature Assembly, 1975）．

Deering's California Codes, Public Resources Code Annotated （San Francisco, CA: Bancroft-Whitney Company, 1976, 1996）．

Estuary Protection Act （Public Law 90 − 454）．

Federal Water Project Recreation Act （Public Law 89 − 72）．

Florida Statutes.

Land and Water Conservation Fund Act of 1965 （Public Law 88 − 578）．

Legal Division of the Texas Legislative Council, ed. , *Texas Constitution* （Includes Amendments Through the November 7, 2017, Constitutional Amendment Election）．

Marine Resources and Engineering Development Act of 1966 （public law 89 − 454）．

National Parks and Recreation Act of 1978 （Public Law 95 − 625）．

National Trails System Act （Public Law 90 − 543）．

North Carolina Constitution.

North Carolina General Statutes.

Omnibus Budget Reconciliation Act of 1990 （Public Law 101 − 508）．

Omnibus Public Land Management Act of 2009 （Public Law 111 − 11）．

Oregon Revised Statutes （2013）．

River and Harbor Act （Public Law 90 − 483）．

The Constitution of the State of Florida as Revised in 1968 and Subsequently Amended, Florida Department of State, November 2016.

The Outdoor Recreation Resources Review Act （Public Law 85 − 470）．

Vernon's Texas Codes Annotated: Natural Resources Code (West Group, 2001).

Wild and Scenic Rivers Act (Public Law 90 – 542).

16 U. S. C. A. § § 1451 – 1464 (1972).

（三）英文司法判例

Adams v. Department of Natural & Economic Resources, 295 N. C. 683 (1978).

Arnold v. Mundy, 6 N. J. L. 1 (1821).

Arrington v. Mattox, 767 S. W. 2d 957 (Tex. Civ. App. 1989).

Bell v. Town of Wells, 557 A. 2d 168 (1989).

Borax Consolidated, Ltd. v. Los Angeles, 296 U. S. 10 (1935).

Borough of Neptune City v. Borough of Avon-By-The-Sea, 61 N. J. 296 (1972).

Bradford v. Nature Conservancy, 224 Va. 181 (Va. 1982).

Brown v. Board of Education of Topeka, 347 U. S. 483 (1954).

City of Daytona Beach v. Tona-Rama, 294 So. 2d 73 (1974).

Concerned Citizens of Brunswick County Taxpayers Association v. Holden Beach Enterprises, 329 N. C. 37 (N. C. 1991).

County of Darlington v. Perkins, 269 S. C. 572 (1977).

Dawson v. Mayor and City Council of Baltimore City, 220 F. 2d 386 (4th Cir. 1955).

Dolan v. City of Tigard, 512 U. S. 374 (1994).

Eaton v. Wells, 760 A. 2d 232 (Me. 2000).

Gibbons v. Ogden, 22 U. S. (9 Wheat.) 11 (1824).

Gion v. City of Santa Cruz, 2 Cal. 3d 29 (1970).

Illinois Central Railroad Co. v. State of Illinois, 146 U. S. 387 (1892).

Irving C. Stevens and Jeanette Stevens v. City of Cannon Beach, et al., 510 U. S. 1207 (1994).

J. W. Luttes v. The State of Texas, 324. W. 2d 167 (1958).

Leydon v. Town of Greenwich, 777 A. 2d 552 (Conn. 2001).

Lucas v. South Carolina Coastal Council, 505 U. S. 1003 (1992).

McDonald v. Halvorson, 308 Or. 340 (Or. 1989).

Marks v. Whitney, S. F. 22566 (Cal. December 9, 1971).

Martin et al. v. Waddle's Lessee, 41 U. S. （16 Pet. ）367（1842）.

Mason v. City of Biloxi, 385 U. S. 370（1966）.

Matcha v. Mattox on Behalf of People, 711 S. W. 2d 95（Tex. Civ. App. 1986）.

Matthews v. Bay Head Improvement Association, 95 N. J. 306（1984）.

Moody v. White, 593 S. W. 2d 372（Tex. Civ. App. 1979）.

Nollan v. California Coastal Commission, 483 U. S. 825（1987）.

People v. California Fish Co. , 138 P. 79（Cal. 1913）.

Phillips Petroleum Co. v. Mississippi, 484 U. S. 469（1988）.

33. Plessy v. Ferguson, 163 U. S. 537（1896）.

Pollard v. Hagan, 44 U. S. （3 How. ）212（1845）.

Raleigh Avenue Beach Association v Atlantis Beach Club, 370 N. J. Super. 171（2004）.

Raleigh Avenue Beach Association v. Atlantis Beach Club, 185 N. J. 40（2005）.

Seaway Company v. Attorney General of the State of Texas, 375 S. W. 2d 923（Tex. App. 1964）.

Shively v. Bowlby, 152 U. S. 1（1894）.

Severance v. Patterson, 370 S. W. 3d 705（Tex. 2012）.

State of Oregon, by and through its State Highway Commission v. Fultz and L-E-W Engineering, Inc. , 261 Or. 289（1971）.

State of Oregon ex rel. Thornton v. Hay, 254 Or. 584（Or. 1969）.

Stop the Beach Renourishment, INC. v. Florida Department of Environmental Protection, 560 U. S. 702（2010）.

Tyler v. Guerry, 251 S. C. 120（1968）.

United States v. Harrison County, 399 F. 2d 485（1968）.

United States v. Carolene Products Company, 304 U. S. 144（1938）.

United States v. State of California, 332 U. S. 19（1947）.

Van Ness v. Borough of Deal, 78 N. J. 174（1978）.

（四）英文专著

Jack H. Archer, *The Public Trust Doctrine and the Management of America's Coasts*, Amherst, MA: University of Massachusetts Press, 1994.

Timothy Beatley, et al. , *An Introduction to Coastal Zone Management*,

2nd ed. , Washington, D. C. : Island Press, 2002.

William Blackstone, *Commentaries on the Laws of England*, Vol. 1, London, UK: John Murray, 1857.

Gregory W. Bush, *White Sand Black Beach: Civil Rights, Public Space, and Miami's Virginia Key*, Gainesville, FL: University Press of Florida, 2016.

Donna R. Christie and Richard G. Hildreth, *Coastal and Ocean Management Law in a Nutshell*, 4th Ed. , St. Paul, MN: West Academic Publishing, 1999.

David R. Colburn, *Racial Change and Community Crisis: St. Augustine, Florida, 1877 – 1980*, New York, NY: Columbia University Press, 1985.

Dennis W. Ducsik, *Shoreline for the Public: A Handbook of Social, Economic, and Legal Considerations Regarding Public Recreational Use of the Nation's Coastal Shoreline*, Cambridge, MA: The MIT Press, 1974.

Josh Eagle, *Coastal Law*, 2nd ed. , New York, NY: Wolters Kluwer, 2015.

Burt Feintuch and David H. Waiters, ed. , *The Encyclopedia of New England: The Culture and History of an American Region*, New Haven, CT: Yale University Press, 2005.

Harold Gilliam, *Island in Time: The Point Reyes Peninsula*, San Francisco, CA: Sierra Club, 1962.

Greg Hise and William Deverell, *Eden by Design: The* 1930 *Olmsted-Bartholomew Plan for the Los Angeles Region*, Berkeley, CA: University of California Press, 2000.

Andrew W. Kahrl, *The Land Was Ours: How Black Beaches Became White Wealth in the Coastal South*, Chapel Hill, NC: The University of North Carolina Press, 2012.

Andrew W. Kahrl, *Free the Beaches: The Story of Ned Coll and the Battle for America's Most Exclusive Shoreline*, New Haven, CT: Yale University Press, 2018.

Gary A. Keith, *Eckhardt-There Once Was a Congressman from Texas*, Austin, TX: University of Texas Press, 2007.

Bostwick H. Ketchum, ed. , *The Water's Edge: Critical Problems of the Coastal Zone*, Cambridge, MA: The MIT Press, 1972.

Derek R. Larson, *Keeping Oregon Green: Livability, Stewardship, and the Challenges of Growth* 1960 – 1980, Corvallis, OR: Oregon State University Press, 2016.

William MacDonald, ed. , *Select Charters and Other Documents Illustrative of American History* 1606 – 1775, New York, NY: The MacMillan Company, 1906.

Gilbert R. Mason and James P. Smith, *Beaches, Blood, and Ballots: A Black Doctor's Civil Rights Struggle*, Jackson, MS: University Press of Mississippi, 2000.

Bonnie F. McCay, *Oyster Wars and the Public Trust: Property, Law, and Ecology in New Jersey History*, Tucson, AZ: The University of Arizona Press, 1998.

Floyd J. McKay, *Reporting the Oregon Story: How Activists and Visionaries Transformed a State*, Corvallis, OR: Oregon State University Press, 2016.

Beth Millemann, *And Two If by Sea: Fighting the Attack on American Coasts*, Washington, D. C. : Coast Alliance, Inc. , 1986.

Stuart A. Moore, *A History of the Foreshore and Hall's Essay on the Rights of the Crown in the Sea-Shore*, London, UK: Stevens & Haynes, 1888.

Gary R. Mormino, *Land of Sunshine, State of Dreams: A Social History of Modern Florida*, Gainesville, FL: University Press of Florida, 2005.

James W. Scott, ed. , *Shoreline Public Access Handbook*, Olympia, WA: Washington State Department of Ecology, 1990.

Molly Selvin, *This Tender and Delicate Business: The Public Trust Doctrine in American Law and Economic Policy* 1789 – 1920, New York, NY: Garland Publishing, Inc. , 1987.

Tazewell Shepard, Jr. , *John F. Kennedy: Man of the Sea*, New York, NY: William Morrow & Company, 1965.

Robert L. Stevenson, *Across the Plains with Other Memories and Essays*, London, UK: Chatto & Windus, 1909.

Kathryn A. Straton, *Oregon's Beaches: A Birthright Preserved*, Oregon

State Parks and Recreation Branch, September 1977.

Edward F. Treadwell, ed. , *The Constitution of the State of California*, 4th ed. , San Francisco, CA: Bancroft-Whitney Company, 1916.

Peter A. Walker, *Planning Paradise: Politics and Visioning of Land Use in Oregon*, Tucson, AZ: University of Arizona Press, 2011.

Victoria W. Wolcott, *Race, Riots, and Roller Coasters: The Struggle over Segregated Recreation in America*, Philadelphia, PA: University of Pennsylvania Press, 2012.

The Institutes of Justinian, trans. J. T. Abdy and Bryan Walker, Cambridge, UK: The University Press, 1876.

（五）英文期刊论文

Janet Adams, "Proposition 20——A Citizen's Campaign", *Syracuse Law Review*, Vol. 24, No. 3, Summer 1973.

Thomas J. Agnello, Jr. , "Non-resident Restrictions in Municipally Owned Beaches: Approaches to the Problem", *Columbia Journal of Law & Social Problems*, Vol. 10, No. 2, Winter, 1974.

Michael M. Berger, "Nice Guys Finish Last-At Least They Lose Their Property: Gion v. City of Santa Cruz", *California Western Law Review*, Vol. 8, Fall 1971.

Michael C. Blumm and Elizabeth B. Dawson, "The Florida Beach Case and the Road to Judicial Takings", *William & Mary Environmental Law & Policy Review*, Vol. 35, No. 3, Spring 2011.

W. Roderick Bowdoin, "Easements: Judicial and Legislative Protection of the Public's Rights in Florida's Beaches", *University of Florida Law Review*, Vol. 25, No. 3, Spring 1973.

James R. Brindell, "Florida Coastal Management Moves to Local Government", *Journal of Coastal Research*, Vol. 6, No. 3, Summer 1990.

Mary L. Bryan, "Which Way to the Beach?", *South Carolina Law Review*, Vol. 29, No. 4, September 1978.

William J. Bussiere, "Extinguishing Dried-Up Public Trust Rights", *Boston University Law Review*, Vol. 91, No. 5, October 2011.

Michael Butler, "The Mississippi State Sovereignty Commission and Beach Integration, 1959 – 1963: A Cotton-Patch Gestapo?" *The Journal of*

Southern History, Vol. 68, No. 1, February 2002.

David M Carboni, "Rising Tides: Reaching the High-Water Mark of New Jersey's Public Trust Doctrine", *Rutgers Law Journal*, Vol. 43, No. 1, Fall 2011/Winter 2012.

Jeffrey D. Curtis, "Coastal Recreation: Legal Methods for Securing Public Rights in the Seashore", *Maine Law Review*, Vol. 33, 1981.

Charles L. Black, Jr., "Constitutionality of the Eckhardt Open Beaches Bill", *Columbia Law Review*, Vol. 74, No. 3, April 1974.

Robert Brauneis, "The Foundation of Our 'Regulatory Takings' Jurisprudence: The Myth and Meaning of Justice Holme's Opinion in Pennsylvania Coal Co. v. Mahon, *Yale Law Journal*, Vol. 106, No. 3, December 1996.

Robert T. Burke, "Public or Private Ownership of Beaches: An Alternative to Implied Dedication", *UCLA Law Review*, Vol. 18, March 1971.

Joan Cardellino and Rasa Gustaitis, "Delivering on a Pledge: Unfulfilled Promises and New Obstacles", *California Coast & Ocean*, Vol. 11, No. 2, Summer 1995.

Alice G. Carmichael, "Sunbathers Versus Property Owners: Public Access to North Carolina Beaches", *North Carolina Law Review*, Vol. 64, No. 1, November 1985.

Maria L. Catala, "Where the sea meets land", *St. Thomas Law Review*, Vol. 27, No. 2, Summer 2015.

Joy Chase, "Rights by Use in California: When the Public Has a Right to Cross Private Land to the Shore", *California Coast & Ocean*, Vol. 19, No. 1, Spring 2003.

Alfred Clayton, Jr., "Oregon's New Doctrine of Custom: McDonald v. Halvorson", *Willamette Law Review*, Vol. 26, No. 3, Summer 1990.

Thomas R. Cox, "The Crusade to Save Oregon's Scenery", *Pacific Historical Review*, Vol. 37, No. 2, May 1968.

Thomas R. Cox, "Conservation by Subterfuge: Robert W. Sawyer and the Birth of the Oregon State Parks", *The Pacific Northwest Quarterly*, Vol. 64, No. 1, January 1973.

Lynn Curtis-Koehnemann, "Public Access to Florida's Beaches", *Shore &*

Beach, Vol. 47, No. 1, January 1979.

Ewa M. Davison, "Enjoys Long Walks on the Beach: Washington's Public Trust Doctrine and the Right of Pedestrian Passage over Private Tidelands", *Washington Law Review*, Vol. 81, No. 4, November 2006.

Peter C. Davos, "California's Tideland Trust: Shoring it Up", *Hastings Law Journal*, Vol. 22, February 1971.

Daniel A. Degnan, "Public Rights in Ocean Beaches: A Theory of Prescription", *Syracuse Law Review*, Vol. 24, No. 3, Summer 1973.

Lew E. Delo, "The English Doctrine of Custom in Oregon Property Law: State Ex Rel Thornton v. Hay", *Environmental Law*, Vol. 4, No. 3, Spring1973.

Orlando E. Delogu, "Friend of the Court: An Array of Arguments to Urge Reconsideration of the Moody Beach Cases and Expand Public Use Rights in Maine's Intertidal Zone", *Ocean and Coastal Law Journal*, Vol. 16, No. 1, 2010.

Mitchell F. Disney, "Fear and Loathing on the California coastline: are Coastal Commission property exactions constitutional?", *Pepperdine Law Review*, Vol. 14, No. 2, January 1987.

Michael P. Dixon, "Drawing Lines in the Disappearing Sand: A Re-Evaluation of Shoreline Rights and Regimes a Quarter Century after Bell v. Town of Wells", *Ocean and Coastal Law Journal*, Vol. 16, No. 2, 2011.

James D. Donahue, "Public Access vs. Private Property: The Struggle of Coastal Landowners to Keep the Public off Their Land", *Loyola of Los Angeles Law Review*, Vol. 49, No. 1, 2016.

William A. Dossett, "Concerned Citizens of Brunswick County Taxpayers Association v. Holden Beach Enterprises: Preserving Beach Access through Public Prescription", *North Carolina Law Review*, Vol. 70, No. 4, April 1992.

Jessica A. Duncan, "Coastal Justice: The Case for Public Access", *Hastings West-Northwest Journal of Environmental Law and Policy*, Vol. 11, No. 1, Fall 2004.

Peter M. Douglas, "Coastal Zone Management—A New Approach in California", *Coastal Zone Management Journal*, Vol. 1, No. 1, September

1973.

Caitlin S. Dyckman and Ida L. Wood, "Eroding State Mandate Effectiveness in the Land of Lucas", *Coastal Management*, Vol. 41, No. 6, November/December 2013.

Dion G. Dyer, "California Beach Access: The Mexican Law and the Public Trust", *Ecology Law Quarterly*, Vol. 2, No. 1, Winter 1972.

Josh Eagle, "Taking the Oceanfront Lot", *Indiana Law Journal*, Vol. 91, No. 3, Spring 2016.

Nicole Elko, "A Century of U. S. Beach Nourishment", *Ocean and Coastal Management*, Vol. 199, January 2021.

Richard J. Elliott, "The Texas Open Beaches Act: Public Rights to Beach Access", *Baylor Law Review*, Vol. 28, No. 2, Spring 1976.

Laurencia Fasoyiro, "Does the Open Beaches Act Seek to Take Private Property for Public Use without Just Compensation", *Texas Tech Administrative Law Journal*, Vol. 9, No. 1, Fall 2007.

Ian Fein, "Why Judicial Takings are Unripe", *Ecology Law Quarterly*, Vol. 38, No. 3, 2011.

Gilbert L. Finnell, Jr., "Coastal Land Management in California", *American Bar Foundation Research Journal*, Vol. 1978, No. 4, Fall 1978.

Gilbert L. Finnell, Jr., "Public Access to Coastal Public Property: Judicial Theories and the Taking Issue", *North Carolina Law Review*, Vol. 67, No. 3, March 1989.

Edward J. Fornias, "Public Trust Doctrine in Delaware-The Problem of Beach Access", *Delaware Lawyer*, Vol. 17, No. 1, Spring 1999.

Cyril A. Fox, Jr., "A Tentative Guide to the American Law Institute's Proposed Model Land Development Code", *The Urban Lawyer*, Vol. 6, No. 4, Fall 1974.

John V. Gallagher, et al, "Implied dedication: The Imaginary Waves of Gion-Dietz", *Southwestern University Law Review*, Vol. 5, No. 1, Spring 1973.

Sara C. Galvan, "Gone Too Far: Oregon's Measure 37 and the Perils of Over-Regulating Land Use", *Yale Law & Policy Review*, Vol. 23, No. 2, Spring 2005.

Robert García and Erica Flores Baltodano, "Free the Beach! Public Access, Equal Justice, and the California Coast", *Stanford Journal of Civil Rights & Civil Liberties*, Vol. 2, November 2005.

Peter Grenell, "The Coastal Conservancy: The First Decade", *California Waterfront Age*, Vol. 2, No. 4, Fall 1986.

Courtney B. Johnson and Steven R. Schell, "Adapting to Climate Change on the Oregon Coast: Lines in the Sand and Rolling Easements", *Journal of Environmental Law and Litigation*, Vol. 28, No. 3, 2013.

Mary-Beth G. Hart, "It's a Wonderful Coast or, Every Time a Bell Rings, Long Island Sound is Protected", *Coastal Management*, Vol. 41, No. 3, May/Jun 2013.

Melody F Havey, "Stevens v. City of Cannon Beach: Does Oregon's Doctrine of Custom Find a Way around Lucas", *Ocean and Coastal Law Journal*, Vol. 1, No. 1, 1994.

William G. Hayter, "Implied Dedication in California: A Need for Legislative Reform", *California Western Law Review*, Vol. 7, No. 1, Fall 1970.

Milton S. Heath, Jr., "A Legislative History of the Coastal Area Management Act", *North Carolina Law Review*, Vol. 53, No. 2, December 1974.

Milton S. Heath, Jr. and David W. Owens, "Coastal Management Law in North Carolina: 1974 – 1994", *North Carolina Law Review*, Vol. 72, No. 6, September 1994.

Philip J. Hess, "A Line in the Sand: Oceanfront Landowners and the California Coastal Commission have been Battling over Easements Allowing Public Access to Beaches", *Los Angeles Lawyer*, Vol. 27, No. 10, January 2005.

Michael Hofrichter, "Texas's Open Beaches Act: Proposed Reforms Due to Coastal Erosion", *Environmental & Energy Law & Policy Journal*, Vol. 4, No. 1, 2009.

James R. Houston, "The Value of Florida Beaches", *Shore and Beach*, Vol. 81, No. 4, Fall 2013.

Hal Hughes, "Beach Shuttle Update: An Alternative to Driving to the

Beach", *California Coast & Ocean*, Vol. 11, No. 2, Summer 1995.

Roy Hunt, "Property Rights and Wrongs: Historic Preservation and Florida's 1995 Private Property Rights Protection Act", *Florida Law Review*, Vol. 48, No. 4, September 1996.

William L. Inden, "Compensation Legislation: Private Property Rights vs. Public Benefits", *Dickinson Journal of Environmental Law & Policy*, Vol. 5, No. 1, Winter 1996.

Judith J. Johnson and Charles F. Johnson III, "The Mississippi Public Trust Doctrine: Public and Private Rights in the Coastal Zone", *Mississippi Law Journal*, Vol. 46, No. 1, Winter 1975.

Kevin A. Johnson, "Public access and the California Coastal Commission: A Question of Overreaching", *Santa Clara Law Review*, Vol. 21, No. 2, Spring 1981.

Andrew W. Kahrl, "Fear of an Open Beach: Public Rights and Private Interests in 1970s Coastal Connecticut", *Journal of American History*, Vol. 102, No. 2, September 2015.

Andrew W. Kahrl, "A History of African Americans on the Water and by the Shore: Whitewashed and Recovered", *Journal of American Ethnic History*, Vol. 35, No. 2, Winter 2016.

Joseph J. Kalo, "The Changing Face of the Shoreline: Public and Private Rights to the Natural and Nourished Dry Sand Beaches of North Carolina", *North Carolina Law Review*, Vol. 78, No. 6, September 2000.

Lee A. Kaplan, "Whose Coast is it Anyway? Climate Change, Shoreline Armoring, and the Public's Right to Access the California Coast", *Environmental Law Reporter*, Vol. 46, No. 11, November 2016.

Devyani Kar, "Public Access and Importance of Offers to Dedicate on California's Coastline", *Journal of Coastal Research*, Vol. 23, No. 2, March 2007.

Elizabeth Kayatta, "Under the Boardwalk: Defining Meaningful Access to Publicly Funded Beach Replenishment Projects", *Boston College Environmental Affairs Law Review*, Vol. 39, No. 2, 2012.

Thomas Kemmerlin, "What Constitutes Intent to Dedicate in South Carolina", *South Carolina Law Quarterly*, Vol. 6, No. 1, September 1953.

Adam Keul, "The Fantasy of Access: Neoliberal Ordering of a Public Beach", *Political Geography*, September 2015.

Erika Kranz, "Sand for the People: The Continuing Controversy over Public Access to Florida's Beaches", *Florida Bar Journal*, Vol. 83, No. 6, June 2009.

Frank Langella, "Public access to New York and New Jersey Beaches: Has Either State Adequately Fulfilled Its Responsibilities as Trustee under the Public Trust Doctrine?", *New York Law School Law Review*, Vol. 44, No. 1, 2000.

William L. Lahey and Cara M. Cheyette, "The Public Trust Doctrine in New England: An Underused Judicial Tool", *Natural Resources & Environment*, Vol. 17, No. 2, Fall 2002.

James J. Lawler and William M. Parle, "Expansion of the Public Trust Doctrine in Environmental Law: An Examination of Judicial Policy Making by State Courts", *Social Science Quarterly*, Vol. 70, No. 1, March 1989.

Margit Livingston, "Public Access to Virginia's Tidelands: A Framework for Analysis of Implied Dedications and Public Prescriptive Rights", *William & Mary Law Review*, Vol. 24, No. 4, Summer 1983.

Glenn J. MacGrady, "Florida's Sovereignty Submerged Lands: What Are They, Who Owns Them, and Where is the Boundary?", *Florida State University Law Review*, Vol. 1, No. 4, Fall 1973.

Glenn J. MacGrady, "The Navigability Concept in the Civil and Common Law: Historical Development, Current Importance, and Some Doctrines That Don't Hold Water", *Florida State University Law Review*, Vol. 3, No. 4, Fall 1975.

Steve A. McKeon, "Public Access to Beaches", *Stanford Law Review*, Vol. 22, No. 3, February 1970.

Richard J. McLaughlin, "Rolling Easements as a Response to Sea Level Rise in Coastal Texas: Current Status of the Law after Severance v. Patterson", *Journal of Land Use & Environmental Law*, Vol. 26, No. 2, Spring, 2011.

Frank E. Maloney & Richard C. Ausness, "The Use and Legal Significance of the Mean High Water Line in Coastal Boundary Mapping", *North*

Carolina Law Review, Vol. 53, December 1974.

Frank E. Maloney, et al., "Public Beach Access: A Guaranteed Place to Spread Your Towel", *University of Florida Law Review*, Vol. 29, No. 5, Fall 1977.

Frank E. Maloney and Anthony J. O'Donnell, Jr., "Drawing the Line at the Oceanfront: The Role of Coastal Construction Setback Lines in Regulating Development of the Coastal Zone", *University of Florida Law Review*, Vol. 30, No. 2, Winter 1978.

Kevin Markey, "State and Local Government Legislation and Its Effect on Public Access to Florida Beaches", *Journal of Land Use & Environmental Law*, Vol. 3, No. 1, Spring 1987.

Janet McLennan, "Public Patrimony: An Appraisal of Legislation and Common Law Protecting Recreational Values in Oregon's State-Owned Lands and Waters", *Environmental Law*, Vol. 4, No. 3, Spring 1973.

Marilyn C. Montgomery, et al., "An Environmental Justice Assessment of Public Beach Access in Miami, Florida", *Applied Geography*, Vol. 62, August 2015.

Dennis Nixon, "Public Access to the Shoreline: The Rhode Island Example", *Coastal Zone Management Journal*, Vol. 4, No. 1/2, 1978.

Daniel W. O'Connell, "Florida's Struggle for Approval under the Coastal Zone Management Act", *Natural Resources Journal*, Vol. 25, No. 1, January 1985.

Michael A. O'Flaherty, "This Land is My Land: The Doctrine of Implied Dedication and its Application to California Beaches", *Southern California Law Review*, Vol. 44, No. 4, Summer 1971.

Jared Orsi, "Restoring the Common to the Goose: Citizen Activism and the Protection of the California Coastline, 1969 – 1982", *Southern California Quarterly*, Vol. 78, No. 3, Fall 1996.

Thomas J. Osborne, "Saving the Golden Shore: Peter Douglas and the California Coastal Commission, 1972 – 2011", *Southern California Quarterly*, Vol. 96, No. 4, Winter 2014.

David Owen, "Land Acquisition and Coastal Resource Management: A Pragmatic Perspective", *William and Mary Law Review*, Vol. 24, No. 4,

Summer 1983.

David R. Papke, "Keeping the Underclass in Its Place: Zoning, the Poor, and Residential Segregation", *The Urban Lawyer*, Vol. 41, No. 4, Fall 2009.

Thomas G. Pelham, "Managing Florida's Growth: Toward an Integrated State, Regional and Local Comprehensive Planning Process", *Florida State University Law Review*, Vol. 13, No. 3, Fall 1985.

Margaret E. Peloso & Margaret R. Caldwell, "Dynamic Property Rights: The Public Trust Doctrine and Takings in a Changing Climate", *Stanford Environmental Law Journal*, Vol. 30, No. 1, 2011.

Neal E. Pirkle, "Maintaining Public Access to Texas Coastal Beaches: The Past and the Future", *Baylor Law Review*, Vol. 46, No. 4, Fall 1994.

Pamela Pogue and Virginia Lee, "Providing Public Access to the Shore: The Role of Coastal Zone Management Programs", *Coastal Management*, Vol. 27, No. 2 – 3, April-September 1999.

Marc R. Poirie, "Environmental Justice and the Beach Access Movements of the 1970s in Connecticut and New Jersey: Stories of Property and Civil Rights", *Connecticut Law Review*, Vol. 28, No. 3, Spring 1996.

Roscoe Pound, "Do We Need a Philosophy of Law?", *Columbia Law Review*, Vol. 5, No. 5, May 1905.

James R. Rasban, "The Disregarded Common Parentage of the Equal Footing and Public Trust Doctrines", *Land and Water Law Review*, Vol. 32, No. 1, 1997.

Jacqueline Reeves, "The Challenge of Legislating Coastal Boundaries: One Property Owner's Attack on the Public's Beach", *South Texas Law Review*, Vol. 53, No. 2, Winter 2011.

Dan R. Reineman, et al., "Coastal Access Equity and the Implementation of the California Coastal Act", *Stanford Environmental Law Journal*, Vol. 36, No. 1, December 2016.

Kenneth Roberts, "The Luttes Case-Locating the Boundary of the Seashore", *Baylor Law Review*, Vol. 12, No. 2, Spring 1960.

Michelle A. Ruberto and Kathleen A. Ryan, "The Public Trust Doctrine and Legislative Regulation in Rhode Island: A Legal Framework Providing

Greater Access to Coastal Resources in the Ocean State", *Suffolk University Law Review*, Vol. 24, No. 2, Summer 1990.

Michael Rubin and Dennis Nixon, "Shoreline Access in Rhode Island: A Case Study of Black Point", *Maine Law Review*, Vol. 42, No. 1, 1990.

Crystal R. Sanders, "Blue Water, Black Beach: The North Carolina Teachers Association and Hammocks Beach in the Age of Jim Crow", *North Carolina Historical Review*, Vol. 92, No. 2, April 2015.

Joseph L. Sax, "The Public Trust Doctrine in Natural Resource Law: Effective Judicial Intervention", *Michigan Law Review*, Vol. 68, No. 3, January 1970.

Kara M. Schlichting, "'They Shall Not Pass': Opposition to Public Leisure and State Park Planning in Connecticut and on Long Island", *Journal of Urban History*, Vol. 41, 2015.

Thomas J. Schoenbaum, "Management of Land and Water Use in the Coastal Zone: A New Law is Enacted in North Carolina", *North Carolina Law Review*, Vol. 53, No. 2, December 1974.

Sam Schuchat, "The End of a Long Good Run", *California Coast & Ocean*, Vol. 25, No. 2, Autumn 2009.

Ilya Shapiro and Trevor Burrus, "Judicial Takings and Scalia's Shifting Sands", *Vermont Law Review*, Vol. 35, No. 2, Winter 2010.

R. Kevin Sharbaugh, "Take me to the Water: Florida's Shrinking Public Access to the Waterfront and the Steps to Preserve it", *Sea Grant Law and Policy Journal*, Vol. 4, No. 1, Summer 2011.

Jay L. Shavelson, "Gion v. City of Santa Cruz: Where Do We Go from Here?", *California State Bar Journal*, Vol. 47, No. 5, September-October 1972.

Deborah A. Sivas, "California Coastal Democracy at Forty: Time for a Tune-up", *Stanford Environmental Law Journal*, Vol. 36, No. 1, December 2016.

Anthony Snider, et al., "Perceptions of Availability of Beach Parking and Access as Predictors of Coastal Tourism", *Ocean and Coastal Management*, Vol. 105, March 2015.

Kenneth E. Spahn, "The Beach and Shore Preservation Act: Regulating

Coastal Construction in Florida", *Stetson Law Review*, Vol. 24, No. 2, Spring 1995.

S. Brent Spain, "Florida Beach Access: Nothing but Wet Sand?", *Journal of Land Use & Environmental Law*, Vol. 15, No. 1, Fall 1999.

Susan P. Stephens, "Access to the Shore: A Coast to Coast Problem", *Journal of Land Use & Environmental Law*, Vol. 3, No. 1, Spring 1987.

Jan S. Stevens, "The Public Trust: A Sovereign's Ancient Prerogative Becomes the People's Environmental Right", *U. C. Davis Law Review*, Vol. 14, No. 2, Winter 1980.

Edward J. Sullivan, "Measure 7 and the Politics of Land-Use Planning in Oregon", *Land Use Law & Zoning Digest*, Vol. 53, No. 6, June 2001.

Edward J. Sullivan, "Too Clever for Words: The Demise of Oregon's Measure 7", *Land Use Law & Zoning Digest*, Vol. 54, No. 11, November 2002.

Edward J. Sullivan, "Year Zero: The Aftermath of Measure 37", *The Urban Lawyer*, Vol. 38, No. 2, Spring 2006.

Edward J. Sullivan, "The Quiet Revolution Goes West: The Oregon Planning Program 1961 – 2011", *John Marshall Law Review*, Vol. 45, No. 2, Winter 2012.

Jennifer A. Sullivan, "Laying out an 'Unwelcome Mat' to Public Beach Access", *Journal of Land Use & Environmental Law*, Vol. 18, No. 2, Spring 2003.

Victoria Sutton, "Constitutional Taking Doctrine-Did Lucas Really Make a Difference?", *Pace Environmental Law Review*, Vol. 18, No. 2, Summer 2001.

Ward Tabor, "The California Coastal Commission and Regulatory Takings", *Pacific Law Journal*, Vol. 17, No. 3, April 1986.

Barton H. Thompson, Jr., "Judicial Takings", *Virginia Law Review*, Vol. 76, No. 8, November 1990.

Robert Thompson, "Local Government and the Closing of the Coast: Parking Bans and the Beach as a Traditional Public Forum", *Fordham Environmental Law Review*, Vol. 25, No. 2, March 2014.

Denny D. Titus, "Acquisition of Easements by the Public Through Use",

South Dakota Law Review, Vol. 16, Winter 1971.

James G. Titus, "Rising Seas, Coastal Erosion, and the Takings Clause: How to Save Wetlands and Beaches without Hurting Property Owners", *Maryland Law Review*, Vol. 57, No. 4, 1998.

Luise Welby, "Public Access to Private Beaches: A Tidal Necessity", *UCLA Journal of Environmental Law and Policy*, Vol. 6, No. 1, 1986.

James G. Wilkins and Michael Wascom, "The Public Trust Doctrine in Louisiana", *Louisiana Law Review*, Vol. 52, No. 4, March 1992.

Barry Yeoman, "Beach Wars", *Saturday Evening Post*, Vol. 287, No. 2, Mar/Apr 2015.

Richard H. Zimmerman, "Public Beaches: A Reevaluation", *San Diego Law Review*, Vol. 15, No. 5, August 1978.

Rosemary J. Zyne, "Open Beaches in Florida: Right or Rhetoric?", *Florida State University Law Review*, Vol. 6, No. 3, Summer 1978.

Zigurds L. Zile, "A legislative-political history of the coastal zone management act of 1972", *Coastal Zone Management Journal*, Vol. 1, No. 3, 1974.

"Editor's Foreword", *Maine Law Review*, Vol. 42, 1990.

"Exclusionary Zoning and Equal Protection", *Harvard Law Review*, Vol. 84, No. 7, May 1971.

"Public Access to Beaches: Common Law Doctrines and Constitutional Challenge", *New York University Law Review*, Vol. 48, No. 2, May 1973.

"The Public Trust in Tidal Areas: A Sometime Submerged Traditional Doctrine", *The Yale Law Journal*, Vol. 79, No. 4, March 1970.

（六）英文报刊文章

Barbara Baird, "Blueprint for Malibu", *Los Angeles Times*, August 2, 1987.

James Bennet, "Keeping Its Shores to Itself: Greenwich Eschews Federal Aid to Repair Recreational Sites", *New York Times*, January 8, 1993.

Homer Bigart, "Dr. King Requests U. S. Aid in Florida: Asks White House to Send Mediator to St. Augustine", *New York Times*, June 25, 1964.

Roy Bongartz, "Freedom of Beach: Asserting That There is No Such Thing

As A Private Beach, Ned Coll and His Followers Scale Walls, Land in Small Craft and Drop from the Sky to Swim at Exclusive Seashore Properties", *New York Times*, July 13, 1975.

William Booth, "Bali Hoi Polloi: Public Gains Entry at Geffen's Beachhead", *Washington Post*, May 27, 2005.

Nellie Bowles, "Every Generation Gets the Beach Villain It Deserves", *New York Times* (Online), August 30, 2018.

James Brooke, "When the Coast Isn't Clear to the Coast", *New York Times*, August 11, 1985.

Elizabeth Campbell, "Whose Beaches?", *Los Angeles Times*, Aug 8, 1971.

Niraj Chokshi, "Racism at American Pools Isn't New: A Look at a Long History", *New York Times* (Online), August 1, 2018.

Alison Cowan, "Bias Seen in Expulsion at Greenwich Beach", *New York Times*, December 15, 2005.

Alison Cowan, "On the Beaches in Greenwich, Group Hugs Are Few", *New York Times*, December 23, 2005.

Alison Cowan, "Crossing a Line Drawn in Greenwich's Fine Sand", *New York Times*, February 9, 2006.

John Darnton, "Suburbs Stiffening Beach Curbs: Suburbs Are Stiffening Restrictions", *New York Times*, July 10, 1972.

John Darnton, "Suburbia's Exclusive Beaches: The 'Keep-Out' Syndrome is under Legal Assault", *New York Times*, June 2, 1974.

Chris Dixon, "Public to Get Beach Access by Geffen Home", *New York Times*, April 17, 2005.

Timothy Egan, "Owners of Malibu Mansions Cry, 'This Sand Is My Sand'", *New York Times*, August 25, 2002.

Lawrence Fellows, "Access of Minority Outsiders to Madison Beach is Disputed: A Head-on Approach is Tried by Activist Group Seeking Easing of Restrictions", *New York Times*, July 5, 1973.

Jacey Fortin, "A Fight for Justice on the Sands of a California Beach", *New York Times*, March 13, 2021.

Philip Fradkin, "Owners of Waterway Property Rushing to Block Access

Paths: Supreme Court Decision, That Public Use of Such Routes over 5 Years Constitutes Land Dedication, Spurs Action", *Los Angeles Times*, July 23, 1970.

Philip Fradkin, "Fences Go Up to Keep Public from Beaches: Landowners Attempting to Protect Property in Face of Ruling by High Court", *Los Angeles Times*, March 21, 1971.

Martha Groves, "A Path of Lost Resistance: The Public Wins Access to a Malibu Beach after Deal with Homeowner", *Los Angeles Times*, July 3, 2015.

Robert Hanley, "As Battle for Beach Access Rages in New Jersey, Private Club Digs Its Heels into Sand", *New York Times*, July 4, 2004.

David M. Herszenhorn, "Greenwich Cites Fears of 'Jerseyfication' in Beach Dispute", *New York Times* (Online), Nov. 11, 2000.

David M. Herszenhorn, "Connecticut Court Overturns Residents-Only Beach Policy", *New York Times*, July 27, 2001.

David M. Herszenhor, "After a Court Ruling, Clouds at the Beaches: Court Ruling on Sharing Creates Clouds at Beaches", *New York Times*, July 28, 2001.

Gregory Jaynes, "As Florida Grows, So Does Concern About Saving Sun-and-Sand Good Life", *New York Times*, July 7, 1982.

George Judson, "Law Student Is Taking on Greenwich over Its Restricted Beaches", *New York Times*, April 19, 1995.

John Kifner, "Blacks and Whites are Kept Apart on Boston Beach", *New York Times*, August 11, 1975.

Brenden P. Leydon, "A Nation of Liberty, Justice and Free Beaches for All", *New York Times*, June 4, 2000.

Mireya Navarro, "In Malibu, the Water's Fine (So Don't Come In!)", *New York Times*, June 5, 2005.

Richard O'Reilly, "Access to Beaches: A Long, Slow Walk", *Los Angeles Times*, September 19, 1983.

Jared Orsi, "Restoring the Common to the Goose: Citizen Activism and the Protection of the California Coastline, 1969 – 1982", *Southern California Quarterly*, Vol. 78, No. 3, Fall 1996.

Matthew Purdy, "Our Towns: Challenging the Kingdom of Greenwich", *New York Times*, May 17, 2000.

Joseph B. Treaster, "Bus Outings for Blacks Test Connecticut's Beach Rules", *New York Times*, August 31, 1971.

Cecilia Rasmussen, "Resort Was an Oasis for Blacks Until Racism Drove Them Out", *Los Angeles Times*, July 21, 2002.

Harvey Rice & Matt Stiles, "Battle for a Beach", *Houston Chronicle (Online)*, June 4, 2009.

David G. Savage and Kenneth R. Weiss, "Justices Bolster Beach Access", *Los Angeles Times*, October 22, 2002.

James Schembari, "Greenwich Fights Beach Lawsuit With Army of Experts", *New York Times*, February 22, 1998.

James Schembari, "Court Invalidates Borough Law Restricting Park to Its Residents", *New York Times*, June 12, 1998.

Roy R. Silver, "More Towns Are Closing Beach Areas to Outsiders", *New York Times*, July 4, 1970.

Hank Sims, "Town Is on Brink Over Trail at Sea's Edge", *Los Angeles Times*, October 27, 2003.

Joseph F. Sullivan, "Resort Pressed on Use of Beaches", *New York Times*, July 14, 1985.

Kenneth R. Weiss, "A Malibu Civics Lesson: Beach Is Open", *Los Angeles Times*, August 25, 2003.

Kenneth R. Weiss, "Geffen to Reimburse $300, 000 Payment to State and a Nonprofit Group will Settle Lawsuits over Access to Malibu Beach", *Los Angeles Times*, April 16, 2005.

Barbara Whitaker, "Ruling Clears Way to Ease Beach Access in California", *New York Times*, October 23, 2002.

Christine Woodside, "The Water Is Fine. The Sand Is Pristine. Stay Out", *New York Times*, August 22, 1999.

C. E. Wright, "Beach Problem in Florida", *New York Times*, October 1, 1961.

Rosanna Xia, "U. S. Supreme Court Declines to Take Martins Beach Case — A Win for California's Landmark Coastal Access Law", *Los Angeles*

Times（Online）, October 1, 2018.

Rosanna Xia, "State Sues Billionaire in Battle over Beach Access", *Los Angeles Times*, January 7, 2020.

The Associated Press, "Racists Break up Florida Wade-ins", *New York Times*, June 23, 1964.

"A Clash in California Over Public Access to the Beach", *New York Times*, June 24, 2014.

"Beach Ban Is Debated in Long Beach", *New York Times*, July 25, 1971.

"California Fighting to Save Public's Access to Beaches", *New York Times*, January 7, 2002.

"Dr. King's Beach Cottage Is Ransacked by Vandals", *New York Times*, June 9, 1964.

"Greenwich Ends a Battle to Bar Its Beaches", *New York Times*, August 31, 2001.

"Greenwich Tests Show Color Bias: Negro Couples Say Housing Brokers Limited Choices", *New York Times*, July 21, 1964.

"High Court Upsets Trespass Arrests", *New York Times*, December 13, 1966.

"N. A. A. C. P. Denies Biloxi Riot Role: Replies to Charge by City Leader——Toll is 10 Shot, Many Hurt in Fights", *New York Times*, April 26, 1960.

"Negroes Act to End Miami Segregation", *New York Times*, November 26, 1959.

"New Beach Restrictions Imposed by Greenwich", *New York Times*, July 12, 1975.

"New Racial Clash Halted in Florida: Police Guard Integrationists at Beach and On March", *New York Times*, June 24, 1964.

"Ocean Thought of as Dump: It's Time to Stop Drilling off the Coast", *Los Angeles Times*, February 1, 1970.

"Poor of Hartford Invited to Share Kennedys' Beach", *New York Times*, July 19, 1975.

"Suit Is Filed Against a Town In Connecticut on Beach Curbs", *New York Times*, October 24, 1973.

"U. S. Sues to Open Biloxi Beach to All", *New York Times*, May 18, 1960.

"We Shall Fight Them on the Beaches", *New York Times* (Online), September 16, 2005.

（七）英文学位论文

Amy F. Blizzard, *Shoreline Access in Three States: Reciprocal Relationships Between State and Local Government Agencies and the Role of Local Governments in Shoreline Access Program Evaluation*, Ph. D. Degree dissertation, East Carolina University, 2005.

Christopher City, *Private Title, Public Use: Property Rights in North Carolina's Dry-Sand Beach*, Master's Degree thesis, University of North Carolina at Chapel Hill, 2001.

Kenan R. Conte, *The Disposition of Tidelands and Shorelands: Washington State Policy*, 1889 – 1982, Master's Degree thesis, University of Washington, 1976.

James H. Herstine, *The North Carolina Public Beach and Coastal Waterfront Access Program under the 1974 Coastal Area Management Act: An Investigation and Examination of the Program's Creation and Implementation*, Ph. D. Degree dissertation, North Caroline State University, 2000.

Tomoko Kodama, *Creating Public Access to the Shoreline: The California Coast and Boston's Waterfront*, Master's Degree thesis, Massachusetts Institute of Technology, 1996.

Mark H. Robinson, *Beach Ownership and Public Access in Massachusetts*, Master's Degree thesis, University of Rhode Island, 1983.

Misty B. Soles, Against the Wind: Coastal Zone Management in South Carolina, 1972 – 1993, Master's Degree thesis, Clemson University, 2008.

Ryan M. Wilson, *Why Did Alaska Eliminate the Alaska Coastal Management Program*, Master's Degree thesis, University of Alaska Fairbanks, 2018.

后　记

　　经美国加州大学伯克利校区 Daniel A. Farber 教授举荐，并得国家留学基金委资助，我有机会于 2016 年 10 月至 2017 年 9 月到伯克利法学院法律与社会研究中心（Center for the Study of Law & Society）访学。

　　刚到美国的头一个月，因为尚未确定研究课题，所以时间比较宽裕，除了随意听讲座和泡图书馆外我还经常到旧金山湾区各处闲逛。那段时间我最喜欢做的事情就是到海边漫步，领略绮丽壮美的海景。2016 年 11 月 17 日，伯克利法学院、斯坦福大学法学院以及其他一些大学和政府部门的与环境资源相关的研究机构共同组织召开了一次研讨会，纪念加利福尼亚州海岸法通过 40 周年。这个议题与我的专业本不相干，不过那时我已经对能够影响到亲海休闲环境的海岸管理问题产生了浓厚的兴趣，所以还是很积极地参加了在伯克利班克罗夫特宾馆召开的这场研讨会。此次会议针对加利福尼亚州公众亲海权问题的讨论对我触动很大，遂决定在这方面做些研究。

　　起初，我只打算围绕加利福尼亚州的公众亲海权问题写篇小文章，以便对留学基金委有所交代。幸得那时还在《郑州大学学报》编辑部工作的陈朝云教授的赏识和洛阳师范学院毛阳光教授的帮助，《论美国加州公众亲海权的演变》一文得以发表，算是完成了这个愿望。在写作此文的过程中，我接触到更多关于美国公众亲海权的资料，感觉有必要再做进一步研究。当时正好是国家社科基金的申报期，我就顺便递交了以"美国公众亲海权的历史考察"为题的申请书，结果获准立项。

　　得知立项结果后，我真的是喜忧参半。喜的原因自不必说，对于任何一位高校教师来说能获得国家社科基金项目都是值得庆贺的事情。之所以忧，是因为申报此课题确属心血来潮，准备太不充分，能否完成心里着实没底。而且，此研究涉及的材料大多是分散于美国各地的未公开出版的调研报告、听证记录和政府文件等，收集难度太大。不过，既然已经立项，难度再大也只好尽力去做。

利用还在美国的 3 个月左右的时间，我抓紧收集资料。伯克利图书馆系统丰富的馆藏和电子资源、免费的自助扫描设备和热情高效的馆际互借服务使这项工作进展得比较顺利。到离开美国之时，我已经不太担心资料不足的问题了。

尽管在美国时已经收集到尽可能多的资料，但是研究过程中仍然会不时地出现重要材料缺失的情况。这时就只好向在国外的亲友求助了。西南大学的李晶老师、聊城大学的田肖红老师、在澳大利亚麦考瑞大学读研的以前的学生倪博、在伯克利法学院遇到的张洁莹以及在耶鲁大学做博士后的侄子杨洁都给我提供过帮助。我女儿杨明玉也利用她在澳大利亚国立大学读 JD 的机会为我收集到很多有价值的资料，还为我解决了不少技术上的难题。

得益于各位亲友的帮助，我终于完成了这个研究项目，并以良好等级通过全国哲学社会科学工作办公室的结项鉴定。鉴定专家所提意见既中肯又有理论高度，令我受益匪浅。

最后要感谢中国社会科学出版社的宋燕鹏编审，他的大力支持使本研究成果可以顺利出版。另外，本人在洛阳师范学院工作时曾获评"河南省高等学校哲学社会科学研究优秀学者"，本书的出版得到相关资助项目 （2018 - YXXZ - 12）的部分资助。

杨成良

2023 年 9 月于湖南湘潭